"十三五"国家重点图书出版规划项目

 国家自然科学基金应急项目系列丛书

促进创新发展的教育政策研究

郑晓齐　张　惠/主　编

科学出版社
北　京

内 容 简 介

本书从创新驱动发展的国家战略出发，围绕创新型人才建设、高等工程教育、STEM 教育、高校智库等主要研究议题，深入剖析当前促进创新发展的教育政策制定问题。围绕中国创新驱动战略的主要内容，系统分析构建创新型国家战略的动态环境，制定人才发展战略的原则和顶层框架，从供给侧结构性改革的角度探讨人才培育和成长的规律和机理，以构建涵盖教育系统内部和外部的国家人才发展战略和教育政策体系，为建设创新型国家提供政策支持和理论支撑。

本书适合关心国家创新发展及教育政策研究的读者群体阅读。

图书在版编目（CIP）数据

促进创新发展的教育政策研究/郑晓齐，张惠主编. —北京：科学出版社，2018.12

（国家自然科学基金应急项目系列丛书）

ISBN 978-7-03-059901-8

Ⅰ. ①促… Ⅱ. ①郑… ②张… Ⅲ. ①教育政策－研究－中国Ⅳ. ①G520

中国版本图书馆 CIP 数据核字（2018）第 274953 号

责任编辑：魏如萍 / 责任校对：郑金红
责任印制：霍 兵 / 封面设计：蓝正设计

科 学 出 版 社 出版
北京东黄城根北街 16 号
邮政编码：100717
http://www.sciencep.com

中国科学院印刷厂 印刷
科学出版社发行 各地新华书店经销

*

2018 年 12 月第 一 版 开本：720×1000 B5
2018 年 12 月第一次印刷 印张：22
字数：430 000
定价：198.00 元
（如有印装质量问题，我社负责调换）

国家自然科学基金应急项目系列丛书编委会

主　编

　　吴启迪　教　授　国家自然科学基金委员会管理科学部

副主编

　　高自友　教　授　国家自然科学基金委员会管理科学部

编　委（按拼音排序）

　　程国强　研究员　同济大学

　　范维澄　教　授　清华大学

　　方　新　研究员　中国科学院

　　辜胜阻　教　授　中国民主建国会

　　黄季焜　研究员　北京大学

　　李善同　研究员　国务院发展研究中心

　　李一军　教　授　哈尔滨工业大学

　　林毅夫　教　授　北京大学

　　刘作仪　研究员　国家自然科学基金委员会管理科学部

　　汪寿阳　研究员　中国科学院数学与系统科学研究院

　　汪同三　研究员　中国社会科学院数量经济与技术经济研究所

　　王金南　研究员　中华人民共和国生态环境部

　　魏一鸣　教　授　北京理工大学

　　薛　澜　教　授　清华大学

　　杨列勋　研究员　国家自然科学基金委员会管理科学部

本书课题组名单

第一章

总课题：创新型国家建设的人才战略及其教育对策研究

承担单位：北京航空航天大学高等教育研究院

课题主持人：郑晓齐（教授）

课题组成员：赵世奎、张惠、马小燕、张绍丽

第二章

子课题八：高等工程教育的国际比较及我国发展蓝图研究

承担单位：清华大学教育研究院

课题主持人：王孙禺（教授）

课题组成员：李越、李曼丽、谢喆平、乔伟峰、张满、曾开富

第三章

子课题八：高等工程教育的国际比较及我国发展蓝图研究

承担单位：北京航空航天大学高等教育研究院

课题主持人：雷庆（教授）

课题组成员：任秀华、张惠、胡文龙、王文娟、杨小丽、刘畅、苑健、付娇娇

第四章

子课题八：高等工程教育的国际比较及我国发展蓝图研究

承担单位：天津工业大学机械工程学院

课题主持人：王秋惠（副教授）

课题组成员：冯志友、姜可、王家庭、赵方方、杨爱慧

第五章

子课题六：科学、技术、工程、数学（STEM）教育的国际比较研究

承担单位：北京航空航天大学高等教育研究院

课题主持人：马永红（教授）

课题组成员：罗滨、陈颖、支瑶、郑浩、宋萌、宫万琳、包艳华、刘扬、陈新、于苗苗、孙维、张乐、李继、李雪伟、刘贤伟、孙亮、徐智清、王晓飞、杨姿楚、冯维成、柯珊、吴建伟、崔琰、李丽娟、陈咏梅、宓奇、夏焕春、李守良、宋方、张雪刚、张海龙、沈耘、Stephen Huang（美国）、Greet Langie（比利时）、Lueny Morell（美国）

第六章

子课题六：科学、技术、工程、数学（STEM）教育的国际比较研究

承担单位：北京师范大学物理学系

课题主持人：李春密（教授）

课题组成员：郭玉英、刘月霞、曹一鸣、黄晓、罗莹、谢丽、武艳红、李劲磊、王硕、赵芸赫

第七章

子课题三：促进政策创新的高校智库建设体制研究

承担单位：南京师范大学教育学院

课题主持人：王建华（教授）

课题组成员：李海龙、贾佳、郭书剑、范冬清、马培培

第八章

子课题三：促进政策创新的高校智库建设体制研究

承担单位：北京航空航天大学高等教育研究院

课题主持人：赵世奎（教授）

课题组成员：范绪锋、韩海军、吴彬

第九章

子课题五：创新能力发展的脑认知机制及教育政策研究

承担单位：北京师范大学认知神经科学与学习国家重点实验室、心理学部

课题主持人：陶沙（教授）

课题组成员：杨盼盼、王延培、王道阳、刘红云

第十章

子课题一：促进学生创新能力提升的综合素质评价研究

承担单位：北京航空航天大学高等教育研究院

课题主持人：赵婷婷（教授）
课题组成员：刘志林、尹亚东、王楠、井志伟

第十一章
子课题七：基于证据的学习方法机理与国际比较研究
承担单位：北京师范大学
课题主持人：余胜泉（教授）
课题组成员：何克抗、吴娟、杨明全、傅骞、江丰光、董艳、桑国元、蔡苏、刘莎

第十二章
子课题四：促进教育创新的终身教育政策研究
承担单位：北京师范大学教育学部
课题主持人：郑勤华（副教授）
课题组成员：陈丽、林世员、狄增如、张婧婧、李爽、赵宏、谢浩

第十三章
子课题二：促进技术创新的新生代农民工职业教育体制研究
承担单位：北京师范大学教育学部、中国教育与社会发展研究院
课题主持人：薛二勇（教授）
课题组成员：周秀平、杨少亮、王东阳、陈亮、高杭

总　　序

　　为了对当前人们所关注的经济、科技和社会发展中出现的一些重大管理问题快速做出反应，为党和政府高层科学决策及时提供政策建议，国家自然科学基金委员会于 1997 年特别设立了管理科学部主任基金应急研究专款，主要资助开展关于国家宏观管理及发展战略中急需解决的重要的综合性问题的研究，以及与之相关的经济、科技和社会发展中的"热点"与"难点"问题的研究。

　　应急研究项目设立的目的是为党和政府高层科学决策及时提供政策建议，但并不是代替政府进行决策。根据学部对于应急项目的一贯指导思想，应急研究应该从"探讨理论基础、评介国外经验、完善总体框架、分析实施难点"四个主要方面为政府决策提供支持。每项研究的成果都要有针对性，且满足及时性和可行性要求，所提出的政策建议应当技术上可能、经济上合理、法律上允许、操作上可执行、进度上可实现和政治上能为有关各方所接受，以尽量减少实施过程中的阻力。在研究方法上要求尽量采用定性与定量相结合、案例研究与理论探讨相结合、系统科学与行为科学相结合的综合集成研究方法。应急项目的承担者应当是在相应领域中已经具有深厚的学术成果积累，能够在短时间内（通常是 9~12 个月）取得具有实际应用价值成果的专家。

　　作为国家自然科学基金的一个特殊专项，管理科学部的"应急项目"已经逐步成为一个为党和政府宏观决策提供科学、及时的政策建议的项目类型。与国家自然科学基金资助的绝大部分（占预算经费的 97%以上）专注于对管理活动中的基础科学问题进行自由探索式研究的项目不同，应急项目有些像"命题作文"，题目直接来源于实际需求并具有限定性，要求成果尽可能贴近实践应用。

　　应急研究项目要求承担课题的专家尽量采用定性与定量相结合的综合集成方法，为达到上述基本要求，保证能够在短时间内获得高水平的研究成果，项目的承担者在立项的研究领域应当具有较长期的学术积累。

　　自 1997 年以来，管理科学部对经济、科技和社会发展中出现的一些重大管理问题做出了快速反应，至今已启动 45 个项目，共 323 个课题，出版相关专著16 部。其他 2005 年前立项、全部完成研究的课题，其相关专著亦已于近期出版发行。

从 2005 年起，国家自然科学基金委员会管理科学部采取了新的选题模式和管理方式。应急项目的选题由管理科学部根据国家社会经济发展的战略指导思想和方针，在广泛征询国家宏观管理部门实际需求和专家学者建议及讨论结果的基础上，形成课题指南，公开发布，面向全国管理科学家受理申请；通过评审会议的形式对项目申请进行遴选；组织中标研究者举行开题研讨会议，进一步明确项目的研究目的、内容、成果形式、进程、时间结点控制和管理要求，协调项目内各课题的研究内容；对每一个应急项目建立基于定期沟通、学术网站、中期检查、结题报告会等措施的协调机制以及总体学术协调人制度，强化对于各部分研究成果的整合凝练；逐步完善和建立多元的成果信息报送常规渠道，进一步提高决策支持的时效性；继续加强应急研究成果的管理工作，扩大公众对管理科学研究及其成果的社会认知，提高公众的管理科学素养。这种立项和研究的程序是与应急项目针对性和时效性强、理论积累要求高、立足发展改革应用的特点相称的。

为保证项目研究目标的实现，应急项目申报指南具有明显的针对性，从研究内容到研究方法，再到研究的成果形式，都具有明确的规定。管理科学部将应急研究项目的成果分为四种形式，即一本专著、一份政策建议、一部研究报告和一篇科普文章，本丛书即应急研究项目的成果之一。

为了及时宣传和交流应急研究项目的研究成果，管理科学部决定将 2005 年以来资助的应急项目研究成果结集出版，由每一项目的协调人担任书稿的主编，负责项目的统筹和书稿的编撰工作。

希望此套丛书的出版能够对我国管理科学政策研究起到促进作用，对政府有关决策部门发挥借鉴咨询作用，同时也能对广大民众有所启迪。

国家自然科学基金委员会管理科学部

前　　言

　　创新是推动国家发展和社会进步的不竭动力，促进创新发展是新时期我国经济社会发展的客观要求，也是实现中华民族伟大复兴的战略抉择。党的十八大提出了"科技创新是提高社会生产力和综合国力的战略支撑，必须摆在国家发展全局的核心位置"。强调要坚持走中国特色自主创新道路，实施创新驱动发展战略。为指导深化体制机制改革，加快实施创新驱动发展战略，2015年3月国务院出台了《中共中央　国务院关于深化体制机制改革加快实施创新驱动发展战略的若干意见》。2016年5月，为加快实施国家创新驱动发展战略及相关法规建设，中共中央、国务院发布了《国家创新驱动发展战略纲要》，指出强化原始创新，增强源头供给，加强面向国家战略需求的基础前沿和高技术研究。十八届五中全会通过的《中共中央关于制定国民经济和社会发展第十三个五年规划的建议》也强调，"创新是引领发展的第一动力。必须把创新摆在国家发展全局的核心位置，不断推进理论创新、制度创新、科技创新、文化创新等各方面创新，让创新贯穿党和国家一切工作，让创新在全社会蔚然成风"。作为推动经济社会转型升级和换挡调整的重大基础性战略，创新驱动发展战略涉及组成创新体系的资金、人才、机制、环境等诸多要素的统筹与协同。而高等教育作为培养社会高素质人才和科技创新的核心地带，是现代社会文明进步的重要动力源，是建设人力资源强国和创新型国家的重要引擎，也是服务创新驱动发展战略的加速器，在国家实施创新驱动发展战略中发挥着关键作用。因此，我国创新驱动发展战略的关键是依靠科技引领和教育支撑，特别是要求高等教育理念和发展方向与时偕行。

　　21世纪以来，新一轮科技革命和产业变革蓄势待发，全球科技创新呈现出新的发展态势和特征。创新要素在全球加速流动，世界主要国家都在寻找创新突破口以抢占未来的发展先机。随着创新驱动成为许多国家谋求竞争优势的核心战略，国际组织及世界各国都在加紧科技及教育领域的新时期战略部署，如联合国教育、科学及文化组织推出了勾勒全球未来教育蓝图的《教育2030行动框架》，欧盟推出了斥资800亿欧元的集欧盟所有科研与创新资金于一体的科研计划《地平线2020计划》（Horizon 2020），美国推出了《先进制造业国家战略计划》及

《美国联邦教育部国际战略（2012-2016）》，德国推出了《德国 2020 高技术战略》旗下的"工业 4.0 战略"及"数字化教育战略 2030"，旨在利用创新驱动、新技术及服务等应对全球化挑战，这为我国制定促进创新发展的教育战略提供了启示。以教育促进创新发展已经成为世界大国竞争的新赛场。我国既面临赶超跨越的难得历史机遇，也面临差距拉大的严峻挑战，只有在创新发展上实现新突破，才能跟上世界发展大势，把握发展的主动权。

第三次科技革命和产业变革与我国加快转变经济发展方式形成历史性交汇，我国进入了新型工业化、信息化、城镇化、农业现代化同步发展、并联发展、叠加发展的关键时期，这为我国创新发展带来了广阔发展空间，提供了前所未有的强劲动力。结合历史与现实、国际与国内的发展情况，无论从科技竞争力、经济竞争力、人才竞争力、创新竞争力，还是从创业竞争力角度看，中国的国际竞争力都达到了近代以来前所未有的高度，各方面的发展条件已经为创新驱动发展战略的实施提供了发力加速的基础。中国已开始步入世界科技、创新等发展前列国家的行列，增长速度超过美国、德国、英国、日本等国家。中国科技研发势头强盛，工程技术领域爆发式增长，士气兴旺。中国高等教育蓄势待发，大学及学科排名上升，基础教育优势犹存，但追赶美国仍然需要很长的时间，基础学科的原始创新较少，开创的创新领域较少，引领作用较弱。因此，未来应重视原创性科学研究及颠覆性技术创新，开拓前瞻性科研领域，挖掘开创性高端科研人才；坚持教育在促进创新发展中的基础性、先导性和引领性作用，突出高等教育在教育促进创新发展中的主体地位；发挥理工科教育优势，优化工程人才结构，突出工程教育在促进科技创新发展中的引擎带动作用；立足高端引领，推进高校创新人才培养，关注开创性颠覆性创新人才培养，支撑国家科技与产业领军人才建设；扎根本土面向全球，建立更加开放的教育体系，提升教育国际化程度和国际教育领域的话语权。

2016 年 5 月，国家自然科学基金委员会管理科学部组织了"促进创新发展的教育政策研究"的应急研究项目课题研究。经过科学论证、严格筛选，最终确定由北京航空航天大学牵头组成课题组进行研究。其中，各课题名称、承担单位、负责人的信息见本书课题组名单。在各课题组成员的共同努力下，历经2016 年 5 月于北京航空航天大学召开的项目开题论证会、2016 年 11 月于北京航空航天大学召开的项目中期汇报会、2017 年 6 月于北京航空航天大学召开的结题验收会，课题最终圆满结题，顺利通过评审和验收。课题紧密围绕促进创新发展的教育政策研究，立足国家创新驱动发展和创新型国家建设战略，构建了总体性的理论分析框架，依托国际和国内全方位的统计数据和市政调查，系统论述了包括高等工程教育、科学技术工程数学（STEM）教育、高校智库建设、基于证据的学习、终身教育及综合素质评价等在内的教育促进创新发展研究，并就促进创新发展的教育战略提出了明确的战略意义、战略目标、战略原则及战略任务，指明了新时期实施创新驱动发展的教育对策及实施策略。此次应急项目的研究成果人多已用过提交政府、教育部及高校相关部门的政策建议报告、研究报告和学术论文等形式发表，产生了较为显著的政策效果。为了更为全面、系统地反映课题研究成果，我们特将各分课题组的研究成果汇总整理成书并出版。本书各部分具体分工如下：

第一章　　张惠、郑晓齐

第二章　　李越、李曼丽、谢喆平、乔伟峰、张满、曾开富

第三章　　王文娟、胡文龙、杨小丽

第四章　　王秋惠

第五章　　郑浩、陈颖

第六章　　李春密、谢丽、王硕、赵芸赫、李劲磊、黄晓

第七章　　王建华

第八章　　赵世奎、范绪锋、韩海军、吴彬、刘昊

第九章　　陶沙、杨盼盼、王延培、王道阳、刘红云

第十章　　赵婷婷、刘志林、尹亚东

第十一章　余胜泉、吴娟、杨明全

第十二章　郑勤华、林世员、刘春萱

第十三章　周秀平、杨少亮、王东阳、陈亮、高杭

本书各部分主要内容如下：

第一章，创新型国家建设的人才战略及其教育对策研究。该章由北京航空航天大学高等教育研究院郑晓齐教授、张惠老师课题组负责。该章在深入探析当前我国建设创新型国家所处的国际环境和战略机遇的基础上，总结了我国促进创新发展的教育基础，制定了我国促进创新发展的教育战略，提出了我国促进创新发展的教育对策，构建了本书的逻辑思路和整体结构框架。

第二章，高等工程教育的国际比较与我国发展蓝图研究——工程教育认证及培养模式研究。清华大学教育研究院王孙禹教授的课题组负责此部分内容的写作。该章通过对国内外高等工程教育的专业认证、工程师培养模式等方面的研究，探讨了中国高等工程教育的现状及问题，并结合"一带一路"倡议、"中国制造 2025"国家重大战略等，对中国高等工程教育发展蓝图提出了政策性建议。

第三章，从工程教育发展政策、工程教育质量标准和工程人才培养模式等三个方面开展国际比较研究。首先，通过分析美、英等发达国家发布的 33 份各类研究报告，了解这些国家的政府、大学、企业、非营利性组织和咨询机构推动工程教育改革的具体举措，把握世界工程教育发展的基本动向。其次，通过对比世界上 6 个主要的工程教育标准，了解工程界对工程人才的基本要求，把握国际工程

教育的主流标准。最后，通过深入分析 9 个国外大学的工程人才培养模式改革案例，总结国外工程教育改革的一般规律。在以上比较研究的基础上，该章还对我国工程教育改革发展提出 4 条政策建议。

第四章，高等工程教育的国际比较及我国发展蓝图研究——工程认证及人才需求。该章由天津工业大学王秋惠教授负责，从高等工程教育国际比较及本土境遇分析出发，对高等工程教育国际认证、工程人才国际认证以及英国、美国、日本、德国、法国及俄罗斯 6 个国家的工程教育发展动态进行深入调查研究。从全球风险格局出发对工程人才需求的驱动因素、职业素养及我国工程人才未来需求进行分析预测。针对我国工程教育发展中存在问题、挑战及机遇，提出我国未来工程教育改革建设方向，并提供有益的参考和政策建议。

第五章，科学、技术、工程、数学（STEM）教育的国际比较研究。该章主要由北京航空航天大学高等教育研究院马永红教授负责，从 STEM 教育的历史出发，对以美国为代表的国际 STEM 教育政策进行分析，就其实施的现状、组织机构、教学模式等进行了全面的梳理与研究；在问卷和访谈的基础上，重点分析了我国 STEM 教育存在的问题与不足，并进一步提出了"十三五"期间我国 STEM 教育的发展规划及相关政策建议。

第六章，科学、技术、工程、数学（STEM）教育的国际比较研究。该章由京师范大学物理学系李春密教授的课题组负责，从 STEM 教育目标及实施状况、课程标准、评估状况、师资培训状况和学生学业成就五个维度，开展了全方位、立体化的国际比较研究。基于分析和比较的结果，项目组指出了我国 STEM 教育课程体系、企业支持、教师培养等方面所面临的挑战，并从加强 STEM 教育的顶层推动、提升 STEM 教师专业素养和教学投入、融入 STEM 教育理念的课程开发、完善 STEM 教育的监测与评价体系、形成 STEM 教育共同体等几个方面对 STEM 教育的实施路径提出了具体可行的建议。

第七章，促进政策创新的高校智库建设体制研究。该章由南京师范大学教育学院王建华教授课题组负责。由于缺乏政策科学研究传统、智库建设经验不足，加之政策决策体制的约束，实践中，我国高校智库在机构设置、议题研究、组织运行、服务理念、行动方式等方面存在诸多问题。为提升我国高校智库促进政策创新的能力，在机构设置上要从"行政计划"走向"政策市场"，在议题研究上要从"讲政治"走向"讲科学"，在组织运行上要从"依附性"走向"独立性"，在服务理念上要从"为领导提供参考"走向"为了公共利益"，在行动方式上要从"孤立主义"走向"协同创新"。

第八章，促进政策创新的高校智库建设体制研究。该章由北京航空航天大学高等教育研究院赵世奎研究员负责。在对我国高校智库建设现状和存在问题进行系统梳理的基础上，结合国外高校智库在用人机制、研究范式、信息支撑体系、成果传播方式等方面特点和经验的分析，从宏观、中观、微观三个层面阐述了加强我国高校智库建设的路径，并提出了加强我国高校智库建设的具体政策建议。

第九章，创新能力发展的脑认知机制及教育政策研究：认知、非认知因素、训练及学校心理环境的作用。该章由北京师范大学认知神经科学与学习国家重点实验室、心理学部陶沙教授课题组负责。基于具有良好全国代表性的中国儿童青少年心理发育特征系列数据库，系统揭示了与当前我国学生心理发展相关的学校环境、课程、活动、评价等方面的特点、城乡差异及存在的主要问题，着重揭示了学校心理环境的影响、机制和作用条件。基于科学研究证据，该章还为建立有助于儿童青少年创新能力发展的学校教育提供了有针对性的政策建议。

第十章，促进学生创新能力提升的综合素质评价研究。该章主要由北京航空航天大学人文社会科学学院赵婷婷教授负责，从我国中小学生综合素质评价提出的宏观历史背景、相关政策的历史演进出发，从认识、技术、制度三个层面详细分析了当前我国综合素质评价研究和实践中存在的问题与困境，在借鉴发达国家中小学评价经验的基础上，提出我国中小学生综合素质评价改进的政策与建议：认识层面，要正确把握综合素质评价的真正内涵；技术层面，科学运用多元化的综合素质评价方法，如建立全方位的、开放的和更具弹性的综合素质评价标准，运用多种手段对学生的行为和学习过程进行评价，同时加强对评价技术和工具的开发与研究；制度层面，加强顶层设计并完善综合素质评价的相关制度体系。

第一十章，基于证据的学习方法机理与国际比较研究。该章由北京师范大学教育学部余胜泉教授负责。在教育改革与实践的过程中，由"基于证据"的思想衍生出"基于证据的教学"和"基于证据的学习"。创客教育、STEM 教育等创新教育实践，需以"基于证据的学习机理"予以指导，基于证据的学习成为制定教育决策的重要依据。从内涵来看，基于证据的学习是通过运用一定的证据来反映学习的过程并呈现学习结果，正是通过证据的呈现，教师才得以判断学生的学习是否真正发生。在实践层面，基于证据的学习有多种实施模式，常见的有以概念图为证据表征工具的学习模式、基于问题的学习、基于项目的学习、基于设计的学习、5E 探究式教学模式等。

第十二章，促进教育创新的终身教育政策研究。该章由北京教育科学研究院职成所林世员、北京师范大学教育学部郑勤华教授负责。基于中国经济社会发展的现实需求，以"互联网+"战略为契机，明确了我国终身教育体系建设的蓝图在于构建以"互联网+"为基础的大规模个性化开放教育体系；剖析了构建这一开放终身教育体系所需要的教育组织模式、资源整合机制、教育服务模式等创新；对构建终身教育体系的制度政策进行了国际比较研究，尤其是资格框架制度和教育质量保障制度，综合设计了面向教育创新的我国终身教育体系建设的政策建议。

第十三章，促进技术创新的新生代农民工职业教育体制研究。该章由北京师范大学教育学部薛二勇教授负责。采用渐进主义政策分析模型，研究新生代农民工职业教育体制问题，并提出有针对性的政策思路和举措。主要内容包括：①新生代农民工职业教育现状调查，对新生代农民工、企业人力资源负责人和相关职能部门负责人展开调查，了解新生代农民工接受职业教育的现状、有效做法，面临的主要问题，是否及如何促进技术创新的政策建议。②促进技术创新的新生代农民工职业教育政策分析，分析国家关于新生代农民工职业教育的政策目标、体制和资源配置政策。③分析产业布局、区域功能定位与新生代农民工职业教育互动关系。④构建产业发展、区域功能与新生代农民工职业教育良性互动关系政策模式，从供给侧改革和行业企业参与机制入手，提出完善新生代农民工职业教育体制的政策建议。

全书的统稿由郑晓齐教授和张惠老师负责，全书由郑晓齐教授担任主编，具体章节的统稿工作如下：张惠负责第一章，王孙禺负责第二章，雷庆负责第三章，王秋惠负责第四章，马永红负责第五章，李春密负责第六章，王建华负责第七章，赵世奎负责第八章，陶沙负责第九章，赵婷婷负责第十章，余胜泉负责第十一章，林世员负责第十二章，薛二勇负责第十三章。

特别感谢国家自然科学基金委员会管理科学部对本书研究的高度重视和大力支持。感谢国家自然科学基金委员会副主任何鸣鸿，管理科学部主任吴启迪，常务副主任李一军，处长杨列勋，项目主任高杰、卢启程，科学出版社陈亮副总编等对课题研究思路、总体方向等提出的宝贵意见和在工作实施中的指导，以及国家自然科学基金委员会特邀评审专家教育部民族教育发展中心陈立鹏教授、中国农业大学瞿振元教授、北京大学丁小浩教授、首都师范大学薛海平教授、北京理工大学何海燕教授、中国人民大学周光礼教授。感谢各位评审专家在课题开题、中期检查和结题验收中提出的重要建议。感谢课题开展过程中各位老师、同学和相关研究人员默默无闻的贡献以及在课题调研、成果发布过程中相关部门人员的协作和支持。感谢科学出版社各位编辑为本书出版提供的指导和帮助。在此向他们表示诚挚的感谢！

尽管我们在课题研究的过程中秉持严谨、科学的研究态度，力求系统、深入而扎实地呈现详尽的研究内容，在广泛调查、充分取证、深入分析和翔实概括的基础上，提出了具有较强针对性、合理性和可操作性的政策建议，在书稿编辑的过程中进行了反复审阅与校对，但仍难免存在不足之处，恳请读者朋友们批评指正！

郑晓齐

2017 年 9 月

目　　录

第1章 创新型国家建设的人才战略及其教育对策研究

创新是引领发展的第一动力，以创新促发展是当前国家发展、民族复兴及国际竞争的大势所趋。2015 年，以习近平同志为总书记的党中央提出了新时期实施创新驱动发展战略的号召，发布了《中共中央关于制定国民经济和社会发展第十三个五年规划的建议》，指明以创新发展为首的五大发展理念。2016 年，中共中央、国务院正式印发了《国家创新驱动发展战略纲要》，强调科技创新是提高社会生产力和综合国力的战略支撑，必须摆在国家发展全局的核心位置。经过改革开放几十年的持续快速发展，中国经济总量跃居世界第二，经济发展进入新常态，依靠科技创新发挥竞争优势并打造发展引擎成为当前国家发展关注的重点。而在促进创新发展的实践道路上，教育尤其是高等教育以其肩负的人才培养、科学研究和服务社会的重要使命，成为推进国家创新发展的重要动力。正因如此，制定新时期促进创新发展的教育政策，是全面推进国家创新驱动发展战略实践的重要政策依据。

1.1 促进创新发展的战略背景

习近平总书记在 2016 年 5 月的全国科技创新大会上指出："虽有智慧，不如乘势。"①就当前我国所处的国际环境而言，正是抓住机遇并应对挑战的重要时机。当前国际发展主要呈现出以下几大基本态势。

---

① 夯实科技基础　强化战略导向—— 二论学习贯彻习近平总书记在全国科技创新大会重要讲话精神. http://www.cac.gov.cn/2016-05/31/c_1118965279.htm，2016-05-31.

1.1.1　世界多极化趋势下全球治理体系面临深度变革

世界多极化是指一定时期内对国际关系有重要影响的国家和国家集团等基本政治力量相互作用而朝着形成多极格局发展的一种趋势。自美苏争霸随着苏联解体而落幕后，世界并没有走向单极化，而是不断走向多极化，这是当今国际形势的一个突出特点。在世界多极化的趋势下，全球治理体系也在发生着深刻的变革。在此进程中，中国理应抓住发展机遇，坚持合作共赢，在全球事务中努力发挥积极性的关键作用。习近平总书记在 2013 年南非德班举行的金砖国家领导人第五次会晤中强调："不管全球治理体系如何变革，我们都要积极参与，发挥建设性作用，推动国际秩序朝着更加公正合理的方向发展，为世界和平稳定提供制度保障。"[①]作为有担当、负责任的大国，中国必然要在全球治理体系中发挥越来越重要的引领作用。

1.1.2　经济全球化趋势下国际金融危机和贸易增长乏力

自从第一次工业革命以来，资本主义生产方式迅速发展，将国际商品交换和国际分工推进到一个前所未有的高度，形成世界市场。由于两次工业革命都是在西方国家的主导下进行的，在世界市场的形成中西方国家一直占据主导地位，亚非拉地区的国家则成为工业品销售市场和原料产地。冷战结束以来，随着欧盟国家、日本等资本主义国家经济飞速发展，以及金砖五国的强势崛起，世界格局逐渐从以美国为首的"一超多强"的形势开始演变。但伴随经济全球化而来的，除了互通有无、共同发展的机遇，也有潜伏的危机。2008 年国际金融危机爆发以来，许多资本主义国家经济增长乏力、贫富分化严重。这些现象表明，当代发达资本主义国家的内部矛盾日益激化，资本主义危机呈现出一系列新表现、新特征。

1.1.3　信息化趋势下全球科技革命和产业变革深入推进

近半个多世纪以来，以集成电路、计算机、互联网、光纤通信、移动通信的相继发明和应用为代表的信息技术的发展深刻影响了人们的工作和生活。目前世界又迎来以移动互联网、物联网、大数据、云计算为代表的新一轮信息化浪潮，这将重塑信息产业生态链，推动信息化与工业化深度融合，拉开新产业革命的序幕，并且对经济和社会及全球竞争格局产生深远的影响。自古以来，科学技术就以一种不可逆转、不可抗拒的力量推动着人类社会向前发展。近现代史上历次科技和产业革命，都对全球格局和文明进步产生了深刻影响，科技革命与产业变革影响人类文明范围之广、程度之深不言自明。为此，党的十八大以来，以习近平

---

① 携手合作　共同发展——在金砖国家领导人第五次会晤时的主旨讲话. http://www.gov.cn/ldhd/2013-03/27/content_2364182.htm，2013-03-27.

同志为总书记的党中央不断强调必须把创新驱动发展战略真正落到实处，要求紧紧把握新科技革命和产业变革的世界浪潮，增强创新自信，勇于站在全球科技创新的潮头击水。

1.1.4　文化多样化趋势下国际文化交流与冲突并行发展

多样性不仅是世界文化的基本特征，也是人类文明进步的重要动力，维护和促进世界文化多样性是大多数国家的共同愿望。文化多样性原则已经在很大程度上被提升到国际社会应该遵守的伦理道德高度。党的十八大报告指出："文化多样化、社会信息化持续推进，科技革命孕育新突破，全球合作向多层次全方位拓展，"①但与此同时，文化多样化也蕴藏着不同文化之间冲突的可能。尤其是西方发达资本主义国家经济的强势扩张和经济全球化带来了商品、贸易、资金、技术和服务的全球流动，西方的意识形态、文化产品和精神价值也随之源源不断地进入广大发展中国家。不同民族文化的冲突、交流、碰撞、融合已经成为当前国际社会越发突出的现象。因此，树立文化多样性的世界眼光，是新时期中国统筹国内国际两个大局的基本要求。

1.1.5　教育国际化趋势下高层次创新人才竞争日趋激烈

就教育国际化的本质要求而言，其核心就是作为教育要素的人才在全球范围内的充分流动。在此背景下，如何培养、吸引及保留高层次创新人才便成为国际竞争的核心主题。美国利用第二次世界大战的特殊时期，针对他国科学家和青年学者，开展了一场没有硝烟的"国际人才战争"，借助教育国际化的手段，集聚了大批享誉世界的顶尖人才，铸就了美国强大的科技、经济、军事及综合实力。当今世界，人才的国际竞争特别是高层次创新人才的国际竞争日益成为决定各国核心竞争力最为关键的要素。当前中国正面临重要的战略发展机遇期，面临建设创新型国家等重大挑战。在这一系列机遇及挑战中，高层次创新人才成为实现中国重大战略发展目标中最急缺的第一资源，尤其是在教育国际化急剧发展的背景下，如何有效地培养、吸引、保留高层次创新人才，成为中国必须积极面对的重大问题。

1.2　促进创新发展的战略机遇

在 21 世纪，世界发生了深刻的变化，中国的创新发展之路也面临着重要的战

---

① 坚定不移沿着中国特色社会主义道路前进　为全面建成小康社会而奋斗——在中国共产党第十八次全国代表大会上的报告. http://news.china.com.cn/politics/2012-11/20/content_27165856.htm, 2012-11-17.

略机遇。

1.2.1 政治体制改革的深入发展

1992 年，中国正式宣布要进一步加快体制改革，以适应改革开放转型新形势。在中国，体制改革指的是为克服现有体制中的弊端，使各种体制适应社会主义现代化建设的需要而进行的体制层面的改革，其内容主要包括经济体制改革、政治体制改革、科技体制改革、文化体制改革等。其中，政治体制改革尤为重要。而政治体制改革，指的是在中国共产党的领导之下，以维护党和国家的长治久安为目标，积极、稳妥地根据"自己的情况来决定改革的内容和步骤"，以保持传统体制的优势，改革其弊端。改革开放以来，中国政府的历届领导人都强调政治体制改革是全面深化改革的重要组成部分，对经济社会发展发挥着重要的保障和促进作用。党的十八大以来，以习近平同志为核心的党中央在全面深化改革的进程中，也在积极稳妥地推进政治体制改革，以保证人民当家作主为根本，以增强党和国家活力、调动人民积极性为目标，深入推进社会主义政治文明建设，开辟了中国特色社会主义政治发展新境界。这些举措为中国创新发展提供了极好的战略保障。

1.2.2 国家经济实力的长期蓄积

1978 年，党的十一届三中全会做出了改革开放的伟大历史抉择，开启了中国经济社会发展的历史新时期。1978 年以来，面对国内外环境的复杂变化和重大风险挑战，党中央、国务院团结带领全国各族人民，砥砺奋进，攻坚克难，锐意推进改革，坚持不懈开放，中国特色社会主义不断焕发出蓬勃生机和活力，中国经济发展取得了举世瞩目的伟大成就。改革开放至今，是中国国民经济蓬勃发展、经济总量连上新台阶的时期，是中国综合国力和国际竞争力由弱变强的时期，也是中国成功实现从低收入国家向中等收入国家跨越的时期。1979 年以来，中国国内生产总值（gross domestic product，GDP）年均增速远超世界平均水平，中国高速增长期持续的时间和增长速度都超过了经济起飞时期的日本、韩国、新加坡，创造了人类经济发展史上的新奇迹。而中国的 GDP 由 1978 年的 3 679 亿元迅速跃升至 2016 年的 74.4 万亿元。经济总量居世界位次稳步提升，对世界经济增长的贡献不断提高。1978 年，中国经济总量仅位居世界第十位；2008 年超过德国，居世界第三位；2010 年超过日本，居世界第二位，成为仅次于美国的世界第二大经济体。可以预见，在不久的将来，中国有可能全面超越美国。经过 40 年的砥砺前行，中国经济实力得到了巨大提升，为创新发展战略的全面实施奠定了强大的经济基础。

1.2.3　解放思想进程的持续推进

党的十一届三中全会确立了解放思想、实事求是的思想路线，做出了改革开放的历史性决策，极大地解放了全国人民的思想，科学思考与务实创新之门从此被打开。1992 年，邓小平南方谈话推动了又一轮思想解放，指明了中国特色社会主义道路的方向。中央提出的科学发展观理念，则进一步推动了人们思想观念的转变。随着对外合作和开放的不断加深，世界现代文明中各种先进元素不断被中国人民所接纳。人们的思想观念实现了从束缚、封闭，到解放、进步、务实，再到开放、科学、创新的历史性跨越。习近平总书记也明确强调解放思想在改革进程中的巨大作用，他提出："冲破思想观念的障碍、突破利益固化的藩篱，解放思想是首要的。"①创新发展战略的实施离不开思想的解放，禁锢思想根本上有碍于创新的实现。而改革开放以来中国解放思想进程的持续、深入推进，为创新发展提供了极好的保障。

1.2.4　产业转型升级的整体发展

当前，我国经济进入增速换挡、结构优化和动力转换的新常态，在劳动力成本优势丧失、产能过剩问题严重、经济下行压力加大的背景下，我国唯有加快产业转型升级，推动产业迈向中高端，提升产业核心竞争力，才能保持之后国家经济中高速增长，顺利实现全面建成小康社会目标。因此，为了更有利于经济、社会发展，产业转型升级势在必行。而产业转型升级的关键是技术进步，在引进先进技术的基础上消化吸收，并加以研究、改进和创新，建立属于自己的技术体系。基于此，创新发展战略的意义重大。习近平总书记曾指出："适应和引领我国经济发展新常态，关键是要依靠科技创新转换发展动力。"②党的十八届五中全会也明确提出："必须把发展基点放在创新上，形成促进创新的体制架构，塑造更多依靠创新驱动、更多发挥先发优势的引领型发展。"③历史经验也表明，创新从来都是决定一个国家竞争成败和发展成效的关键。而能否真正实现创新发展战略，引领产业转型升级，决定着我国制造业的国际竞争力与影响力，决定着我国未来很长一段时间内的发展进程。

---

① 关于《中共中央关于全面深化改革若干重大问题的决定》的说明. http://politics.people.com.cn/n/2013/1116/c1024-23560847.html，2013-11-16.

② 习近平参加十二届全国人大三次会议上海代表团审议. http://www.81.cn/sydbt/2015-03-05/content_6381836.htm，2015-03-05.

③ 十八届五中全会提出新的发展目标 创新摆在核心位置. http://politics.people.com.cn/n/2015/1031/c1001-27760482.html，2015-10-31.

1.2.5 高层次人才战略的坚定实施

为了更好地促进我国的改革开放事业，我国一直坚定地执行着高层次人才战略。具体而言，从我国自身的发展来看，我国正在经历全方位的深刻转型，需要由要素驱动、效率驱动阶段向创新驱动阶段迈进。所有这些都需要在世界范围内吸引和凝聚大量具有创新、创业精神的人才，尤其是高层次人才。当前我国正积极实施人才优先发展战略，深化人才领域体制机制改革，强化人才创新创业激励机制，实行更积极、更开放、更有效的人才引进政策，进一步完善海外人才引进方式，实施更大力度的海外高层次人才引进计划，为高层次人才提供更加便利的生活工作条件，为各类人才干事创业营造更良好的环境。习近平总书记在中国科学院第十七次院士大会、中国工程院第十二次院士大会中指出："创新的事业呼唤创新的人才"，"实现中华民族伟大复兴，人才越多越好，本事越大越好"，"知识就是力量，人才就是未来。我国要在科技创新方面走在世界前列，必须在创新实践中发现人才、在创新活动中培育人才、在创新事业中凝聚人才，必须大力培养造就规模宏大、结构合理、素质优良的创新型科技人才。""要把人才资源开发放在科技创新最优先的位置。"①高层次人才战略的坚定实施，无疑为创新发展战略的实现奠定了坚实的人才基础。

1.3 促进创新发展的战略基础

了解当前我国国际竞争力及高等教育的发展现状，明确其在国际市场中的竞争力和国际地位，是制定我国教育发展战略的重要基础。总体而言，目前我国创新驱动发展已具备发力加速的基础。

1.3.1 中国国际竞争力

该部分将从科技竞争力、经济竞争力、人才竞争力、创新竞争力和创业竞争力这五方面依次分析中国当前的国际竞争力。

1）科技竞争力

《联合国教科文组织科学报告：面向 2030 年》报告显示，中国各方面指标上的快速增长反映出其科研体系时代的到来，就投资、研究者和出版物的数量而言，中国的研究体系正在走向成熟。"十二五"以来，特别是党的十八大以来，

---

① 习近平在中国科学院第十七次院士大会、中国工程院第十二次院士大会上的讲话. http://cpc.people.com.
cn/n/2014/0609/c64094-25125270.html，2014-06-09.

党中央、国务院高度重视科技创新，中国科技创新步入以跟踪为主转向跟踪和并跑、领跑并存的新阶段，正处于从量的积累向质的飞跃、从点的突破向系统能力提升的重要时期，在全球创新版图中的位势进　步提升，已成为具有重要影响力的科技大国。《2016 年美国科学与工程指标》（2016 Science & Engineering Indicators）的报告显示，中国已成为世界科技人力资源第一大国。截至2015年，中国全社会研究与试验发展经费支出达 14 220 亿元；国际科技论文数量稳居世界第 2 位，被引用数升至第 4 位；全国技术合同成交金额达到 9 835 亿元；国家综合创新能力跻身世界第 18 位。经济增长的科技含量不断提升，科技进步贡献率从2010 年的 50.9%提高到 2015 年的 55.3%。高速铁路、水电装备、特高压输变电、杂交水稻、第四代移动通信、大飞机、对地观测卫星、北斗导航、电动汽车等重大装备和战略产品取得重大突破，部分产品和技术开始走向世界。科技体制改革向系统化、纵深化迈进，中央财政科技计划（专项、基金等）管理改革取得实质性进展，科技资源统筹协调进一步加强，市场导向的技术创新机制逐步完善，企业技术创新主体地位不断增强。科技创新国际化水平大幅度提升，国际科技合作深入开展，国际顶尖科技人才、研发机构等高端创新资源加速集聚，科技外交在国家总体外交中的作用日益凸显。

2）经济竞争力

改革开放以来，中国经济基本保持着中高速增长态势，GDP由1978年的3 679亿元增至 2015 年的 689 052 亿元，增长了约 186 倍。根据世界银行的统计数据，1978~2015 年，中国经济总量在世界经济中的比重由 1.7%升至 14.8%，落后第一名美国 9 个百分点，领先第三名日本 9 个百分点，稳居世界第二大经济体。以购买力平价来衡量，中国的国民总收入（gross national income，GNI）从 2014 年起就超过美国，位居世界第一。《全球经济展望 2017 年》的最新统计数据显示，2016 年中国经济增长率从 6.6%上调至 6.7%，超过印度成为全球经济增长率第一的国家。作为持续的经济再平衡的一部分，其增长主要集中在服务业，而工业生产稳定在中等水平。国内经济需求方面的再平衡也是显而易见的，主要体现在：消费增长势头强劲，投资增长从危机后的高峰期有所放缓，以及非私营部门的投资增长加速。世界银行 2017 年 2 月发布的《全球经济展望 2017 年》有关 2016 年全球各国 GDP 数据显示，全球 GDP 总量达 74 万亿美元。其中，GDP 总量排名第一的美国（18.03 万亿美元）占比 24.36%；排名第二的中国（11 万亿美元）占比14.86%，远超日本（4.38 万亿美元）、德国（3.36 万亿美元）、英国（2.86 万亿美元）、法国（2.42 万亿美元）等国。

3）人才竞争力

人才竞争力是国际竞争力的重要组成部分。人才竞争力是指一个国家吸引、培养和保留有助于提高该国生产力的人力资本的政策和实践的集合，是一个国家人才资源的数量、质量、产生的经济效益和成长环境等各类因素的有机综合和高度凝聚。2017 年 1 月由瑞士德科集团（Adecco）、英士国际商学院（The Business School for the World，INSEAD）和新加坡人力资本领导能力研究院（Human Capital Leadership Institute，HCLI）联合发布的 2017 全球人才竞争力指数（Global Talent Competitiveness Index，GTCI）报告中，中国在纳入统计的 118 个国家中排名第 54 位，在亚洲排名第 8 位。在金砖国家中，领先其他 4 个国家：俄罗斯（第 56 位）、南非（第 67 位）、巴西（第 81 位）、印度（第 92 位）。

在构成人才竞争力的 6 项指标——效能、吸引力、成长力、持续力、职业技能（vocational and technical skills，VT Skills）、全球知识技能（global knowledge skills，GK Skills）的测评中，中国在成长力和全球知识技能方面的成绩表现突出，分别列居世界排名第 39 位和第 27 位。

总体而言，中国在多个人才指标方面都呈现出逐步上升的趋势，在人才队伍建设方面呈现出迅猛发展的态势。中国在人才队伍方面的优势主要来自中国的人才潜力，这主要得益于中国劳动力数量巨大及教育水平的不断提高。在上榜的全球城市人才竞争力指数排名中，上海跃居世界第 37 位。

4）创新竞争力

由世界知识产权组织（World Intellectual Property Organization，WIPO）、康奈尔大学（Cornell University）和英士国际商学院联合发布的全球创新指数（Global Innovation Index，GII）报告，主要根据世界各经济体的创新能力和结果对世界多个国家和地区的创新指数进行排名。在《2016 年全球创新指数》报告根据收入类型列出的全球总体排名中，中国列居中高收入国家的第一名，国际创新指数为 50.57，列居全球总体排名第 25 位（图 1-1）。全球创新指数前 25 名由在创新方面持续领先的高收入国家稳稳盘踞。其中，中国在"市场成熟度"与"制度"这两个支柱获得高分，高于它现在所属的前 11~25 名这一群体的平均得分（图 1-2）。同时中国在本国人专利申请量、本国人实用新型申请量、高新技术出口和创意产品出口等指标，以及全球研发公司、国内市场规模、企业研究人才和本国人工业品外观设计申请量这些新指标上的得分都很靠前。

5）创业竞争力

《全球创业观察 2016/2017 报告》（*The Global Entrepreneurship Monitor Global Report 2016/2017*）于 2017 年 4 月正式发布，报告显示，中国社会环境对创业者的整体评价保持在较高水平。2016 年，中国早期创业活跃度相比 2015 年下降，也是连续两年来的下降。中国创业者不惧怕失败的比例在全球处于较高水平。中国创业者对自身产品与服务的创新水平的认知高于效率驱动经济体的平均水平，但与创新驱动经济体相比还有较大差距。中国的创业环境正在持续完善和

国家/经济体	得分（0~100）	全球排名	收入	收入排名	地区	得分区域排名	效率比	效率比排名	中位数：0.65
瑞士	66.28	1	高	1	欧洲	1	0.94%	5	
瑞典	63.57	2	高	2	欧洲	2	0.86%	10	
英国	61.93	3	高	3	欧洲	3	0.83%	14	
美国	61.4	4	高	4	北美洲	1	0.79%	25	
芬兰	59.9	5	高	5	欧洲	4	0.75%	32	
新加坡	59.16	6	高	6	东南亚、东亚和大洋洲	1	0.62%	78	
挪威	52.01	22	高	22	欧洲	13	0.68%	55	
比利时	51.97	23	高	23	欧洲	14	0.78%	27	
爱沙尼亚	51.73	24	高	24	欧洲	15	0.91%	6	
中国	50.57	25	中高	1	东南亚、东亚和大洋洲	7	0.9%	7	
马耳他	50.44	26	高	25	欧洲	16	0.98%	2	

图 1-1　2016 年全球创新指数排名情况

资料来源：Doutta 等（2016）

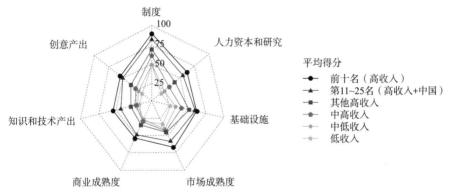

图 1-2　2016 年中国全球创新指数分指数及得分图

资料来源：Doutta 等（2016）

提升，除了学校创业教育和商业/法律基础服务这两项，其他指标的创业环境评分均高于亚太地区的平均分。

　　在 2016 年创业资金的世界排名方面，中国超过了美国、法国等欧美发达经济体，位居世界第二。在国内市场动态创业的世界排名中，中国也仅次于韩国，位居世界第二。在文化与社会规范的世界排名中，中国位居第八。而在中学后创业教育的世界排名中，中国位居第十一。

　　以"二十国集团（G20）背景下的中国创业"为主题的《全球创业观察（GEM）2015/2016 中国报告》显示，中国创业活动在二十国集团中处于较活跃状态，中国早期创业活动指数为 12.84%，比大多数创新驱动国家，如美国

（11.88%）、英国（6.93%）、德国（4.70%）和日本（3.83%）更活跃。中国创业活动的主体是青年，占创业者总体比例的 41.67%。中国创业带动就业能力较好，创业能力的国际导向有待提高。中国创业生态环境总体表现良好，创业资金主要来源于自有资金。中国创业生态环境在市场开放程度和政府政策方面的表现较为突出。

1.3.2 中国高等教育国际竞争力

我国高等教育自 2002 年在数量规模上进入大众化发展阶段以来，正处于复杂变化、多重任务、多方面转型的改革发展时期。在高等教育的整体规模方面，我国建成了世界上规模最大的高等教育体系。2015 年，我国高中阶段教育毛入学率达到 87%，高等教育毛入学率达到 40%。截至 2017 年，我国拥有 2.7 亿名在校学生，50 多万所学校，1 600 多万名教师，建成了从学前教育到高等教育、从普通教育到职业教育等各级各类完备的国民教育体系。根据《2015 年全国教育事业发展统计公报》，自"十二五"以来，我国高校学生规模均数首次破万，由 2014 年的校均 9 995 人，上升到 2015 年的 10 197 人；高等教育毛入学率达到 40%，提前实现了《国家中长期教育改革和发展规划纲要（2010—2020 年）》所提出的到 2020 年实现高等教育毛入学率达到 40%的目标。从近 8 年高等教育运行态势的数据指标可知，我国高等教育正在稳定中持续发展。教育部 2016 年发布的《中国高等教育质量报告》显示，截至 2015 年，我国共有各类高等学校 2 852 所，位居世界第二；高等教育在学总规模 3 647 万人，比 2010 年增长 17.5%，位居世界第一。

在高等教育学科发展方面，教育部 2016 年 7 月发布的《2015 年全国教育事业发展统计公报》显示，我国工科和理科的在校学生数远超其他学科在校学生数，在所有学科的在校学生比例中占据突出位置，可以说，在学科领域的选择上，工科和理科仍然是大多数学生的选择（图 1-3）。

在高等教育的整体质量方面，教育部 2016 年发布的《中国高等教育质量报告》显示，中国高等教育质量"软实力"显著增强，特色发展势头强劲；质量的"硬指标"高速增长，部分"985"高校硬件达到世界一流水平；质量的"保障体系"开始迈入世界先进水平。

1）中国高等教育系统竞争力分析

高等教育系统竞争力的国际排名是高等教育国际竞争力的重要体现。在英国QS 全球教育集团及世界 21 大学联盟（Universitas 21）2016 年发布的全球高等教育系统实力排行榜中，中国高等教育体系表现出色并引人关注。QS 全球教育集团2016 年首次发布的全球高等教育系统实力排名（QS Higher Education System Strength Rankings 2016）显示，高等教育系统实力最强的 10 个国家或地区中，除了欧美强国外，还有亚洲国家中国、韩国和日本。亚洲国家中国的排名最靠前，位

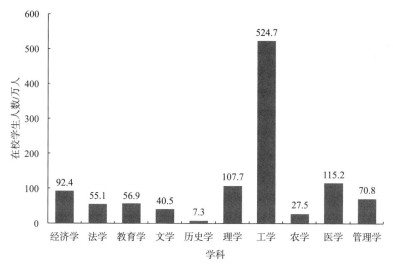

图 1-3　2015 年中国高等院校各学科在校学生人数统计

资料来源：根据《2015 年全国教育事业发展统计公报》整理

列全球第八、亚洲第一，而且中国在教育公平、财政收入和顶尖大学方面的成绩表现尤为突出（图 1-4）。这是中国高等教育体系首次在类似排名中超过部分七国集团成员国家，表明中国的高等教育体系在亚洲主要国家和地区中居优势地位。

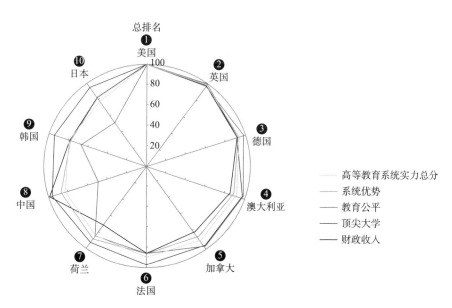

图 1-4　2016 年全球高等教育系统实力榜单及高等教育十强国家的优势和弱势

资料来源：根据 2016 年 QS 全球教育集团发布的全球高等教育系统实力排名整理

2）中国大学及学科竞争力分析

大学的全球排名显示出了一国高等教育的国际竞争力。根据学术声誉、雇主声誉、教师学生比、教职论文引用、国际教师比、国际学生比这六项指标进行综合排名的"QS 大学排名"2016/2017 年度的榜单显示，中国（不包括台湾地区）共 24 所高等院校进入全球 TOP 500。从汤森路透（Thomson Reuters）公布的 2016年 11 月基本科学指标数据库（Essential Science Indicators，ESI）的数据来看，北京大学国际排名第 128 位，入选 ESI 前 1%学科总数 21 个。浙江大学国际排名第145 位，比 2016 年 9 月进步 3 位，入选 ESI 前 1%学科总数 18 个。清华大学国际排名第150位，入选ESI前1%学科总数16个。北京大学、浙江大学、清华大学、上海交通大学和复旦大学 5 所高校进入国际排名前 200 位。英国自然出版集团发布的《2017 年自然指数排行榜》（*Nature Index 2017 Tables*）显示，2017 年中国的大学中，北京大学、南京大学和清华大学位居前 3 位，中国科学技术大学居于第 4 位，这 4 所大学在全球都可以排在前 20 名。

3）中国高等教育科研竞争力分析

在科研产出的国际竞争力方面，《2016 年自然指数排行榜》显示，根据加权分数式计量（weighted fractional count，WFC），中国是全球高质量科研论文的第二大贡献国，仅次于美国，排在中国之后的是德国、英国和日本。在自然指数排名前 10 的国家中，只有中国在 2012~2015 年呈现出 13%的两位数的年均增长率，并且有些中国大学的年复合增长率高达 25%。中国科学院（Chinese Academy of Sciences，CAS）仍然是自然指数中位列全球第一的科研机构，评分超第2名哈佛大学近 600 分，居第 3 位的是法国国家科研中心（Centre National de la Recherche Scientifique，CNRS）。中国科学技术信息研究所 2016 年发布的中国科技论文统计结果，从多个维度反映和体现了中国科学研究的水平和中国在世界上的科技地位，结果显示其中一些指标中国已经达国际一流。此外，中国高被引国际论文数量、国际热点论文数量双双进入世界排名第 3 位，排在美国、英国之后；中国 8 个学科领域的论文被引用次数排名世界第 2 位；中国发表在各学科最具影响力国际期刊上的论文数量连续 6 年排在世界第 2 位。在科研人才竞争力方面，根据 2016 年 ESI 的数据分析结果，全球共有 3 266 人次研究人员入选高被引作者名单，中国共有 182 位学者入选。

结合历史与现实、国际与国内的发展情况，无论从科技竞争力、经济竞争力、人才竞争力、创新竞争力，还是从创业竞争力的角度来看，中国的国际竞争力都达到了近代以来前所未有的高度，各方面的发展条件已经为创新驱动发展战略的实施提供了发力加速的基础。

1.4　促进创新发展的教育战略

促进创新发展战略主要依靠新型的科技创新，以替代传统的劳动力及资源能源驱动，其创新的目的是发展，而非仅仅提升科技成果产出量和论文发表量。因此，我国创新驱动发展战略的关键是依靠科技引领和教育支撑，特别是高等教育理念和发展方向要与时俱进。

1.4.1　战略意义

1）教育促进创新发展是提升中国国际竞争力的有效途径

全球新一轮科技革命、产业变革和军事变革加速演进，科学探索从微观到宏观并向纵深拓展，颠覆性技术不断涌现，正在重塑世界竞争格局、改变国家力量对比。随着创新驱动成为许多国家谋求竞争优势的核心战略，国际组织及世界各大国都在积极开展教育领域的新时期战略部署，如联合国教育、科学及文化组织（United Nations Educational, Scientific and Cultural Organization，UNESCO）2015 年推出了勾勒全球未来教育蓝图的《教育 2030 行动框架》（*Education 2030 Framework for Action*），倡导各国政府根据教育优先、国家发展战略、制度能力和资源可利用性，将全球教育目标转化为国家目标。欧盟推出了斥资 800 亿欧元的集欧盟所有科研与创新资金于一体的科研计划——《地平线 2020 计划》，重点开发面向 2020 年及以后的欧洲科研基础设施、人力资源的创新潜力及欧洲科研国际合作。德国推出了《德国 2020 高技术战略》旗下的"工业 4.0 战略"及"数字化教育战略 2030"，旨在利用创新驱动、新技术及服务等应对全球化挑战。美国推出了《美国联邦教育部国际战略（2012-2016）》，旨在提升美国的全球竞争力和现代科学技术以推动科技创新和经济增长。以教育促进创新发展已经成为世界大国竞争的新赛场，谁主导创新，谁就能主导赛场规则和比赛进程。中国既迎来赶超跨越的难得机遇，也面临差距拉大的严峻挑战，只有努力在创新发展方面进行新部署、实现新突破，才能紧跟世界发展大势，把握发展的主动权。

2）教育促进创新发展是促进经济发展方式转变的根本

新一轮科技革命与中国工业转型升级的历史性交汇，迫切需要各类高级技术人才和创新型人才，为实现"中国制造 2025"的战略目标提供人力资本支撑。首先，经济发展与产业转型升级直接依赖于劳动者的受教育程度。其次，教育与人口城镇化水平高度关联。教育水平的提高是农村人口走进城市、加快城市化进程的一个先决条件。美国学者米凯·吉瑟的研究表明，农村居民教育水平每提高 10%，就能多引导 6%~7%的农民迁出农村，进入城镇从事非农产业。最后，服务业主导的经济结构迫切要求加快教育事业发展并提高劳动者的受教育程度。总体而言，促进经济发展方式转变，本质上仍然需要以促进创新发展为导向的教育改革。

3）教育促进创新发展是迎接科技革命与挑战的必然选择

创新发展是我国科技进步的必然选择。在科技发展方面，应勇于挑战最前沿的科学问题，力争在重要科技领域实现跨越发展，紧跟甚至引领世界科技发展新方向，掌握新一轮全球科技竞争的战略主动权。近 500 年以来世界经历了数次科技革命，一些欧美国家抓住了蒸汽机革命、电气革命和信息技术革命等重大机遇，一跃而成为世界强国。要实现中华民族伟大复兴的中国梦，科学技术是革命力量和有力杠杆。因此，创新驱动的关键是科技创新能力，而科技创新能力的根本驱动力是教育，尤其是高等教育，科技创新能力的最终载体实际上是创新型的人力资本。在各类教育中，高等教育与经济社会发展的关系最为紧密，对科技创新的贡献也最为直接、最为明显，因此，高等教育肩负着创新驱动发展最为重要的任务。

4）教育促进创新发展是国家创新体系建设的有力支撑

习近平总书记在 2016 年 5 月的全国科技创新大会上指出："成为世界科技强国，成为世界主要科学中心和创新高地，必须拥有一批世界一流科研机构、研究型大学、创业型企业，能够持续涌现一批重大原创性科学成果。"[①]高校作为国家创新体系建设的主体，在国家创新体系建设中发挥着举足轻重的作用。根据《国家中长期科学和技术发展规划纲要（2006-2020 年）》的设计，建设技术创新体系，要产学研结合，在大幅度提高企业自身技术创新能力的同时，建立科研院所与高等院校积极围绕企业技术创新需求服务、产学研多种形式结合的新机制，促进科研合作和资源集成；努力形成一批高水平、资源共享的基础科学和前沿研究基地；建设区域创新体系，要求发挥高等院校、科研院所和国家高新技术开发区在区域创新体系中的作用，增强科技创新对区域经济社会发展的支撑力度；建设科技中介服务体系，充分发挥高等院校、科研院所和各类社团在科技中介服务中的重要作用。可以看出，高校是国家创新体系的重要主体，在国家创新体系的各个方面都发挥着重要的作用。

5）教育促进创新发展是人才强国的战略选择

当今世界多极化趋势曲折发展，经济全球化不断深入，科技进步日新月异，人才资源已成为最重要的战略资源，人才在综合国力竞争中越来越具有决定性意义。世界主要国家都在寻找科技创新的突破口，而高端人才日益成为全球科技竞赛的决胜点。我国政府高度重视人才工作，在建设人才强国战略的基础上推出了

---

① http://www.xinhuanet.com/politics/2016-05/31/c_1118965169.htm.

多项重大人才计划，而教育尤其是高等教育肩负着高层次人才培养的重任，应突出"高精尖缺"为导向的人才培养重点，大力开发经济社会发展重点领域急缺的专门人才和创新型科技人才，统筹推进高素质人才队伍建设，完善人才工作管理制度，创新人才选拔和聘任机制，建立具有国际竞争力的人才制度优势。

1.4.2 战略目标

到 2030 年基本建成中国特色创新型教育体系，助力国家科技创新体系建设。促进教育自主创新能力显著增强，教育助推国家科技与经济社会发展的能力显著增强，为国家创新体系建设提供有力支撑。基础科学和前沿技术研究综合实力显著增强，取得一批在世界具有重大影响力的科学技术成果，推动我国跻身世界创新型国家、人力资源强国和人才强国行列，为我国在 21 世纪中叶成为世界科技强国奠定基础。

到 2030 年初步形成教育的创新发展格局，形成面向未来发展、迎接科技革命、促进产业变革的教育创新发展格局，突破制约教育改革的体制及机制等瓶颈问题，并在若干重大研究领域形成独特优势。一是若干重大科研项目和公关项目进入全球领先行列；二是成长起一批具有国际竞争力的创新型科研团队和学科集群；三是建设协同创新机制，在创新平台与基地建设、应用研发与产业发展、创新团队建设等方面大力开展工作，建成一批协同创新中心；四是创新环境更加优化，激励高等教育创新的政策法规更加健全，知识产权保护更加严格，形成崇尚创新创业、勇于创新创业、激励创新创业的价值导向和文化氛围。

到 2030 年建成创新驱动型世界高等教育强国，成为世界主要科学中心和创新高地，为实现中华民族伟大复兴的中国梦提供强大支撑。一是将科技研发和人才培养作为高校的重要战略使命，使创新成为教育政策制定和制度安排的核心；二是基于教育服务科技兴国和促进创新发展的战略使命，教育政策与体制改革全民开展，高等教育科研产出及转化能力显著提升；三是拥有一批世界一流的大学和学科，涌现出一批重大原创性科学成果和国际顶尖水平的科学大师，成为全球高端人才创新创业的重要聚集地。

到 2030 年，在我国教育若干重要方面实现以下目标：教育法律法规体系和执法体制机制更加健全，教育治理体系和治理能力现代化水平明显提升；创新人才供给能力明显提升，人才培养结构更趋合理，国际竞争的能力显著增强。提高高等教育发展水平，若干所大学和一批学科进入世界一流行列，若干学科进入世界一流学科前列，建成服务国家战略的创新基地和新型高校智库（university affiliated think tank），全面提升创新服务能力。教育质量全面提升，教师素质进一步提高，教育信息化实现新突破，形成信息技术与教育融合创新发展的新局面；实现更加公平的全民教育，城乡、区域、学校之间差距进一步缩小，形成更加成熟稳定的中国特色教育体系制度。

1.4.3　战略原则

1）坚持教育在促进创新发展中的引领作用

高等教育是科学技术第一生产力和人才第一资源的重要结合点，是国家创新体系建设的重要基础和生力军，既是高层次创新人才培养的重要基地，又是基础研究和高技术领域创新成果的重要源泉，担负着在基础研究和前沿技术领域取得原创性突破、推动国家原始创新能力提高的重要使命。高校作为科学技术第一生产力和人才第一资源的重要结合点，肩负着培养创新人才和提升创新能力的双重使命，承担着服务重大需求和推动科技进步的双重责任。因此，必须深刻认识到教育，尤其是高等教育在实施创新驱动发展战略中的地位，充分发挥高等教育作为创新源头的作用。高校作为知识经济时代知识创新的主要生产者和创造者，一方面要通过智力集成和创新思维对国家重大需求做出回应，满足社会需要；另一方面应着眼于国民经济和社会生活的重大科技问题，凝聚知识，创新技术，成为经济增长和社会发展的"发动机"。

2）坚持教育在创新型高素质人才供给中的支柱作用

创新驱动实质上是人才驱动，人才是创新发展最宝贵、最稀缺的资源，推动创新发展，加快实施人才优先发展是关键。习近平总书记指出："教育是提高人民综合素质、促进人的全面发展的重要途径，是民族振兴、社会进步的重要基石，是对中华民族伟大复兴具有决定性意义的事业。"[①]要充分发挥教育，尤其是高等教育人才培养的重要功能。围绕大家反映强烈的突出问题推进人才政策创新，解人才发展之急。优化人才培养结构，提升创新型、复合型、应用型和技术技能型人才培养的比重，树立科学的人才培养观念，提高人才培养质量，健全人才培养保障机制和评价体系，为国家创新发展创造更大的人才红利。

3）坚持教育在扩大对外开放中的枢纽作用

坚持以全球视野谋划和推动创新，充分挖掘和利用全球创新资源，全面提升我国在全球创新格局中的位势。通过教育在人文交流与文化共建中的独特优势，积极开展全球和区域性教育合作与交流，打造区域教育对外开放特色，提升对外开放的层次和水平，提高留学教育质量，优化教育对外开放布局。积极参与全球教育治理，开展国际援助和多边教育合作，充分利用国际组织平台，推广我国教育改革发展的创新经验，力争成为若干重要教育领域的引领者和重要规则制定的参与者。

---

① 习近平：做党和人民满意的好老师——同北京师范大学师生代表座谈时的讲话. http://cpc.people.com. cn/n/2014/0910/c64094-25629946.html，2014-09-10.

1.4.4　战略任务

1）发挥教育在推动科技体系创新中的源头作用，提升原始创新能力

大力推进以科技创新为核心的教育创新，积极参与建设以高校为源头的科技创新体系，实现高校科技创新、制度创新、开放创新的有机统一和协同发展。充分发挥高校知识创新主力军、技术创新重要方面军、科技成果转化生力军，以及在国家和区域创新体系建设中的骨干引领作用，鼓励引导高校建立具有自身特点的创新体系发展模式，着重在理论探索、技术创新及服务发展方面做出更大贡献。坚持国家战略需求和科学探索目标相结合，加强对关系全局的科学问题的研究部署，提升原始创新能力。

2）聚焦我国重大战略需求，优化教育创新发展布局，打造教育优先发展领域

引导高校聚焦国家重大战略，充分发挥高校技术创新优势，通过学科链和产业链的联动实现与市场对接；进一步优化教育部科学技术委员会组织结构和运行机制，提升高校系统凝练提出国家重大项目建议、组织承担国家重大科技项目的能力。加快建设一批国家实验室和国家科学中心，在若干优势领域培育一批瞄准国家战略目标和世界科技前沿、致力于战略科技重大攻关和前沿基础研究、代表国家能力的国家实验室和科学中心。

3）壮大教育创新主体，培养大批高端科技人才，建设高水平师资队伍，引领创新发展

培育世界一流创新型企业，建设世界一流大学和一流学科（简称"双一流"建设），建设世界一流科研院所，发展面向市场的新型研发机构，构建专业化技术转移服务体系。加快建设科技创新领军人才和高技能人才队伍。围绕重要学科领域和创新方向造就一批世界水平的科学家、科技领军人才、工程师和高水平创新团队，注重培养一线创新人才和青年科技人才，改革人才培养模式，把科学精神、创新思维、创造能力和社会责任感的培养贯穿教育过程。完善高端创新人才和产业技能人才"二元支撑"的人才培养体系。

1.5　促进创新发展的教育对策

1.5.1　坚持教育在促进创新发展中的基础性、先导性和引领性作用，突出高等教育在教育促进创新发展中的主体地位

1）科学决策服务教育改革，重视基础性、前沿性研究

要实现我国教育促进创新发展的宏伟战略目标，需要高质量的研究为教育决

策提供支撑，需要科学的决策为教育发展提供行动指南，需要高效的创新破解教育难题，为教育决策提供强有力的智力支持和知识贡献。要着力提升高校基础研究和前沿技术研究的原始创新能力、关键共性技术的有效供给能力，超前部署对国家长远发展具有带动作用的战略先导研究、重要基础研究和交叉前沿研究，大力支持高校牵头承担国家重大基础研究计划，产出具有国际水平的重大原创成果。

2）改革考试招生制度，探索多元录取制度

推进普通高校考试招生制度综合改革试点，逐步推广实施高考综合改革方案，探索基于统一高考和高中学业水平考试成绩。参考综合素质评价的多元录取机制，完善高中学业水平考试，覆盖国家规定的所有学习科目，加强命题和考试的组织保障，确保考试安全有序、成绩真实可信。深化考试内容改革，着重考查学生独立思考和运用所学知识分析问题、解决问题的能力。大幅度减少并严格控制考试加分项目，规范并公开自主招生办法、考核程序和录取结果，探索研究生多元化招生选拔机制。

3）实施高中生综合素质评价改革，促进创新能力提升

改进综合素质评价方法，实施多元化评价，包括评价方式、评价标准、评价主体的多元化。将过程性评价与终结性评价相结合，重视采用表现型评价，构建促进创新能力提升的综合素质评价的支持机制。加大宣传力度，树立综合素质评价新观念，实施课程改革，为综合素质评价提供支撑。在招生录取制度改革方面，将综合素质评价纳入高考体系，构建独立的专业化决策机制。促进创新能力提升的综合素质评价制度保障，完善综合素质评价机构建设，形成组织保障机制，完善综合素质评价的制度建设，确保学生综合素质档案真实可靠。

4）加强高校新型智库建设，促进科学民主决策

建成一批服务国家战略的创新基地和新型智库，创新服务能力全面提升。为有效提升我国高校智库促进政策创新的能力，我国特色新型高校智库建设需要针对智库建设的计划性、政策研究的科学性、大学智库的独立性与公共性以及政策创新的协同性等方面存在的问题，及时在体制层面做出创造性的应对。在机构设置上要从行政计划走向政策市场，在议题研究上从讲政治走向讲科学，在组织运行上从依附性走向独立性，在服务理念上从为领导提供参考走向服务公共利益，在行动方式上要从孤立主义走向协同创新。

5）构建面向教育创新的终身教育体系，建立国家资历框架

大规模个性化开放终身教育体系是在对社会各种教育资源充分整合的基础上，形成的为学习者提供终身、灵活、开放学习服务的系统。它对传统教育运行体系的管理制度和模式提出了新的要求。构建国家资历框架应从三方面入手：成立国家级专门机构，统筹各部委与各行各业建设国家资历框架；制定国家层次终身教育法律

法规，规范资历框架的建设和应用；促进学习成果认证、积累和转换，建立学分银行制度。国家质量保证体系是解决终身教育质量问题和满足未来教育发展的重要举措。我国应充分学习借鉴国外已有的教育质量保障标准，结合我国教育发展的实际，尽快出台国家层面的教育质量保障标准。依托教育行政部门、第三方质量检测中心和组织实施机构等，构建我国终身教育质量保证组织体系。

6）加快构建现代职业教育体系，创造更大人才红利

职业教育是国民教育体系和人力资源开发的重要组成部分，肩负着培养多样化人才、传承技术技能、促进就业创业的重要职责。从体制和资源配置入手，结合产业发展需求和区域功能定位，完善促进技术创新的新生代农民工职业教育政策体系。创新现代职业教育体制，明确职业教育的法律地位，建立校企合作的保障制度，突破职业学校毕业生出口限制。改革职业教育供给侧，创新职业教育的提供方式，充分发挥市场机制的作用，创新和扩大教育服务多样化供给。创新体制机制，有效建设高质量职业院校教师队伍，行业企业多元参与职业教育体制改革。

7）加快高水平大学建设，鼓励新兴学科和交叉学科建设

建设"双一流"是党中央、国务院为提升我国教育发展水平、增强国家核心竞争力、奠定长远发展基础做出的重大战略决策。要坚持以"中国特色、世界一流"为核心要求，按照"一流大学"和"一流学科"两类布局建设高校，引导和支持具备较强实力的高校合理定位、办出特色、差别化发展。支持一批达到或接近世界先进水平的学科，加强建设关系国家安全和重大利益的学科，鼓励新兴学科、交叉学科，布局一批国家急需、支撑产业转型升级和区域发展的学科，积极建设具有中国特色、中国风格、中国气派的哲学社会科学体系。

8）建设创新型领军学科和交叉学科群，支持科技协同创新

为提升高校的原始创新和集成创新能力，应重点形成一批有国际竞争力的新型领军学科和交叉学科群，促进多学科交叉融合，通过组织重大科研项目和建设重点科研基地等方式，积极探索推动跨学科、跨领域、跨单位的科技合作和集成创新，支持建设科学技术创新中心和创新联盟。高校要打通一级学科或专业类下相近学科专业的基础课程，开设跨学科专业的交叉课程，探索建立跨院系、跨学科、跨专业交叉培养创新创业人才的新机制，促进人才培养由学科专业单一型向多学科融合型转变。

1.5.2　发挥理工科教育优势，优化工程人才结构，突出工程教育在促进科技创新发展中的引擎带动作用

1）引导工程人才培养类型和定位多样化，增加高层次人才比重

我国工程教育的规模在我国整个高等教育体系和全球工程教育体系中都超过

1/3，我国作为工程教育大国的地位在相当长的时期内都不会改变。因此，规模对于我国工程教育来说不是大问题，重要的是进一步优化结构。根据我国工程技术领域对人才的需求，应在不同层次设计多种学位制度，引导人才培养类型和定位多样化。与发达国家相比，我国工程教育高职高专层次的比重较大，而工业界对高层次研发人才和应用人才会有越来越多的需求，因此应适当提升人才培养的重心，逐步地增加培养高层次人才的比重。

2）扩大工程教育专业口径，从直接管理转向指导服务

经过多年的改革，我国工程教育专业种数持续减少，每一专业的覆盖面趋向扩大。但由于专业与高校的基层学术组织和教师的归属挂钩，加之用人单位和社会上其他相关人士对专业的理解简单化，专业划分仍比较细。当社会上出现了新的产业或新的人才需求，用人单位就会呼吁大学设置新的专业，学校也会首先想到增设专业以满足社会需要，而不是去考虑其他的解决方案。教育主管部门对高校设置专业从直接管理转向指导和服务，引导高校、用人单位和学生、家长从课程体系、培养过程上理解专业的内涵，把专业设置的权限真正还给高校，通过发布相关数据，开展专业认证等方式，帮助高校科学地设置专业。

3）形成专业层面可查的学习结果，逐级细化质量标准

我国工程教育专业培养目标表述长期以来过于笼统，不同高校、不同专业的培养目标表述相似度也非常高。培养目标既无法作为编制课程的依据，也很难用于核查培养质量是否达到标准。高校工程专业应根据各自的办学理念、服务面向、培养人才定位，对其规定的毕业生要求，即学生学习结果，进行增减或调整。同时，将各项要求落实到相应的课程和培养环节，并探索科学、有效的评价方法和反馈机制。通过定期评价和反馈，及时改进人才质量评价标准。

4）实现工程教育国际化，紧跟国际步伐

人类所面临的工程问题的复杂性，对工程人才各方面的能力提出了更高的要求。并且随着工程人才国际流动性日益加大，工程教育中许多新的主题被提出来，如在真实的工程环境中解决问题、跨学科研究、跨文化交流、团队合作、工程伦理等。在我国的工程教育中，这些主题也常常被提起，而且进行了一些实践，但总体上落后于国际工程教育的步伐。认真总结我国工程教育中数学和自然科学基础教育的经验，在保持"厚基础"的传统优势基础上，将这些经验移植到工程能力培养上来，并借鉴国外高校设立专门环节培养学生工程能力的成功做法，通过两者的结合，形成我国工程教育独特的人才培养模式。

5）加强STEM教育，促进学生综合素养提升的跨学科教育

科学、技术、工程、数学（Science, Technology, Engineering, Mathematics, STEM）教育是推动创新力的有效途径和培养有竞争力的劳动力的重要保障。要加

强 STEM 教育的顶层推动力量，政府应制定引导发展跨学科综合素质教育的政策，在宏观层面加强政府指导，动员社会资源积极参与；提升 STEM 教师的专业素养和教学投入，加强 STEM 教师的"本科后"教育，打破学科之间的壁垒，完善教师培养课程的类别配比，关注 STEM 课程开发；完善 STEM 教育的监测与评价体系。实施基于 STEM 教育目标和 STEM 课程标准的监测；建立监测体系，建立健全 STEM 教育监测及指标体系研发的相关制度；形成 STEM 教育共同体，包括教育部和各地教育局、中小学、高校和职业技术学院、企业和其他专业团体、家庭等。

6）加强脑与认知科学研究，促进学生创新能力发展

从脑认知的层面促进学生创新能力的发展。首先，应基于脑与认知科学研究的新证据，开展师资培训，更新教师有关创新能力及其培养的意识、知识和技能；通过多种形式向中小学生及其家长普及创新脑、创新能力培养的科学新知，提高学生和家长科学用脑、健脑的认识，以及培养创新能力的意识和方法；教育管理应引导学校重视优化学生成长的环境，以促进学生养成有助于创新能力发展的人格特征，形成积极的情感与动机，保持良好的心理健康状态；建立长效机制，推动脑与科学研究成果应用于基础教育实践，为创新能力的培养奠定坚实的科学基础。其次，应重视优化学校心理环境，促进学生全面健康发展：应以学校心理环境指数监测为抓手，积极搭建数据共享信息平台；以学校心理环境指数监测为契机，改变传统的教学评价指标体系；以学校心理环境指数监测为载体，促进城乡与区域教育质量的均衡。

1.5.3 立足高端引领，推进高校创新人才培养，关注开创性、颠覆性创新人才培养，支撑国家科技与产业领军人才建设

1）培养中青年科技创新领军人才，重视颠覆性科学研究

立足高端引领，优化高校创新人才培养结构，重点选拔支持一批能够代表国家一流水平、具有领军才能和团队组织能力的高层次人才，特别是有重大创新前景和发展潜力的中青年人才，进行开创性及颠覆性的科学研究。选拔推荐国家重点扶持科技创新领军人才、科技创业领军人才建议人选，从创新人才推进计划中的青年科技创新领军人才和重点领域创新团队负责人中，推荐产生国家科技创新领军人才建议人选，尤其是能够在开拓性的创新科研领域进行前沿跟踪研究的创新人才。

2）挖掘开创性高端科技人才，拓展前瞻性科技研究领域

培养具有开创性的高端科技人才，需要面向海内外进行高端引智，培养一批站在实践前沿、政策前沿和理论前沿开展远景研究、超前研究的人才，在人才培养机制方面，破除人才培养体制机制方面的现实障碍，加强高端创新人才队伍建设，构建完备成熟的人才培养体系。支持高端人才积极拓展前瞻性科研领域的研究，鼓励对新兴前沿领域进行开拓性研究，加大针对前沿科技领域研究的基础设

施建设和经费投入，针对当前社会、经济、科技领域的重大急需问题展开前瞻性的探索和研究。

3）共建开创性人才培养机制，开拓新兴研究领域

建设培养开创性人才培养机制，应以创新政策制度环境为动力，以完善组织形式和运行机制为保障，坚持高端引领，强化团队建设，打造规模适度、结构优化、充满活力的人才支持体系。加大鼓励开创性人才和新兴研究领域及学科的政策支持力度，着力推进支持开创性人才培养的制度机制创新，并加强开创性人才培养的保障机制。优化人才培养的法治环境，加强知识产权保护，采取有针对性和突破性的政策扶持措施，引导支持高端创新人才实施开创性研究。

4）扶持高校科技创新创业人才，加强人才特殊支持

坚持以用为本、急需优先，重点人才重点支持，特殊人才特殊培养。通过提供科研经费、事业平台等政策，对在国家经济社会发展重点领域、战略性新兴产业以及基础学科、基础研究领域的高层次人才提供重点支持。统筹高校重大人才工程支持经费、科技计划专项经费和相关基金，为各类青年杰出人才、科技创新领军人才、教学名师等提供特殊支持，用于自主选题研究、人才培养和团队建设等。制定落实重点培养支持政策和特殊政策，支持开展探索性、原创性研究，用于开展前瞻性、预研性自主选题研究。

5）统筹国家重大创新人才工程，打造重点领域创新团队

统筹国家重大创新人才工程相关项目的目标任务和工作安排，制定各类人才遴选标准和实施细则，着力打造研究方向符合国家、行业重点发展需求的创新团队，能够承担重大科研项目或重点工程的重点研发任务，有明确的研发目标和发展规划的团队，以及创新业绩突出，研发水平居行业前列，并具有持续创新能力的团队。鼓励各高校学科领军人才、院士及长江学者等牵头组建学术创新团队，加快培育国家自然科学基金委员会创新研究群体和科技部重大领域创新团队。

6）完善创新人才选拔体系，鼓励海外引智

完善高层次创新创业人才发现、培养、使用和评价激励等机制，推动人才工作体制机制创新，营造有利于人才潜心研究、创业创新的良好环境。有计划、有重点地遴选支持自然科学、工程技术和哲学社会科学领域的杰出人才、领军人才和青年拔尖人才。建立面向海外高端人才的访问学者制度。提高创新平台、研究中心负责人面向全球招聘的比例。探索在不涉密的创新平台和重大科技项目中引进外国高层次专家担任首席科学家。

7）提升高校创新人才的国际化程度，促进人员流动机制

积极培养掌握国际先进技术、具备国际视野并且国际竞争力突出的高层次创新人才。在政治、经济、文化和社会等重要领域，通过国际学术交流、政府推荐、专项培训、经费支持等方式，有计划地培养推荐高端创新人才到国外学习培

训或到国际组织任职。促进区域、国家及国内各地域间的人才流动，尤其是健全有利于高校人才向地方高校和中西部地区高校流动聘用的政策机制。

参 考 文 献

教育部. 2016-04-07. 系列高等教育质量报告首次发布——事实和数据说话，展现中国高等教育质量的自信与自省. http://www.moe.edu.cn/jyb_xwfb/xw_fbh/moe_2069/xwfbh_2016n/xwfb_160407/160407_sfcl/201604/t20160406_236891.html.

教育部. 2017-03-08a. 教育规划纲要实施 5 周年系列新闻发布会. http://www. moe.edu.cn/jyb_xwfb/xw_zt/moe_357/jyzt_2015nztzjl/2015_zt18/15zt18_fbh/.

教育部. 2017-05-12b. 各级学校生师比. http://www.moe.edu.cn/s78/A03/ moe_560/s8492/s8494/201412/t20141215_181599.html.

Centre for Economics and Business Research Center. 2016. International Monetary Fund World Economic Outlook 2016. http://Laedc.org.

Doutta S，Lanvin B，Vincent S W. 2016. The Global Innovation Index 2016：Winning with Global Innovation.

Global Entrepreneurship Research Association. 2017-02-04. Global Entrepreneurship Monitor-Global Report 2016/17.http://www.gemconsortium.org/report/49812.

IMD. 2017-03-21. World GDP Ranking 2017. http://cn.knoema.com/nwnfkne/world-gdp-ranking-2016-data-and-charts-forecast.

INSEAD，Adecco，HCLI. 2017. The Global Talent Competitiveness Index 2017：Talent and Technology. Fontainebleau：INSEAD，Adecco，HCLI.

Institute of International Education. 2013-11-11. IIE Releases Open Doors 2013 Data. http://www.iie.org/Who-We-Are/News-and-Events/Press-Center/Press-Releases/2013/2013-11-11-Open-Doors-Data.

National Science Foundation. 2016. National Science Board Science & Engineering Indicators 2016. https://www.nsf.gov.

Quacquarelli Symonds. 2017-03-19. QS Higher Education System Strength Rankings 2016. https://www.topuniversities.com/system-strength-rankings/2016.

Schwab K. 2016. The Global Competitiveness Report 2016-2017.

The World Bank. 2017. Global Economic Prospects：Weak Investment in Uncertain Times. Washington：World Bank Group.

United Nations Educational，Scientific and Cultural Organization. 2016. UNESCO Science Report：Towards 2030.

第2章　高等工程教育的国际比较与中国发展蓝图研究

——工程教育认证与质量保障、培养模式创新研究及中国工程教育未来发展蓝图

　　高等工程教育问题一直备受国际社会关注，这与工程科技在社会和经济发展中发挥的重要作用和地位有关。为了更好地服务于包括"一带一路"倡议在内的国家发展决策，为实现"中国制造2025"发展目标，中国必须走全球化道路，走新型工业化道路，以此来振兴中国的现代工业，而其关键就是要有一大批优秀的工程人才。

　　本章通过对国内外高等工程教育的专业认证、工程师培养模式等方面的研究，探讨中国高等工程教育的现状及问题，并结合"一带一路""中国制造2025"等国家重大发展布局，对中国高等工程教育发展蓝图提出政策性建议。

　　本章主要内容如下。

　　第一节，工程教育认证与质量保障研究。

　　国际高等工程教育专业认证制度是工程人才培养质量的重要保证，也是各国高等工程教育参与国际竞争的一项重要基础。建立工程教育认证制度的核心是建立一套科学、合理、系统、客观的认证标准。本节对美国、德国、英国和日本工程教育专业认证标准进行梳理和比较，也对中国工程教育认证的发展和面临的挑战进行分析，以促进中国建立一套先进的、走向国际的工程教育认证标准体系，推动中国工程教育质量保障体系的建设发展。

　　第二节，工程教育培养模式创新研究。

　　通过借鉴发达国家工科院校的人才培养模式，结合中国自2010年起实施的"卓越工程师教育培养计划"的先进经验和本土工科院校人才培养的经验，提炼出不同层次工程专业学位的培养模式，以推动中国工程教育改革创新。

第三节，中国工程教育未来发展蓝图。

借鉴国际工程教育的先进经验，中国工程教育还是要立足本土，结合中国国情，走出一条中国特色的工程教育创新发展之路。本节对中国工程教育新的发展机遇进行详细分析，并基于"创新、协调、绿色、开放、共享"五大发展理念对中国工程教育未来的发展提出具体的政策建议。

2.1　工程教育认证与质量保障研究

高等工程教育专业认证制度是我国工程师质量保证体系中的重要组成部分，也是促进我国工程技术人才未来参与国际流动的重要保证。建立起具有国际实质等效性的高等工程教育专业认证制度，对我国工程教育的改革发展，以及我国工程教育国际竞争力的提升具有十分重要的作用。

2.1.1　发达国家工程教育认证

1. 美国 ABET 的工程教育认证标准

工程教育质量的专业认证模式起源于美国。美国工程与技术认证委员会（Accreditation Board for Engineering and Technology，ABET）是一个经过美国高等教育认证委员会授权、对高等教育机构（如大学）的应用科学、计算科学、工程和技术等领域进行高等工程教育质量认证和工程师职业资格认证的组织。ABET 还通过国际协议，如《华盛顿协议》（*Washington Accord*）、《悉尼协议》（*Sydney Accord*）、《都柏林协议》（*Dublin Accord*）等，建立起在世界范围内的领导地位。由于 ABET 成效卓著，长期以来一直被社会大众所肯定。

1932 年以来 ABET 不断探索符合工程教育发展趋势的认证体系，1997 年 ABET 正式发布了 EC 2000 认证标准，2001 年在全美推行。EC 2000 的出现，标志着 ABET 正式确立了以学生学习成果产出为中心、促进专业持续改进的认证理念。ABET 每年都会发布下一年度的认证标准，现行的 EC 2000 认证标准发布于 2017 年，适用期间是 2017~2018 年。

EC 2000 标准分为通用标准和专业标准两部分。通用标准是工程专业应该达到的基本要求，它也是认证标准的核心组成部分，具体分 8 项内容，如表 2-1 所示。

表 2-1　EC 2000 各项标准的评价重点

标准	评价重点
1. 学生	培养学生达成专业培养目标的过程以及在此过程中采取的措施
2. 专业教育目标	专业教育目标与学校使命的一致性，专业培养与社会需求的一致性

续表

标准	评价重点
3. 学生成果	学生成果的规范性和实现过程的有效性
4. 持续改进	自我评估的有效性以及是否将自评结果应用于专业持续改进
5. 课程体系	课程体系的有效性和专业性
6. 师资力量	教师在人才培养中的胜任能力
7. 教学设施	教室、实验室等硬件资源的充足性
8. 学校支持	学校服务、经费、职员（管理和技术）等方面为专业发展提供必要支持条件

资料来源：ABET.Criteria For Accrediting Engineering Programs，2017-2018. http://www.abet.org/accreditation/ accreditation-criteria/criteria-for-accrediting-engineering-programs-2017-2018/

其中标准 3 学生成果是 EC 2000 的核心内容，其他标准都围绕学生成果的最终达成而展开。EC 2000 要求，专业必须对学生成果有规范、有效的过程性规定。EC 2000 提出了学生在经过四年的培养后应该具备的基本素质，包括应用数学、自然科学和工程知识的能力，设计与开展实验的能力，系统理解并解决工程问题的能力等十个方面。学生成果的规定体现了 EC 2000 具有鲜明的能力导向。

ABET 的认证最初仅针对本科层次的工程教育专业，后来逐渐扩展到硕士层次的专业。本科、硕士层次的工程教育专业都要符合以上通用标准，还要符合具体层次和领域相应的特定专业标准（密里根，2015）。

2. 德国 ASIIN 的高等工程教育专业认证标准

德国工程、信息科学、自然科学和数学专业认证委员会（German Accreditation Agency for Study Programs in Engineering，Informatics，Natural Sciences and Mathematics，ASIIN）是德国的工程教育认证机构，它是在德国工程师协会（Verein Deutscher Ingenieure）的倡导下，由各工科大学、应用科技大学、科技协会、专业教育和进修联合会以及重要的工商业组织共同参与建立的非营利专业性机构。

ASIIN 为工程、信息、自然科学和数学等方面的专业认证制定了总体要求和不同领域的特殊要求，这些要求的目的在于保证这些领域的合格毕业生能够为在他们所选择的职业中取得成功做好准备。ASIIN 的通用标准适用于工程学、建筑学、信息学、自然科学、数学及其与其他学科产生的交叉学科的学位项目。从德国工程教育认证标准的文本中可以看到，该标准覆盖了本科和硕士层次，在各个专业领域，也制定了本科和硕士层次的具体标准。从中能够看到 EC 2000 标准和欧洲工程教育认证（European Accreditation of Engineering Programmers，EUR-ACE）标准的双重影响。ASIIN 在通用标准的陈述中，明确指明该标准遵循欧洲终身学习资历框架（European Qualifications Framework for Lifelong Learning，EQF）（ASIIN，2015a）。欧洲终身学习资历框架将学生的成果划分为知识、技能和胜任力三大类。ASIIN 认为，学习成果的描述是对培养目标的具体阐释，应该对毕业生在进行下一阶段职业实践或研究生学习前应达到的具体学习效果给予明确规定。依据学士学位与硕士学位所需达到的不同培养目标，其各自学术成果的规定在范围与强度上均有差异。ASIIN 关于知识、技能和胜任力等学习成果的具体规定，体现在各专业领域的具体标准（subject-specific criteria，SSC）中，具体的框架格式与 EUR-ACE 标准基本一致，如表 2-2 所示。

表 2-2　ASIIN 认证标准

序号	内容
1	知识和理解
2	工程分析
3	工程设计
4	工程调查（一般只在硕士层次有此要求）
5	工程实践与产品开发
6	可迁移技能

资料来源：ASIIN（2015b）

3. 英国 EngC 的高等工程教育专业认证标准

英国的工程教育认证是自上而下的体系：英国高等教育质量保障机构（Quality Assurance Agency for Higher Education，QAA）—英国工程委员会（Engineering Council，EngC）—各领域工程专业学会，这样的三级工程教育认证标准体系既保证了高等工程教育的质量，又体现了针对各具体学科特色的灵活操作性。

QAA 成立于 1997 年，其宗旨是保障并不断提高英国的高等教育质量，并在全国层面制定各层次和类型学位的质量标准，其中关于工程教育学位标准的文件对英国的工程教育质量进行了总体控制。

EngC 是英国工程教育专业认证和工程师注册的统筹负责机构，负责设置工程教育专业认证和工程师注册的总体要求与一般性标准。认证和工程师注册这两项工作在 EngC 的统一管理之下互相关联，认证为保证注册工程师的教育基础服务，工程师注册时则要求报名者有符合要求的经过认证的教育基础。EngC 和 QAA 对工程教育专业认证标准的定位是一致的，都是基于 EngC 颁布的英国工程职业能力标准文件（UK Standard For Professional Engineering Competence，UK-SPEC），该文件规定了在英国范围内从事工程职业、注册为各类型工程师的标准。EngC 并不执行具体的认证工作，而是对下属 36 个不同领域的工程专业学会授予许可，由各学会根据自身专业特色制定补充细则和针对性标准，并执行该领域内的具体认证和工程师注册管理工作（郑娟和王孙禹，2015）。

英国的工程教育专业认证是基于学生学习成果产出的标准，过去 EngC 将学习产出分为通用和特殊两类，前者适用于所有类型的项目，后者因认证学位类型的不同而呈现出差异化的要求。EndC 在最新发布的认证手册中，将过去的"通用学习产出"（general learning outcomes）整合为五个工程的专门学习领域，再加上"附加通用技能"（additional general skills）。EngC 认为工程教育专业认证中的六大学习领域如表 2-3 所示。

表 2-3　EngC 规定的六大学习领域

序号	内容
1	科学与数学
2	工程分析
3	设计
4	经济、法律、社会、伦理和环境背景
5	工程实践
6	附加通用技能

注：*The Accreditation of Higher Education Programmes* 最新的修订（第三版）是在2014年4月公布的，自2016年2月起适用

资料来源：Engineering Council. Accreditation of Higher Education Programmes. Third Edition. http://www.engc.org.uk/engcdocuments/internet/Website/Accreditation%20of%20Higher%20Education%20Programmes%20third%20edition%20(1).pdf

4. 日本 JABEE 的高等工程教育专业认证标准

日本工程教育认证委员会（Japan Accreditation Board for Engineering Education，JABEE）是日本民间对大学等高等教育机构的专业课程进行认证的机构，其认证基准很有特色。JABEE 认证标准分为共同标准和专业标准两大类，对大学等高等教育机构不同专业课程认证适用不同的认证标准。截至 2016 年，受 JABEE 认证的专业有工程系学士专业课程、工程系修士专业课程、信息系学士专业课程、建筑系学士专业课程及建筑系修士专业课程 5 个专业课程。这 5 个专业课程都应满足以下 4 个共同标准：教学目标、教育手段、教学目标达成及教育改善，见表 2-4。

表 2-4　JABEE 的认证标准（2016 年适用）

类别	标准序号	标准内容
教学目标（plan）	标准 1	学习·教育达成目标设定与公开
教育手段（do）	标准 2	a. 教育课程的设计 b. 学习·专业课程的实施 c. 教育组织 d. 招生及学生入学与变动方针 e. 教育环境·学生支援
教学目标达成（chect）	标准 3	学习·专业课程目标的达成
教育改善（act）	标准 4	教育检查、持续的改善

资料来源：王宁和郜海霞（2016）

JABEE 的认证审查包括自评和专家小组的实地考察，无论是自评还是专家小组的实地考察都必须包括以上四条标准。

2.1.2　中国工程教育专业认证

中国从 20 世纪 90 年代初开始实施工程教育专业认证制度。1990 年全国高等学校建筑学专业教育评估委员会率先成立，并出台了一整套评估文件。2005 年成立了全国工程师制度改革协调小组。2006 年 3 月，教育部办公厅发出了《关于成立教育部工程教育专业认证专家委员会的通知》，开展有关工程教育专业认证的咨询服务工作，指导高等学校开展工程教育专业认证工作。2006 年，机械工程与自动化、电气工程及自动化、化学工程与工艺、计算机科学与技术 4 个认证试点工作组先后成立并分别完成了试点认证。2007 年 1 月发布的《教育部 财政部关于实施高等学校本科教学质量与教学改革工程的意见》，提出了重点推进工程技术、医学等领域的专业认证试点工作，逐步建立适应职业制度需要的专业认证体系。随后，试点认证的范围进一步扩大，增加环境类、水利类、交通运输类、轻工食品类、地矿类 5 个新的试点专业。2007 年 12 月，教育部办公厅发布了《关于成立全国工程教育专业认证监督与仲裁委员会的通知》，至此，中国工程教育认证工作体系从无到有，从小到大，逐步走向完善（王孙禺和刘继青，2010）。

截至 2015 年底，在工科专业类上已有 553 个专业点通过认证。2016 年 6 月，在吉隆坡召开的国际工程联盟（International Engineering Alliance，IEA）大会上，中国成为国际本科工程学位专业互认协议《华盛顿协议》的正式会员。加入《华盛顿协议》，有利于提高中国高等工程教育质量，促进中国按照国际标准培养工程师，提高工程技术人才的培养质量，这是推进中国工程师资格国际互认的基础和关键，对于中国工程技术领域应对国际竞争、走向世界具有重要意义。

中国工程教育认证标准由通用标准和专业补充标准两部分构成，如表 2-5 所示。通用标准规定了专业在学生、培养目标、毕业要求、持续改进、课程体系、师资队伍和支持条件 7 个方面的要求；专业补充标准规定了相应专业领域在上述一个或多个方面的特殊要求和补充标准。

表 2-5　中国工程教育认证标准

类别		标准内容
通用标准	学生	1. 具有吸引优秀生源的制度和措施 2. 具有完善的学生学习指导、职业规划、就业指导、心理辅导等方面的措施并能够很好地执行落实 3. 对学生在整个学习过程中的表现进行跟踪与评估，并通过形成性评价保证学生毕业时达到毕业要求 4. 有明确的规定和相应的认定过程，认可转专业、转学学生的原有学分

续表

类别		标准内容
通用标准	培养目标	1. 有公开、符合学校定位、适应社会经济发展需要的培养目标 2. 定期评价培养目标的合理性并根据评价结果对培养目标进行修订，评价与修订过程有行业或企业专家参与
	毕业要求	专业必须有明确、公开的毕业要求，毕业要求应能支撑培养目标的达成。专业应通过评价证明毕业要求达成。专业制定的毕业要求应完全覆盖以下内容： 1. 工程知识：能够将数学、自然科学、工程基础和专业知识用于解决复杂工程问题 2. 问题分析：能够应用数学、自然科学和工程科学的基本原理，识别、表达并通过文献研究分析复杂工程问题，以获得有效结论 3. 设计/开发解决方案：能够设计针对复杂工程问题的解决方案，设计满足特定需求的系统、单元（部件）或工艺流程，并能够在设计环节中体现创新意识，考虑社会、健康、安全、法律、文化及环境等因素 4. 研究：能够基于科学原理并采用科学方法对复杂工程问题进行研究，包括设计实验、分析与解释数据并通过信息综合得到合理有效的结论 5. 使用现代工具：能够针对复杂工程问题，开发、选择与使用恰当的技术、资源、现代工程工具和信息技术工具，包括对复杂工程问题的预测与模拟，并能够理解其局限性 6. 工程与社会：能够基于工程相关背景知识进行合理分析，评价专业工程实践和复杂工程问题解决方案对社会、健康、安全、法律及文化的影响，并理解应承担的责任 7. 环境和可持续发展：能够理解和评价针对复杂工程问题的工程实践对环境、社会可持续发展的影响 8. 职业规范：具有人文社会科学素养、社会责任感，能够在工程实践中理解并遵守工程职业道德和规范，履行责任 9. 个人和团队：能够在多学科背景下的团队中承担个体、团队成员及负责人的角色 10. 沟通：能够就复杂工程问题与业界同行及社会公众进行有效沟通和交流，包括撰写报告和设计文稿、陈述发言、清晰表达或回应指令。并且具备一定的国际视野，能够在跨文化背景下进行沟通和交流 11. 项目管理：理解并掌握工程管理原理与经济决策方法，并能在多学科环境中应用 12. 终身学习：具有自主学习和终身学习的意识，有不断学习和适应发展的能力
	持续改进	1. 建立教学过程质量监控机制。各主要教学环节有明确的质量要求，通过教学环节、过程监控和质量评价促进毕业要求的达成；定期进行课程体系设置和教学质量的评价 2. 建立毕业生跟踪反馈机制以及由高等教育系统以外有关各方参与的社会评价机制，对培养目标是否达成进行定期评价 3. 能证明评价的结果被用于专业的持续改进
	课程体系	课程设置能支持毕业要求的达成，课程体系设计有企业或行业专家参与。课程体系必须包括以下几个方面： 1. 与本专业毕业要求相适应的数学与自然科学类课程（至少占总学分的15%） 2. 符合本专业毕业要求的工程基础类课程、专业基础类课程与专业类课程（至少占总学分的30%）。工程基础类课程和专业基础类课程能体现数学和自然科学在本专业的应用能力的培养，专业类课程能体现系统设计和实现能力的培养 3. 工程实践与毕业设计（论文）（至少占总学分的20%）。设置完善的实践教学体系，并与企业合作，开展实习、实训，培养学生的实践能力和创新能力。毕业设计（论文）选题要结合本专业的工程实际问题，培养学生的工程意识、协作精神以及综合应用所学知识解决实际问题的能力。对毕业设计（论文）的指导和考核有企业或行业专家参与 4. 人文社会科学类通识教育课程（至少占总学分的15%），使学生在从事工程设计时能够考虑经济、环境、法律、伦理等各种制约因素
	师资队伍	1. 教师数量能满足教学需要，结构合理，并有企业或行业专家作为兼职教师 2. 教师具有足够的教学能力、专业水平、工程经验、沟通能力、职业发展能力，并且能够开展工程实践问题研究、参与学术交流。教师的工程背景应能满足专业教学的需要

续表

类别		标准内容
通用标准	师资队伍	3. 教师有足够的时间和精力投入本科教学和学生指导中，并积极参与教学研究与改革 4. 教师为学生提供指导、咨询服务，并对学生的职业生涯规划、职业从业教育有足够的指导 5. 教师应明确他们在教学质量提升过程中的责任，不断改进工作
	支持条件	1. 教室、实验室及设备在数量和功能上应满足教学需要。有良好的管理、维护和更新机制，使得学生能够方便地使用。与企业合作共建实习和实训基地，在教学过程中为学生提供参与工程实践的平台 2. 计算机、网络和图书资料资源能够满足学生的学习以及教师的日常教学与科研所需。资源管理规范、共享程度高 3. 教学经费有保证，总量能满足教学需要 4. 学校能够有效地支持教师队伍建设，吸引与稳定合格的教师，并支持教师本身的专业发展，包括对青年教师的指导和培养 5. 学校能够提供达成毕业要求所必需的基础设施，包括为学生的实践活动、创新活动提供有效支持 6. 学校的教学管理与服务规范，能有效地支持专业毕业要求的达成
专业补充标准		专业必须满足相应的专业补充标准。专业补充标准规定了相应专业在课程体系、师资队伍和支持条件方面的特殊要求

资料来源：《工程教育认证标准》（2017 年 11 月修订）

2.1.3　工程教育认证问题中外比较

通过以上所介绍的美国、德国、英国、日本及中国的工程教育认证，主要在标准方面可以看出一些共性特征。

1）规定了最低准入标准

通过对各国工程教育认证标准的研究，可以发现所有的认证标准都规定了满足基本教育质量要求的最低准入标准。工程教育认证结果是通过或不通过，判定是在工科人才培养目标的定位下，按照实施过程的要求和毕业生毕业达到的要求而提供的自我评估与证据的判定。

2）以教育产出评价为导向

认证制度的国际实质等效性要求对教育教学发展产生了重要影响。以往的认证，评估要素和指标更侧重于投入层面，缺乏学生的培养成果层面。自美国ABET 提出"以成果产出为导向"，此观点已得到国际高等工程教育界的普遍认可和关注。它更加注重学生进入工程技术职业的知识储备与专业技能能否适应工程实践的需要，而非之前的设施投入与师资等硬件因素。

这个成果产出的导向以毕业生所要具备的能力素质要求为主要评价依据，它要求各工程专业根据自身办学的定位，制定出具体的本专业可度量、可评估的毕业生素质要求。同时，一方面，教师要能与用户一起，用长远的眼光看待需要教什么，学生需要学什么；另一方面，要针对学生是否真正学到、是否真正掌握所教、是否真正会做进行全面的考察与检验。

3）以持续改进促进质量不断提升

建立完善、有效、持续的内部质量保障与改善机制，对于教育质量评估来说是十分必要和重要的。工程教育认证以质量保证和质量改进为基本指导思想和出发点，一方面必须关注接受认证专业的现状；另一方面强调该专业必须具有持续改进机制，并以此不断提升教育教学质量。纵览美国、德国、英国、日本和中国的工程教育认证标准，它们都包括建立专业内部的质量改善机制，能促使专业在认证通过后继续具有提升自我改进与完善的能力。ABET 尤其强调对专业课程的"持续提高"。ABET 要求学校用持续不断的自我评估来检验教育目标的实现，并用这些评估结果来促进教学计划的实施。学校的教学过程要保证教学质量，要建立自我完善和改进机制，同时，要及时反映科学技术发展和社会进步对工程行业的影响与需求。

4）定性与定量相结合

工程教育认证标准逐步实行定性与定量相结合。在工程教育认证标准中，无论是总体标准还是各学科的具体标准，从学分数量、课时数量等各方面均有具体的量化标准，从而使认证工作落实到实践操作层面有章可循，能切实保证认证工作的顺利开展。但同时也注重定性与定量相结合，注重发挥同行专家的作用。美国工程教育认证标准体系曾经从定量化的指标开始，逐渐实现定性与定量共同发挥作用。由于认证标准体系及其认证过程中的判断依据都建立在定性而非绝对的定量标准的基础上，同行专家对认证指标达到与否的判断起着重要的作用。

总之，从重教育投入到重教育产出的巨大转变，体现了工程教育认证中教育理念与基本价值观判断的转变。

2.2 工程教育培养模式创新研究

人才培养是学校的核心工作，是高等学校的首要功能。《国家中长期教育改革和发展规划纲要（2010—2020 年）》提出了六个方面的体制改革任务，人才培养体制改革被作为体制改革的首要任务（教育部，2010）。世界各主要国家或主要经济体的经验表明，工程人才的培养区别于其他专业人才的培养。因此，高等工程教育的人才培养模式改革是各国高等教育改革的重点。

2.2.1 发达国家工程教育人才培养模式

1. 美国工程教育人才培养模式

我们调研了 30 所美国工学院（college of engineering），分析了其办学定位（表 2-6）。

表 2-6　美国 30 所工学院所在大学的基本情况

序号	学校	建校时间/年	属性	美国大学排名 名次	美国大学排名 类别	是否为AAU大学	卡内基分类
1	麻省理工学院	1861	私立	1		是	
2	斯坦福大学	1891	私立	2		是	
3	加利福尼亚大学伯克利分校	1868	公立	3		是	
4	卡内基梅隆大学	1900	私立	4		是	
5	佐治亚理工学院	1885	公立	6		是	
6	普渡大学	1869	公立	6		是	
7	密歇根大学	1817	公立	6		是	
8	得克萨斯大学奥斯汀分校	1883	公立	10		是	
9	得克萨斯农工大学	1876	公立	12		是	
10	威斯康星大学麦迪逊分校	1848	公立	14		是	
11	加利福尼亚大学圣迭戈分校	1960	公立	17	工程学科研究生教育（或工程教育最佳研究生院）排名	是	综合性、博士教育型、一流研究型大学
12	普林斯顿大学	1746	私立	18		是	
13	马里兰大学帕克分校	1856	公立	23		是	
14	加利福尼亚大学圣巴巴拉分校	1891	公立	23		是	
15	华盛顿大学	1861	公立	27		是	
16	杜克大学	1838	私立	28		是	
17	俄亥俄州立大学	1870	公立	32		是	
18	弗吉尼亚大学	1819	公立	39		是	
19	佛罗里达大学	1853	公立	43		是	
20	凯斯西储大学	1826	私立	47		是	
21	亚利桑那大学	1885	公立	49		是	
22	圣母大学	1842	私立	49		否	
23	弗吉尼亚联邦大学	1838	公立	140		否	
24	霍华德大学	1867	私立	48		否	综合性、博士教育型、高水平研究型大学
25	得克萨斯大学埃尔帕索分校	1914	公立			否	
26	伊利诺伊州立大学	1857	公立			否	专业性、博士教育型、研究型大学

续表

序号	学校	建校时间/年	属性	美国大学排名 名次	美国大学排名 类别	是否为AAU大学	卡内基分类
27	哈维穆德学院	1955	私立	1		否	本科教育型
28	欧林工学院	1997	私立	3	工程教育本科项目排名	否	专业类院校：工学院
29	库珀联合学院	1859	私立	8		否	多科性本科教育
30	维拉诺瓦大学	1842	私立	11		否	硕士教育型

注：AAU 大学是指北美大学联合会（Association of American Universities）成员大学，AAU 自称同时也被公认为是美国和加拿大顶尖研究型大学的联盟

资料来源：曾开富等（2016）

这30所工学院是具有一定代表性、办学水平较高、被美国国家工程院（National Academy of Engineering，NAE）等权威机构认可、掌握美国高等工程教育话语权的一批工学院。研究显示，这 30 所工学院的办学定位（愿景、使命、战略目标和核心价值观）表述词频分析结果如图 2-1 标签云所示。此处的词频分析只选取了词频计数在前 40 位的单词，因为此后的词频计数较少，或单词在文本中的意义可以忽略。在标签云中，字体越大、位置越靠近中心表明词频越高。

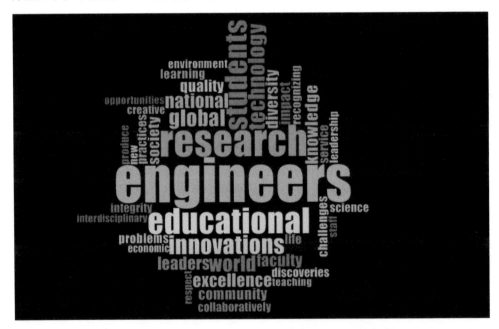

图 2-1　30 所美国工学院的办学定位表述词频分析标签云

这30所美国工学院办学定位表述词频分析结果显示，其办学定位有以下两个

传统特征：

（1）强调大学的基本功能。工学院的办学定位等主要从人才培养、科学研究、社会服务等传统三大功能来表述。

（2）以工程为本。工程教育是工学院的核心使命之一，传统的 STEM 仍然是工学院的根本。除了数学未进入词频分析的前 40 位之外，工程、技术和科学都在办学定位中被强调。除了上述传统特征以外，词频分析结果表明，这 30 所工学院的办学定位几乎共同地强调创新、领导力、重大挑战与多元共同体等新的思想，而且这些新思想之间是密切相关的（曾开富等，2016）。

本部分特别以美国工程教育改革的典范——欧林工学院为例开展论述（曾开富和王孙禺，2011）。欧林工学院成立于 1997 年，目前已经能够获得同哈佛大学、麻省理工学院（Massachusetts Institute of Technology，MIT）等世界一流研究型大学相当的优秀生源和社会声誉。

从教育学的角度来审视，欧林工学院在很多方面突破了传统的禁锢，挑战了基本的教育学假设。在人才培养层次、人才培养目标、工程专业设置、招生、课程体系及管理体系等方面都有特殊的借鉴意义。

总之，欧林工学院对工程、创新等核心概念做出了重新定义，以这种重新定义为基础，欧林工学院建立了培养"工程创新人才"的广义工程教育模式。

2. 德国工程教育人才培养模式

德国是老牌工业强国，其汽车、电器、化工等工业品牌在全球一直享有盛誉，产品质地优良，科技水平精湛，在国际上的竞争力较强。德国对工程师的培养非常重视，支撑"德国制造"的工程教育有着悠久的历史、深厚的基础和鲜明的特色。总体来说，德国工程教育有以下独特之处。

1）工程教育格局呈现多样化分布

德国的高等工程教育机构大体上分为工业大学和应用科学大学两种类型。德国高校之间的水平差异不大，工业大学和应用科学大学的差异主要体现在不同的定位和分工上，前者培养研究型工程师，后者培养应用型工程师。应用科学大学是名副其实的"工程师摇篮"，德国有约 2/3 的工程师和 1/2 的企业管理人员及计算机信息技术人员毕业于应用科学大学。

无法接受大学教育的学生，也可以接受职业教育。其中，工程教育是很大的一部分。这就是德国的双元制职业教育，即一种针对中学后的专业技术人才教育模式。双元制职业教育由企业和学校共同培养专业技术人才，学制为 3 年或 3.5 年。目前，德国大约有 60% 的青少年通过"双元制"模式接受职业教育培训。

德国大学传统的学位制度实行硕士和博士学位两级学位制，没有欧美通行的学士学位。工业大学对于学生的培养注重研究和实践，其工科学生毕业后可授予大学文凭工程师（Dipl.-Ing.）学位。

目前，德国两种学位制度并存，同样工程师制度也是新旧并存。持有传统学位"文凭工程师"的工科毕业生毕业后即获得工程师头衔，具有工程师从业资格。新引进的学位是国际上流行的，有着浓厚的美国色彩，并参照国际惯例开展专业认证工作。德国工科专业认证机构——ASIIN 是德国面向工科、信息科学与计算机科学、自然科学和数学等本科教育项目、硕士教育项目的认证机构，经过ASIIN 认证的专业点的毕业生可以获得通用于欧洲各国的"欧洲工程师"头衔。

2）工程教育人才培养目标明确

德国结合工程教育专业认证的五项标准，以培养合格工程师为主要目标和落脚点，将教育教学活动与相对应的资格认证紧密联系在一起，有针对性地安排在校学生进行基本素质、专业能力、综合实践等方面的训练活动，实现理论与实践环节的紧密结合，以此提高工程教育人才培养的质量。

在德国，工业大学与高等专科学校共同承担工程人才培养的任务，工程教育专业认证标准贯穿于工程师培养的全过程。工业大学的人才输出类型一般定位为研究型工程师，高等专科学校偏重于对学生实践能力的培养，人才输出类型一般定位为应用型工程师。

这种专才教育模式强调职业取向的统一必修要求，注重培养学生的动手能力和严谨务实的精神。除了对学生的实践时间和实际经验有明确要求外，毕业设计或论文选题均来源于实际的科研课题或生产中急需解决的问题。因此，德国工程教育的实践训练不仅比重大，而且过程扎实。德国研究生教育，到硕士阶段已经完成全部理论课程，博士研究生可以基本不上课，而是到企业上班。在企业中，由导师指导，学生选择研究课题，在实践中完成课题。经过这样的培养，刚毕业的博士研究生到企业上班，对企业相关领域的工作已经相当熟悉，不用多久就能成为企业领军人物（刘晓燕，2012）。

3）校企合作十分紧密

德国企业自愿积极参与高等院校整个实践教学过程，为学生提供实训基地和辅导人员，参与教学成果评价考核，同时，还提供实践教学经费。德国高等专科学校新生有 3 个月的企业"预实习"，进入主要学习阶段后有 3 个月的企业实习；学生学习的内容主要来自企业，毕业设计的课题 70%由企业结合实际需要解决的问题提出，并大多在企业完成。在实习中，学生可以以"准员工"的身份和企业签订实习合同，领取企业支付的学生培训津贴。

德国的应用科学大学是随着企业的需求而发展起来的，与企业有着千丝万缕的联系，学校与企业相互依存。应用科学大学的专业设置具有鲜明的面向行业的特征。德国的校企双元合作模式对本国的工程教育产生了巨大的影响作用，工程师院校与企业联系密切，校企协同合作培养现代工程师，从而实现真正意义上的双赢。

在师资队伍建设上，德国在对相关工程院校做出的规定中指出，高等专科学校教师与企业保持密切联系，同时要求教师必须具有博士学历及五年以上（包括五年）的工程实践经历，这为其他各国工程教育专业的师资队伍建设改革提供了宝贵的参考价值（李洪侠，2016）。

4）工程教育和职业资格等制度衔接有效

德国将工程教育与工程师认证制度融为一体。德国的工程教育实行文凭工程师制度，工程教育与职业资格是紧密连在一起的，培养出来的文凭工程师既有专业学位，又有职业资格。工科学生一旦拿到文凭和学位，社会就会认可其为有资格独立从业的工程师。

由于德国的学位制度是两级学位制，难以在国际上流通，再加上学习时间长，缺乏对外国学生的吸引力，因此德国进行了学制改革，引进新学位，开设国际课程并加强国际合作，在保留原有学位制度的基础上引进国际上通行的学士—硕士学位及其课程时，为了确保新学位及其课程的质量，联邦德国《高等教育总法》规定对新设立的学位和专业必须进行评估和认证。目前，专业认证作为一种行之有效的监督工具和管理手段，在德国高等工程教育领域广泛展开。近年来德国工程专业认证机构开始推行欧洲认证工程项目，EUR-ACE 是促进欧洲高等教育一体化进程的重要措施之一，有多个欧洲国家加入，目的是建立欧洲的工程教育认证和工科毕业生认证体系，经过其认证的专业点的毕业生可以获得"欧洲工程师"的头衔，通用于欧洲各国。德国在工程教育和工程师资质的国际互认方面已经迈出了一大步（陈新艳和张安富，2008）。

3. 法国工程教育人才培养模式

作为世界工业强国的法国，不断向全世界输出大量高科技产品。这些科技产品在很大程度上归功于法国工程师学校培养的数以万计的优秀工程师。法国以工程师认证标准为导向，严格规范工程师培养的方方面面。人才考核选拔制度严格、培养通用工程师、校企合作密切、独特的教学组织等都是法国工程教育人才培养模式的特点。

2.2.2　中国工程教育人才培养模式

为贯彻落实《国家中长期教育改革和发展规划纲要（2010—2020 年）》和《国家中长期人才发展规划纲要（2010-2020 年）》的重大改革项目，促进中国由工程教育大国迈向工程教育强国，教育部于 2010 年启动"卓越工程师教育培养计划"。该计划旨在培养造就一大批创新能力强、适应经济社会发展需要的高质量各类型工程技术人才，为国家走新型工业化发展道路、建设创新型国家和人才强国战略服务，对促进高等教育面向社会需求培养人才、改进人才培养模式、全面提高工程教育人才培养质量具有十分重要的示范和引导作用。

"卓越工程师教育培养计划"的实施推动了工程教育人才培养模式的改革。2010 年我国启动"卓越工程师教育培养计划"以来，工程教育的人才培养模式改革进入一个新的阶段。全国参与"卓越工程师教育培养计划"的高校有 208 所，大型或高科技企业有 10 415 家，本科专业有 1 257 个，研究生专业有 514 个，学生逾 24 万余名；"卓越工程师教育培养计划"参与高校和企业共建 980 个工程实践教育中心，其中 654 个被选为国家级中心。

"卓越工程师教育培养计划"分多方面开展。一是要求高校与行业企业创建新的合作机制，联合培养人才。企业要由单纯的用人单位变为联合培养单位，高校和企业共同设计培养目标、制订培养方案、实施培养过程。二是创新工程教育的人才培养模式。强调工程集成与创新能力，在企业设立一批国家级工程实践教育中心，学生在企业实习，"真刀真枪"做毕业设计。三是建设高水平工程教育教师队伍。工程教育需要一支具有一定工程经历的高水平专兼职教师队伍，专职教师要具备工程实践经历，兼职教师要从企业聘请具有丰富工程实践经验的工程技术人员来担任。四是制定"卓越工程师教育培养计划"人才培养标准。由教育主管部门与高校共同制定通用标准，与各相关行业部门联合制定不同行业的不同专业标准；高校按通用标准和专业标准培养人才。

1）校企合作培养人才机制

高校和企业联合培养人才机制的内涵是共同制定培养目标、共同建设课程体系和教学内容、共同实施培养过程、共同评价培养质量。企业也因此由用人单位转变为联合培养单位。建立工程实践教育中心为实施平台，参与"卓越工程师教育培养计划"的企业在原有实习基地建设的基础上，进一步加强管理，拓展功能，与合作高校共同建设一大批工程实践教育中心，承担学生在企业学习阶段的培养任务，全面负责组织学生在企业进行一年左右的学习。目前已有 980 家企事业单位联合"卓越工程师教育培养计划"实施高校申报了国家级工程实践教育中心，覆盖了制造业、采矿业、建筑业等 9 大主要行业（《卓越工程师教育培养计划工程实践教育中心建设典型案例》编写组，2015）。

2）人才培养模式改革创新

校企双方联合制定人才培养标准，各中心分别制定相应专业的培养标准和方案，教育主管部门鼓励高校普遍将四年培养阶段分为三年校内培养阶段和一年左右的企业培养阶段。高校国家级工程实践教育中心严格按照培养方案，根据专业特点，通过多种形式的实践环节实现培养目标，妥善安排学生进行实习、毕业设计等教学内容，较好地完成预期教学目标。很多高校按照培养方案的规定，积极实行了联合指导的双导师制，建立了校企合作联盟，成立了由教师、企业界专家共同组成的本科教学指导委员会，共同修订教学计划、审定教学大纲、监督教学过程等。

3）教师队伍建设

工程实践教育中心注重师资队伍建设，由高校教师和企事业单位的专业技术人员、管理人员共同组成专兼结合的指导教师队伍。在专职教师队伍建设方面，"卓越工程师教育培养计划"参与高校重视专职教师的工程实践能力提升，制订了明确的达标计划，从教师评聘与考核、教师工程经历培养等多个方面制定政策措施。在企业兼职教师队伍建设方面，"卓越工程师教育培养计划"鼓励参与企业组织并支持具有高级职称的技术人员和管理人员到高校担任兼职教师，开设企业课程、指导学生实习实训及进行毕业设计，共同对学生在企业学习阶段的培养质量进行评价。

同时，高校积极引进具有工程实践经历的教师，主动引进企业的技术骨干，完善教师在企业培训和挂职锻炼制度，鼓励教师承担企业实际课题。企业积极推荐业务技术骨干和相关研究部门骨干申请学校"卓越工程师教育培养计划"企业兼职教师资格，承担相应专业的教学工作。高校采取有效措施，调动指导教师的积极性，并开展指导教师培训，不断提高指导教师队伍的整体水平。

4）制定落实人才培养标准

"卓越工程师教育培养计划"标准体系由通用标准、行业专业标准和学校专业标准构成。通用标准是从国家层面上规定卓越工程人才培养应达到的基本要求，由工程院与教育部联合制定并发布。行业专业标准是依据通用标准的要求制定的本行业主体专业领域的工程人才培养应该达到的基本要求，由有关行业部门和教育部联合制定并发布。学校专业标准是"卓越工程师教育培养计划"参与高校在通用标准和行业专业标准的基础上制定的具有本校特色的专业培养标准（林健，2013a）。

"卓越工程师教育培养计划"通用标准从工程师应具有的基本素质、工程意识、基础知识、专业知识、技术标准和政策法规、学习能力、思维能力、分析解决问题能力、创新意识和开发设计能力等方面，对本科、硕士、博士层次的工程师后备人才提出了应达到的要求（教育部，2013）。同时，学校专业标准也由高校面向社会需求逐渐建立，并通过重构面向工程的课程体系日趋得到完善。

"卓越工程师教育培养计划"实施以来，培养了一批获得行业认可、具备很好的国际视野和创新能力、适应经济社会发展需要的高质量各类型工程技术人才，教育培养模式改革创新取得突破，教师队伍建设初见成效，为"卓越工程师教育培养计划"的后续实施和最终目标达成奠定了坚实的基础。

2.2.3　工程教育培养模式中外比较

随着国际交往的深化，美国、中国及欧洲发达国家等主要经济体的社会发展都在相互借鉴积极的经验。因此，工程教育改革有很多趋同之处。美国传统的理工教育模式不能满足工程职场的需要，因此提出"回归工程"；德国、法国的传统工程教育虽然面向工程实践，但是工程创新性不如美国，因此德国、法国也在学习美国的经验，甚至从学位制度、工程认证制度上同美国接轨；中国的工程教育在学习美国研究型大学的过程中也不断地有"回归工程"的呼声。

1）教育科研与教育改革的关系

美国工程教育改革非常值得借鉴的是其改革活动从始至终的科学性。美国工程教育改革的目标和建构的目标都建立在长期、充分、牢固的教育研究基础上，真正做到了决策科学化。美国没有一个集权的教育管理体制，但是众多政府部门、非政府组织、公共机构都以推动教育发展为己任。多方社会机构公开的教育与科研信息、数据分析，保证了工程教育改革的科学化。以美国国家科学基金会（National Science Foundation，United States，NSF）、美国国家科学院（National Academy of Sciences，United States，NAS）、NAE、美国国立卫生研究院（National Institutes of Health，NIH）等为例，其每年公布的数据和报告多达数百份，其组织的讨论、调研等更是不胜枚举。在更长的历史时期考察，美国一些重要的工程教育改革活动都同权威报告相关。

中国教育数据、教育信息的公开情况并不能为教育研究提供良好的支持。例如，在博士就业状况、毕业年限等方面，美国的数据能够精确到个位数，而中国目前缺乏相关的数据库来查阅。因此，中国的教育研究对教育政策的支持力度尚待加强。

2）理工大学办学定位

在美国，以研究型大学为模板、人才培养与科学研究相结合的美国高等工程教育学术化倾向过重，从而无法适应美国自然科学与工程领域人力资源的结构性变化。当然，美国的工程教育改革并不打算推倒研究型大学模式重来，而是希望在保持美国工程教育优秀传统的基础上，通过新的机构和新的学位建立更加多样化的教育模式。

研究显示，目前中国绝大多数"985"高校和"211"高校都定位于办综合性、研究型大学，尚未发现部属高校明确声明定位为办教学型大学，更没有发现任何一所大学声称定位为工学院。而美国的欧林工学院等坚决地冠名为工学院。德国的应用技术大学、法国的大学校也并没有向综合化、研究型转型，更没有更名、升级。可见，大学应清晰自身的定位。对于工程名校而言，应保持对工程教育的热情和信心，唯有如此才有战略定力。

3）工程教育融入经济社会发展的方式

20 世纪 80 年代以来，美国工程教育融入经济社会发展的一个重要口号就是创新创业。这同美国的创业、商业文化氛围分不开。相比之下，德国的工程师传统非常深厚，因此其工程教育在改革过程中非常注重保持这一传统。中国的工程教育改革与高等教育整体改革是同步进行的，因此改革的内容更多、更复杂。但总体来看，工程和工程教育必须服务于经济社会的发展，这是各主要经济体的共同认识。因此，工程教育必须服务于创新型经济和创新型国家建设。根据中国的话语习惯，很多机构在对创新进行阐述时更多的是从文献计量学的角度出发，更多地专注于论文发表等知识创新环节。这种话语表述反映出中国大学在办学实践中还没有形成真正有效支撑经济与社会发展的机制，缺乏创业成效。我们的大学应尽快树立正确的创新观和创业观，把创新创业活动同国家经济社会发展联系起来。

4）工程教育中领导力、引领力的培养

中国、美国、日本、俄罗斯、印度及欧盟等主要经济体中，没有哪个经济体只愿意做全球化时代的追随者，它们都致力于成长为全球领导者。在这方面，中国大学和中国工程教育可以学习美国高等教育的全球视野和领导意识。中文语境下的"领导人""领导"与英文语境下的"leader""lead"具有完全不同的含义。中文语境下的"领导人""领导"一般对应于科层体系的上层管理者或管理行为。从语境来看，美国工学院所谓的"lead"是指引领或以积极的方式吸引他人跟随，与"lead"相对的是"follow"（跟随）。英文的"lead"与科层体系没有丝毫关系，甚至可以说更多的是产生于同辈、同行的互动行为中。所以，英文语境中的"lead"行为之所以产生，并不是因为其具有中文语境中的"领导地位"，而是因为其思想、行为、影响力等各种因素激励他人或其他组织跟随。由此可以理解，"领导"在美英工学院意味着一种积极的变化，唯有积极的变化才会吸引跟随者。

2.3　中国工程教育未来发展蓝图

当前，中国发展处于可以大有作为的重要战略机遇期，同时也面临诸多矛盾叠加、风险隐患增多的严峻挑战。有效应对各种风险和挑战，不断开拓发展新境界，对实现教育现代化提出了前所未有的新任务、新要求。

2.3.1 中国工程教育迎来新的发展机遇

改革开放以来，特别是进入 21 世纪之后，中国高等教育发生了巨大的变化，实现了历史性的跨越。高等教育的大众化水平稳步提升，服务经济社会发展的能力显著增强，办学条件保障迈上了新的台阶，基本形成了中国特色的高等教育体系。截至 2015 年底，全国各类高等教育在学总规模达到 3 647 万人，高等教育毛入学率达到 40.0%。全国共有普通高等学校 2 560 所，其中本科院校 1 219 所，高职（专科）院校 1 341 所。普通高等教育本专科共招生 737.85 万人，在校生 2 625.30 万人，毕业生 680.89 万人。全国共有研究生培养机构 792 个，在学研究生 191.14 万人，其中，在学博士研究生 32.67 万人，在学硕士研究生 158.47 万人。

高等工程教育在中国高等教育中占有非常重要的地位，工学是中国高等院校规模最大的学科门类。根据教育部统计，截至 2016 年底，在中国本科工程教育层次，共有 31 个专业类别，169 个工程专业；工程专业布点 18 117 个，占中国本科全部专业布点的 32%；工科院校有 1 139 所，占所有高等院校的 92.1%；工科专业在校生数量为 538 万人，占所有高等院校在校人数的 33.3%；工科专业毕业生数量为 123 万人，占全部毕业生数量的 32.8%。

当前，中国已经建成了世界上最大规模的高等工程教育体系，工科毕业生数量与世界工程教育强国相比，大致相当于美国（57.90 万人）的 4.6 倍，德国（18.37 万人）的 14.6 倍，英国（19.77 万人）的 13.6 倍，法国（18.30 万人）的 14.7 倍，日本（19.32 万人）的 13.9 倍[①]（Eurostat，2016），培养了数以千万计的工程科技人才，有力地支撑了国家工业体系的建成与发展。

根据党的十八大以来数次中央全会精神，贯彻落实"创新、协调、绿色、开放、共享"的新发展理念，实现 2020 年全面建成小康社会目标，深入实施创新驱动发展战略，推进大众创业、万众创新，实施"中国制造 2025"和"一带一路"建设等目标，迫切需要教育优化人才培养结构，加快培养各类紧缺人才。

当前，无论在国际还是国内，工程实践领域都出现了新的复杂性、系统性、综合性变化：信息技术、生物技术、纳米技术的发展是工程科技的综合；通信、能源、环境、物流、工程伦理、支付能力等是工程与社会科学的融合；创新、复杂、跨界、集成、可持续、绿色等概念是工程与社会文化发展的汇通；工程教育服务于"一带一路"倡议，服务于"双一流"建设，进一步"面向工业界、面向未来、面向世界"是工程教育的服务面向与服务内容的提升；中国工程教育加入《华盛顿协议》、开展"卓越工程师教育培养计划"，构建多样性、研究型、生

[①] 根据欧洲统计局数据计算，其中美国为 2013 年数据，其他为 2014 年数据。

产型、服务型、复合型的工程科技人才培养体系，培养工程领域的领军人物等是人才培养标准的变化。

近年来，许多学者正在深入探讨建立工科发展新模式。在总结科学模式、技术模式、管理模式、文化模式的基础上探讨建立完整的工程教育模式（范式）；探讨以产业需求构成新的专业结构，发展和更新知识的生产；探讨产业和技术的最新结合，将行业对人才培养的最新要求引入教育教学过程；探讨创新工程教育手段，落实"以学生为中心"的学习理念；探讨完善"创意–创新–创业"教育体系，扩大学生选择空间；等等。

2.3.2　描绘工程教育发展蓝图的基本依据

党的十八届五中全会提出了"创新、协调、绿色、开放、共享"五大发展理念，这一发展理念具有战略性、纲领性和全局性，是今后一个时期中国经济社会发展的总体方向，是工程教育的发展指针，是描绘工程教育发展蓝图的基本依据。

结合中国工程教育发展的重大问题与挑战，以五大理念描绘的中国工程教育发展蓝图的含义如图 2-2 所示。

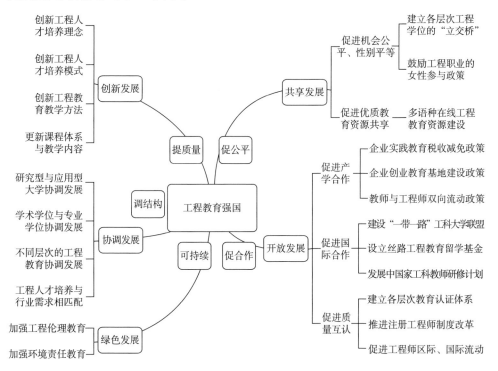

图 2-2　五大理念与中国工程教育发展蓝图

与此同时，工程科技和工程教育在"一带一路"倡议推进过程中扮演着极为重要的角色。"一带一路"倡议所涉及的为数众多的基础设施建设和国际产能合作重大项目，都需要工程科技的支撑。这些合作项目的顺利开展，必然需要大批具有国际竞争力的工程科技人才。加强对外工程科技人才培养，就要大力支持中国的工程教育和企业一起"走出去"，鼓励理工科大学利用丰富的教育资源开展更为广泛的国际工程教育合作。

2.3.3　对中国工程教育实现未来发展蓝图的政策建议

为了进一步推动中国成为世界工程教育强国，增强中国在国际工程教育领域的话语权，在国家"五位一体"总体布局和"创新、协调、绿色、开放、共享"的新发展理念的指引下，对中国工程教育未来改革发展提出以下政策建议。

1. 工程教育创新发展：以质量提高为核心

建议 1：加强工程人才培养质量的标准体系建设。

要根据最新的工程科技进展和人才需求，全面修订工科专业教育质量国家标准，推动教育部门与行业部门共同制定行业人才标准，促进高校结合国家发展需要制定国家、行业、学校的三级专业人才培养质量标准和实施方案。

建议 2：吸引优秀学生学习工科专业，完善学生评价机制和考核方式。

吸引优秀学生学习工科专业并鼓励毕业生选择工程领域就业。对影响学生选择工科专业的重要因素展开研究并有针对性地实施干预措施，为学生提供工程职业生涯规划辅导，加强与企业合作等措施来帮助毕业生选择工程领域职业。

完善学生评价机制和考核方式。坚持成果导向，设置多元化以及贴近工程师能力标准的衡量指标，引导教育过程的实施。建立学业成绩的多元评价机制，将注重总结性评价转移到注重形成性评价，鼓励高校根据专业特点从百分制评价向等级制评价转换。

建议 3：更新课程体系和教学内容，探索多样化教育教学方式。

更新课程体系和教学内容，强化课程的顶层设计，强调以"解决工程问题"为导向的整合设计课程，将相关学科、领域的知识进行系统性的重组与划分，培养学生具备跨学科的学习与研究能力。将设计、制造等内容引入课程，使学生有机会尽早接触工程实际，感受工程魅力。将工程通识与专业教育内容结合，加强人文社会科学课程与工科课程的整合。着重解决本科工程教育"宽和专"的传统问题，在统一的基础上加强多样化和灵活性，开展灵活的学分制、大类招生等有益尝试。把创业创新教育融入人才培养体系，建立创业创新学分的积累、转换和支持休学创业创新的制度。

探索多样化教育教学方式。开展案例教学，让学生从实际工程案例中汲取经验教训，体验工程实践。充分利用在线工程教育资源，开展线上学习与线下学习相结合的混合学习模式，开展教师混合教学设计与实施的专项培训。发挥个性化学习、网络化沟通的优势，广泛开展启发式、参与式教学。

建议 4：提高工科教师能力，创新选拔评价制度。

提高工科教师教育教学能力。加强工科教师重视教学的意识，建立和完善教师发展中心，帮助工科教师了解基本教学原理和方法，具备有效设计课程和教学的能力。提高工科教师面向实际工程，解决复杂工程问题的研究和实操能力。

创新工科教师选拔评价制度。要拓宽工科教师来源渠道，有针对性地吸收实践经验丰富的工业界人士进入工科教师队伍，推进兼职教师队伍建设。建立教师和企业工程师的流动通道，借鉴美国工科教师交流的"工业教授制"和大学的工业学术休假制，鼓励工科学校与企业人员之间的流动。平衡工程教师在发现、综合、应用和教学等方面的活动投入，建立具有工科特色的教师评价制度。

2. 工程教育协调发展：以调结构为重点

建议 1：优化工程教育专业结构。

引导高校主动对接国家发展战略，明确学校办学定位和办学特色，构建与国家和区域经济发展相适应的学科专业体系。建设一批示范性学院，探索在智能、制造等重点领域建立人才培养的改革特区，加快培养相关领域的紧缺人才，引导高校改造传统专业，加快培养支持工业化和信息化融合发展的新型工程技术人才。

建议 2：优化不同层次、不同类型工科人才培养结构。

优化工程人才培养类型结构。加强高层次尖端创新人才培养，着力培养具有使命感和社会责任感、有创新精神和创造能力的科技领军型人才。加强为区域经济社会发展服务的应用型人才培养，着力培养生产服务一线急需以及"下得去、用得上、干得好"的应用型技能人才。加强服务各个行业发展的人才，鼓励各高校把握行业人才需求方向，明确自身定位，实现特色优势发展，着力培养具有较强行业背景知识和实践能力、胜任行业发展需求的工程技术人才。

继续优化工科研究生教育类型结构，使工程专业学位研究生的比例扩大到约60%，使工程硕士成为工科研究生的主要培养类型，形成工学硕士—工程硕士—工程博士呈橄榄型的结构分布。

优化高等职业教育专业结构。继续完善普通高等职业教育的专业目录，强化职业教育培养职业技能型人才的特点，打破按学科进行分类的框架，主要以国民经济行业、产业分类为重要依据，主要按照职业进行分类，加强教育与产业的直接对接，增强人才培养的针对性、适应性和灵活性。

建议 3：建立工程人才行业需求监测制度。

由教育部牵头，联合工业领域行业协会、专业学会、社会中介组织等，建立各领域行业人才动态监测制度，利用大数据手段，建立专业监测预警和动态调整机制，使高校能够以国家战略和社会需求为导向，主动调整和优化专业设置。

建议4：推动STEM教育改革。

尽管工程教育的"主战场"在本科阶段，但近年来越来越多的专家学者和研究报告指出，由于基础教育为高等工程教育提供"原材料"，为了有效开发工程人力资源，工程的理念、方法与内容需要渗透到基础教育中。工程教育再造需要推动大中小学一贯的STEM教育改革。

3. 工程教育绿色发展：以可持续发展为宗旨

建议1：加强工程伦理教育。

注重帮助工科学生树立工程伦理的观念，让他们了解在工程活动中应当遵循的伦理原则与规范，担负应有的道德责任。工科院系要重视工程伦理教育，抓好课程建设，抓紧师资培训，抓紧工程伦理案例库建设，提高工程伦理课程教学质量，将工程伦理课程纳入公共必修课，计入学分。在重视思想政治教育、专业理论教育、工程实践教育的同时，营造重视工程伦理教育的良好氛围。

建议2：设立国家绿色工程教育奖。

单独或者在国家级教学成果奖中按一定比例（如10%）设立绿色工程教育奖，对工程教育中面向可持续发展进行课程设计和教学组织的教学团队和个人进行奖励。通过典型激励，引导工科教育教学重视可持续工程观的传播。奖项授予范围包括但不限于环境相关专业的教学成果，要为其他工科专业保留一定的参评比例。

4. 工程教育开放发展：以协同合作为目标

建议1：深入推进产学合作，建立校企协同育人机制。

教育部门与行业部门共同推进全流程的协同育人，建立培养目标的协同机制，建立教师队伍的协同机制，建立资源共享机制，建立管理运行协同机制。加强高校与科研院所、企业建立人才培养战略联盟，进行强强联合、优势互补、资源共享、协同创新，提高工科研究生的科技创新和工程实践能力。

建议2：建立"一带一路"工科大学联盟，设立工科领域留学生项目。

教育部2016年提出了《推进共建"一带一路"教育行动》，为高等教育合作奠定了政策基础。2016年亚洲15所大学联合建立了亚洲大学联盟，开启了亚洲向世界高等教育贡献亚洲智慧、发出亚洲声音、分享亚洲经验的先河。建议在此基础上，鼓励具有合作基础的理工科优势大学建立"一带一路"工科大学联盟。

建议单独设立丝路留学基金或在现有的外国留学生基金的基础上保留一定比例，支持"一带一路"国家，特别是发展中国家的学生到中国学习工程专业。在招生方面给予政策倾斜，吸引优秀学生来中国学习工程专业，使中国成为欧美以外工程领域最重要的留学目的地。

建议 3：推动工程专业认证工作，促进区域性工程师流动。

加快工程教育认证与工程师资格的衔接。工程教育与工程教育专业认证和工程师资格认证存在着密不可分的联系，建立和完善具有中国特色又与国际实质等效的工程教育专业认证和工程师资格认证制度，以期积极引导和推动工科院校对专业目标、课程设置、教学方法和评价方法等的调整、改革和创新。

加快建立高层次工程教育认证体系。在继续推进本科层次工程教育认证的基础上，加快加入《都柏林协议》和《悉尼协议》的进程，从而全面加入国际工程教育互认体系。开启硕士层次的工程教育认证体系的研究和建设工作，促进高层次学历互认，为工程师流动奠定基础。

加入工程师流动协议，促进区域性工程师流动。在工程教育学历互认的基础上，要加快推进加入世界工程师流动协议的进程。同时，以"一带一路"建设为契机，率先探索"一带一路"国家的工程师流动。

建议 4：开展全球工程能力建设研究。

与中国工程院、UNESCO、世界工程组织联合会（World Federation of Engineering Organizations，WFEO）等组织开展积极合作，开展全球工程能力建设研究，参与《全球工程当前与未来趋势》的撰写。

5. 工程教育共享发展：以促公平为原则

建议 1：扩大东西部工科高校及工程学科对口支援计划。

在"双一流"建设的背景下，要将对口支援工作引向深入，发挥东部地区高水平院校、高水平学科对西部地区院校及学科的支持、引领和帮扶，包括教师交流访学、学生交换等。

建议 2：加强共享实践平台的建设。

在"卓越工程师教育培养计划"的基础上，继续支持企业设立国家级工程实践教育中心，让学生深入生产一线进行实践，以便企业工程技术人员对学生进行指导。建设国家网络信息发布平台，促进企业学生实习岗位供需对接。

建议 3：加强在线优质课程资源建设。

随着大型开放式网络课程（massive open online courses，MOOC）的兴起，优质在线工程教育资源日益丰富，线上学习和线下学习相结合的混合学习方式日益深入人心。充分利用社会资源，加快在线优秀课程资源建设，可以帮助解决一些欠发达国家及地区的优质资源不足问题。

建议 4：设立国家青年女工程师奖。

目前，中国已设立"国家青年女科学家奖"，已经评选十三届，但没有"国家青年女工程师奖"。建议设立"国家青年女工程师奖",从重大工程项目中遴选具有突出贡献的青年女工程师进行表彰鼓励,树立典型,吸引工程职业的女性参与,促进工程职业的性别平等。

总之,创新发展、协调发展、绿色发展、开放发展、共享发展是中国工程教育发展应该坚持的核心理念,在此理念引领下,才能实现中国未来工程教育的宏伟蓝图。其中创新发展的核心目标是提升工程教育质量,协调发展的核心目标是优化工程教育结构,绿色发展的核心目标是支撑经济社会可持续发展,开放发展的核心目标是全方位促进工程教育的产学合作、国际合作、学历互认和工程师流动,共享发展的核心目标是促进教育公平和性别平等。其最终的战略目标是将中国建设成为名副其实的工程教育强国。这一目标的实现,对于实现联合国可持续发展目标,以及 UNESCO 优质、公平、全纳和终身学习的目标,将是巨大的贡献。这不仅能够为中国经济社会发展提供支撑,也能为世界工程教育的可持续发展贡献中国力量和中国智慧。

参 考 文 献

陈新艳,张安富.2008. 德国工程师培养模式及借鉴价值. 理论月刊,(10):168-170.

顾秉林.2014. 大力培育工程性创新性人才. 清华大学教育研究,(4):1-6.

教育部. 2010-07-29. 国家中长期教育改革和发展规划纲要(2010—2020 年). http://www.moe.
  edu.cn/srcsite/A01/s7048/201007/t20100729_171904.html.

教育部. 2013-11-28. 教育部 中国工程院关于印发《卓越工程师教育培养计划通用标准》的通
  知. http://old.moe.gov.cn//publicfiles/business/htmlfiles/moe/s7915/201312/160923.html.

李洪侠. 2016. 基于工程教育专业认证的现代工程师培养对策研究. 哈尔滨理工大学硕士学位
  论文.

林健.2013a. 卓越工程师培养——工程教育系统性改革研究. 北京:清华大学出版社.

林健. 2013b. "卓越工程师教育培养计划"质量要求与工程教育认证. 高等工程教育研究,
  (6):49-61.

刘继青,王孙禺,鄢一龙.2017. 探寻高等教育强国的发展之路——中国高等教育现代化发展道
  路的历史与未来. 中国高教研究,(1):21-26.

刘晓燕. 2012. 注重实践:德国人才培养之道——访全德华人机电工程学会主席张式程. 中国人
  才,(9):54-55.

龙宇,乔伟峰,张满.2015. 国际工程教育发展与合作:机遇、挑战和使命. 高等工程教育研
  究,(6):1-5.

密里根 M. 2015. 服务公众 保障质量 激励创新——ABET 工程教育认证概述. 乔伟峰整理,王

孙禺审校. 清华大学教育研究，（1）：21-27.

王宁，郄海霞. 2016. 日本工程教育第三方认证的特点与启示. 职业技术教育，（36）：69-75.

王孙禺，刘继青. 2010. 从历史走向未来：新中国工程教育 60 年. 高等工程教育研究，（4）：30-42.

王孙禺，赵自强，雷环. 2013. 国家创新之路与高等工程教育改革新进程. 高等工程教育研究，（1）：14-22.

王孙禺，赵自强，雷环. 2014. 中国工程教育认证制度的构建与完善——国际实质等效的认证制度建设十年回望. 高等工程教育研究，（5）：23-34.

王孙禺，谢喆平，张羽，等. 2016. 人才与竞争：我国未来工程师培养的战略制定——"卓越工程师教育培养计划"实施五年回顾之一. 清华大学教育研究，（5）：1-10.

《卓越工程师教育培养计划工程实践教育中心建设典型案例》编写组. 2015. 卓越工程师教育培养计划工程实践教育中心建设典型案例. 北京：高等教育出版社.

曾开富，王孙禺. 2011. "工程创新人才"培养模式的大胆探索——美国欧林工学院的广义工程教育. 高等工程教育研究，（5）：20-31.

曾开富，陈丽萍，王孙禺. 2016. 美国工学院办学定位的话语分析. 高等工程教育研究，（1）：118-125.

郑娟，王孙禺. 2015. 英国硕士层次工程教育专业认证制度探讨. 高等工程教育研究，（1）：83-90.

ASIIN. 2015-06-26a. Accreditation with ASIIN–Degree Programmes，Institutions and Systems Introduction to the Procedural Principles. https://www.asiin.de/en/quality-management/accreditation-degree-programmes/quality-criteria.html.

ASIIN. 2015-12-10b. Criteria for the Accreditation of Degree Programmes-ASIIN Quality Seal. https://www.asiin.de/en/quality-management/accreditation-degree-programmes/quality-criteria.html.

Eurostat. 2016-06-29. Tertiary Education Graduates. http://ec.europa.eu/eurostat/documents/ 2995521/7535592/3-29062016-AP-EN.pdf/32bc807a-35ec-4d68-9d52-5da5e961c1d5.

第3章 高等工程教育的国际比较与中国发展蓝图研究

——政策与质量标准比较研究、培养模式改革经验总结、中国改革发展的政策建议[①]

1949~2015 年，中国工程教育累计培养普通本科生 1 400 余万人，普通专科生近 1 600 万人，研究生 194 万人。2015 年，全国各级各类工程教育总规模是 1 408.92 万人，其中普通本科生 525 万人，普通专科生 479 万人，研究生 69 万多人（教育部发展规划司，2016）。中国工程教育在整个高等教育中的比重，通常为 20%~50%，平均超过 1/3。根据 UNESCO 统计研究所的数据估算，2014 年前后，全世界工程教育总规模为 3 900 多万人（UNESCO Institute for Statistics，2016）。因此，中国工程教育的规模也超过全世界工程教育总规模的 1/3。这两个"1/3"充分说明，中国在今后较长的时间内，都将稳居工程教育大国的地位。

但是，与一些发达国家相比，中国还不是工程教育强国。我们有必要学习国外的经验，推动中国工程教育持续改进，培养更多和更高水平的工程人才。本章从国外工程教育政策研究、部分典型工程教育质量标准比较研究和国外工程教育培养模式改革经验总结等三个方面分析世界工程教育的新进展，并对促进中国工程教育改革提出建议。

[①] 本章中所有中国的数据均不包括港澳台地区数据。

3.1　国外工程教育政策研究

3.1.1　政策概述

工程教育政策是指为了开发工程领域的人力资源，各国政府、议会制定或提出的法案、议案，以及大学、企业、非营利性组织和咨询机构提出的研究报告等。梳理总结这些法案、议案和研究报告，有助于把握世界工程教育的发展动向和改革举措。

1. 统计分析

本节共收集了国外 2000~2015 年发布的 33 份各类政策报告（表3-1）①。从国别来看，首先，美国单独发布的政策报告共计 21 份，与其他国家合作发布的政策报告有 2 份，在工程教育领域出台的政策远远多于其他国家。其次，英国单独发布政策报告 4 份，与美国合作发布政策报告 1 份。由此可见，美、英等发达国家高度重视工程教育改革，并引领国际工程教育的发展。

表 3-1　2000~2015 年国外发布的工程教育政策报告

年份	题目	发布机构
2015	MIT 的创业与创新	MIT
	创建大学创业生态系统——来自新兴世界领袖的证据	MIT-斯科尔科沃理工学院
2014	第三个世纪：密歇根大学通往未来的路线图	密歇根大学
	迅速变化世界中的工程教育——代尔夫特理工大学工程教育使命和愿景的再思考	代尔夫特理工大学（荷兰）
	MIT 教育的未来	MIT
	像工程师那样思考：对教育系统的启示	RAE
2013	工程终身学习势在必行：保持美国在 21 世纪的竞争力	NAE、伊利诺伊大学香槟分校
	为工程大声鼓呼：从研究到行动	NAE、NSF
	培养未来的工程师——2030 年埃因霍温理工大学的教育	埃因霍温理工大学（荷兰）
	参照 EQF 和 EUR-ACE 标准的工科课程设计指南	托木斯克理工大学（俄罗斯）
2012	迈向卓越：再培养 100 万名 STEM 本科毕业生	美国总统行政办公室和总统科学技术顾问委员会
	做得更好些：关于留住工程专业、工程技术专业和计算机专业学生的最佳实践和策略	ASEE

① 政策报告文本来自中国工程院教育委员会主办、浙江大学科教发展战略研究中心编印的《国际工程教育前沿与进展》。同时，我们查阅了部分报告的原文。

续表

年份	题目	发布机构
2012	有影响力的创新：创造一种系统性的工程教育学术创新文化	ASEE
	现代工程教育	俄罗斯联邦工业和贸易部
	实现工程教育的卓越：成功变革的要素	RAE、MIT
2011	NSF 大挑战专题工作组最终报告	NSF
	工程领导力教育：国际优秀实践纵览（工程领导力计划白皮书）	MIT
2010	再谈迎击风暴	NAS、NAE、美国国家医学科学院
	保障工科学生的成功	工程教育促进中心
	创造学术型和系统性的工程教育革新文化	ASEE
	面向产业的工科毕业生	RAE
	21 世纪工程大挑战及其应对计划	杜克大学工学院、欧林工学院、南加利福尼亚大学工学院等工程院校，NAE
2009	欧洲工程报告	德国科隆经济研究所
2008	变革对话：促进公众对工程的理解	NAE
	21 世纪工程教育的环境与挑战	NAE
	变革世界的工程：工程实践、研究和教育的未来之路（或称杜德斯达特报告）	密歇根大学
	培养工程师：谋划工程领域的未来	卡内基教学促进基金会
2007	迎击风暴：为美国经济美好的明天鼓足干劲	NAS、NAE、美国国家医学科学院
	培养 21 世纪的工程师	RAE
2006	21 世纪工程教育（亨利报告）	RAE、亨利管理学院
	制定俄罗斯工程教育国家准则的基本原则	俄罗斯工程教育协会
2005	培养 2020 工程师：行动报告	NAE
2004	2020 的工程师：愿景报告	NAE

从机构来看，NAE、英国皇家工程院（Royal Academy of Engineering，RAE）、MIT 等发布的报告较多，美国工程教育协会（American Society of Engineering Education，ASEE）、NSF 也发布了有影响力的报告。这些机构在工程教育领域的研究和实践处于领先地位，做出了较大贡献，产生了很大影响。需要注意的是，以大学为主发布的报告共有 10 份，表明大学更加主动地回应社会需求，积极地进行自我改革。

从政策研究覆盖的范围来看，这些报告的内容十分全面，覆盖了工程教育的全过程，包括生源（吸引、留住学生）、培养环节（学习、课程、教学）、人才培养目标（拔尖创新人才、领导人才）等，同时也涉及工程教育的外部环境，如图 3-1 所示。

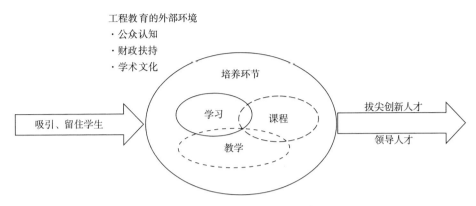

图 3-1 工程教育政策报告的覆盖范围

2. 总体特征

由于美国发布的工程教育政策报告数量最多，本部分对美国的工程教育政策报告做进一步分析。从总体上看，这些报告具有以下特征。

（1）政策制定主体多元化。一是政策发布机构不仅有政府、高校，也包括企业、基金会、协会等各种组织；二是在政策咨询阶段有广泛的参与者，如科学家，STEM 教育、学习科学研究、课程开发、高等教育管理、师资培训、教育技术等教育领域的专家，以及有校企合作成功经验的企业家等；三是许多重量级人物领衔或参与政策制定，如 NAE 院长、NAS 院长和美国国家医学科学院院长，诺贝尔奖的获得者，杜邦公司退休副总裁、首席执行官，洛克希德·马丁公司退休副总裁，前陆军部长，大学校长、名誉校长、前校长，工学院院长，慈善家，政府的高层官员等。

（2）对工程教育发展全方位规划和设计。随着工程在人类社会生活中的深入，工程人才培养的规划和设计已经成为一个集成系统，不仅是学科知识的集成，还需要政府和社会各界就工程和工程教育的基本定位达成共识，共同设计立体的工程教育蓝图。这些不同的工程教育政策共同构建了一个全方位的系统，涉及工程教育从入口到出口以及整个培养过程的方方面面，政策覆盖范围较广。

（3）通过明确的愿景和目标引领工程教育发展。为未来培养工程师是制定工程教育政策的基本出发点。许多机构注重预测人类未来将面对的生存问题和重大工程挑战，并以此为指引制定培养方案和人才标准，既是对人类危机的提前应对，也是一种行动意愿。

（4）突出问题导向。每一政策都围绕一个核心问题或议题展开，如工科生的保留率、人类社会面临的重大挑战、工程师的终身学习等。这些问题来源于大规模调查的数据，保证了政策具有深远的影响力。

（5）政策具有连贯性。同一主旨的报告系列出台，政策执行一以贯之，美国工程教育政策的这一特征尤其显著。例如，报告《再谈迎击风暴》对《迎击风暴：为美国经济美好的明天鼓足干劲》发布以来美国国家竞争力地位的改变和NAS、NAE、美国国家医学科学院提出的建议执行情况进行了评价，认为就创新和竞争力的主要构成要素——知识资本、人力资本以及创新生态系统而言，美国的前景反而恶化了，整体公共教育系统没有表现出显著的进步。

（6）注重工程教育的整体性。自 1986 年开始实施 STEM 战略以来，美国教育界就一直致力于将工程和技术教育贯穿于整个教育系统中。STEM 不仅仅针对高等教育层面，事实上它覆盖了整个 K-12 教育阶段，是一项"从娃娃抓起"的教育国策。

3.1.2　工程教育未来发展展望

21 世纪初期，世界工程教育领域出台了一系列以重建工程教育范式为基本目标的政策报告。工程教育的新范式强调继续加强深厚的知识基础和技术创新，同时增加了对工程实践的重新理解以及对人文学科、社会责任意识、伦理问题、终身学习等的关注。

1. 工程教育对经济社会发展的重要作用

工程学科通过科技，在提高我们的经济财富、健康和生活质量中发挥了最重要的作用。随着技术在社会中的不断深入，工程职业义不容辞地承担起了引导的作用：将技术付诸最终使用，并影响政府控制、管理或者鼓励使用的程序。工程学科将逐渐以能实现技术与社会系统协同发展的方式得到应用。

当然，技术同样也带来了负面的影响，如污染、全球变暖、稀有资源的枯竭、设计失误的工程项目造成的灾难事故等。未来，世界将面临环境的严峻考验，这对于工程学科来说是一个伟大的机遇。在这样一个经济和政治动态发展的环境中，工程学科必须树立新的世界观。

工程学科的成功取决于人才的深厚积累。如果没有工程师在技术上的探索和在产业界、政府、教育界、非营利组织中所起到的领导作用，社会将会停滞不前。通过提出对社会问题的工程解决方案，工程师给人类带来了前所未有的体验生活质量提高的机会。

2. 工程教育面临的挑战

从宏观角度来看，地球上的自然资源由于人口的增长而面临压力；从微观的角度来看，工程师需要了解如何有效地进行团队合作，对社会问题的考虑是非常重要的。科学技术的进步改变着工程实践的社会背景，未来工程师需要学习新的科学知识和技术方法。但是一些很早就出现的问题不会消失，它们需要新的关注、新的技术。自然资源不断减少和环境持续恶化是我们必须继续面对的挑战。当前工程教育在应对这些复杂而快速的变化的过程中存在如下问题或挑战：预测并应对变化；个人知识深度与宽度；学术传统与行业需求的矛盾；技术知识与整体设计；新领域知识和技术的整合；职业伦理；学习与教学；理论知识获取与实践。

3. 工程教育发展的愿景

在重新定位工程和工程教育的基础上，很多报告提出了一系列愿景。

一是重新定义基础工程研究和应用工程研究的性质，开发全新的研究范式。把工程实践作为一门真正精深的专业，使其拥有严格性、知识宽度、地位和影响力，具备更明显的研究生教育及职业文化特征。

二是工科优势高校应该努力去理解和维护那些在学校历史发展的长河中发挥过重要作用的价值观和特征，同时开展彻底、触及核心的变革，扮演高等教育的探路者和开拓者。大学要通过以往无法想象的方式影响个体和社会，满足全球社会的知识和学习需求，承担新兴文明先驱的角色。

三是期待所培养的工程师能应对 21 世纪社会和工程的挑战，具有开发变革的能力、勇气和智慧，能开发可行的创造性解决方案，为不断变化的社会和世界服务并做出创新性的贡献。建立学习生态环境，树立校园文化和精神，重视冒险、创造力、激情、领导力、卓越、多样化、关怀和共同体等内容。教学以学生需求为导向，辅之以教学人员的有力指导，将小规模教育和师徒互动作为学术教育的关键要素。

四是提升工程职业的地位，必须使工程拥有更多的荣誉及影响力，同时还要创造足够灵活和令人满意的职业发展机会以吸引更多杰出的学生加入。特别重要的是工程师要努力担任政府和商业中的领导角色，在具有影响力的政策和公众认知中发挥作用（Duderstadt，2009；卡内基教学促进基金会，2009；National Academy Engineering，2005）。

3.1.3　吸引和保留工科学生

留住进入工程领域的学生是满足经济社会发展对 STEM 专业人才需求的最迅速的政策选择。

学生离开工程专业的原因主要有三点：一是工科专业课程的难度比较高；二是学生对工程专业缺乏归属感；三是教学效果欠佳和指导不足。研究显示，教师的难以接近是有能力的学生离开工程专业的一个重大原因。决定工程专业学生持久性的既不是他们的能力，也不是他们成为好的工程师的潜力，事实上学生减少的一个主要原因是他们认为学习环境不友好，且无法激励他们学习。研究还表明，工程专业的前两年对学生是否选择留在原专业以及能否取得最终的成功通常是十分关键的。此外，研究还发现讲授式课程的效果要差于学生主动学习的效果。

院校层面有效留住工程专业学生的策略和实践遵循着不同的理念，分别是以学生为中心、以教师为中心、以学校和院系为中心的策略和实践。许多学校综合多种方法来提高学生的保留率，而非局限于某一种方法，它们追求的是多样的策略。最常见的方法是提供学术支持和拓展学习内容，其次是提供研究和工作机会。几乎所有学校都表示，它们特殊的实践推动了一个无形却十分重要的目标，即在工程专业学生和教师中建立一个"社区"，以提高学生的保留率和毕业率（总统行政办公室和总统科学技术顾问委员会，2012；美国工程教育协会，2013；工程教育促进中心，2011）。

3.1.4 培养工程人才的创新能力和领导力

通过大挑战学者计划（Grand Challenge Scholars Program，GCSP）和工程领导力教育，培养拔尖创新和领军领导人才，是美国工程教育界近年来关注最多的主题，其目的是保持美国在世界经济中的领导地位。

1. 大挑战学者计划

能够迎接大挑战的新一代工程师必须具备特定的能力，如创造性才能、为人类基本需求提供实用的解决方案、开发新的创业机会、改造人类之间的相互作用、能够系统思考、构建可持续发展的社会、留意意想不到的后果、连接技术与社会等。大学与企业合作，为学生提供一系列特殊训练计划，包括大挑战项目、真实体验式学习、创业和创新体验、全球或跨文化视角和服务学习等。对 GCSP 感兴趣的学校需要参加 GCSP 网络，获得批准后，学校可以展示 GCSP 的标志，学生达标后会收到一个 NAE 颁发的大挑战学者证书和印有大挑战学者标志的成绩单。

GCSP 课程通常由大挑战项目、"工程+X"跨学科课程、创业精神、全球视野、服务性学习这五部分组成。在各部分大挑战主题或项目中确保知识和主题的衔接性。对非预期后果的意识、负责任的研究和职业道德应嵌入这五部分当中（美国工程院，2015；美国国家科学基金会，2012；美国工程院，2010）。

2. 工程领导力教育

"培养21世纪的工程领导者"是许多本科工程专业的使命。工程师被期望更多地参与公共政策的制定、产业的治理等活动，为经济的可持续发展发挥领导作用。工程领导力教育的目标是培养在工程领域内外都能有效运作的领导者，提升或维护其国家的全球竞争地位。

目前的工程领导力教育存在以下几个大的问题或挑战：在全球范围内没有形成正式或者明确的领导力开发机制；国际上对待工程领导力教育的方法和态度存在地域性差异；在工程领导力教育计划的活动和研究方面普遍缺乏正规网络；现有工程领导力计划较少立足于工程领导力教育模式；工程领导力评估的挑战；寻找和保持教师以及如何帮助他们设计和施行计划活动。未来工程领导力教育的发展如何与"全球化工程教育"和"创业工程教育"之间合作是另一重要课题。

当前工程领导力教育中的一个主要趋势是增强学生的全球化意识，提高其在复杂的跨国项目中的工作能力。国际化、跨文化背景是未来工程领导者生存所要面临的大环境，这种倾向于"全球化"的领导力教育是有必要继续发展的。另一个应当受到关注的主题是针对每个学生不断变化的需求提供弹性的教育（Ruth et al.，2011）。

3.1.5　倡导终身学习

工程领域的终身学习在不同地区的发展极不均衡，亚洲大多数富裕国家或地区为工程师提供了终身学习的机会，如韩国、日本、新加坡等。欧盟委员会早在2004 年就提议欧洲议会和欧洲理事会通过了关于建立一个名为"终身学习项目"的统一行动纲领的决定。但美国工程界并没有进行终身学习的基础设施建设，在国家、个人和雇主层面都存在一系列问题。

鉴于终身学习对保持未来竞争力的重要性，NAE 期望构建一个基于美国的终身学习模式，作为对 21 世纪工程师要面对的快速变化市场的一种有效回应。各关键利益相关者应合力开启重塑工程师终身学习机会的过程。商业界应发展一种学习文化并投资员工的终身学习。工程专业协会要强调改变美国工程师终身学习文化的需求的紧迫性，重视终身学习的价值，开发具有成本效益的方式来传播终身学习计划，开发终身学习计划的评价方式。教育机构应引导工程师认识到学习是一个终身的努力过程，并不局限于课堂内，并开发各种终身学习计划。政策制定者应制定政策鼓励对终身学习进行财政支持，为终身学习提供常规化的支持（美国工程院，2013a）。

3.1.6　优化工程教育的社会环境

工程教育的改革和创新需要一个强有力并极具吸引力的支持环境。公众工程认知与素养是工程教育的外围大环境基础，工程教育的学术创新文化则是核心环境。

1. 提升公众工程认知与素养

NAE 一直致力于提升公众工程认知与素养，以便为工程教育营建良好的发展和改革环境。

当前的宣传语大多局限于强调工程及其某方面的特性，尤其是需要数学和科学技能。换言之，当前的宣传语经常忽略工程的其他关键特性，如创造力、团队合作及沟通。所以，当宣传工程教育的时候，应当充分迎合可能的学生与公众的希望和梦想，把数学和科学能力与协调、沟通、团队合作等都看作成为一名成功的工程师不可缺少的技能和性格特质。

应当树立工程和工程师的崭新形象，如工程让世界多彩多姿；工程师创造性地解决问题；工程师帮助人们塑造未来；工程师可以帮助人们获得更加健康、幸福的生活。工程和工程师形象的重塑不仅需要借助网络和市场的推广活动，而且也需要工程支持者的口口相传和集体宣传（美国工程院，2013b）。

2. 创造一种系统性的工程教育学术创新文化

工程教育的大挑战是我们怎样传授和学生如何学习那些解决今天及明天的挑战所需要的知识。工程职业已变得越来越具有协作性、多学科性、创业性等特征，同时由于全球技术变革的步伐加快，社会对工程教育的期望也在逐步提高。当前，工程教学方法创新缺乏系统性的学习理论支撑和有效的教学实践，工程教育中的文化变革急需解决以下问题。

一是为工科教师和管理者提供有价值并被期待的贯穿职业生涯的专业发展计划，促进工程专业计划和其他与工程师培养密切相关的学科专业计划的整合，支持工程师职前、在职和继续教育系统中各部分之间的合作并建立伙伴关系。

二是继续目前的努力，使工程专业的参与度和社会相关性更高，尤其是要在致力于使其更受欢迎这一点上付出更多的努力。

三是为支持工程教育创新以及教学活动的正常运行，增加多元化资源的投入并使之起到调节作用。增强对公认的原则、有效的教与学的实践和教育创新的关注，以及提高对工程教育学问的关注。

四是定期在各个机构进行自我评估，定期在工程界范围内进行自我评估（美国工程教育协会，2012）。

3.2 部分典型工程教育质量标准比较研究

高等教育质量标准能够对高校办学起到导向、诊断和基准等重要功能，是建设高等教育质量保障体系的前提。构建国家层面的高等教育质量标准体系，是世界高等教育发达国家的通行做法。《国家中长期教育改革和发展规划纲要（2010—2020 年）》要求，"建立和完善国家教育基本标准"，"制定教育质量国家标准"，并"积极参与和推动国际组织教育政策、规则、标准的研究和制定"。2016 年 6 月，我国正式加入《华盛顿协议》，在工程教育质量与国际接轨、实现实质等效方面迈出了重要　步。借鉴国际先进经验，有助于更加科学地制定我国工程教育质量标准，促进工程教育和工程人才的国际交流。

3.2.1　工程教育质量标准的作用

质量标准用于衡量教育水平高低和优劣程度，它有狭义和广义之分。狭义的教育质量标准仅指最终产品的质量标准，即学生的质量和规格；广义的教育质量标准是指教育制度、教育体系、教育过程、教育结果等的水平（王春春，2010）。本部分采纳狭义的概念，把工程教育质量标准等同于工科人才的培养标准，即高等院校、行业、工程专业认证组织或区域性工程师团队等认可的、对工科毕业生的知识、能力和素质要求。它集中地体现在各工程专业认证组织标准中对"毕业生能力"的要求，是高等院校在制订培养计划时应参照的依据，是衡量工程专业本科生质量的准则，是一种强制性的底线准则。工程教育质量标准具有以下作用。

1. 提高工程教育质量的"透明性"

通过对标质量标准来持续地开展学习结果评估，管理者可以及时了解学生是否达到了阶段性教学目标。同时，通过向家长、教育行政部门和社会公众等利益相关者展示学生发展情况，提供努力改善教学质量的证据，可以增进高等教育质量的"透明性"。政府、用人单位、家长则可以通过学生所展示的学习成果，对学生个体及高等院校进行科学的评价，这可以推进对高等教育质量的常规性问责。例如，构建多层次的学习结果评价系统，把教育管理决策建立在数据而非办学者经验的基础上，是美国高等教育进入问责时代的重要现象。

2. 实施学习结果导向的教育模式

高等教育质量标准一般要采用可观察的行为动词来描述学生阶段性的学习结果，明确地描述学生应该达到的知识、能力和态度，有利于学生自主地开展学习，增强学习的自主性和积极性；教师可以与学生建立一个"教与学的契约"，实现教学过程与质量的自我约束与监控；高等院校可以对"学校使命—专业设置与调整—专业培养方案—课程体系—课程"这一教育链进行匹配优化。美国大部分高校都具有负责收集学生学习经验和学习结果数据的机构，它们采用基于心理学、教育学和统计学理论而开发的问卷或量表，定期地收集信息并将其反馈给高校教务部门，使高校能够动态地调整办学目标和办学模式。

3. 便于高校与其他组织之间的对话

以工程教育质量标准为代表的学生学习结果或毕业生能力，是比较容易交流的教育术语，是有效的"通行证"和"共同话语"。制定一套高校、产业界和用人单位都认可的质量标准，能够便于不同类型高校之间、高校与工业界之间，甚至不同国家和地区的高校之间展开有效沟通和交流，使高校办学活动更加开放和包容。实际上，学习结果是国际高等教育互认、学分转换的基础，是高等教育国际化和人才流动的基石。例如，学习结果对博洛尼亚进程（Bologna Process）起到了独特的促进作用。学习结果是"欧洲高等教育区"（European Higher Education Area，EHEA）设想的核心，构成了"欧洲学分转换系统"（European Credit Transfer System，ECTS）的基础。

4. 提高人才培养模式改革的科学化水平

为谁培养人、培养什么样的人、怎么培养人和培养人的效果怎么样，是人才培养模式改革要回答的首要问题。"十二五"期间，各高校认真实施本科教育质量工程，创新人才培养模式。从总体上看，我国高等教育领域尚未出现代表性强、辐射性广和影响程度深的人才培养模式。重要原因之一是现有人才培养模式的科学性和系统性不高，可复制性和可推广性较弱。这些模式大多是实践者根据在教育界多年探索的经验凝练而成，有的就是根据直觉，凭借多年办学经验而总结出的模式。传统教育模式最大的问题之一就是，在"培养什么样的人"，即培养目标这个问题上无法给出科学的说明。例如，什么是"复合型人才"，什么是"复杂工程问题"，什么是"团队和交流能力"，专业办学者较少从心理学等方面来研究它们的内涵和特征。如果无法对培养目标进行可操作和可观察的设计，后续课程、教学和评价等环节的改革就会出现较大的随意性和主观性，人才培养模式改革的效果也无法进行定量或定性评定，最后就不得不笼统地用一些学生获奖和发表论文数量、教学成果奖等级和实验实习基地建设水平来论证改革成效。即便是上述一些外显性指标，改革者往往无法弄清楚这些成效和教育模式改革之间到底有什么关联。缺乏对因果性和必然性的科学说明，自然难以让别人信服教育改革的有效性。

3.2.2 研究对象和分析框架

本部分选取若干在国际上影响较大的工程教育质量标准（International Engineering Alliance Secretariat，2014；ABET，2016；ENAEE，2012；ASCE，2008；中国工程教育专业认证协会，2017；CDIO Organization，2011）作为比较研究的对象，见表 3-2。同时，本部分采用德国职业行动能力分类框架，对表 3-2 中的工程教育质量标准进行分析。

表 3-2　作为比较研究样本的工程教育质量标准

制定机构	名称	简写	工科毕业生要求条目
国际工程联盟	《华盛顿协议》	WA	12 条
美国工程与技术认证委员会	《工程标准 2000》（*Engineering Criteria 2000*）	EC 2000	11 条
欧洲工程教育认证网络（European Network for Accreditation of Engineering Education，ENAEE）	《欧洲认证工程师框架标准和指南》（*EUR-ACE® Framework Standards and Guidelines*）	EAFSG	8 类
美国土木工程协会（The American Society of Civil Engineers）	《面向 21 世纪土木工程知识体系》（*Civil Engineering Body of Knowledge for the 21st Century*）	BOK	24 条
中国工程教育认证协会	工程教育认证标准	通用标准	12 条
CDIO 工程教育联盟（CDIO Initiative）	《CDIO 能力大纲》第二版（*CDIO Syllabus 2.0*）	《CDIO 能力大纲》	4 大类

1999 年德国各州文化教育部长联席会议通过制定的《职业相关性课程的框架教学计划制订指南》明确将职业行动能力划分为专业能力、方法能力、社会能力和自我能力（崔景贵，2009）。该分类吸收了德国著名学者梅尔滕斯（D. Mertens）和凯泽（F. J. Kaiser）等关于关键能力的研究成果。

（1）专业能力。指个体独立、专业化、方法性地完成任务并评价其结果的能力和意愿，包括逻辑、分析、抽象、归纳的思考，以及对事物系统和过程的关系的认识。

（2）方法能力。主要指独立学习和工作并在其中发展自己的能力，将习得的知识技能在各种学习和工作实际场合迁移和应用的能力，因为每一种能力的养成和发展都需要它们。

（3）社会能力。指把握和理解社会关系并合理、负责地处理人际关系的能力和意愿，包括承担社会责任和团结他人。

（4）自我能力。指个体在职业生涯、家庭和社会生活中判断和认清目标并发展自己聪明才智的能力和意愿，特别包括在构建人生发展中起重要作用、对自己行为负责的态度、价值取向和行为准则。

3.2.3　工科毕业生要求分析

1. 基本特点

通过分析发现，不同质量标准对工科毕业生有共同的要求（表 3-3）。在"专业能力"方面，工科毕业生要掌握工程基础知识，能够应用现代工具，开展工程设计，并具备项目管理与财务能力。在"方法能力"方面，各认证标准普遍重视毕业生的问题分析与解决能力、调查和研究能力。《CDIO 能力大纲》把此细化为分析推理和解决问题、实验探究和发现知识以及系统思维。在"社会能力"方面,几个质量标准几乎都体现了对可持续性发展、交流和团队的要求。不同的是,EC 2000还提出了对"多学科团队中的工作能力"的要求。至于"自我能力"方面,虽然表述有所差异,但其要求都可以归纳入两个方面,即终身学习和工程职业规范与伦理。

表 3-3 代表性样本中工科毕业生要求分类

学习结果分类	WA	EC 2000	EAFSG	BOK	通用标准	《CDIO 能力大纲》
专业能力	工程知识;设计与开发;现代工具应用;项目管理与财务	数学、科学和工程知识的应用能力;设计和实验操作及数据分析能力;约束条件下设计能力;运用技术技能和现代工具	知识与理解;工程分析;工程设计	数学、自然科学;人文、社会科学;材料科学,机械,实验设计;土木领域的广度;专门化技术;项目管理;商务和公共管理	工程知识;设计开发解决方案;使用现代工具;项目管理	技术知识和理解力;基础科学知识;核心工程基础知识;高级工程基础知识
方法能力	问题分析;调查研究	问题发现与问题解决能力	调查;判断	问题确认和解决	问题分析;调查研究	分析推理和解决问题;实验探究和发现知识;系统思维
社会能力	工程师与社会;环境可持续性;沟通与交流;独立与团队工作	有效地交流;认识到工程的广泛影响;多学科团队中的工作能力;认识社会问题	交流和团队工作;在工程设计和工程实践规定中,有对社会环境、伦理因素的规定	可持续性;热点问题历史视角;风险和不确定问题;交流、团队合作;公共政策,全球化;领导力	工程与社会;环境和可持续发展;沟通;个人和团队	人际交往技能:团队工作和交流(2 级有 3 个主题)
自我能力	终身学习;职业道德	终身学习;职业道德和伦理	终身学习;工程伦理的要求渗透在工程设计和工程实践规定之中	态度;终身学习;职业和伦理责任	职业规范;终身学习	企业和社会背景下的CDIO(2 级有 7 个主题)

本部分从工程教育质量标准样本中选取团队和交流能力、问题分析、职业道德等工科毕业生要求做进一步分析(表 3-4)。可以看出,WA 和通用标准中对"复杂工程问题"内涵的描述比较详细,从几个方面来界定了"复杂工程问题"的特征。而《CDIO 能力大纲》的可取之处在于,对每种能力的内涵都进行了穷尽式列举和细化,更利于工程教育者理解和掌握。

表 3-4　部分典型工科毕业生能力要求在不同样本中的描述

能力要求	WA	EC 2000	EAFSG	通用标准	《CDIO 能力大纲》
团队和交流能力	个体和团队工作（团队多样性和团队中的角色）；沟通（不同活动类型的沟通水平）	能够有效地交流和沟通；能够在多学科团队中发挥作用	能够有效地与工程师团队和社会大规模地交流信息、观念、问题和方法；能够有效地在国内和国际背景下发挥功能；作为团队成员，能够有效与团队成员（工程师与非工程师）开展合作	能够在多学科背景下的团队中承担个体、团队成员及负责人的角色；能够就复杂工程问题与业界同行及社会公众进行有效沟通和交流，包括撰写报告和设计文稿、陈述发言、清晰表达或回应指令，并具备一定的国际视野，能够在跨文化背景下进行沟通和交流	团队精神，包括：组建高效团队、团队工作运行、团队成长和演变、领导能力、技术合作；交流；外语交流
问题分析	界定了复杂工程问题的特征，如需要知识的深度；冲突需要的范畴；需要分析的深度；问题的熟悉度；适用准则的程度；利益相关者参与程度及冲突要求的程度；相互依赖性	发现问题和解决工程问题的能力；理解工程问题解决方法的世界性影响	能够应用所学知识不断提高解决工程问题的实践能力	能够基于科学原理并采用科学方法对复杂工程问题进行研究，包括设计实验、分析与解释数据、通过信息综合得到合理有效的结论。其中复杂工程问题必须具备下述特征：必须运用深入的工程原理，经过分析才可能得到解决；涉及多方面的技术、工程和其他因素，并可能相互有一定冲突；需要通过建立合适的抽象模型才能解决，在建模过程中需要体现出创造性；不是仅靠常用方法就可以完全解决的；问题涉及的因素可能没有完全包含在专业工程实践的标准和规范中；问题相关各方利益不完全一致；具有较高的综合性，包含多个相互关联的子问题	分析推理和解决问题（包括 5 个子主题）；实验探究和发现新知识（包括 4 个子主题）；系统思维（包括 4 个子主题）

续表

能力要求	WA	EC 2000	EAFSG	通用标准	《CDIO 能力大纲》
职业道德	工程师与社会：能应用广博的知识对社会、健康、安全、法律和文化等问题以及对与工程实践相关的社会责任做出分析评价。环境与可持续性：理解工程方案对社会环境的影响，并证明工程方案能促进可持续发展。职业道德：理解并遵守职业道德、伦理责任以及工程实践的规范	理解职业道德和伦理责任；对当今社会问题具有一定的认识	能够把工程实践规范应用于研究；能够意识到非技术因素（社会、健康、安全、环境、经济和工业）对工程实践的约束	工程与社会：能够基于工程相关背景知识进行合理分析，评价专业工程实践和复杂工程问题解决方案对社会、健康、安全、法律以及文化的影响，并理解应承担的责任。环境和可持续发展：能够理解和评价针对复杂工程问题的工程实践对环境、社会可持续发展的影响。职业规范：具有人文社会科学素养、社会责任感，能够在工程实践中理解并遵守工程职业道德和规范，履行责任	伦理、责任、公平与核心价值观；外部和社会背景（工程师的角色和责任、工程对社会的影响，社会对工程的规划、历史和文化背景等）；企业与商业环境（职业行为与责任，主动规划个人职业，与世界工程保持同步，信用与忠诚，公平与多样性，对生活的渴望与追求）

在所选取的工程教育质量标准样本中，除《CDIO 能力大纲》外，其他标准均与工科毕业生的学术资历挂钩。例如，国际工程联盟旗下包含《华盛顿协议》、《悉尼协议》和《都柏林协议》，分别针对四年制、三年制和两年制的工程教育专业认证。3 个协议对毕业生都有 12 条要求，但在解决工程问题和工程实践的能力，以及知识、能力掌握程度和层次的要求上有差异。ABET 的 EC 2000有两套标准，分别适用于工程专业和工程技术专业，虽然都是 11 条要求，但并不是程度上的不同，而是两类不同的要求。ENAEE 的 EAFSG 标准分为本科和硕士两个层次，差异在于对毕业生要求的程度不同。中国工程教育认证协会只有针对四年制本科的通用标准和专业标准。《CDIO 能力大纲》不是认证标准，它是MIT 等高校共同研究工科毕业生要求所得出的结论。但是，《CDIO 能力大纲》与各国或国际组织认证机构的标准中关于毕业生的要求能够较好地匹配，而且具备细化和可操作性强的特点。

2. 可操作性

工程专业质量标准中的"毕业生要求"，模糊性和不确定性往往较高，不具备可测评性和可操作性，对人才培养过程的具体指导作用很有限。但也有一些质量标准中在毕业生要求的可操作性上下了很大功夫，有较强的实际应用价值。

　　美国土木工程协会于 2008 年推出了第二版《面向 21 世纪土木工程知识体系》，它将工科学生的学习结果分为基础性、技术性和职业性等三类，共计 24 项，并运用布卢姆（B. S. Bloom）的教育目标分类等级，明确规定学生对每一项学习结果的掌握程度，即毕业生要求（表 3-5）。确定了毕业生要求的掌握层次，就有利于工程教育者选择或配置一致性的教育方法、教育资源和评价策略。

表 3-5　2008 年美国土木工程协会提出的《面向 21 世纪土木工程知识体系》

学习结果		布卢姆教育目标分类等级					
		1. 知识	2. 理解	3. 应用	4. 分析	5. 综合	6. 评价
基础性结果	1. 数学	B	B	B			
	2. 自然科学	B	B	B			
	3. 人文	B	B	B			
	4. 社会科学	B	B	B			
技术性结果	5. 材料科学	B	B	B			
	6. 机械	B	B	B			
	7. 实验	B	B	B	B	M/30	
	8. 问题确认和解决	B	B	B	M/30		
	9. 设计					B	E
	10. 可持续性	B	B	B	E		
	11. 热点问题和历史视角	B	B	B	E		
	12. 风险和不确定性问题	B	B	B	E		
	13. 项目管理	B	B	B	E		
	14. 在土木工程领域的广度	B	B	B	B		
	15. 专门化技术	B	M/30	M/30	M/30	M/30	E
职业性成果	16. 交流沟通		B	B	B	E	
	17. 公共政策	B	B	E			
	18. 商务和公共管理	B	B	E			
	19. 全球化	B	B	B	E		
	20. 领导力	B	B	B	E		
	21. 团队合作	B	B	B	E		
	22. 态度	B	B	B			
	23. 终身学习	B	B	B	E	E	
	24. 职业和伦理责任	B	B	B	B	E	E

注：B 表示通过本科教育达到的结果与水平；M/30 表示通过 30 个学分的硕士学位或者同等学力达到的结果与水平；E 表示毕业生在获得职业执照之前通过实践经验获得的结果与水平

　　《CDIO 能力大纲》仔细梳理每项毕业生要求的内涵，把工程师必须具备的工程基础知识、个人能力、人际交往能力和整个 CDIO 全过程能力以逐级细化的方式表达出来。整个能力大纲分三级，共 102 条，每一条下还有具体要求。表 3-6 展示的是《CDIO 能力大纲》框架，并以"4.7 工程领导力"主题为例，呈现部分细目和具体要求。这些能力要求可操作、可测量，可以引导教师有针对性地培养学生和评价教育效果，也可以帮助学生进一步明确学习目标。

表 3-6　《CDIO 能力大纲》框架

第一级	第二级	第三级
1. 学科知识和推理		
2. 个人职业技能和职业伦理		
3. 人际交往能力：团队协作和沟通		
4. 在企业和社会环境下构思、设计、实施、运行系统	4.1 外部、社会和环境	
	4.2 企业与商业环境	
	4.3 构思、系统工程与管理	
	4.4 设计	
	4.5 实施	
	4.6 运行	
	4.7 工程领导力	4.7.1 识别问题、争端和矛盾； 对需求和机遇（即技术体系能够实现）理解的综合； 澄清核心问题； 提出要解决的问题； 识别潜在的矛盾并进行审查
		4.7.2 创造性思考和想象一切可能性； 创建新的思路和方法； 满足客户和社会需求技术系统的新愿景； 沟通产品和企业的愿景； 令人信服的未来愿景
		4.7.3 定义解决办法
		4.7.4 创造新的解题概念
		4.7.5 创建、领导和扩大组织
		4.7.6 计划、管理一个项目直至完成
		4.7.7 项目/方案实施的决断
		4.7.8 概念创新、设计创新，新产品和服务引进
		4.7.9 发明：进行新的准备、开发新材料和新产品与服务流程
		4.7.10 创造产品与服务在实施和运行中的价值
	4.8 工程创业能力	

3.3　国外工程教育培养模式改革经验总结

工程教育改革的根本目的是提高人才培养质量，因而工程教育改革最终要落实到培养模式改革上。本节采用案例分析方法，总结国外大学工程教育培养模式改革的主要方向和推进改革的具体措施。

3.3.1　相关研究概述

笔者通过查阅文献，收集了 20 余个国外大学工程教育培养模式改革的案例，在对相关资料初步研读的基础上，确定其中 9 个具有代表性并且能够找到较详细资料的案例（表 3-7）。笔者收集到的资料包括学术论文、研究报告、相关学校网站的资料。针对部分案例，笔者还通过电子邮件或电话对案例负责人进行访谈，力图尽最大可能了解案例的细节。

表 3-7　国外大学工程教育培养模式改革案例一览

序号	案例名称	案例学校	解决的主要问题
1	麦考密克职业发展办公室	美国西北大学	真实的工程环境/项目
2	Gordon-MIT 工程领导力计划	美国麻省理工学院	工程领导力
3	达芬奇产品创新中心	美国弗吉尼亚州立邦联大学	跨学科
4	垂直整合的项目计划	美国佐治亚理工学院	团队合作
5	重大问题研讨会	美国伍斯特理工学院	一年级计划
6	国际工程计划	美国罗德岛大学	跨文化交流
7	社区服务中的工程项目计划	美国普渡大学	真实的工程环境/项目
8	本科生环太平洋地区研究体验项目	美国加利福尼亚大学圣迭戈分校	跨文化交流
9	超精密技术科学硕士计划	英国超精密结构化表层集成知识中心、克兰菲尔德大学	产学合作

为了便于深入分析上述案例，从中提炼共性规律，笔者首先根据人才培养模式的一般要素，提出案例分析框架（表3-8）。随后笔者对9个案例的资料做全面梳理和深入分析，总结国外工程教育培养模式改革的一般规律。

表 3-8　案例分析框架

条目	分析的主要内容
1. 培养目标	案例的背景，要解决的问题
2. 实施方案	案例实施具体过程（尽可能详细）
3. 效果评估	案例实施后的实际效果（对照培养目标），评估方法

续表

条目	分析的主要内容
4. 可持续性	保证案例持续实施的主要因素
5. 经费投入	为案例实施投入的经费及经费来源
6. 条件建设	校内、校外（包括企业、社区等）提供的条件
7. 教师	学术背景，工作经历，选聘、考核、激励机制
8. 与相关单位的合作	包括校外企业或社区、校内相关机构，合作的方式、机制
9. 与原课程体系的关系	对已有课程体系的补充，重新设计、开发课程体系
10. 其他	

3.3.2 工程人才培养模式改革的主要方向

通过对 9 个案例的分析可以发现，当前国外工程人才培养模式改革主要集中在以下几个方面。

1. 引入真实的工程环境

长期以来，中国工程教育在内容上多为前人的经验总结，教学方式多以讲授式为主。纵观国外工程教育改革的成功范例，其在内容上聚焦于工程实践中真实的工程问题，让学生在大学期间就参与其中，对工业产业界面临的实际工程问题提出解决方案，或者参与一个组件的实际开发。

英国克兰菲尔德大学（Cranfield University）实施超精密技术科学硕士计划，将学生分为 4~6 人一组，共同解决一个与工业相关的跨学科项目。这个大约花费 400 个学时的精密技术工程项目带有强烈的应用背景，2009 年完成的关于图像切片机的项目与克兰菲尔德大学提交给美国国家航空航天局（National Aeronautics and Space Administration，NASA）作为詹姆斯韦伯太空望远镜 MIRI 元件的一个组成部分类似（Sansom and Shore，2013）。

2. 关注跨文化交流

随着全球化进程的加速，未来的工程师不仅应具有工程领域的相关能力，而且应具有全球性的知识与技能，以应对新的国家安全挑战以及日益复杂的全球性难题。为了回应时代的需要，把工程本科生培养成全球研究和产业的人才，国外很多大学开始致力于跨文化的工程教育。中国虽然也有相应举措，但还不够成熟，相比之下，国外的一些成功经验值得我们借鉴。国外跨文化工程教育的成功实践通常是让学生在完成自己大学任务的同时，进入国外大学进行跨文化研究或者在国外研究机构进行跨文化实习。

加利福尼亚大学圣迭戈分校（University of California at San Diego，UCSD）在 NSF 的支持下，与环太平洋网格应用与中间件联盟（the Pacific Rim Application and Grid Middleware Assembly，PRAGMA）合作推出本科生环太平洋地区体验学习（the Pacific Rim Experiences for Undergraduates，PRIME）计划，旨在通过体验式研究和浸入式文化学习培养学生成为高效的全球专业人才和公民。参与项目的学生作为研究学徒融入国外主办地的研究团队，在一起工作中进行文化意识的体验式学习。学生们 9 周后重返 UCSD，并在 PRIME 计划组织的研讨会或专业会议上进行研究报告（Arzberger et al.，2010）。

罗德岛大学（University of Rhode Island）实施的国际工程计划（International Engineering Program，IEP）致力于培养在不同文化背景下获得工程实践经验和具备第二语言能力的本科生。参与项目的学生在 5 年的学习期间，需要花费 6 个学期修读用双语开设的工程课程，学习语言和相关文化，以及工程知识。成绩好的学生可以获得一年半的国外学习经历，其中一年在大学学习，半年在企业实习，之后再回到美国继续学习。毕业时，他们会分别拿到工程和语言两个专业的学位。目前，很多从国际工程计划毕业的学生已经将他们的全球技能学以致用，有的在德国做软件工程师，双学位让他们在求职时更有优势（Fischer，2012）。

3. 推动跨学科培养人才

随着一系列社会性和全球性复杂问题的出现，单一的学科知识已无法满足需求，通过跨学科教育来培养复合型人才日益引起人们的重视。在解决复杂社会问题的过程中，工程师被赋予了更多期望，ABET 工程教育认证标准也对工程专业本科生提出了"在跨学科团队中发挥作用的能力"的要求，因此跨学科教育逐渐纳入工程课程。国外工程教育对跨学科培养高度重视，主要通过成立跨学科研究中心，开展跨学科研究项目，设立跨学科课程体系以及相应的条件建设、师资配置来推进跨学科创新人才的培养。

弗吉尼亚联邦大学（Virginia Commonwealth University，VCU）成立了达芬奇产品创新中心（the VCU da Vinci Center for Product Innovation），着力打造既有学科领域（如艺术、商业或工程领域）深度，又有创新活动所要求的知识广度的"T 型"人才。该中心为每个项目制定了一套跨越多学科的课程体系，学生除了选修本学院的课程外，还要完成 2~3 门其他学院的课程，使知识结构在纵向发展的同时进行横向扩展。同时，学生还要注册一门涵盖多学科基础知识的入门课程以及一门跨学科的毕业设计课程。此外，该中心为参加项目的学生专门建设了一个跨学科的住宿环境，让不同专业的学生在这样的环境中分享资源和彼此的思想，形成跨学科的学习-生活氛围[①]。

在师资配置方面，跨学科工程教育项目通常聘请来自不同学科的教师组成团队

---

① 参见达芬奇产品创新中心官网相关介绍，http:www.davincicenter.vcu.edu。

联合授课,从不同视角阐释同一主题。伍斯特理工学院(Worcester Polytechnic Institute,WPI)开设了重大问题研讨课程(Great Problems Seminars,GPS),每个研讨会都聚焦于一个全球性问题,由来自自然科学或工程领域、人文社会科学领域的两位教师共同授课。例如,向世界提供能源(Power the World,PTW)课程要求学生在一个历史性的社会经济背景下探索能源的生产和分配。该课程由一位机械工程师和一位历史学家进行联合授课,机械工程师主要负责定量问题的指导,而历史学家则为学生的论文阅读提供反馈(Savilonis et al.,2010)。

4. 组建多元化合作团队

在倡导以学生为中心,强调学生主动性的教育改革大背景下,团队合作顺应了时代的需求,在工程教育甚至整个教育系统改革中都备受关注。中国高校通常由同一班级的学生组成团队,而国外高校则更强调不同年级之间的垂直整合,或团队成员在专业背景、资历、年龄、国籍、性别等方面的多元化。

普渡大学(Purdue University)的社区服务工程项目(Engineering Projects In Community Service,EPICS)团队由一到四年级的学生混合组成。通常,大四学生担任技术和组织领导工作;大二和大三学生承担主要的技术性工作;大一学生主要负责了解项目合作方的需求,参与团队工作并跟踪团队的任务,为将来承担主要技术工作和组织领导工作做准备。这样的机制可以保证项目的可持续性和最终达成项目目标(雷庆和苑健,2015)。

英国超精密结构化表层集成知识中心(Integrated Knowledge Centre in Ultra Precision and Structured Surfaces)和克兰菲尔德大学合力打造的超精密技术科学硕士计划,团队成员资历丰富,许多之前读过硕士或博士的学生也会申请;团队年龄跨度也较大,分布于 21~55 岁。此外,申请者的第一学位背景也不相同,既有机械工程、物理等预期的学科,也有电气工程、电子、化学、材料科学、医疗设备工程、核工程和制造工程等领域。多元化的组合形式增加了团队知识储备的丰富性,使学生在一个多层次的氛围中学习借鉴、各尽其职。

3.3.3 推进工程人才培养模式改革的措施

9 个案例的工程人才培养模式改革都是以项目的方式展开的,案例学校采取了具有共性的措施来推动改革的实施。

1. 设立明确的培养目标和评估机制,保证项目的有效性

教育实践离不开理论指导,因此切实推进工程教育的改革实践,首先必须制定明确的目标。国内大学工程教育改革的目标大多立足于创新型国家建设和一流大学建设的宏观需要,没有明确提出培养工程人才的具体目标,对于培养工程师的侧重点也比较模糊,不利于实践的推行与效果的评估。相比之下,国外工程教

育的改革实践则大多有明确的特色目标以及对应的评估方式。

美国弗吉尼亚联邦大学的达芬奇产品创新中心致力于跨学科创新人才的培养，其制定了 3 个具体目标：①为学生进入产品创新的职业生涯做好准备；②通过在艺术学科、商业学科、工科、人文学科和自然学科的交叉协作来促进创新；③作为一种推动跨学科创新和创业的资源。该中心在以上目标的指导下，又规定了学生学习的详细目标以及相应的评估方法：①比较学生在计划实施不同阶段的学习，以评估跨学科创新的理解和鉴赏；②在毕业设计课程中，由项目赞助者评估学生在开发新产品中的创新能力；③教师在毕业设计课程中指导并评价学生作为团队成员协同工作的能力，同时学生也对自己和其他团队成员进行 360 度评估。

2. 保持原有的课程体系，保证项目的可行性

长久以来，中国传统的工程教育一般由基础课程、专业基础课程、专业课程几大模块组成。虽然人们逐渐认识到项目课程对学生的重要意义，但传统的课程结构根深蒂固，新增的项目课程在课时安排与学生负担上，势必会与原有课程安排产生冲突。国外大学在调节项目课程与原有课程的关系上，大多采取在不改变原有课程知识模块的基础上，采用学分制的方式将项目融入其中。

伍斯特理工学院的重大问题研讨会项目持续两个学期，共 14 周，记两个学分。由于每门课程都由一位技术领域的教师和一位非技术领域的教师共同讲授，学生通常也在这两个领域分别获得学分，其中非技术领域的学分可以作为毕业要求中对人文与艺术模块或社会科学模块的要求，或者记为一个选修课程的学分。

UCSD 推出的 PRIME 计划也对海外实习授予学分。该学校认为，授予实习计划学分可以提供有组织的教师监督和评估，而且也有助于得到系或其他院校的支持。总之，通过将项目融入原有课程模块的要求或对项目授予学分，可以促进工程教育改革与原有课程体系的有效整合。

3. 依托专门机构进行管理，保证项目的可持续性

国内大学的工程教育项目一般由教师组成的研究小组负责实施，在制度层面延续的依然是传统的院系制，这种组织方式难以保证项目的可持续性。而国外大学的工程教育改革项目多数设有专门的研究中心或跨学科院系，为工程教育改革提供重要保障，同时增加学校承担重大工程项目的机会。

弗吉尼亚联邦大学专门成立了达芬奇产品创新中心，将艺术、商业、工程与人文科学学院联合起来，通过跨学科的协作促进学生的创新与创业。目前该中心提供产品创新的本科证书、企业创造的本科证书、VCU 创新生活学习项目、产品创新硕士学位等 4 个项目。经过不断实践和改进，该中心已经形成了一套较为成熟的运作体系，并取得了显著的成效。

美国西北大学（Northwestern University）为了使学生更好地对自己进行职业规划，专门设立了麦考密克职业发展办公室（McCormick Office of Career Development）。该办公室通过一系列工学结合项目为学生提供职业准备和就业援助，如协作工程教育计划、工程实习项目、工程研究计划、服务学习计划等。该办公室的员工分为两组，一组是职业顾问，负责教授职业发展的入门课程以及整个学年对学生进行一对一的指导；另一组员工负责联系雇主，为学生提供实习机会。两组员工分工明确，为几乎所有的工程专业本科生和研究生提供了一个课内外的职业发展途径（Northwestern's McCormick School of Engineering，2017）。

4. 聘请专门教师负责实施，保证项目的专业性

工程教育改革基本为自上而下，多数教师都是在政策的驱动下被动接受，有时会有一定的抵触情绪，影响改革的效果。国外一些大学在关注其兴趣和积极性的基础上，选择有行业经验和专业背景的教师参与改革；对部门负责人的任命也是从拥护改革的人群中选择影响力较大的人员，以确保有强大的执行力。

澳大利亚昆士兰大学（The University of Queensland）项目中心型课程（Project-Centred Curriculum，PCC）为确保改革的顺利实施，对化工工程系教师采取了以下策略：1/3 的教师不完全认同该课程的教师被指派教授传统课程；1/3 具有强烈创新精神和责任意识的教师则积极投入 PCC 的改革中；在支持项目课程的教师中成立"改革委员会"，积极为项目课程建言献策，共同讨论课程的框架和教育方法；支持项目课程的部门主管人员和研究领导者，由于其在教职员工中具有较高的公信力和领导力，被任命为该部门领导，领导课程改革的探索与实践；积极吸纳拥有行业经验和企业家精神的教师，形成新的教师教学团队（Graham，2012）。

美国西北大学麦考密克职业发展办公室的 4 位职业顾问都具有一个职业发展相关领域（心理学、咨询、职业发展等）的硕士学位；伍斯特理工学院的重大问题研讨课除了在学校选聘教师外，也会从工厂中特别聘请小部分非终身制的"实践教授"来充实教师队伍；等等（Northwestern's McCormick School of Engineering，2017）。

5. 外部合作伙伴积极参与，保证项目的工程性

工程教育改革中的项目由工业界的需求催生，因此，产学合作应该是项目最突出的特点。纵观国外工程教育的成功案例，产业界的参与不仅体现在项目和资金的赞助方面，而且贯穿于学生培养的全过程。

克兰菲尔德大学牵头的超精密技术科学硕士计划中，外部合作伙伴既参与了最初的课程设计，也在后续的课程改革中有所贡献。例如，项目赞助商反映第一学位非机械工程专业的学生缺乏基本的技术性制图技能，因此课程团队开设了一

些额外的工程制图教学和实践练习，并在后续教学中将其整合到第一周的导论课中。在该计划的团队项目和个人项目方面，工业合作伙伴也直接参与其中，为学生提供真实的工业环境和实习项目。可见，在该计划中，产学合作贯穿于整个项目的进程中。

在吸引外部合作伙伴的举措上，大学除了项目本身的吸引力外，还通过来自校友、教师及家长的人脉进行联络。美国西北大学麦考密克职业发展办公室目前与很多企业都建立了良好的合作关系。雇主之所以愿意持续地雇佣学生，一方面是因为该项目具有较高的声望；另一方面是因为很多雇主都是美国西北大学的校友，愿意为母校做贡献。此外，罗德岛大学也常常通过学生交换或培训企业员工的方式为学生争取实习机会。该校牵头的国际工程计划除了安排专人在国外拓展海外市场、借助校友力量寻找实习机会以外，每年都会举办国际工程教育座谈会，吸引世界各地的合作伙伴。海外的大学或企业为该项目提供实习机会作为回报，罗德岛大学也接收这些机构的学生，并帮助他们从本校毕业。

3.4　关于中国工程教育改革发展的政策建议

在以上研究的基础上，根据中国工程教育的现状，借鉴国外工程教育发展趋势和取得的经验，本节提出如下政策建议。

3.4.1　完善政策体系，对工程教育给予全方位指导

教育部作为政府教育主管部门，是工程教育政策的主要制定者。近年来，教育部联合政府其他业务主管部门、行业协会制定和发布有关政策，中国工程院与部分高校和专家学者开展的研究对教育部门的决策产生了一定影响，但政策制定主体较为单一的局面基本没有改变。同时，中国工程教育政策通常比较宏观，原则性意见较多，而涉及人才培养层面的具体内容较少，对高校和一线教师开展人才培养模式改革的指导作用有限。

建议 1：今后除政府教育主管部门外，倡导高校、企业、研究机构等关心工程教育，在研究的基础上系统地提出各自的意见和建议。特别是应当更多关注培养目标、课程体系、教学和评价方法等与人才培养直接关联的具体主题。

3.4.2　逐级细化质量标准，在专业层面形成可检查的学生学习结果

长期以来，中国工程教育专业培养目标表述非常笼统，不同高校、不同专业的培养目标表述相似度也非常高。培养目标既无法作为编制课程的依据，也很难

用于核查培养质量是否达到标准。MIT 牵头制定的《CDIO 能力大纲》和美国土木工程师协会制定的知识体系为解决这一问题提供了思路。两者相比,《CDIO 能力大纲》具有更强的可操作性。

建议 2:高校工程专业参照《CDIO 能力大纲》,根据各自的办学理念、服务面向、培养人才定位,对其规定的毕业生要求,即学生学习结果,进行增减或调整。同时,将各项要求落实到相应的课程和培养环节,并探索科学、有效的评价方法和反馈机制。通过定期评价和反馈,及时改进人才培养质量。

3.4.3 在保持传统优势的同时,努力跟上国际工程教育发展的潮流

20 世纪 80~90 年代,中国许多工科高校都提出了"厚基础、重实践、强能力"的人才培养指导思想,但实际上,只有"厚基础"得到了较好的落实。随着人类面临的工程问题越来越复杂,社会对工程人才各方面能力的要求不断提高,以及工程人才国际流动性日益加大,工程教育中许多新的主题被提出来。例如,在真实的工程环境中解决问题、跨学科研究、跨文化交流、团队合作、工程伦理教育,等等。在中国的工程教育中,这些主题也常常被提起,而且有一些实践,但总体上落后于国际工程教育的步伐。

建议 3:相关高校应认真总结中国工程教育中数学和自然科学基础教育的经验,继续保持"厚基础"的传统优势。同时,可以将这些经验移植到工程能力培养上来,并借鉴国外高校设立专门环节培养学生工程能力的成功做法,通过两者的结合,形成中国工程教育独特的人才培养模式。

3.4.4 立足长远发展,加大各种投入,保证改革的实效性和可持续性

回顾过去30多年,中国工程教育经历了一系列改革,包括优质课程建设、教学内容和课程体系改革、实验教学示范中心、工科基础课程教学基地、紧缺人才培养基地、人才培养模式创新实验区、工程教育专业认证、"卓越工程师教育培养计划"、CDIO 工程教育模式、工程实践教育中心等。这些改革大多以设立项目的方式展开,国家、地方、行业、学校都有大量经费投入,对于提升工程教育质量和水平,特别是改善人才培养的条件,起到了重要作用。但是,有一些改革由于目标不明确,未能持续开展;还有一些改革,虽有一定经费投入,但缺少人力和配套政策保障,未能深入开展。人才培养模式的改革需要有很长时间的积累,才能逐步取得成效。而笔者收集的美国工程教育人才培养模式案例中最早的改革始于 20 世纪 70 年代。

建议 4:高校以"工匠精神"对待工程教育人才培养模式改革,树立"为未来培养工程师"的理念,明确改革的目标和步骤,真正沉下心思持续推进改革。

对所有改革都要摒弃功利思想，不应企图立竿见影，一蹴而就。除必要的经费投入外，更重要的是要有教师的投入，只有教师出于责任心和兴趣参与进来，改革才可能取得实质性的效果。

参 考 文 献

崔景贵. 2009. 心理学视野中的德国职教行动导向教学范式. 江苏技术师范学院学报，（7）：26-31.

工程教育促进中心. 2011. 保障工科学生的成功. 赵丹丽，吴昊霖译//中国工程院教育委员会. 国际工程教育前沿与进展. 杭州：浙江大学科教发展战略研究中心.

卡内基教学促进基金会. 2009. 培养工程师：谋划工程领域的未来. 刘小明译//中国工程院教育委员会. 国际工程教育前沿与进展. 杭州：浙江大学科教发展战略研究中心.

雷庆，苑健. 2015. 关注工程教育中的工程实践——美国"社区服务工程项目"评述. 清华大学教育研究，（3）：57-63.

美国工程教育协会. 2012. 有影响力的创新：创造一种系统性的工程教育学术创新文化. 刘志雄，许慧，薛萍，等译//中国工程院教育委员会. 国际工程教育前沿与进展. 杭州：浙江大学科教发展战略研究中心.

美国工程教育协会. 2013. 做得更好些——关于留住工程专业、工程技术专业和计算机专业学生的最佳实践和策略. 许慧，薛萍译//中国工程院教育委员会. 国际工程教育前沿与进展. 杭州：浙江大学科教发展战略研究中心.

美国工程院. 2010. 21 世纪工程大挑战及其应对计划. 刘小明编译//中国工程院教育委员会. 国际工程教育前沿与进展. 杭州：浙江大学科教发展战略研究中心.

美国工程院. 2013a. 工程终身学习势在必行：保持美国在 21 世纪的竞争力. 黄淑芳，程春子译//中国工程院教育委员会. 国际工程教育前沿与进展. 杭州：浙江大学科教发展战略研究中心.

美国工程院. 2013b. 为工程大声鼓呼：从研究到行动. 李晨译//中国工程院教育委员会. 国际工程教育前沿与进展. 杭州：浙江大学科教发展战略研究中心.

美国工程院. 2015. 美国工科学校培养 2 万名学生应对大挑战. 李宇翔译//中国工程院教育委员会. 国际工程教育前沿与进展. 杭州：浙江大学科教发展战略研究中心.

美国国家科学基金会. 2012. NSF 大挑战专题工作组最终报告. 徐旭英，蒋慧莺译//中国工程院教育委员会. 国际工程教育前沿与进展. 杭州：浙江大学科教发展战略研究中心.

王春春. 2010. 高等教育质量标准与评价. 大学（学术版），（5）：12-23.

中国工程教育专业认证协会. 2017-04-25. 工程教育认证标准. http://www.ceeaa.org.cn/main!newsList4Top.w?menuID=01010702.

教育部发展规划司. 2016. 中国教育统计年鉴：2015. 北京：人民教育出版社.

总统行政办公室和总统科学技术顾问委员会. 2012. 迈向卓越：再培养 100 万 STEM 本科毕业生. 雷金华译//中国工程院教育委员会. 国际工程教育前沿与进展. 杭州：浙江大学科教发展战略研究中心.

Duderstadt J. 2009. 变革世界的工程：工程实践、研究和教育的未来之路. 盛伟忠，宋杨，郑尧丽，等译//中国工程院教育委员会. 国际工程教育前沿与进展. 杭州：浙江大学科教发展战略研究中心.

Ruth G，Edward C，Bruce M. 2011. 工程领导力教育：国际优秀实践纵览. 成名婵译//中国工程院教育委员会. 国际工程教育前沿与进展. 杭州：浙江大学科教发展战略研究中心.

ABET. 2016-12-25. Criteria for Accrediting Engineering Programs. http://www.abet.org/wp-content/uploads/2016/12/E001-17-18-EAC-Criteria-10-29-16-1.pdf.

Arzberger P，Wienhausen G，Abramson D. 2010. Prime：an integrated and sustainable undergraduate international research program. Advance Engineerng Education，2（2）：1-34.

ASCE. 2008-03-27. Civil Engineering Body of Knowledge for the 21st Century：Preparing the Civil Engineer for the Future. Second Edition. https://ascelibrary.org/doi/book/10.1061/9780784409657.

CDIO Organization. 2011-09-08. CDIO Syllabus 2.0. http://cdio.org/benefits-cdio/cdio-syllabus/cdio-syllabus-topical-form.

ENAEE. 2012-02-15. EUR-ACE® Framework Standards and Guidelines. http://www.enaee.eu/accredited-engineering-courses-html/engineering-schools/.

Fischer K. 2012. In Rhode Island，an unusual marriage of engineering and languages lures students. Chornicle of Higher Education，58（37）：28-29.

Graham R. 2012. Achieving Excellence in Engineering Education：The Ingredients of Successful Change. London：The Royal Academy of Engineering.

International Engineering Alliance Secretariat. 2014-06-13. 25 Years of the Washington Accord. http://www.ieagreements.org/assets/Uploads/Documents/History//25YearsWashingtonAccord-A5booklet-FINAL.pdf.

National Academy Engineering. 2005. Educating the Engineer of 2020：Adapting Engineering Education to the New Century. Washington：The National Academies Press.

Northwestern's McCormick School of Engineering. 2017-03-21. Engineering Career Development. http://www.mccormick.northwestern.edu/career-development/.

Sansom C，Shore P. 2013. Training ultra precision engineers for UK manufacturing industry. Springer-Verlag New York Inc.，24（3）：423-432.

Savilonis B，Spanagel D，Wobbe K. 2010-07-20. Engaging Students With Great Problems. https://peer.asee.org/15846.

UNESCO Institute for Statistics. 2016-07-11. UIS Statistics. http://data.uis.org/.

第4章 高等工程教育的国际比较与中国发展蓝图研究

——工程认证、发展现状、人才需求及展望

本章从高等工程教育国际比较及本土境遇分析出发，对高等工程教育国际认证、工程人才国际认证、国际高等工程教育发展动态进行深入调查研究。从全球风险格局出发对工程人才需求的驱动因素、职业素养及中国工程人才未来需求进行分析预测。针对中国工程教育发展中存在的问题、挑战及机遇提出中国未来工程教育改革建设方向，并提出有益参考和政策建议。

4.1 高等工程教育国际认证

4.1.1 体系构成及认证规模

1）体系构成

高等教育认证，是由专业性认证机构组织工程技术专家，以该行业工程技术从业人员应具备的职业资格为要求，对工程技术领域相关专业的工程教育质量进行评价、认可并提出改进意见的过程（林建，2015）。工程教育国际认证在推动国际学位互认方面起到了积极作用。国际工程联盟是重要的工程组织，建立目的是推动工程教育及工程师职业资格进行多边认证，促进工程师跨国就业[①]。

如图 4-1 所示，国际工程联盟包含三大工程教育认证协议及四大工程技术人员认证协议，其中三大工程教育认证协议指的是《华盛顿协议》、《悉尼协议》

---

① International Engineering Alliance. Working Together to Advance Educational Quality and Enhance Global Mobility Within the Engineering Profession. http://www.ieagreements.org.

及《都柏林协议》。

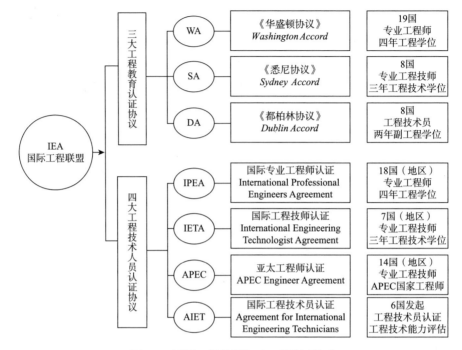

图 4-1 国际工程联盟旗下工程认证体系

除此之外，欧洲各国还执行 EUR-ACE 标准。

2）认证规模

如表 4-1 所示，美国、英国及加拿大等国执行 3 个认证协议，数量居世界之首；日本、俄罗斯、新加坡及马来西亚等国家各执行 1 个认证协议。除执行面向国际的工程认证协议，欧洲多国加入了 EUR-ACE 体系。

表 4-1　各国执行国际工程教育认证协议情况

序号	国家	《华盛顿协议》（WA）	《悉尼协议》（SA）	《都柏林协议》（DA）
1	美国	●WA	●SA	●DA
2	澳大利亚	●WA	●SA	●DA
3	加拿大	●WA	●SA	●DA
4	新西兰	●WA	●SA	●DA
5	英国	●WA	●SA	●DA
6	爱尔兰	●WA	●SA	●DA
7	南非	●WA	●SA	●DA
8	韩国	●WA	●SA	●DA

续表

序号	国家	《华盛顿协议》（WA）	《悉尼协议》（SA）	《都柏林协议》（DA）
9	俄罗斯	●WA		
10	新加坡	●WA		
11	日本	●WA		
12	马来西亚	●WA		
13	印度	●WA		
14	巴基斯坦	●WA		
15	菲律宾	●WA		
16	斯里兰卡	●WA		
17	孟加拉国	●WA		
18	土耳其	●WA		
19	中国	●WA		

资料来源：笔者根据国际工程联盟官网数据信息整理，http://www.ieagreements.org

4.1.2　《华盛顿协议》

1）发展历程

《华盛顿协议》是世界上最早的工程教育学位多边认证协议（郑琼鸽等，2016）。1989 年，由英国、美国、加拿大、澳大利亚、爱尔兰及新西兰 6 个国家联合签订，对四年的工程专业学位进行认证（毕家驹，2000）。《华盛顿协议》认证体系已发展成为世界公认的高等工程教育认证体系，涵盖本科到研究生各阶段学位认定（International Engineering Alliance，2016）。截至 2016 年初，包括 6 个发起国，已有日本、新加坡、南非、韩国、马来西亚等 19 个国家加入了《华盛顿协议》，2013 年，中国成为其临时协议国，2016 年 6 月，被批准为正式协议国。

2）认证标准

《华盛顿协议》规定，所有签署国家都要按照同等标准培养学生，各国相互承认其学位及学分。《华盛顿协议》认证标准分为三大部分：①学位授予基本标准；②知识模块标准；③工程解决能力标准。其中，学位授予基本标准规定获得工程学位需满足以下 12 个模块的标准。

G1——工程基础知识储备能力：应具有运用数学、自然科学、工程基础、工程技术知识来解决复杂工程问题的能力。

G2——问题解决分析能力：应具有分析、总结、研究复杂工程问题的能力。

G3——工程设计或工程发展方面的能力：提出复杂工程问题的解决方案，解决公共健康、安全、文化、社会及环境问题的能力。

G4——调查研究能力：基于多种研究方法调查研究复杂工程问题的能力。

G5——现代工具应用能力：熟练应用现代工程工具、技术、资源及信息技术，包括预测建模能力，用于解决复杂工程的各种限制性问题的能力。

G6——工程师与社会协调能力：恰当理解社会需求，为社会安全、健康、环境安全提出解决工程问题的方案的能力。

G7——环境与可持续发展：理解与评价工程项目对环境的可持续发展所做的贡献，并能提出解决复杂环境工程问题的方案的能力。

G8——道德问题：遵循道德法则，解决工程问题时有责任为社会做出贡献，解决社会伦理道德问题。

G9——个人与团队协作能力：个人与团队协作能力是获得工程学位所必备的能力之一，关注个人能力的同时，要同时培养团队协作能力、领导力以及多学科交叉学习的能力。

G10——沟通交流能力：培养学生在解决复杂工程问题时的沟通交流能力。

G11——项目管理及经济决策能力：培养学生项目管理及进行经济决策的能力。

G12——终身学习能力：培养扩展知识面以及满足不同需求知识所必须具备的能力。

4.1.3 《悉尼协议》

2001 年，英国、澳大利亚、加拿大、爱尔兰及中国香港等 7 个国家和地区共同发起签署《悉尼协议》（刘文华和徐国庆，2016），主要针对三年的工程技术专业学位而建立工程教育认证计划，进行工程技术学位的认证。通过专业认证的毕业生毕业时，同时具备工程技师的任职资格。由于同属于国际工程联盟旗下认证协议，因此其主要认证程序及规则与《华盛顿协议》一致（International Engineering Alliance，2015）。

4.1.4 《都柏林协议》

《都柏林协议》是由英、美等 8 个国家于 2002 年发起而建立的针对两年工程副学士学位的认证协议。通过《都柏林协议》标准认证的毕业生，相当于拥有了技术员的任职资格。该协议与《华盛顿协议》及《悉尼协议》一起，组成国际工程联盟旗下三大工程教育认证协议，其认证程序及规则与上述两种协议一致。

4.1.5 EUR-ACE

1）发展历程

为促进各国工程师流动和互认，并提高认证的权威性，2004 年 14 个欧洲国家组成了 ENAEE。ENAEE 以博洛尼亚进程为基本依据，通过加强欧洲高等教育国际竞争力和吸引力，提高工程教育质量，以促进工程专业技术人员的流动性。

2006 年，ENAEE 正式启动 EUR-ACE 标准，对工程教育学士学位和硕士学位进行统一认证，建立起欧洲的工程教育认证体系 EUR-ACE，在英国、芬兰及法国等设有分支机构。

截至 2017 年 5 月 1 日，包括签署国在内 32 个国家 300 多所大学的 2 749 个工程学位已实施 EUR-ACE 标准。中国的北京航天航空大学、上海理工大学及中国民航大学也加入了该认证体系[①]。

2）认证标准

EUR-ACE 标准规定，主要培养学生具备以下七种能力。

E1——知识理解能力：扎实掌握数学和其他相关工程学科基础知识，支撑工程专业后续知识学习，掌握分析核心工程知识的能力。

E2——工程分析能力：掌握解决复杂工程问题的能力，灵活选择运用相关分析、计算及实验方法，解决工程实践中出现的难题，以及非技术性因素导致的工程问题。

E3——工程设计能力：掌握设计研发复杂产品（装备、装置、人工制品）的能力，系统解决社会经济因素引发的非技术性因素问题，能够设计解决工程前沿问题。

E4——调查能力：熟练掌握各种调查方法，进行准确模拟和分析，对技术细节问题进行详细调查。

E5—— 工程实践能力：理解并运用相关技术和方法，解决实际工程中的问题；能熟练应用材料、设备、特定技术和程序解决实际工程问题；能在工业和商业环境中，对项目进行组织管理。

E6——综合判断能力：具有在本领域内收集和解释相关的数据和处理复杂问题的能力；能够判断或反思社会伦理问题，对复杂项目或者技术活动能够做出合理决策。

E7——沟通交流与团队合作：能够在社会或者大型社区活动中，与团队成员无障碍交流设计意图、理念、存在的问题及解决方法（World Federation of Engineering Organization，2017）。

---

① EANEE. Database of EUR-ACE® Labelled Programmes. http://eurace.enaee.eu/node/163.

4.2 工程人才国际认证

4.2.1 体系构成及认证规模

1) 体系构成

除工程教育国际认证体系外，国际工程联盟还包含四大工程技术人员认证协议（华尔天等，2017），即国际专业工程师认证（International Professional Engineers Agreement，IPEA）、国际工程技师认证（International Engineering Technologist Agreement，IETA）、亚太工程师认证（APEC Engineering Agreement）及国际工程技术员认证（Agreement for International Engineering Technicians，AIET），它们组成了不同级别的国际工程人才资格认证体系。除此之外，规模较大的还有主要针对欧洲各国进行工程技术人才认证的体系——欧洲工程师（European Engineer，EUR-ING）认证。

2) 认证规模

如图 4-2 所示，从实施范围及成员数量来说，国际专业工程师认证位列第一，实施主体有 18 个；亚太工程师认证位列第二，实施主体有 14 个；位列第三的是国际工程技师认证，实施主体有 7 个；位列第四的是国际工程技术员认证，实施主体有 6 个。如表 4-2 所示，澳大利亚、加拿大、新西兰执行 4 个工程技术人员认证协议；英国、爱尔兰、南非执行 3 个工程技术人员认证协议；美国、韩国及日本等国家执行 2 个工程技术人员认证协议；新加坡、斯里兰卡及菲律宾等国家执行 1 个工程技术人员认证协议。

表 4-2 各国执行国际工程技术人员认证协议状况

序号	国家	国际专业工程师认证	国际工程技师认证	国际工程技术员认证	亚太工程师认证
1	美国	●IPEA	●IETA		
2	澳大利亚	●IPEA	●IETA	●AIET	●APEC
3	加拿大	●IPEA	●IETA	●AIET	●APEC
4	新西兰	●IPEA	●IETA	●AIET	●APEC
5	英国	●IPEA	●IETA	●AIET	
6	爱尔兰	●IPEA	●IETA	●AIET	
7	南非	●IPEA	●IETA	●AIET	
8	韩国	●IPEA			●APEC
9	俄罗斯	●IPEA			●APEC

续表

序号	国家	国际专业 工程师认证	国际工程 技师认证	国际工程 技术员认证	亚太 工程师认证
10	新加坡				●APEC
11	日本	●IPEA			●APEC
12	马来西亚	●IPEA			●APEC
13	印度	●IPEA			
14	巴基斯坦	●IPEA			
15	菲律宾				●APEC
16	斯里兰卡	●IPEA			
17	孟加拉国	●IPEA			
18	印度尼西亚				●APEC
19	泰国				●APEC

资料来源：笔者根据国际工程联盟官网数据信息整理，http://www.ieagreements.org

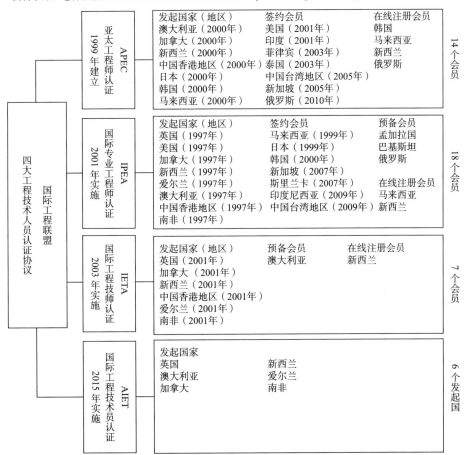

图 4-2　国际工程联盟国际认证体系签约国家及地区

资料来源：笔者根据国际工程联盟官网数据信息整理，http://www.ieagreements.org

3）与教育认证的对应关系

如图 4-3 所示，人才认证与学位认证对应的学术水平，国际专业工程师认证任职资格要求通过《华盛顿协议》四年本科工程学位认证。同样，国际工程技师认证的任职资格要求通过《悉尼协议》三年副工程技术学位认证，国际工程技术员认证任职资格要求通过《都柏林协议》两年工程副学士学位认证（International Engineering Alliance，2015）。"欧洲工程师"头衔则需要通过 EUR-ACE 标准的认证。

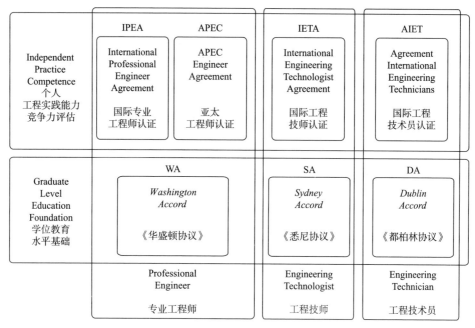

图 4-3　国际工程人才资格认证与工程教育认证的对应关系

资料来源：笔者根据国际工程联盟官网数据信息整理，http://www.ieagreements.org

4.2.2　国际专业工程师认证

1997 年，英国、美国及加拿大等 8 个国家和地区发起建立的国际专业工程师认证，于 2001 年正式实施。国际专业工程师认证与亚太工程师认证互认，通过两者任何一种认证都可同时拥有另一方认证资格。截至 2017 年 5 月，有 18 个国家和地区执行国际专业工程师认证。

4.2.3　国际工程技师认证

2001 年，在国际工程联盟的组织下，英国、加拿大、新西兰、南非、爱尔兰及中国香港地区联合签署国际工程技师认证协议，在《悉尼协议》学位项目的基础上实施工程人才资格认证项目，并于 2003 年正式实施。

4.2.4　国际工程技术员认证

2015 年、英国、澳大利亚及加拿大等 6 国联合发起签署国际工程技术员认证协议[①]，该认证在《都柏林协议》的学位项目基础上实施。

4.2.5　亚太工程师认证

亚太工程师认证是亚太经济组织为了平衡工程教育质量以及推进一体化发展而建立的工程教育认证体系，由澳大利亚、加拿大及新西兰等 7 个国家和地区在 1999 年签署[②]，截至 2018 年 5 月共有 14 个签约会员。

4.2.6　欧洲工程师认证

如图 4-4 所示，面向欧洲的欧洲工程多边认证包含两部分，除如前所述的 EUR-ACE 标准之外，还有欧洲工程师认证[③]。欧洲工程师认证是国际上最早出现的工程技术人才认证体系。"欧洲工程师"头衔需要在科学知识、专业技能、安全环境意识、社会责任心及沟通交流等能力方面有一定的竞争力，并且包括工程学位获取在内至少有 7 年工程实践经验（能璋等，2013）。认证由国家工程协会同行评审通过，持有欧盟资格证者可免于额外的审查程序（The Institution of Engineering and Technology，2017）。

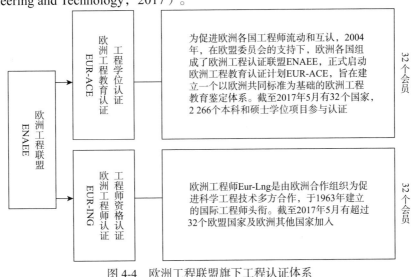

图 4-4　欧洲工程联盟旗下工程认证体系

资料来源：笔者根据国际工程联盟官网数据信息绘制，http://www.ieagreements.org

① International Engineering Alliance. AIET Agreement. http://www.ieagreements.org/ agreements/aiet/.

② International Engineering Alliance. International Engineering Alliance APEC Agreement. http://www.ieagreements. org/agreements/apec/.

③ European Federation of National Engineering Associations. The EUR ING Title. http://www.feani.org/.

4.3 国际高等工程教育发展动态

4.3.1 美国发展动态

1）教育改革历程

美国高等工程教育经历了从工程经验到工程科学再到工程实践的这几个阶段。1775 年，乔治·华盛顿先生在军队中建立了美国第一个工程办公室，其成为美国工程教育的雏形。1802 年，美国军队内部建立了独立的工程分支机构，专门从事专业化军事工程研究，并开始西点军校的筹建及运营工作。1850 年开始，美国以 MIT、康奈尔大学、普渡大学及伊利诺伊大学为首的 14 所高等院校开始效仿法国，将"工程技术"作为一个独立学科分离出来，纷纷建立工学院或者工程专业，并在 1862 年《莫里尔法案》中以立法形式确立。之后，美国高等院校采取理论、工厂实践及课堂体验中平衡并重的教育模式，建立了大量以课堂实践为主的"工作坊"。

1893 年，美国成立工程教育协会，以此促进工程教育的研究、公共服务及实践机会，促进全社会范围内技术教育的发展。到 20 世纪六七十年代，美国在高等工程教育课程设置方面展开了一场工程实践与科学的较量。90 年代，美国高等工程教育迎来划时代变革，实验室体验教学方法普及开来，"边学边练"的方式被引入课堂。进入 21 世纪，美国更加注重学生创造力与学习能力的培养，以适应产品创新设计的需要。

2）工程认证状况

ABET 是一个致力于国际工程认证的非营利性组织。ABET 负责《华盛顿协议》、《悉尼协议》及《都柏林协议》的认证审查工作。截至 2017 年 6 月末，30 多个国家及地区，752 所大学，40 多个学科领域，3 709 个工程专业参与工程教育国际认证[1]。

美国执行国际专业工程师认证及国际工程技师认证。与高等工程教育国际认证一样，其认证主管由 ABET 负责，所有参与认证的项目及个人专业工程师头衔必须先获得高等工程教育认证项目下的本科或硕士工程专业学位（王瑞朋等，2015），通过《华盛顿协议》、《悉尼协议》和《都柏林协议》认证（余天佐和刘少雪，2014）。

---

[1] U.S. Accreditation Board for Engineering and Technology ABET Accredited Program Database. http://www.abet.org/.

4.3.2　英国发展动态

1）教育改革历程

英国高等工程教育最早可追溯至牛津大学与剑桥大学的建立。1852 年建立的爱丁堡大学及随后在苏格兰地区建立的圣安德鲁大学、格拉斯哥大学及阿伯丁大学也纷纷效仿牛津大学、剑桥大学，将工程技术教育作为其重要目标。1963 年，英国提出了 20 世纪 60~80 年代英国高等教育发展预测和规划，推动英国高等教育模式从传统走向现代化，从精英型走向大众型（王正东，2016）。20 世纪 70~90年代是英国工程专业协会和工程教育迅速变革的时期。其间，继《罗宾斯报告》之后，《费尼斯顿报告》和《迪尔英报告》成为引发英国工程专业协会和工程教育持续 30 年变革的纲领性文件，同期，欧洲乃至世界的工程教育鉴定及工程师资格互认热潮也加快了变革进程（张宇等，2016）。

2）工程认证状况

英国工程学位认证制度始于 20 世纪 60 年代，由英国 EngC 负责制定特许工程师（Chartered Engineers，CEng）、注册工程师（Incorporated Engineers，IEng）及工程技师（Engineering Technicians，EngTech）三个级别的认证标准。1997 年又重新界定 CEng 及 IEng 的认证标准。根据 1997 年的标准，特许工程师要求达到四年工程专业知识的学习，注册工程师要求达到三年工程专业知识的学习。因此，英国既有学术学位，又有工程学位，而工程学位是工程技术工作的基本要求。

英国遵循欧洲高等教育博洛尼亚进程思想，执行 EUR-ACE 标准及欧洲工程师认证，同时加入《华盛顿协议》、《悉尼协议》及《都柏林协议》（鲁正等，2016）。

在人才认证方面，英国执行国际专业工程师认证、国际工程技师认证、国际工程技术员认证及欧洲工程师认证四种国际工程技术人才认证协议。与其他国家一样，英国国际工程技术人才专业认证在国际工程教育多边认证方面包括《华盛顿协议》、《悉尼协议》和《都柏林协议》（蒋石梅和王沛民，2007）。

4.3.3　德国发展动态

1）人才培养模式

德国高等工程教育采用双轨制，即研究型与应用型结合两种办学模式，分别由理工科大学和应用技术大学负责实施，这些学校可以授予 3~4 年的学士学位、1~2 年的硕士学位及 3~5 年的博士学位。其特点包括四点：一是教学内容由"理论"部分和"实践"部分双轨组成；二是办学主体由"学校"和"企业"双元组成；三是受教育者属性由"在校学生"和"企业学徒"双轨组成；四是教学活动

"工学交替"进行（The Association of German Engineers，2016）。

德国双轨制教育模式的宗旨是为生产、服务和管理一线培养德才兼备的应用型人才，强调的是包括专业能力、社会能力和方法能力在内的职业能力。所以其课程设置以职业活动为核心，依据工作岗位的典型活动来确定课程内容。至今，德国有约 2/3 的工程师、1/2 的企业管理人员和计算机信息技术人员毕业于此类大学，为德国经济发展起到了不可替代的作用。

2）工程认证状况

在德国，工程教育认证体系由全国性的学科评审委员会、认证机构和高校共同组成。为了统一认证标准并保证认证机构自身的质量，1998 年德国各州文教部长联席会议与德国大学校长联席会议联合成立了全国性的学科评审委员会，由学科评审委员会专门负责学士和硕士课程的审批工作以及对专业认证机构的资格认可工作（陈新艳和张安富，2007）。德国工程教育专业认证机构 ASIIN 是唯一授权对工科、信息科学与计算机科学、自然科学和数学学科的学士学位项目及硕士教育项目进行认证的机构。该机构由各综合大学、应用科学大学、权威的科技协会、专业教育和进修联合会以及重要的工商业组织共同建立（清华大学工程教育认证考察团，2006）。ASIIN 与 VDI 共同促使大学、工程协会和产业界协同发展，搭建教育界与工业界融合的桥梁[①]。

2000 年，德国工程专业认证机构 ASIIN 制定了认证标准，规定了开设课程的理由、课程内容要求、师资、质量保障措施与教学相关的合作项目等。除了统一学位认证标准，每个学科也有详细的认证规范（丁敬芝，2012）。经过认证的专业有效期为 5 年。认证过程力求严格、公正、透明和公开，保证在参与决议制定的成员中，综合大学、应用技术大学和工业界的代表各占 1/3，以保证力量平衡及各方利益。

德国在严格按照本国工程人才认证质量体系标准的基础上，还执行欧洲工程师质量标准体系（鲁正等，2014）。2003 年，德国成为《华盛顿协议》预备协议国。2004 年，德国开始推行 EUR-ACE 标准，其毕业生可同时拥有本国工程师资格及"欧洲工程师"头衔。

4.3.4 日本发展动态

1）教育改革历程

早在 1868 年，日本就仿照欧洲教育模式建立了现代大学雏形。1891 年帝国大学（现东京大学）开始改革高等工程教育，设立了农业工程专业。第二次世界

---

① The Association of German Engineers. 2017-10-02. VDI Standards and Their Significance. http://www.vdi.eu/engineering/vdi-standards/we-set-standards/.

大战期间，日本又效仿美国，将多轨教育体制变为单轨教育体制。1962 年，日本建立第一个 5 年制工程技术大学（袁本涛和王孙禺，2006）。

2）工程认证状况

1995 年，日本工学学会提议将国际高等工程教育认证体系引进本国（叶磊，2014）。1996 年，日本工学教育协会正式组成一个认证系统设计委员会。1999年，日本工程教育认证机构 JABEE 正式成立（Institution of Professional Engineers Japan，2017），在国际统一认证标准的基础上，该机构提出本国高等教育机构工程专业技术人员及学科专业认证要求。2005 年，JABEE 成为《华盛顿协议》正式会员，开始执行《华盛顿协议》认证标准。

4.3.5　法国发展动态

1）教育改革历程

18 世纪工业革命期间，法国创建了军事学校和工程学校，标志着法国高等工程教育的开始（李萍等，2015）。1794 年，巴黎综合理工学院建立，并为法国培养了急需的军工、交通及采矿等部门的技术人才。1799~1814 年法国确立了中央集权管理的教育体制，在建立完善普通大学系统的同时，推进了工程师教育的发展，完善了法国工程师教育体系。法国高等教育体系分为以精英教育为特征的职业教育系统和以普及科学技术知识与科学精神为目标的公立大学系统。

2）工程认证状况

第二次世界大战后，法国高等工程师教育发展为多元化体系，分为综合性大学、高等职业学院和高等专科学校。法国的工程师教育实行精英教育，入学选拔严格，竞争激烈。自 2004 年起，为了顺应欧洲博洛尼亚进程对教育一体化的要求，法国进行了高等教育制度的重大改革，执行《华盛顿协议》、EUR-ACE 标准及欧洲工程师认证标准，工程硕士学位等同于国家工程师资格，毕业生可同时获得法国工程师证书和工学硕士学位（王群和郑晓齐，2012）。

4.3.6　俄罗斯发展动态

1）教育改革历程

俄罗斯高等工程教育历经了 300 年的发展（含苏联时期），受封闭式计划经济因素的影响，发展较为孤立（杜岩岩，2016）。随着现代经济转型，俄罗斯高等教育发起一系列变革，出台了一系列方案来培训工程专家，并规范高等工程教育课程标准，推行多层次教育体系。自 2003 年加入博洛尼亚进程后，俄罗斯工程教育进行结构性变革（韩琳，2007），引入双轨制，学生完成 4 年学士学位课程之后，要么进入劳资市场，要么继续其第二个周期的学习。

2）工程认证状况

为了保证高等教育质量，20 世纪 90 年代，俄罗斯教育部执行过度灵活放松的教育政策。1992 年，联邦法案通过质量保证认证计划，一系列教育质量认证开始实施（Churlyaeva，2013），认证实施从两个层面开启，一是由教育部实施；二是由专业组织机构负责。俄罗斯执行欧洲工程教育质量保证体系及《华盛顿协议》（李艳秋，2011）。此外，俄罗斯还加入了国际工程联盟及亚太工程师认证。

4.4 中国高等工程教育现状及其国际比较

4.4.1 工程教育规模

1）学生规模建设状况

中国是世界高等教育大国，1997~2016 年本科、研究生（硕士、博士）招生规模不断扩大。如图 4-5 所示，本科从 1997 年的 100 万人上升至 2016 年的 738 万人，上升了 6.38 倍；硕士研究生招生数量由 1997 年的 5 万人上升至 2016 年的 65 万人，上升了 12 倍；博士研究生招生数量由 1997 年的 1.3 万人上升至 2016 年的 7.4 万人，上升了约 4.7 倍。所有学科中，工程学科招生规模及增长比例最大。

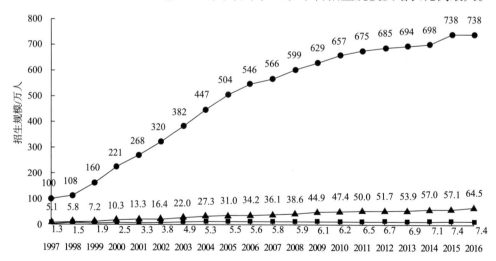

图 4-5 1997~2016 年中国高校招生规模变化趋势

数据来源：根据教育部官网相关统计数据整理而得，http://www.moe.gov.cn/s78/A03/moe_560/jytjsj_2016/

2）学科专业规模状况

2016 年中国各类专业点数量为 35 350 个。如图 4-6 所示，工学专业成为中国高等教育最大的供给体系，共有 1 139 所院校开设工学专业点 11 384 个，约占总比 32%；理学专业点 3 702 个，约占总比 10%；农学专业点 596 个，约占总比 1.7%；医学专业点 1 241 个，约占总比 3.5%；管理学专业点 5 993 个，约占总比 17%。

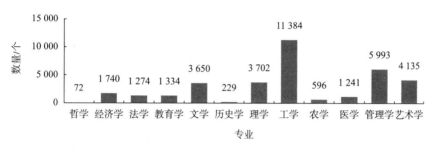

图 4-6 2016 年中国高校分学科开设专业点数量

资料来源：高等教育统计数据库（2000~2016 年），http://www.moe.edu.cn

4.4.2 课程建设状况

中国高等工程院校专业课程及教材建设存在以下问题（李志义，2012）。

（1）课程与教材体系建设不够完善，不能根据新经济形势及社会形势、新兴技术发展状况动态地进行课程体系设计（王丽霞和于建军，2011）。

（2）课程和教材内容与社会经济发展不能同步，滞后现象严重，不能根据新技术、新理论及新方法动态地更新课程内容，学生接受前沿知识有一定难度。

（3）课程实践机制尚不完善，工程基础课程明显多于工程实训课程，在一定程度上限制了学生实际操作能力的提高，很难满足工程技术人才的精英化与多样化发展需求。

（4）跨学科、跨年级及跨校选课制度不完善，尤其是缺少跨年级与跨校选课制度，不利于学生学科交叉与跨界研究能力的培养，无法满足未来复合型工程技术人才发展的需要。

（5）教材种类单一，每门课程一般设有主要教材一本、辅助教材两本，知识面的广度与深度难以满足学生的需求。与世界知名工程院校一门课程有十几本甚至二十本参考教材的数量相比，中国工程院校一门课程的参考教材数量差距甚远（米切姆等，2016）。

（6）教材质量问题突出，教材内容枯燥，缺乏严谨性，知识点错误时有发生。

（7）教材编写重视度不够，奖励激励机制不完善，导致教材质量难以保证。

4.4.3　工程认证状况

1）工程教育国际认证状况

2016 年 6 月中国被批准为《华盛顿协议》正式会员。截至 2016 年 11 月底，中国已有 135 所工科大学、632 个专业参与《华盛顿协议》认证，认证范围逐渐扩大，但是还存在很多问题（都昌满，2011），具体表现在以下三个方面。

第一，与世界发达国家相比，中国高等工程教育国际认证存在很大差距，还有很大发展空间，中国需要加强自身力量迎接国际化认证工作的有序推进。

第二，中国高等教育工程院校在工程专业培养模式、课程设置和教学方法、教学设备、实践基地建设、社会化支持及资金投入等方面，与国际高等工程教育认证相比准备不足。

第三，高等工程教育质量建设方面不能很好地满足高等工程教育国际认证标准的要求，需首先下大力抓工程教育质量评估，从人才培养方法、课程建设、教学设施、教学条件等各方面建立系统的工程教育人才培养标准（韩晓燕和张彦通，2006）。

2）工程人才国际认证状况

尽管中国工程师制度在政府及行业部门的领导下一直在进行卓有成效的改革，但从总体上看，中国注册工程师制度及其认证体系尚未真正建立。截至目前，中国工程技术人才认证还没有被纳入国际专业工程师、国际工程技师及国际工程技术员认证体系，不利于其国际化进程的发展。

4.5　工程人才需求

4.5.1　工程人才需求的影响因素

1）全球风险格局对人才战略的影响

如图 4-7、图 4-8 和表 4-3 所示，根据世界经济论坛《2017 年全球风险报告》，两极分化、地缘政治、环境恶化、气候变化、快速城市化、人口老龄化成为全球风险格局的主要因素。新兴技术是应对经济、社会和地缘政治风险的主要智力因素。全球 12 项新兴技术中，人工智能与机器人是影响经济、地缘政治、技术全球风险的第一位因素。新计算技术、能源开发储存运输、虚拟与虚拟现实是第二位影响因素。数据区块分布计算、生物技术及互联传感器是第三位影响因素。位于第四、第五位的是先进材料与纳米材料及神经技术。应对全球性风险成为制定人才战略的重要依据。

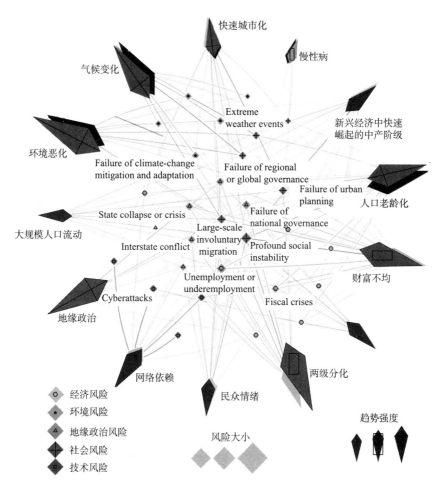

图 4-7　2017 年全球风险格局

资料来源：世界经济论坛《2017 年全球风险报告》

表 4-3　2017 全球十大风险及影响

可能的风险	风险的影响
1. 极端天气	1. 大规模杀伤性武器
2. 大规模移民	2. 极端天气
3. 自然灾害	3. 水资源枯竭
4. 恐怖袭击	4. 自然灾害
5. 数据造假	5. 气候变暖或变冷
6. 网络攻击	6. 大规模移民
7. 违法贸易	7. 食品危机

续表

可能的风险	风险的影响
8. 人为环境灾害	8. 恐怖袭击
9. 洲际冲突	9. 洲际冲突
10. 政府管理失败	10. 高失业率与就业不足

注：此表两栏内容并非对照关系，而是按照风险大小排列的
资料来源：世界经济论坛《2017年全球风险报告》

图 4-8 新兴技术对全球风险的影响程度
资料来源：世界经济论坛《2017年全球风险报告》

2）新兴技术因素对未来职业的影响

新技术是影响未来职业选择的重要因素。如图4-9所示，对职业产生重要影响的是移动互联网及云技术、大数据处理能力、新能源储备技术、物联网、共享经济与众服务、机器人与自动化等新技术。而在2018~2020年，人工智能、先进制造与3D打印、新材料与生物技术成为影响职业选择最重要的因素。到2021~2025年，这几种新兴技术将会对职业选择产生更大影响。

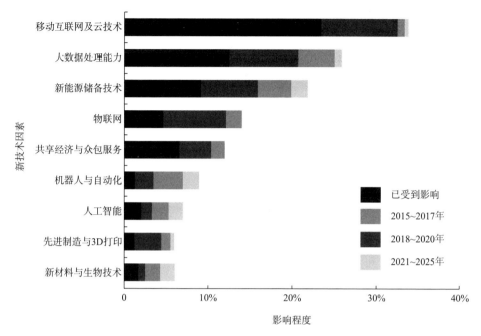

图 4-9　2015~2025 年新技术因素对职业的影响程度

资料来源：World Economic Forum（2017a）

3）社会经济因素对未来职业的影响

从社会经济因素来看，如图 4-10 所示，工作性质变化与自由职业、新兴市场中的中产阶级崛起、气候变化与自然资源短缺、地缘政治动荡、消费道德及隐私问题、长寿与老龄问题、新兴市场中年轻人结构变化、妇女经济权利及愿望，以及城市快速扩张等因素对未来职业选择产生了不同程度的影响。从预测中可以看出，自由职业、自然资源领域的职业需求开始逐渐饱和，而新兴市场，城市扩张及老龄服务人才需求将会在 2018~2025 年逐渐增大。

4.5.2　未来工程师应具备的职业素养

1）未来工程师的社会责任及使命

从当今世界风险格局分析得知，人类正处在极端复杂的社会、经济及政治环境中，面对各种前所未有的风险与挑战，包括环境恶化、能源枯竭、人口老龄化、气候极端变化、地缘政治斗争及新兴技术的潜在危害[1]。未来工程师将担负起消除危险、造福人类及改变世界的使命，站在全社会全人类的角度，创造更多价值。

---

① 世界经济论坛《2017 年全球风险报告》。

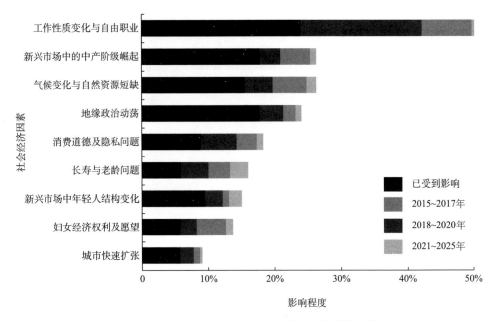

图 4-10　2015~2025 年社会经济因素对职业的影响程度

资料来源：World Economic Forum（2017a）

2）未来工程师所应具备的职业技能

未来工程师所应具备的职业技能如下。

（1）工程基础知识能力。能够运用数学、自然科学、工程基础知识、工程技术知识解决复杂工程问题。

（2）问题解决分析能力。能够分析、总结、研究复杂工程问题。

（3）工程设计或工程发展方面的能力。能够提出复杂工程问题的解决方案，并解决公共健康、安全、文化、社会及环境问题。

（4）调查研究能力。能基于多种研究方法调查研究复杂工程问题。

（5）现代工具应用能力。能熟练应用现代工程工具、技术、资源及 IT 计算机技术，包括预测建模能力，用于解决复杂工程的各种限制性问题的能力。

（6）工程师与社会协调能力。能够恰当理解社会需求，为社会安全、健康、环境安全提出解决工程问题的方案。

（7）维护环境与可持续发展的能力。能够理解与评价工程项目对环境的可持续发展所做的贡献，并能提出解决复杂环境工程问题的方案。

（8）遵循道德法则的能力，即解决工程问题时有责任为社会做出贡献，解决社会伦理道德问题。

（9）团队协作能力。个人与团队协作是工程学位获得必要的知识与能力的重要途径，关注个人能力的同时，应具备团队协作能力及多学科交叉学习的能力。

（10）管理控制能力，包含财政管理能力、资源管理能力、人力管理能力及时间管理能力、项目管理及经济决策能力。

（11）终身学习能力。终身学习能力尤其是终身交叉学习能力，是未来工程师特别是复合型工程师所必备的职业技能。

（12）技术能力，包含设备维修与维护能力、设备操作与控制能力、编程能力、质量管理能力、技术工艺能力、用户体验设计能力及错误判断能力。

如图 4-11 所示，根据 2016 年世界经济论坛《未来职业发展报告》，预计到 2020 年，超过 1/3 职业要求的首要核心技能是解决复杂问题的能力；排在第二位是社会能力；第三位是过程处理能力；第四位是系统解决问题的能力；第五位是认知能力。从其所需核心技能增长速度来看，认知能力预计增长速度比例为 52%，成为增长速度最快的技能，其次是系统解决问题的能力，排在第三位的核心技能是解决复杂问题的能力和内容技巧，第四位是过程处理能力（World Economic Forum，2016）。

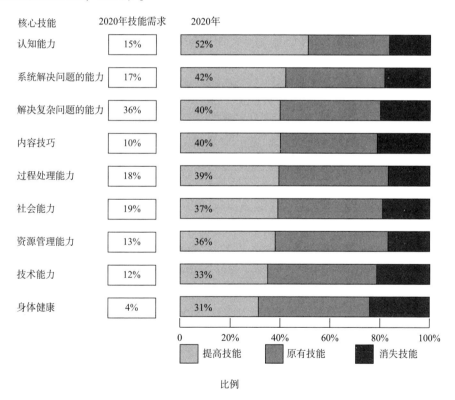

图 4-11　2020 年职业核心技能需求及增长比例
资料来源：2016 年世界经济论坛《未来职业发展报告》

4.5.3 中国未来工程技术人才需求

1）影响中国职业变化的驱动因素

如图 4-12 所示，影响中国未来职业变化的首要驱动因素是新兴市场中的中产阶级崛起，其影响程度为 38%；其次是弹性工作，其影响程度为 33%；紧接其后为大数据处理、移动互联网及云技术，影响度分别为 31% 和 29%。气候变化与自然资源短缺、消费道德及个人隐私的影响程度较小。

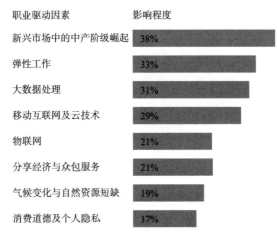

图 4-12　中国职业驱动因素及影响程度

资料来源：2016 年世界经济论坛《未来职业发展报告》

如图 4-13 所示，对革新变化的理解力成为中国工程师职业选择的第一障碍，其影响程度为 64%；第二障碍为资源限制，影响程度为 55%；人才与创新战略不匹配是第三障碍，影响程度为 50%；第四、第五职业障碍分别是股东压力与短期盈利行为及管理失误，其影响程度分别为 39%、34%。

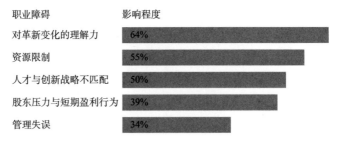

图 4-13　中国工程师职业选择障碍及影响程度

资料来源：2016 年世界经济论坛《未来职业发展报告》

2）中国工程人才需求预测

如图 4-14 所示，根据世界经济论坛中国主要职业就业前景调查，处在上升趋势的职业有建筑工程、艺术设计及娱乐媒介等。处于下降趋势的职业为产品制造业、行政办公、运输与物流，而增长速度保持不变的职业为农业、渔业及林业、医疗护理及个人护理与服务等。

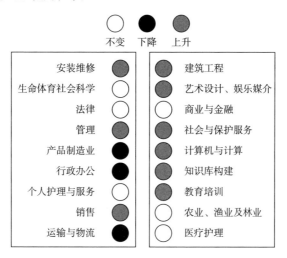

图 4-14　中国主要职业就业前景

资料来源：2016 年世界经济论坛《未来职业发展报告》

如表 4-4 所示，根据《中国制造业人才发展规划指南》2020 年及 2025 年人才需求预测，在制造业十大重点领域中，新一代信息技术产业人才领域的需求总量最多也是缺口最大的领域，2020 年需求总量预测 1 800 万人，缺口 750 万人；2025 年需求总量预测 2 000 万人，缺口 950 万人；排在第二位的电力装备领域，2020 年人才需求预测总量为 1 233 万人，2025 年将达到 1 731 万人，缺口 909 万人；位列第三的是新材料领域；第四位是先进数控和机器人领域（教育部等，2016）。

表 4-4　中国制造业人才需求预测（单位：万人）

十大重点领域	2015 年预测	2020 年预测		2025 年预测	
	总量	总量	缺口	总量	缺口
新一代信息技术产业	1 050	1 800	750	2 000	950
电力装备	822	1 233	411	1 731	909
新材料	600	900	300	1 000	400
先进数控和机器人	450	750	300	900	450
海洋工程装备及船舶	102	119	17	129	27
节能与新能源汽车	17	85	68	120	103
生物医药及医疗器械	55	80	25	100	45
航空航天装备	49	68.9	19.9	67	18
农机装备	28	45	17	72	44
先进轨道交通装备	32	38	6	43	11

资料来源：教育部等（2016）

4.6 中国高等工程教育面临的挑战与发展机遇

4.6.1 多重挑战

1) 来自国际竞争的挑战

根据国际竞争力排名，中国连续三年位列世界第 28 位，其中，制度位列全球第 45 位，健康与初等教育位列全球第 41 位，高等工程教育位列全球第 54 位，劳动力市场率位列全球第 39 位，技术设备位列全球第 74 位，创新复杂性因素位列全球第 29 位，商业成熟度位列全球第 34 位，创新位列全球第 30 位（World Economic Forum，2017b）。尽管中国的国际竞争力排名正在稳步提高，但当前仍然面临来自国际竞争的多重压力。与国际竞争力前 10 名国家相比，我们还有很大的提升空间。树立中国高等工程教育的国际地位，通过提升自己的国际竞争力，进而促进中国综合国力的提升，任重而道远。

2) 来自环境恶化的挑战

空气质量热点污染指数显示，中国东北地区、京津冀地区、山东、河南部分地区的 $PM_{2.5}$ 值达到了 500 以上，空气质量状况令人担忧，环境恶化、大气污染是中国经济发展目前面临的巨大难题。如何培养高质量工程技术专业人才，解决并消除人类灾难成为中国未来高等工程教育发展的重点方向之一。

3) 来自资源破坏的挑战

根据世界经济论坛《2017 年全球风险报告》，中国作为世界制造大国，在全球产业链中扮演了非常重要的角色。中国的自然资源尤其是水资源污染日益严重。据牛津大学研究，中国山东、天津、江苏、上海及浙江一带海岸线 60% 的基础设施受到严重破坏。保护自然资源成为中国高等工程教育未来面临的巨大挑战。

4) 来自人口老龄化的挑战

如图 4-15 所示，中国是人口老龄化较严重的国家。根据《中国统计年鉴》，截至 2016 年底，中国老龄人口数量达到 2.23 亿，约占全国总人口的 16.7%，占全球老年人口的 20% 以上，相当于整个欧洲 60 岁以上老年人口的总和。2050 年这一数量将达 4.3 亿，约占全国总人口的 36.5%。因此，如何改革工程人才培养模式以应对人口老龄化问题，成为中国未来高等工程教育急需关注的问题。

5) 来自制造业差距的挑战

据全球创新论坛发布的数据，中国与世界制造强国相比还有很大差距，2016 年中国进口总额为 15 874.8 亿美元，其中，工业品进口额为 11 773.3 亿美元，接近总进口额的 74.2%，成为中国进口额最大的领域，也是最依赖世界制造强国的行业领域。如表 4-5 所示，中国工业制品与制造强国差距最大领域如下。

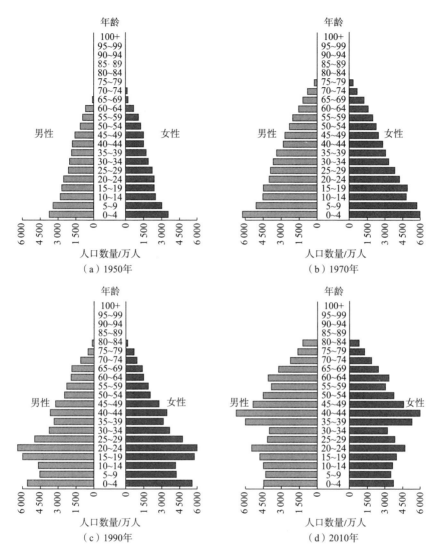

图 4-15 1950~2050 年中国人口金字塔及老龄化进程

资料来源：笔者根据全国老龄工作委员会办公室历年人口统计数据绘制，http://www.cncaprc.gov.cn

（1）第一大进口工业品是集成电路，美国英特尔 2016 年销售额为 549.8 亿美元，是中国海思同期销售额的 12.5 倍。美国高通 2016 年销售额为 154 亿美元，是中国海思同期销售额（43.9 亿美元）的 3.51 倍；在芯片设计领域，美国英特尔 2016 年销售额为 1 000 亿美元，是中国海思同期销售额（1 亿美元）的 1 000 倍；在半导体领域，美国应用 2016 年销售额为 79.4 亿美元，是中国电子同期销售额（8.09 亿美元）的 9.8 倍。

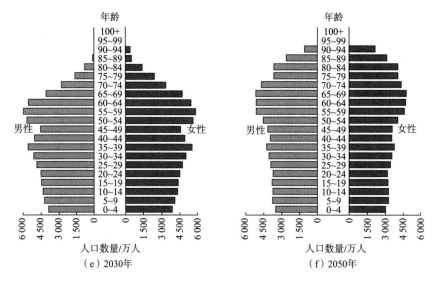

图 4-15（续）

表 4-5　中国产业界与制造强国差距最大的行业

行业领域		中国与世界第一大公司	销售额/亿美元	倍数
第一大进口工业品	集成电路	中国海思	43.9	12.5
		美国英特尔	549.8	
		美国高通	154	3.51
		中国海思	43.9	
	芯片设计	中国海思	1	1 000
		美国英特尔	1 000	
	半导体	中国电子	8.09	9.8
		美国应用	79.4	
第二大进口工业品	汽车整车	中国上汽	1 066.8	2.2
		德国大众	2 366	
		日本丰田	2 365.9	
	汽车零部件	中国延锋	112.42	3.99
		德国博世	448.25	
		中信戴卡	24.3	18.45

（2）第二大进口工业品是汽车整体和汽车零部件，在汽车整车领域，中国上汽 2016 年销售额为 1 066.8 亿美元，德国大众 2016 年销售额为 2 366 亿美元，是中国上汽同期销售额的 2.2 倍；日本丰田 2016 年销售额为 2 365.9 亿美元，是中国上汽同期销售额的 2.2 倍。在汽车零部件领域，中国延锋 2016 年销售额为 112.42 亿美元，德国博世 2016 年销售额（448.25 亿美元）是其 3.99 倍；中信戴卡 2016 年销售额为 24.3 亿美元，德国博世 2016 年销售额（448.25 亿美元）是其 18.45 倍。

4.6.2　发展机遇

1）国家创新战略驱动

国家创新战略、人才强国战略及大学"双一流"建设目标，成为中国高等工程教育发展的契机，有助于加快教育改革的步伐。在新经济形势下，建设一批新型工程类大学及满足市场需求的新型工程技术人才培养体系，对于促进中国创新型国家及人才强国战略具有重要的战略意义。

2）战略新兴产业需求

战略新兴产业代表着未来科技和产业发展的新方向，对经济社会的全局和长远发展具有重大引领带动作用。战略新兴产业对工程技术人才的需求及高等工程教育提出了新的要求。建设新型工程技术人才培养体系，推动新兴产业的发展是中国创新型国家战略实施的必经之路。

4.7　中国高等工程教育发展政策建议

中国高等工程教育发展政策建议框架如图 4-16 所示。

1）建议 1：建立健全工程教育管理体系

建立健全高等工程教育管理机制，完善各级运营管理体系，从教育部工程教育的战略规划及顶层设计，以及地方教委工程教育管理机构的工程教育计划，到工程院校工程教育改革领导小组具体指导实施，建立系统的工程教育监管办法及控制方案，并付诸实施，为中国工程教育提供制度保障。

2）建议 2：完善构建自上而下工程教育体系

如图 4-17 所示，建立健全自上而下的工程教育体系，从大学工程、高中工程教育初步课程，到初中 STEM 教育，再到小学阶段工程学科兴趣的培养及启蒙，形成系统的工程技术人才培养体系。

3）建议 3：明确学校定位及构建人才培养目标

如图 4-18 所示，针对世界、全国、区域及地方经济需求，界定高等工程院校办学层次，定位人才培养目标，构建层级性人才培养体系。加快培养一批在重点战略领域的世界领军人才、国内领军人才、行业领军人才、行业创新人才、区域创新人才，以推动国家创新经济的发展。"双一流"目标院校的主要培养目标是跨界领军人才及行业领军人才；地方特色院校的主要培养目标为行业特色工程师；地方普通院校的主要培养目标是专业工程师；地方高职院校主要培养工程技术师及技术员。

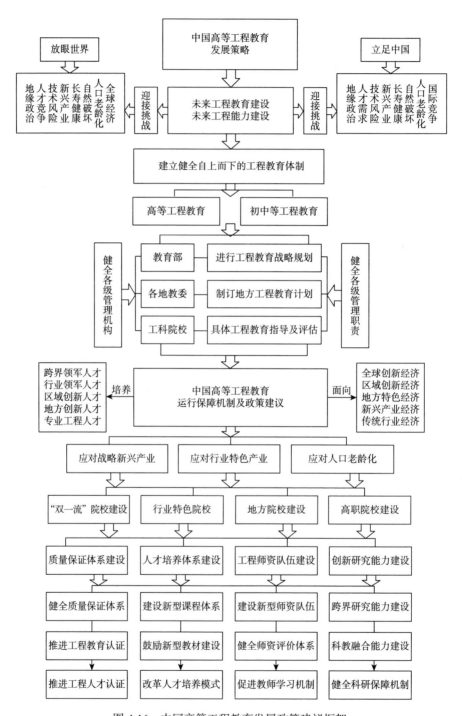

图 4-16　中国高等工程教育发展政策建议框架

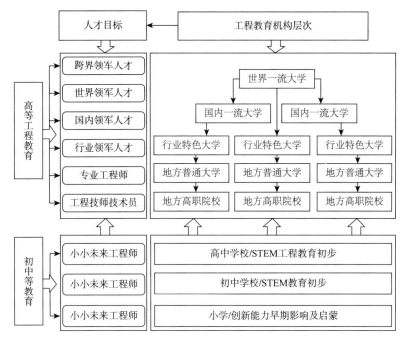

图 4-17　自上而下的工程教育体系

4）建议 4：以点带面、以点连线，点线面协同发展

以点带面、以点连线，点线面协同发展，建设一批在不同行业领域各具鲜明特色，同时在世界上具有一定影响力的大学。采用大学联盟模式，实现强强联合及强弱帮带协同发展，将中国高等工程教育做强。以行业特色为主线建设一流高校，以学科特色为主线建设一流学科，以专业特色为主线建设一流专业，以区域经济及文化特色为面建设地方高校学科及专业体系。

5）建议 5：精简二级院系结构，促进资源共享及学科交叉

整合二级院系结构设计，精简院系数量，集中资源，促进学科交叉。克服院系过分独立、资源分散及重复建设的弊端，集中资源，促进各院系之间研究设备与教学设施共享，促进学科交叉学习能力及跨界研究能力建设。

6）建议 6：合理控制学科及专业规模，以适应新形势需要

瘦身塑体控制专业规模，应对大学扩招引发的过度膨胀现象，改变过去大而全的观念，合理控制大学规模与体量，整合优势资源，废除冗余专业，采取动态调整模式，以适应新经济形势发展的需要。强筋健骨突出学科特色，构建精英化工程教育模式。改变以往学科建设效率低下、边际效益递减及组织化程度低的现象。加强特色学科及特色专业建设，着重培养交叉学习能力和跨界研究能力。

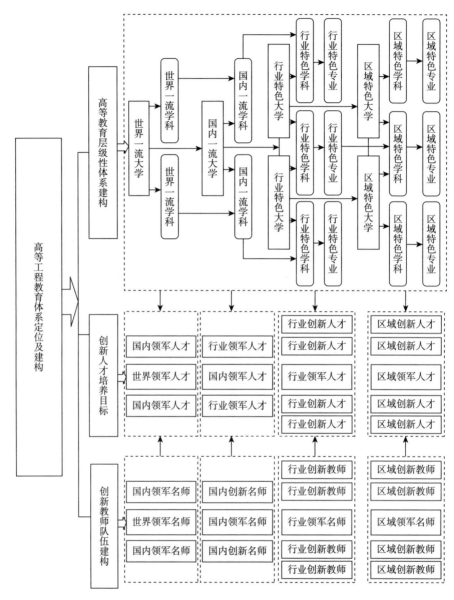

图 4-18 大学定位及层级性人才培养体系架构

7）建议 7：加强创新型工科师资队伍建设，培育创新名师

基于新经济形势及新工程教育发展的要求，建设创新型师资队伍，培育一批世界领军名师、国内领军名师、行业领军名师、区域领军名师、工程名师及技术名师。为教师提供终身学习的环境及条件，不断补充新知识、新理论，以应对新兴技术与战略新兴产业发展的需求。建立科研与教学激励机制，改变过去以投资

设备为主，缺少智力投资及人力投资的现象，为教师创造一个纯粹的学术环境，解除教师的后顾之忧，使教师安心教学、安心研究。

8）建议 8：积极推进质量保证体系建设及国际工程认证

建立健全高等工程教育质量保证体系，建立健全本科、研究生各阶段学位评价模块及标准，改革学生学习效果评价机制。积极推进工程教育国际化认证，贯彻国际评估标准，提升中国高等工程教育的国际竞争力。在重点院校及地方普通高校拓宽《华盛顿协议》的认证范围，增加参与认证学校及参与认证专业的数量。适时加入《悉尼协议》，展开高职高专院校的工程技术专科学位国际认证。对于特殊专业，如计算机或核工程等，可根据工程院校自身需求进行选择性加入，以扩大中国特定领域的国际影响力及竞争力。

与工程教育认证同步，建立健全工程技术人才专业能力评价体系，在国内推行工程师注册制度，建立工程师职业标准。积极推进工程师国际认证，适时加入国际专业工程师认证、国际工程技师认证、国际工程技术员认证。基于欧洲工程师认证标准的严谨及欧洲工程师的工匠态度，适时考虑加入欧洲工程师认证，提高中国工程技术人员的国际地位。

9）建议 9：基于新型社会经济态势，完善课程及教材体系建设

基于新型社会经济态势，完善工程学科通识教育课程体系建设。注重基础课和专业课的融合，注重培养学生的思维能力与表达能力。鼓励以学生自选课题为主、教师过程引导为辅的教学方式。

在课程设置上，增加跨学科及交叉学科任选课程数量，以满足复合型人才培养的需要。模糊本科生与研究生课程界限，加强学生研究能力的培养。

在课程内容上，补充前沿理论知识，增加实践环节，以专题设计代替内容教学，提高学生动手能力以及解决实际问题的能力。

设置老龄工程专题教育方向，以解决老龄健康与老龄环境问题为导向，为中国应对人口老龄化社会建立人才储备体系，使老龄工程研究及老龄工程教学向深度发展。

10）建议 10：瞄准世界科技前沿，建设发展"双一流"工科大学

"双一流"工程院校定位为研究型大学，承担着培养领军人才的重任。瞄准世界前沿，立足重大领域共性关键问题，以高精尖新技术研究为主，在人才培养、科学研究、社会服务、文化创新与传承方面积极扩大国际影响力，为人类进步做贡献。

11）建议 11：基于行业特色经济发展需要，建设行业特色工科大学

行业特色工科大学定位为研究应用型大学，以培养未来行业特色鲜明的工程技术人才为己任。基于行业特色经济发展需求，在教育模式、培养方式及课程体系建设方面突出行业特色。以特色专题方向为主，构建从上到下的行业特色人才

培养体系。

12）建议 12：基于地方及区域经济发展需要，建设及发展地方普通工科院校

地方普通院校定位为应用型大学，主要服务于地方经济及区域经济。人才培养体系建设应与地方经济需求相适应，与地方产业协同发展。建立科教融合平台及实践基地，将课堂搬到企业，增加现场教学机会，将企业实际课题纳入课堂，专题专做，加强学生实践能力的培养。请企业工程师走上讲坛，建立校外指导机制，增加学生实训机会。

13）建议 13：基于工程技师与技术员能力建设需要，发展地方高职工科院校

地方高职工科院校主要培养未来工程技师及技术员。在培养模式上应以校企结合形式为主，将课堂教学与企业实践结合。在保证地方经济及产业经济的基础上，控制办学规模，精简专业，去除部分与工程技术无关的专业，突出办学特色。

14）建议 14：推进跨界研究能力及学习能力建设

21 世纪人类面临的挑战必须以融合多学科知识互动的办法解决。积极推进跨界研究能力建设，在学校内部建立交叉学科跨界研究平台机会及激励机制，为从事科研工作的教师提供跨界研究条件，在软硬件方面给予支持，才能将科学研究做深做强。

在学校内部为学生创造多学科交叉学习机会，培育学生交叉学习能力及团队合作能力。在学校外部为学生提供校企合作机会，拓展学生解决实际问题的能力。

15）建议 15：推进大学集群与区域创新能力建设

基于国家创新战略，建立大学与区域经济一体化协同发展机制，切实提升大学对地方经济的服务能力。根据地方及区域创新经济发展工程技术人才的需要，构建大学与区域创新互动生态系统，实时调整系统内大学、企业、研究机构及政府各要素的相互关系、比例及规模。

16）建议 16：积极推进"工匠精神"建设与"中国质造"能力建设

培育"工匠精神"，助力"中国制造"向"中国质造"迈进，"世界组装工厂"向"创造强国"迈进。从树立严谨的工程态度，到精湛的工程方案设计，以德为基，以质为先，实施精英教育模式。

参 考 文 献

毕家驹. 2000. 关于华盛顿协议新进展的评述. 高等工程教育研究，（2）：78-80.

陈新艳，张安富. 2007. 德国高等工程教育的专业认证. 高教发展与评估，（3）：73-77.

丁敬芝. 2012. 将德国名校教学手段引入中国课堂. 高等工程教育研究，（2）：132-135.

都昌满. 2011. 对我国工程教育专业认证试点工作若干问题的思考. 高等工程教育研究，
　　（2）：27-32.

杜岩岩. 2016. 俄罗斯工程教育全球战略的目标及实施路径. 教育研究，（4）：134-139.

韩琳. 2007. 俄罗斯高等工程教育历史变革研究. 重庆大学硕士学位论文.

韩晓燕，张彦通. 2006. 我国高等工程教育专业认证组织的构建方向——香港工程师学会的经
　　验. 高等工程教育研究，（2）：42-45.

华尔天，计伟荣，吴向明. 2017. 中国加入《华盛顿协议》背景下工程创新人才培养的探索与实
　　践. 中国高教研究，（1）：82-85.

蒋石梅，王沛民. 2007. 英国工程理事会：工程教育改革的发动机. 高等工程教育研究，
　　（1）：16-23，46.

教育部，人力资源和社会保障部，工业和信息化部. 2016-12-27. 中国制造业人才发展规划指南.

李萍，钟圣怡，李军艳，等. 2015. 借鉴法国模式，开拓工科基础课教学新思路. 高等工程教育
　　研究，（2）：20-28，61.

李艳秋. 2011. 俄罗斯高等工程教育人才培养保障机制研究. 世界教育信息，（5）：63-66.

李志义. 2012. 我国工程教育改革的若干思考. 中国高等教育，（20）：30-34.

林建. 2015. 工程教育认证与工程教育改革和发展. 高等工程教育研究，（2）：10-19.

刘文华，徐国庆. 2016.《悉尼协议》框架下高等职业教育发展策略探析——论我国职业教育的
　　国际化. 上海教育评估研究，（1）：16-19.

鲁正，武贵，吴启晨. 2014. 德国高等工程教育及启示. 高等建筑教育，（6）：54-58.

鲁正，刘传名，武贵. 2016. 英国高等工程教育及启示. 高等建筑教育，（3）：41-45.

米切姆 K，尹文娟，黄晓伟. 2016. 工程教育面临的真正重大挑战——自我认知. 东北大学学报
　　（社会科学版），（5）：457-463.

宁南山. 2017-05-11. 中国哪些产业和世界制造强国差距最大？http://www.sohu.com/a/1403689
　　86_299196.

清华大学工程教育认证考察团. 2006. 德国工程教育认证及改革与发展的考察报告. 高等工程教
　　育研究，（1）：57-59，64.

王丽霞，于建军. 2011. 困境与走向：对我国工程教育现存问题的反思. 现代教育科学，
　　（11）：114-115，146.

王群，郑晓齐. 2012. 法国工程教育的分化与集成. 国家教育行政学院学报，（12）：83-87.

王瑞朋，王孙禺，李锋亮. 2015. 论美国工程教育专业认证制度与工程师注册制度的衔接. 清华
　　大学教育研究，（1）：34-40.

王正东. 2016. 英国工程远程教育质量保障的经验及启示——以英国开放大学工程远程教育为
　　例. 高等农业教育，（5）：120-124.

熊璋，于黎明，徐平，等. 2013. 通用工程师学历教育的研究与实践. 高等工程教育研究，
　　（1）：46-57.

叶磊. 2014. 战后日本的高等工程教育与工程型人才培养. 国家教育行政学院学报，（12）：91-94.

余天佐，刘少雪. 2014. 从外部评估转向自我改进——美国工程教育专业认证标准 EC 2000 的变革及启示. 高等工程教育研究，（6）：28-34.

袁本涛，王孙禺. 2006. 日本高等工程教育认证概况及其对我国的启示. 高等工程教育研究，（3）：58-65.

张宇，肖凤翔，唐锡海. 2016. 英国工程博士教育质量保障经验分析. 高等工程教育研究，（1）：138-142.

郑琼鸽，吕慈仙，唐正玲. 2016.《悉尼协议》毕业生素质及其对我国高职工程人才培养规格的启示. 高等工程教育研究，（4）：136-140，145.

Churlyaeva N. 2013. The four phases of Russian engineering education in the era of social experiments. International Education Studies，6（2）：127-135.

Institution of Professional Engineers Japan. 2017-06-12. Professional Engineer. http://www.engineer. or.jp.

International Engineering Alliance. 2015. International Engineering Alliance-Educational Accords-Dublin Accord Accord.

International Engineering Alliance. 2016. 25 Years of the Washington Accord.

The Association of German Engineers. 2016. VDI Annual Report 2015-2016. http://www.vdi.eu/.

The Institution of Engineering and Technology. 2017. Vision，Mission and Values.

World Economic Forum. 2016. Future Jobs Report.

World Economic Forum. 2017a. Human Capital Report 2017.

World Economic Forum. 2017b. The Competitiveness Report 2016-2017.

World Federation of Engineering Organization. 2017-03-25. Committee on Engineering Capacity Building.

第5章 STEM 教育的国际比较与"十三五"期间中国 STEM 教育发展规划的战略定位及政策建议

5.1 STEM 教育及其发展概述

  STEM 是一种教育理念，其内核是将科学、技术、工程学及数学的内容进行跨学科的有机整合，强调综合性（American Association for the Advancement of Science，1989）。开展 STEM 教育的直接目的在于培养拔尖创新人才，提高学生的创新能力和培养更优秀的 STEM 人才，其长远目标则在于保持中国在科学和工程学领域的竞争力、提高国家国际竞争力和长久战略安全。在人才强国战略的指导下，"国家创新人才推进计划"、《国家教育事业发展"十三五"规划》和《全民科学素质行动计划纲要实施方案（2016—2020 年）》等一系列大政方针都极为重视高科技人才的培养。教育部在《关于"十三五"期间全面深入推进教育信息化工作的指导意见（征求意见稿）》中明确要求，各级各类教育机构要加快"探索 STEAM 教育、创客教育等新教育模式"，加快 STEM 人才和创新创业人才的培养。

  STEM 人才必须通过基础教育与高等教育的系统培养才可以形成，而非基础教育或高等教育的单独职能。STEM 人才必须具备的基本素质包括创新能力、STEM 素养、STEM 意识、合理的知识结构、坚定的信念以及强烈的团队合作精神，而这些基本素质的培养需要一定的周期。在 STEM 人才成长的不同阶段，培养的素质也是不一样的。同时，STEM 人才成长的每一个阶段都会因教育和科技的环境、条件等诱因，成为激发其创新潜能的可能时期。而青少年时期 STEM 素质的形成是至关重要的一环。

  STEM 教育理念缘起于美国自 20 世纪中叶开始的课程改革，"STEM 最早影响的是美国高等教育领域，促进大学内各学科门类打破学科壁垒，有助于学生运用多门学科的知识解决真实情景的问题，建议国家调动各类资源投入科学、数学和工程（SME）领域的教育，引导更多优秀学生进入 SME 领域"（U.S. Department of Education，2015a），2001 年被正式缩写为 STEM。英国、德国、澳大利亚和韩国等国家近年来也纷纷出台 STEM 教育促进政策（The Society of Biology，2014；Department of Education and Training，2015；杨亚平，2015），韩国还提出将艺术融入 STEM 教育中，形成 STEAM 教育。

与外国政府对 STEM 教育系统的推进相比，目前中国的 STEM 教育尚处于起步阶段，在教育理念、课程标准、教学模式等方面存在诸多问题。中国的 STEM 教育一般会被视为科学教育或研究型学习，更多表现在科学教育和提高全民科学素质方面，包括正式的学校教育和非正式的教育活动。中国政府也陆续出台了一系列促进全民科学素质提高的政策文件，如《全民科学素质行动计划纲要（2006-2010-2020 年）》《全民科学素质行动计划纲要实施方案（2011—2015）》《全民科学素质行动计划纲要实施方案（2016—2020 年）》。《全民科学素质行动计划纲要实施方案（2016—2020年）》提出"到2020年，科技教育、传播与普及长足发展……公民具备科学素质的比例超过 10%"。在中国，STEM 的概念和提法虽尚未得到足够的普及，但国内政府部门或机构已或多或少对 STEM 做过一些政策调研和推广。例如，上海市 2012 年开始了"STEM＋"教育活动推广，2014 年成立了"STEM＋"研究中心（王懋功，2016）；2016 国际 STEM 教育中国巡回展（China STEM Education Tour）在北京举行；2016 年初北京市海淀区教师进修学校已着手进行 STEM 教育的宣传和师资培训，成为中国政府推动开展 STEM 教育的重要信号（刘恩山，2016）。

因此，结合国家科技和人才发展战略，深入分析创新人才成长规律，依托基础科学开展基础研究，着力培育未来的 STEM 人才，进行中国 STEM 教育指导思想、目标和体系的定位，提出相应的"十三五"发展战略规划已成为迫切需要和亟待进行的工作。

5.2 世界各国 STEM 教育政策比较

从整体上看，发达国家 STEM 教育主要以两种方式进行：一是以科学教育课的形式来实践 STEM 教育理念，扩展 STEM 课程，但是，STEM 教育≠传统的科学课程+综合活动；二是将 STEM 教育融入具体学科中，通过具体学科来实施 STEM 教育。从目前所掌握的政策文本和研究资料来看，大多数国家还没有形成专门的 STEM 教育课程标准，所以，多数国家虽然很重视 STEM 教育，但是依然只是将其作为一种以"科技与工程问题"为核心，以"工程设计"为架构，以"科学探究"、"数学分析"和"科技工具"为知识整合与应用，具有创造性、设计性、综合性、实践性、休验性和趣味性的课程群（或独立课程）。我们在综合研究各国 STEM 教育政策与实践之后认为，目前美国是世界上 STEM 教育开展最早、设计最为系统的国家，而在 STEM 教育新进国家中，德国、澳大利亚、日本和韩国的计划相对较为全面。

因此，本部分在简要介绍美国、德国、澳大利亚、日本和韩国 STEM 教育政策的基础上，主要以美国为例，以求展示国外 STEM 教育的全貌。

5.2.1　美国 STEM 教育的相关政策法规

美国历来重视科学技术的作用，是世界上最早发起 STEM 教育的国家。美国政府及其相关机构从 20 世纪 80 年代起，就开始注意结合社会经济发展对自身的 STEM 教育进行改革，并颁布和发布一系列文件和报告加快推进 STEM 教育，限于篇幅，本部分仅将在美国 STEM 教育发展中起到重要作用的文件加以梳理（表 5-1），从中可以发现美国政策法规的一些特点。

表 5-1　美国关于 STEM 教育的相关文件

年份	文件名称	发布机构	基本内容
1986	《本科的科学、数学和工程教育》（*Undergraduate Science，Mathematics and Engineering Education*）	美国国家科学委员会（NSB）	肯定了 STEM 教育的地位，并对 STEM 教育的发展提出加大投资力度、加强宣传力度、加强各机构之间合作等要求
1996	《塑造未来：透视科学、数学、工程和技术的本科教育》（*Shaping the Future：New Expectations for Undergraduate Education in Science，Mathematics，Engineering，and Technology*）	美国国家科学基金会（NSF）	振兴 STEM 本科教育，关注 K-12 阶段（幼儿园阶段到 12 年级阶段）STEM 教师师资的培养
2006	《美国竞争力计划》（*American Competitiveness Initiative*）	布什政府	加大科技投入，提升美国实力，培养具有 STEM 素养的人才
2010	"变革方程"计划（*Change the Equation，CTEq*）	奥巴马政府	成立非营利组织，致力于促进中小学 STEM 课程的开展
2012	《STEM 教育五年战略计划》（*Science，Technology，Engineering and Mathematics Education Five-Year Strategic Plan*）	STEM 教育委员会	促进联邦机构合理有效地利用联邦投资，优先发展国家的 STEM 教育
2015	《每一个学生都成功法》（*ESSA*）	奥巴马政府	再次关注和呼吁加强对 STEM 教育的投资
2016	《STEM 2026》	奥巴马政府	阐明 STEM 教育的最新研究情况，探讨如何改进 STEM 教学和学习，如何确保整个国家的所有学生全面且多样性地参与 STEM 学习中并获得成功
2017	《激励下一代女性太空先锋者、创新者、研究者和探索者法案》（*Inspiring the Next Space Pioneers，Innovators，Researchers，and Explorers Women Act*）	特朗普政府	授权 NASA 和 NSF 鼓励更多的女性和 K-12 阶段的女孩学习并进入 STEM 领域，以继续增强美国在 STEM 领域中的全球领导力

资料来源：依据表中公开发布的各文件的具体内容整理而得

总体来看，美国的 STEM 教育起步早，在联邦政府主导的基础上主要通过与国家科学委员会、NSF 和 NASA 等专业科学机构合作，共同出台相关政策文件。同时，政策文件的内容也从一开始的宏观调控，逐渐深入教学计划、教师培养等具体教育实践层面，其政策的科学化水平和连续性也较好。此外，各州政府也依据自身实际情况推进自己的 STEM 教育。

5.2.2 德国 STEM 教育的相关政策法规

德国把 STEM 教育缩写为 MINT（Mathematik, Informatik, Naturwissenschaft und Technik）教育。由于近年来德国高质量技术工人日益缺乏，德国政府决定借鉴美国的 STEM 教育模式来重振德国制造业。德国联邦教育与研究部在其调查报告《MINT 展望——MINT 事业与推广指南（2012）》中甚至指出"保证劳动力的数量和质量是联邦政府活动的重心"（Verlag and Design，2012）。德国将专业技术人才的创造力视为解决当前科技发展中遇到的问题、迎接未来挑战的核心，因此中小学阶段的 MINT 教育更关注学生在 MINT 职业上的兴趣和发展。德国希望将 MINT 教育与终身教育结合起来，创造一种可持续发展的 MINT 教育，因此促进 MINT 教育链的发展成为其教育目标之一。德国教育通过对儿童和青少年进行 MINT 的兴趣吸引和机制激励，让他们不断沿着 MINT 教育链获得发展（杨亚平，2015）。德国在多个政府报告中提及 MINT 教育及相关领域，欲借助政府的支持推动 MINT 的实施。

5.2.3 澳大利亚 STEM 教育的相关政策法规

澳大利亚从 2013 年起开始提高对 STEM 教育的重视程度，经历了从某些州（如昆士兰州）致力于实施 STEM 教育到在国家层面制定发展 STEM 教育战略的过程（表 5-2）。

表 5-2　澳大利亚 STEM 教育相关文件

年份	文件名称	发布机构	基本内容
2013	《国家利益中的 STEM 战略》	澳大利亚首席科学家办公室	提出 2013~2025 年 STEM 教育的战略发展目标
2014	《STEM：澳大利亚的未来》	澳大利亚首席科学家办公室	对 STEM 教育和培训做了详细的规划
2015	《STEM 学校国家战略 2016~2026》	澳大利亚联邦及各州和地区教育部长会议	通过采取国家行动，改进澳大利亚学校的科学、数学和信息技术教学与学习

资料来源：Marginson 等（2013）；唐科莉（2016）

总体来看，澳大利亚的 STEM 教育基本上处于起步阶段，国家在宏观政策上做出了一定的部署与安排，但具体工作依然在规划中。

5.2.4　日本 STEM 教育的相关政策法规

日本的 STEM 教育主要是受到 2000 年国际学生评估项目（Program for International Student Assessment，PISA）成绩大幅度下降所带来的推动，由此日本政府和社会开始反思 1998 年在基础教育阶段推行的"宽裕教育"（Yutori Education）政策。日本将其在 PISA 上的急退和在国际数学与科学趋势研究（Trend in International Mathematics and Science Study，TIMSS）推理能力中的糟糕表现归结为基础教育的薄弱，并开始关注美国的 STEM 教育，以寻求解决途径（Marginson et al.，2013）。虽然日本社会和媒体开始关注 STEM 教育，但是日本至今未曾在正式的政府文件中提出"STEM 教育"这一概念，而是以一种局部、潜在的方式实施该教育。

5.2.5　韩国 STEM 教育的相关政策法规

韩国一直将科技视为立国发展的关键，韩国政府从基础教育阶段就对学生进行 STEM 素养的教育，着重培养学生的动手能力和科学素养。2011 年韩国教育部颁布《搞活整合型人才教育（STEM）方案》，提出实施以数学和科学为中心，实现与工程技术相结合的 STEM 课程，培养适应社会的具有 STEM 素养的综合型人才，该方案同时归纳了五类 STEM 课程实施方案，为各中小学实施 STEM 课程提供了指导（李协京，2015）。不过，韩国政府在 STEM 教育领域中出台的政策并没有体现出延续性和针对性。

从世界各国 STEM 教育的发展现状和政策对比可以看出，各国 STEM 教育发展的侧重点和程度不尽相同（表 5-3）。但总体来说，各国依然存在政策的共同点。以美国为例，其不仅建立了不同类型的 STEM 学校，而且 STEM 教育政策的重点放在资助支持和项目引导上，一方面，注意提供大量的资金支持来实现 STEM 专业学习人数的增长，利用众多教育项目进行引导；另一方面，加强 STEM 专业学生的就业，增强 STEM 相关行业的发展。这些做法已经成为国际 STEM 教育的通行政策措施。

表 5-3　世界各国 STEM 教育发展情况比较

国家	启动时间/年	发展战略	课程标准	教学设计	专门机构	发展阶段
美国	1986	√		目前北卡罗来纳州制订了 K-12 的 STEM 教学计划	STEM 教育委员会	成熟
德国	2012	√				起步
澳大利亚	2013	√				起步
日本	2003					起步
韩国	2011	√				起步

5.3　美国 STEM 教育实施的基本模式

5.3.1　组织机构

与中国和其他国家相比，美国 STEM 教育的突出特点是专门化和专业性，主要体现在两个方面：一是有专门的国家 STEM 教育机构。奥巴马政府专门成立了 STEM 教育委员会（Committee on STEM Education），贯彻实施一系列国家战略，以深化联邦投资对 STEM 教学和学习的影响（U.S. Department of Education, 2015b）。该委员会包括所有的特派科学机构以及联邦教育部。在总统下属的 STEM 教育委员会之外，美国教育部还专门成立了 STEM 小组办公室，负责贯彻执行白宫对 STEM 的具体政策。该办公室自我定位为"致力于全民 STEM 素养的提升"，具体工作包括：最大限度地确保不同阶段的所有学生（从学前到中学毕业的学生）在不同场合（从课上到课外）得到高质量的STEM教育；激励学生考虑在 STEM 领域的职业规划并做好相关准备；为 STEM 学科的教师提供教学所必需的工具、资料等支持平台，更好地为学生提供STEM教育，进而引导学生在 STEM 领域学习和工作；识别和支持创新性、可拓展的实现方法和研究策略，在正式或非正式环境中提高 STEM 教育的有效性。二是美国的 STEM 教育机构与 NSF 通力合作，提升 STEM 教育行动的专业性。美国的 STEM 教育机构开设了一系列针对 STEM 教师的培训和本科、研究生等不同层次 STEM 人才培养专项。2016 年，美国国家科学基金会还与美国教育部STEM小组办公室计划围绕以下 7 个方面进行资助和项目合作：①提高所有学生的 P-20 经验，特别是待遇较差的学生；②在正式的课堂学习经历基础之上提高课外和非正式的学习经历；③支持 STEM 学科的教师（重点是 P-20 STEM 范围的扩大，包括幼儿园前和计算机学科）；④通过多部门的合作，特别是采用创新性的媒介，提升 STEM 学科的兴趣与职业联系，将 STEM 与生活实际和劳动力市场联系起来；⑤提高学生对社区资源的使用效率，以 STEM 为中心，设计类似或互补的学习项目，如 STEM 学习生态系统计划；⑥聚集相关研究机构，关注正式和非正式的 STEM 学习，探索新的有效教学技术、策略和项目，以提高学生的学习兴趣和主动学习的欲望，引导学生学习并运用新的技术；⑦通过创新研究的实际来识别和填补空白，扩大 STEM 教育实践的证据基础（U.S. Department of Education, 2016）。这充分显示了美国政府在 STEM 教育机构设置上所采取的专门机构与专业人士合作的思路。

5.3.2 教学模式

美国 STEM 教学模式可以概括为三点：①系统的教学设计；②项目化的学习方式，注重创造真实情景；③多元立体式的教学手段。

（1）系统的教学设计。由于美国教育不存在统一的 STEM 教学标准和规范的教学模式，而是以各州为单位展开教学推广，所以很难归纳美国 STEM 教学的基本模式。其中，以北卡罗来纳州的 STEM 教学为代表，其 STEM 教学设计和模式充分体现了系统的教学思想，所以本部分选择该州作为分析重点。北卡罗来纳州的 STEM 教学模式可以概括为：①通过 STEM 主题整合课程内容，有效连接校内外 STEM 项目，开展项目学习；②通过技术与课程教学深度融合，优化 STEM 教学过程；③开展真实性评价以及 STEM 技能展示，营造创新的文化氛围；④形成社区/行业合作关系以及与高等教育连接，促进教师专业发展；⑤关注弱势群体的学生，不断促进教育公平（Institute for Educational Innovation，2016；赵慧臣，2017）。这种系统的教学模式与设计显示了美国 STEM 教育在大中小学之间的 "纵向延伸"，以及 STEM 学校教育与社会、社区之间合作办学的 "横向延展"。

（2）项目化的学习方式，注重创造真实情景。在教学模式上，美国 STEM 教育的最大特点是项目化学习。例如，2017 年 4 月 21 日，美国国家科学基金会对格林内尔学院进行资助的 STEM 学习项目——学生参与统计学课程：基于数据的决策，较好地体现了这一教学模式（U.S. Department of Education，2016）。美国国家科学基金会认为，国家现阶段的根本任务是培养能够熟练掌握统计学和数据科学的人才，以提升美国在全球的竞争力，因此，只有具备良好数字能力，才能更好地适应未来生活。所以，针对这个目标，该项目研究员设计并实现了一种基于在线调查的技术，通过统计学和数据科学模拟现实世界中的情境和数据，让学生充分意识到，在这些情境下，基于数据制定决策解决问题的重要性。除此之外，该项目使用了大量的开放数据集，让学生们在一种类似研究的过程中利用技术手段使用数据，培养学生理解并应用统计学和数据科学知识的能力。除了为学生准备的材料，该项目还为教师定制了交互式数据可视化工具，能够直观地观察真实数据集的斜率、相关性、可靠性等概念，实现传统课本无法达到的效果。

（3）多元立体式的教学手段。目前，"系统化、开放化、信息化" 的教学手段正引领着全球 STEM 教育的开展，如美国惠普公司主导的经济合作与发展组织（Organization for Economic Cooperation and Development，OECD）"催化剂" 项目就提出了 5 种具体的 STEM 教学方式（图 5-1）[①]。

---

① Kiira K，Stéphan V L. Sparking Innovation in STEM Education with Technology and Collaboration. http://www.oecd.org/education/ceri/OECD_EDU-WKP(2013)_%20Sparking%20Innovation%20in%20STEM%20education.pdf.

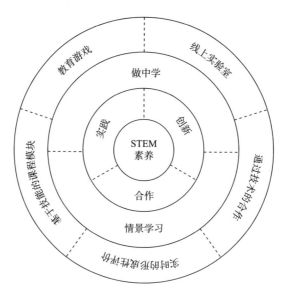

图 5-1   "催化剂"项目中 STEM 教学模式的设计逻辑

5.3.3   教师培养的相关政策

美国从联邦政府到各州地方政府相继出台了为数众多、形式多样的 STEM 教育政策文件（表 5-4），其中有关教师培训的政策占很大篇幅，有着重要体现（表5-5）。美国STEM教育教师政策的目标主要有四个：鼓励高中毕业生进入高校的 STEM 相关专业学习深造；计划在 2015~2025 年培养 100 万名 STEM 专业毕业生；扩大高质量 STEM 教师的规模；提高 STEM 教师职业培训质量。

表 5-4   美国关于 STEM 教师教育的相关政策文件

年份	文件名称	发布机构	基本内容
2006	《美国竞争力计划》	国家政策委员会	加大对科研、教育、科学仪器和工具的投资；加强高等教育 STEM 领域建设；加强 STEM 岗位的就业；提升国民 STEM 素养
2007	《美国竞争法案》	布什政府	增加 STEM 研究经费；提高中小学 STEM 教学水平；加强弱势群体的 STEM 教育，促进教育公平
2013	《美国 STEM 教育五年战略计划》	美国 STEM 教育委员会	在资金、政策和机构上对 STEM 教育进行全面布局和调整

表 5-5   美国关于 STEM 教师教育的相关文件中主要的师资培养方式及项目情况

师资培养方式	项目情况
职前培养方式	1. 先行激励计划（the Advanced Placement Incentive Program） 2. 小学科学教学研究计划（Teaching Elementary School Sciences Argument）
专业发展途径	1. 培训、辅导和垂直合作 2. 提供奖励及额外的工资 3. 学区合作伙伴、引导教师、AP 教师以及前 AP 教师共同合作方式

续表

师资培养方式		项目情况
专业发展途径		4. 美国大学推动 STEM 教师专业发展
扩充 STEM 教师队伍的其他途径		1. 建立兼职教师队伍 2. 促成相关专业的教师向 STEM 职业过渡 3. 积极利用其他类型的专业认证
教师培养与发展项目	1. STEM 教学岗位的过渡	STEM 教师通道（STEM Teacher Pathways） STEM 创新网络（STEM Innovation Networks） 大学先修课程计划（the Advanced Placement Incentive Program） 转向教师生涯（Transition to Teaching） 教学准备计划（Ready to Teach） 数学与科学合作计划（Mathematics and Science Partnerships）
	2. 教师专业成长项目	教师与领导通道（Teacher and Leader Pathways） STEM 教师与领导培训和专业发展（STEM Teacher and Leader Training and Professional Development） 教师职业发展（TPC） 国家教师招募竞选会（National Teacher Recruitment Campaign） 为美国而教（Teach for America） 2015 STEM 有效教学计划（2015 Effective Teaching and Learning in STEM）
	3. 在职教师的学位提升计划	STEM 主管教师团队（STEM Master Teacher Corps） 国家 STEM 主管教师团队（National STEM Master Teacher Corps） 面向具有竞争力未来的 STEM 学士学位和外语项目的教师计划（Teachers for a Competitive Tomorrow Baccalaureate STEM and Foreign Languages） STEM 和外语项目主管团队计划（Masters STEM and Foreign Languages）
	4. 师生团队合作项目	学和教中心（CLT） 学生和教师的信息技术实验（ITEST） 学生和教师的创新技术经验（ITEST）
	5. 教学奖励计划	教师激励计划（Teacher Incentive Fund） 数学和科学教学突出成就总统奖学金（PAEMST） 教师质量合作奖励计划（the Teacher Quality Partnership Grant Program）
	6. 教育技术提升计划	教学材料开发（IMD） 先进的技术教育（ATE）

资料来源：彭志达（2016）；翁聪尔（2015）

综合上述可知，目前美国的 STEM 教师培养体现了很强的政府主导特征，鼓励多元化的教师培训方式，包括积极开展 STEM 教师的职前培养，重视在职教师的学位提升计划，激励相关专业教师向 STEM 教学岗位的过渡，并鼓励建立兼职 STEM 教师队伍，创造多元化项目通道，鼓励教师学习和推广创新技术，重视鼓励在校大学生从事中小学 STEM 教育，设置多项奖励计划，树立优秀教师榜样，鼓励全社会合作。

5.3.4　学生项目

本科生和研究生的 STEM 教育活动是美国国家科学基金会资助的重点。

1）本科生教育的 STEM 活动资助项目及其特点

本科生教育的使命是促进大学的 STEM 教育，对象包括 STEM 专业学生、未来 K-12 的预备教师。资助途径和目的在于：①提供领导力开发，并不断创新发展新方法和新思想；②支持各种能够激励学习的课程开发研究项目；③采用程序和实践等措施建立评估模型；④促进有效的教学方法和材料的广泛传播，并且可以长期有效地持续各种活动；⑤通过促进技术发展，为未来劳动力的科学素养做准备；⑥打破学科界限和各级教育（从 K-12 到研究生阶段）的界限，促进学术界、工业界和专业协会之间的联系；⑦鼓励教师结合教学和以学科为基础的研究，并增强与研究界和 NSF 的研究部门的合作。

本科生教育计划的主要资助项目包括 13 个，具体为：①先进的技术教育（Advanced Technological Education，ATE）；②计算机科学、工程和数学奖学金（Computer Science，Engineering，and Mathematics Scholarships，CSEMS）；③课程、实验室改造（其中包括学生的成绩评估）（Course，Curriculum，and Laboratory Improvement，CCLI）；④联邦网络服务——服务奖学金（Federal Cyber Service：Scholarship for Service，SFS）；⑤NSF 授予的杰出教学学者（NSF Director's Award for Distinguished Teaching Scholars，DTS）；⑥国家科学、技术、工程和数学教育的数字图书馆（National Science，Technology，Engineering，and Mathematics Education Digital Library，NSDL）；⑦罗伯特诺伊斯奖学金计划（Robert Noyce Scholarship Program）；⑧科学、技术、工程和数学人才扩建项目（Science，Technology，Engineering，and Mathematics Talent Expansion Program，STEP）；⑨教师专业连续（Teacher Professional Continuum，TPC）；⑩诺伊斯教师学术计划；⑪在大学机构的研究（Research in Undergraduate Institutions，RUI）；⑫大学生研究协作（Undergraduate Research Collaborative，URC）；⑬本科生研究经历（Research Experiences for Undergraduates，REU）。

美国国家科学基金会对本科生的资助项目按内容可以分为教学与科研、课程模式开发、师资培训、教学设施和奖学金这五大类。它对教学与科研类资助的途径和目的是：针对两年制大学生，鼓励两年制学院与四年制学院，大学与中学，商业界、工业界和政府的合作，充分利用各个机构或部门的资源，为两年制大学生提供 STEM 学科知识的学习和教学机会，包括实习和现场实践等内容，为学生做未来的 K-12 教师做好准备，也为其将来从事 STEM 相关学科的研究或职业工作打下良好的基础。美国国家科学基金会对课程模式开发类资助的途径和目的是：针对所有本科生进行 STEM 学科的优秀教育，要求学生建立或设计教学资料，并对其进行测试，最终能形成一种稳定的模式，以便进行广泛推广和传播。美国国家科学基金会对师资培训类的资助，针对成为未来 K-12 教师的本科生，资助其建立 STEM 学科教学架构。美国国家科学基金会对教学设施类的资助包括建立培养

STEM 学科 K-12 教师的实验室和数字图书馆等基础教学设施。美国国家科学基金会对奖学金类的资助也是针对招募和促进 STEM 学科教师的，包括奖励这些学科的优秀学习者和教学人员、鼓励和吸引大学生到中学任教。

美国国家科学基金会针对本科生资助项目的申请资格是向一个教育单位或机构敞开的，本科生一般不能以个人名义来申请，包括各类奖学金项目，应先由学校申请，然后确定奖金发放或分配的人员，并且接受奖学金的人应为美国公民。申请这些项目的教育单位通常是美国的大学和两年制或四年制学院（包括社区学院），或由这种机构联合进行申请，或者是与高等教育机构合作的非营利组织联合进行申请。有些项目的申请条件中还规定了教育机构的学位授予情况要求。

2）研究生教育的 STEM 活动资助项目及其特点

美国国家科学基金会为研究生、博士后和研究机构提供支持，以提高研究生和博士后教育，并加强科学和工程领域工作的力度、多样性和活力。研究生教育部门重点是推进研究生教育的创新，从而发展 STEM 的领军人才。研究生教育部门主要有以下几个计划，与其他美国国家科学基金会资助局资助的计划保持密切的联系：研究生研学金计划（Graduate Research Fellowships，GRF）、研究生在 K-12 教育阶段的助教奖学金计划（Graduate Teaching Fellowships in K-12 Education，GK-12）、综合性研究生教育和研究培训（Integrative Graduate Education and Research Traineeships，IGERT）、美国国家科学基金会–北大西洋公约组织（National Science Foundation-North Atlantic Treaty Organization）科学和工程博士后奖学金（NSF-NATO Postdoctoral Fellowships in Science and Engineering）、北约先进研究机构的旅费补助（Travel Grants for NATO Advanced Study Institutes，ASI）、美国研究生的东亚和太平洋暑期研究所（East Asia and Pacific Summer Institutes for U.S. Graduate Students，EAPSI）。

美国研究生 STEM 项目的主要特点是，既有以学校为主体的团体计划，又有面向研究生个人的奖学金资助，各项目中包括各种形式的津贴和补助。美国国家科学基金会通过限制受资助人所学的学科和研究及教学内容，来促进 STEM 学科的知识学习和教学。与本科生资助项目不同，美国国家科学基金会对研究生资助的各个主要项目，其申请人偏重于个人，研究者个人可以直接申请，而非教育机构或联营单位才能申请。申请人一般要属于某一教育机构的正式成员，并且为美国公民、永久居民等。

5.4　中国 STEM 教育的现状调研

为了更好地了解中国现阶段 STEM 教育的现状与问题，我们选择对北京市等

2个直辖市及山东省等8个省份的700余位中小学校教学主管和一线教师进行随机问卷调查，共发放问卷710份，回收有效问卷698份，有效率约为98.3%；选取北京市某重点中学和山西省某县城中学的高一、高二年级学生，在某所"985"高校抽取部分大学生开展对比研究，共发放问卷1 094份，回收有效问卷1 029份，有效率约为94.06%；与北京市海淀区8所中小学科学教育和STEM试点教育教师进行座谈。由于目前国内很多学校尚未明确STEM教育的概念和内涵，多以科学教育和研究性学习为主，本部分出于行文方便的考量，将涉及国内与STEM教育相关的教育教学活动仍称为STEM教育。

5.4.1　组织架构

调研发现，中国目前暂时不存在国家层面或者省市县一级层面的STEM教学组织机构。现存的STEM教育组织主要有两大类：一类是各中小学因教学需要而设立的STEM教研室，多属于校本教育的范畴，除了上海市有关单位、北京市海淀教师进修学校尝试在全区范围内推广STEM教育而设立的区一级的STEM教学机构外，其他省市县基本没有成立相关机构；另一类是私人教育机构独立或者与国外科学教育组织联合开办的STEM教育机构。

这与美国政府成立的STEM教育委员会和教育部成立的STEM小组办公室有很大的不同。

5.4.2　STEM教育开展情况

1）外部条件与开展频次

与STEM相关的教育教学活动开展较为频繁，但是学校之间差距较大。调查显示，普通组中学有53.01%的学生认为学校开展STEM教育的外部环境和硬件设施良好，对照组中学（北京市某重点中学）的这一比例为85.79%。普通组中学和对照组开展STEM活动频率所占百分比最多的都是"每周一次"，普通组中学为21.69%，而对照组中学为43.16%，是普通组中学的近2倍。

2）开展形式

普通组中学开展STEM活动的基本形主要是科学教育（技术）课程、科普知识演讲、学科及科技竞赛、制作科技小报；对照组中学也基本相似，但是各项比例都远高于普通组。从形式对比来看，普通组中学与对照组中学不存在明显差异（表5-6）。

表5-6　普通组中学与对照组中学开展STEM教育的活动形式

活动形式	对照组中学	普通组中学
1. 科学教育（技术）课程	66.84%	48.19%
2. 学科及科技竞赛	63.16%	37.35%

续表

活动形式	对照组中学	普通组中学
3. 科技夏令营	18.95%	13.25%
4. 制作科技小报	25.79%	36.14%
5. 科普知识演讲	57.89%	44.58%
6. 参观科学家实验室	29.47%	18.07%
7. 在科学家的指导下进行课题研究	21.58%	12.05%
8. 听科学家讲座	60.00%	33.73%
9. 参观科技会展	25.26%	15.66%
10. 翱翔计划	16.87%	10.00%
11. 其他	30.12%	22.11%

3）学生参加 STEM 学习的原因与收获

兴趣是学生参加 STEM 学习和活动最主要的原因，但是学生的 STEM 学习兴趣却随着学习阶段的升高而降低。由表 5-7 和表 5-8 可知，学生参加 STEM 的最大原因都是"自己的兴趣"，且比例远高出排在第二位的"就业前景相对较好"，说明兴趣是学生学习 STEM 的主要原因，但调查发现，在中学阶段，普通组中学有 57.83% 的学生出于个人兴趣参加 STEM 学习，对照组中学的比例则高达 73.16%；在大学阶段，学习成绩一般的学生中有 47.73% 是出于兴趣学习 SETM，而学习成绩优秀的学生也仅占 60.40%，降幅分别为 10.10% 和 12.7%；在博士研究生阶段，出于兴趣选择 STEM 教育的人仅有 24.34%。可见，虽然兴趣依旧是学生选择 STEM 教育的主要原因，但是目前的 STEM 教育在学生兴趣的激发和维持方面做得仍不够，特别是在高中阶段，学生的学习兴趣开始大幅度降低，因此，需要调整教育形式和内容，以达到预期的效果。

表 5-7　中学生学习 STEM 的主要原因

主要原因	中学生	
	对照组中学	普通组中学
1. 自己的兴趣	73.16%	57.83%
2. 家长的愿望	7.89%	3.61%
3. 老师的要求	12.11%	22.89%
4. 获取科学知识	46.84%	50.60%
5. 升学加分	24.74%	22.89%
6. 对科学家充满好奇	23.16%	21.69%
7. 其他	25.79%	22.89%

表 5-8　大学生与研究生学习 STEM 的主要原因

主要原因（共同部分）	大学生		硕士研究生		博士研究生
	普通班	重点班	学术型	专业型	
兴趣爱好	47.73%	60.40%	33.14%	26.67%	24.34%
就业前景相对较好	27.27%	24.16%	29.07%	29.83%	37.95%
他人的建议	13.64%	6.71%	14.12%	13.64%	12.63%
分数限制，别无选择	9.09%	6.71%	5.33%	6.14%	

在学习收获方面，普通组中学与对照组中学最多的是"增长了科学知识"，比例分别为 73.40% 和 80.00%。普通组中学的学习收获中"对科学充满兴趣"的比例为 42.17%，对照组中学的这一的比例为 48.42%，其他收获项的比例均在 40.00% 以上。在本科阶段，普通班有 20.45% 的学生表示在 STEM 学习中收获很大，有 49.91% 的学生表示收获大；这一比例在重点班则分别为 37.58% 和 34.9%。这表明，中国目前的 STEM 学科教学效果较为良好。

总之，中国中学生对 STEM 的学习兴趣较大，但是学生的 STEM 学习兴趣却随着学习阶段的升高而降低，博士研究生的学习兴趣最低仅为 24.34%；对大学生的调研结果发现，大学生对 STEM 学习的兴趣和未来职业的规划大都受到其高中阶段 STEM 学习经历和体验的影响。这表明，STEM 教育活动要从基础教育抓起，重视高中阶段的"关键期效应"，强化学生在大学阶段对 STEM 专业的兴趣和职业志趣的保持、激励和补偿。

5.4.3　教师常使用的 STEM 教学方式

美国的 STEM 教学方式主要是以项目的形式进行，而在中国，STEM 教育则主要以知识讲授方式为主。在中国大学的重点班级中，95.30% 的 STEM 课程以讲授为主，项目式学习的比例为 18.12%；在普通班级中，77.27% 的 STEM 课程以讲授为主，项目式学习占 27.27%。这表明中国的 STEM 教学依然侧重于传统的知识灌输，情境化和项目式教学仍显不足。

5.4.4　STEM 跨学科教学

从 STEM 学科课程和活动的角度来看，中国 STEM 教育的学科综合化效果基本让人满意。在 STEM 课程方面，有 82.55% 的大学生认为，自己所学的 STEM 课程做到了一些跨学科和综合化教学；有 80.00% 的中学生认为自己的 STEM 教师在讲课时能够经常涉及一些 STEM 的跨学科教学。在 STEM 活动方面，90.80% 的大学生和 82.70% 的中学生认为自己参与的 STEM 至少是部分涉及跨学科内容的。这表明目前中国的 STEM 教育对跨学科综合化较为重视，但是对深度、实质性的跨学科训练依然有很大的提升空间。

5.4.5　STEM 学习的可持续发展

在学生被问及毕业后想不想继续学习或者从事 STEM 专业时，45.16%的中学生和 62.42%的大学生表示愿意继续学习 STEM 专业，但是需要注意的是，仍然有 42.11%的中学生表示他们不清楚以后是否要学习 STEM 专业，表明中学生对 STEM 的认识可能存在模糊的问题，需要加强引导，形成以兴趣为驱动的 STEM 学习方式和培养方式。

5.4.6　学校对学生参与 STEM 活动的支持力度较高，但需要进一步增加指导教师、扩大参与机会和经费支持力度

调查发现，有 61.60%的大学生对于学校平时对 STEM 活动的支持表示满意，这一比例很高，说明学校对 STEM 活动和大学创新创业活动较为关注，而且相关工作也比较到位。但是，问题依然不少，其中比较突出的是 67.80%的学生认为教师要增加对学生参加 STEM 活动的指导；67.10%的学生认为目前学校提供的 STEM 活动机会不能满足需要，应扩大参与机会；有 45.20%的学生认为学校应增加经费支持力度。这些问题都是 STEM 教育需要重点解决的问题。

5.4.7　对 STEM 教育的认识不清晰，相关政策引导力度不足

调研发现，尽管部分区域或学校以创客空间、未来学校、开放性科学实践活动等项目为载体，积极推进 STEM 教育实践，利用 STEM 课程资源探索教学实施的方法或途径。但仍有 55.23%的学校没有开设 STEM 活动或综合课程；仅有 25.48%的教师表示理解 STEM 教育的核心。普遍而言，区域教育行政部门及中小学教师对 STEM 教育缺乏了解，更谈不上深入的认识，对 STEM 教育的内涵、特征、课程、教学与评价的理解深度、广度远远不够。许多学校及教师没有认识到 STEM 教育及 STEM 课程在学生创新能力和素养发展等方面所具有的独特价值，甚至将 STEM 课程等同于技术课、综合实践活动或研究性学习。

从政策引导来看，虽然近年来中国基础教育课程的改革在某些理念和实践做法上，与 STEM 教育倡导的观念有一致的地方，在近年出台的 STEM 相关的具体学科课程标准中，有提及加强 STEM 教育的条目；一些课改政策也间接支持了 STEM 教育的发展，但无论在国家层面还是地方层面，关于 STEM 教育或 STEM 课程的专门政策几乎为零。这导致学校缺乏明确的 STEM 教育政策引领，缺乏 STEM 课程实施的政策依据。整体来看，STEM 教育在中国仍然处于发展初期，急需国家政策引导和研究跟进。

5.4.8　对 STEM 教育的课程资源及教学活动缺乏系统规划，课程实施效果不理想

调研发现，在开设 STEM 课程的学校中，有 49.34% 的教师认为 STEM 课程实施并没有达到预期效果。大多数 STEM 课程的教学主题及内容需要教师自行开发，教学方法需要教师在实践中逐步发现问题再调整，缺少教学评价环节。当前，STEM 课程的教材大多基于信息技术或通用技术的课程教学需求，在案例设计上并没有充分考虑与数学、科学类和艺术类核心课程的对接融合。同时，由于缺乏与教材相配套的教学视频、素材资源、硬件设备等资源，一些已开展的校本课程难以复制与推广。上述因素均导致 STEM 课程的实施效果不理想。

此外，当前开展的 STEM 课程大多采用的是自下而上的模式，随意性较大。学校进行课程研发的能力不足，导致 STEM 课程在很大程度上依赖于学校和教师可得到的外部资源，这些资源获取的不确定性使课程体系建设不完善、不科学，与学校整体的育人目标及学生核心素养的培养契合度不足，教学活动的开展也因此受到阻滞。

基于以上情况，迫切需要对 STEM 课程资源及教学内容和方法进行系统、全面的规划，建立统一的课程标准，建立自上而下的政策指导与相关支持，使 STEM 课程得以标准化实施。

5.4.9　STEM 教育的师资数量少，专业结构不合理，专业性未凸显

调研发现，在开设 STEM 课程的学校中，73.20% 的教师认为所在学校的 STEM 课程师资人员并不充足；64.48% 的教师认为所在学校的 STEM 教师专业对口情况并不理想；67.16% 的教师认为所在学校的 STEM 课程教师在教学方面的专业结构与知识并不完备。学校开设 STEM 课程的教师，大都是科学（物理、化学、生物）、数学、信息技术、通用技术或其他学科背景的教师，以及社会教育机构的教师，他们在接受职前教育时，没有足够的可以胜任 STEM 教学的必备知识与技能。上述结果表明，当前中小学担任 STEM 教学的教师队伍存在数量偏少、专业结构不合理、专业性未凸显等问题。

STEM 师资力量薄弱的重要原因之一是当前的师范教育专业体系中，没有设置专门的 STEM 教师教育培训模块或专业，从而导致没有数量充足、专业性强的 STEM 专业毕业生从事教师工作。同时，从政策文件来看，没有针对 STEM 教师的专业标准或包含 STEM 必备技能的学科教师标准要求，也没有与 STEM 理念相关的教师资格认定、职称评定、奖励机制、专项经费等相关规定与政策支持，对现任教师缺少系统、跟进式的 STEM 职后培训，这是导致 STEM 师资力量薄弱的

另一个重要原因。

5.4.10　STEM 教育缺乏配套资源，现有资源利用不充分

调研发现，在 STEM 课程规划及实施过程中遇到的主要问题中，教材和资源缺乏的问题最突出，得到了 68.04% 的教师的关注，并且 STEM 课程资源的来源中，也仅有 48.03% 的资源由学校独立开发，更多的资源依赖于购买公司的现有资源或与第三方合作开发。STEM 教育的相关配套资源主要由校外机构提供，学校自主研发的课程及配套资源非常少，且缺少资源共享。资源缺乏具体表现在两个方面，一是缺少配套教材、STEM 的专业教室，以及支持跨学科学习的课程资源（视频、学习任务、学习情境等），仅有 35.85% 的教师认为所在学校拥有完整的 STEM 课程方案及教材，仅有 38.83% 的教师认为所在学校拥有完备的 STEM 课程教学相关的配套资源；二是对已有的科技馆、博物馆、社会教育机构、高等院校的实验室等物质资源及高校、科研院所的教师、科研人员等人力资源的开发程度、利用率不足。

STEM 教育资源匮乏的原因主要包括：其一，教师的课程资源开发与整合意识不强，对已经存在的相关资源敏感度不高，并且教师资源开发的能力较弱，还无法完成开发 STEM 教育资源的任务；其二，学校与社会教育机构、高等院校、科研院所及各类科普场馆没有形成合力，对 STEM 教育资源的开发与整合没有达成共识；其三，缺少各级政府的统筹协调，使用中的 STEM 资源比较零散，缺乏管理，缺少系统性与科学性。

5.4.11　对 STEM 教育及 STEM 课程的制度建设及保障机制不够完善

尽管在 STEM 教育先行发展的地方和区域，相关的政府行政部门每年能够从教育经费中划拨出一部分来支持学校购买相关的硬件与服务。除此之外，部分地方的相关部门还通过"未来学校"等项目在课程评价等方面给予引领和支持；通过"翱翔计划"等项目搭建 STEM 教育成果展示交流平台。但仍有 64.80% 的教师认为所在学校开展 STEM 课程教学缺乏充足的专项资金支持。整体而言，无论是经费支持还是平台搭建等，远远不能满足学校开展 STEM 教育的需求。国家、地方和学校在 STEM 教育领域的标准研发、课程设置、教材开发、资源建设、师资培训及学习空间建设等方面都没有统一的规划与安排，缺少完整的制度体系和机制保障。尤其是在地方和学校层面，基本上没有专门负责 STEM 教育的工作团队，也没有设立支持 STEM 教育开展的专项经费。

5.5 中、美两国 STEM 教育活动比较分析

5.5.1 组织机构的比较

中国的 STEM 教育目前不存在国家和省市一级的专门主管机构，一些与 STEM 相关的科技活动和科技教育主要依托中国自然科学基金会和中国科学技术协会，有一些省（市）教育厅（委）的基础教育处和地方科协开展类似活动；在具体的教学层面，主要由一些中小学的 STEM 教研室进行，虽然北京和上海的一些区试行了 STEM 统一规划，但是从全国整体来看，中国 STEM 教育的组织机构依然停留在各校内部。

而美国的 STEM 教育在联邦层面建立了 STEM 教育委员会，负责全美各个阶段的 STEM 教育工作，以促进 STEM 知识的创新、传播和培养以其为主的科技人才为宗旨，来审查其资助立项的价值标准。

5.5.2 教学模式的比较

中国的 STEM 教学模式仍以课程讲授为主，兼有 STEM 科技活动，并且 STEM 知识讲授的比例随着学习阶段的增加而增加。在外部条件、活动频次、跨学科等方面的现状较为理想，但是存在对 STEM 教育的认识不清晰、学生 STEM 学习的可持续发展不够、相关的政策引导力度不足等问题。

美国的 STEM 教学模式更加突出系统的教学设计思想，项目化学习方式，注重创造真实情景的特点，更倾向于采用多元立体式的教学手段来实施 STEM 教育，尤其注意在活动中加强对学生 STEM 知识的教育。

5.5.3 教师培训的比较

从师资培养方式来看，虽然中国很多地方都有专门、设备完备的教师进修学院，但是目前暂时没有启动大规模的 STEM 教师培训计划，STEM 教师培训依然在各分科教师培训中进行，主要是依托传统的科学课程进行教师培训。

美国的 STEM 教师培训呈现出社会合作、系统持续性与项目化的特点，而且投入不断增加，采用问题导向的针对性培训。具体而言，美国的 STEM 教师培训既有政府、科技学会等机构承担的项目，也有民间企业积极组织的 STEM 教师培训活动；而培训的对象既有 STEM 在岗教师，也有普通民众，扩大了兼职教师队伍。此外，美国十分重视高层次科技人才对基础教育阶段 SETM 教育的"反哺"，培育未来投身基础教育的 STEM 教师。

5.5.4　合作方式的比较

中国面向 STEM 的教育活动多数都采取政府直接资助的方式，部分学术团体则通过开办学科竞赛活动的方式进行 STEM 教育，使青少年在 STEM 教育方面获益，但企业与学校开展合作进行 STEM 教育的方式较少。

美国 STEM 也有政府直接与企业、学会合作的，但是大多数是企业的自发行为。以基础教育领域的学生和教师的信息技术试验（Information Technology Experiment of Students and Teachers，ITEST）项目为例，该项目中有很多是以企业承担，或校企合作的方式组织面向中学生的推广信息技术的项目，并资助教师进行教材课件的编写和教学策略的实践。也有相当一部分是使中学生在科技教育活动中间接受有益的子项目。

5.5.5　影响 STEM 教育的社会因素比较分析

中、美两国基于社会文化的不同，社会各界对 STEM 教育活动的认识存在差异。

在美国，众多高素质的移民群体充实了美国社会，其在 STEM 相关学科专业的学习和职业领域占据很大比例，而同时美国本土公民在学业选择上普遍基于兴趣导向，其对 STEM 领域的学习和职业选择的兴趣并不高，美国政府基于国家安全和长期的人才发展战略考虑，迫切期望增加美国公民在 STEM 领域的比例，并加强对于美国公民对 STEM 领域的兴趣的引导和激发，以期提高 STEM 领域的劳动力规模和质量。因此，美国政府和美国国家科学基金会等各类基金机构设立了大量的资助项目和奖学金，并对参与项目的成年教师和研究人员给予适当的津贴补助，以此鼓励青少年参与 STEM 科技活动，保障成年教师和研究人员对 STEM 科技活动的指导和精力投入，最终使各项活动具有持续性。

但在中国，基于生存和社会人才竞争压力，青少年、家长、教师等各方群体对开展 STEM 教育活动基本上持积极态度。只有青少年是出于兴趣参加 STEM 教育活动，而家长和教师支持 STEM 教育活动的目的具有功利性，但其意愿还是好的。此外，在中国流传广泛的"学好数理化，走遍天下都不怕"等思想认识，对青少年学习 STEM 各学科课程起到了正面推动作用，也从侧面反映出社会对 STEM 教育活动的认可度。正是基于学习和从事科技相关职业在中国有这样广泛的社会基础和环境，学习理工科的高校学生很多，从事科技事业的人员也很多。

但过分追求考上大学的应试教育或囿于谋求职业也成为消磨青少年对 STEM 学习活动的兴趣的因素，降低了青少年对科学着迷的程度，使中国现行的 STEM 教育相关课程和活动尚未成为有效地激发学生兴趣、引导学生的科学热情的重要途径。因此，中国在考虑推进 STEM 教育活动专项时应更加注重创造环境条件，从而通过各类项目的设计和实施来"激发、保护、引导、创造学生的持续兴趣和志趣,使学习科学的学生真正地热爱科学、投身科学、痴迷于科学",如此才能造就未来的科学家和创新人才。

5.6 "十三五"期间中国 STEM 教育发展规划的战略定位及政策建议

5.6.1 STEM 教育发展规划的战略定位

(1)规划依据:人才强国战略、国家创新人才推进计划、《国家教育事业发展"十三五"规划》、《国家中长期科学和技术发展规划纲要(2006—2020 年)》、《全民科学素质行动计划纲要实施方案(2016—2020 年)》及教育部《关于"十三五"期间全面深入推进教育信息化工作的指导意见(征求意见稿)》。

(2)规划原则:顶层设计,全民参与,在保持发展持续性的基础上,及时借鉴国际先进科技成果和教育经验,定期对国家 STEM 教育战略进行调整。

(3)规划定位:培养创新能力,激发创新思维,提高 STEM 素养,加深科研与教育的结合程度,促进 STEM 普及和 STEM 拔尖创新人才的超前培养,储备未来创新人才,打造人才强国和创新型国家的核心力量。

(4)预期目标:主要在于"激发、保护、创造未来人才对 STEM 领域和行业的持续志趣和不懈探索,为未来创新人才提供有效的发展路径和实施环境"。

5.6.2 具体政策建议

1)在国家层面成立专门的 STEM 教育管理机构

该机构主要负责从国家层面对全国的 STEM 教育进行顶层设计与规划。在国家层面应加大 STEM 教育的政策力度,既要推广 STEM 教育理念,引导社会各界重视 STEM 教育,又要各方面形成合力推进和资助投入各阶段的 STEM 教育。该机构应总体规划 STEM 教育实施方案,制定 STEM 教育管理政策、STEM 课程标准、STEM 学科(专项)教师的专业标准及 STEM 教育评价体系等,并组织STEM 教师专业培训,统筹与协调可能涉及 STEM 领域的政策、资金与资源。

2)各级政府将 STEM 教育纳入常规工作计划

为保障和促进 STEM 教育在全国范围内的顺利推进,并满足不同地区、学校、学生的需求,各级政府应将 STEM 教育纳入常规工作,进行统筹管理。

第一,地方教育行政部门依据国家 STEM 教育管理政策和本地实际情况,制订本省（自治区、直辖市）STEM 教育推进计划，规划有地方特色的 STEM 课程（活动），报国家教育管理部门备案并组织实施。经批准，省级教育行政部门可单独制订本省（自治区、直辖市）范围内使用的 STEM 教育计划。

第二，区域教育行政部门在执行国家和地方 STEM 课程（活动）的同时，应鼓励本区域内的学校，结合学校的传统和优势、教育理念和目标、学生的兴趣和需要，开发、建设适合本校的 STEM 课程体系。区域教育行政部门还应指导与监督学校建立 STEM 课程管理部门，推进 STEM 课程的开发与实施，解决或向上级反映 STEM 课程实施中遇到的困难与问题。

第三，中央和地方教育主管部门、科技部门应支持和引导高校和科研单位对 STEM 教育人才和师资进行定期与规范培养，提供专项资金予以支持。以项目的形式对社会开放 STEM 教育基金，引导和支持高校、科研机构、高新科技企业等有条件的单位申请 STEM 教育研究和人才培养项目，鼓励注重跨学科、前沿学科与交叉学科的 STEM 教育研究与教学探索。

3）加强 STEM 教育的教师队伍建设

教师的专业水平是保障学校教育教学质量的关键，为此，要提高 STEM 教育的质量，就需要建设专业结构合理、教学能力合格的 STEM 教师队伍。国家需要规定 STEM 专职教师的比例，制定 STEM 教师专业标准及资格认定标准，从 STEM 教师应具备的相关理论知识、课程（活动）开发设计能力、教学实施策略及 STEM 课程的基础知识与技能等方面，规定 STEM 教师的胜任条件。特别需要国家、地方、高校和企事业科研机构对中学 STEM 教育和教师进行支持与培训。具体来说，需要从以下几点入手。

第一，国家、地方及学校要基于 STEM 课程标准及 STEM 教师专业标准开展专门的 STEM 教师培养计划与专业发展项目。一方面，鼓励自然融合与成长，通过日常或专门的培训加以解决：一是加强具有跨学科背景的师资力量培训；二是通过定期或不定期进修培训交流。另一方面，鼓励高校开设 STEM 教育硕士或博士学位项目，尤其鼓励在职或定期的带薪学习项目。

第二，增加对 STEM 教师的专项经费投入比例，建立 STEM 教师的评价激励机制，建立 STEM 教育资源共享机制。

第三，关注 STEM 教师的可持续发展。建立健全 STEM 教师的职前、职中和职后培训体系，让 STEM 教师在教育理念、专业知识、教学技能上均能够保证持续发展，适应知识更新和教育技术升级的教育"新常态"。同时，在制度上要打通中小学教师与高校教师的科研壁垒，允许和鼓励中小学教师参与高校承担的 STEM 教学研究，实现科研经费、职称评定等制度上的顺畅，提升 STEM 教师的自我持续发展能力。

第四，高校在专业设置上应重新考量。一是应在 STEM 相关学科的源学科培养方案中，增加 STEM 教学所需知识与技能的培养课程；二是在高校改造已有的教育硕士或博士学位项目的基础上设计新的 STEM（融合）教育硕士，进行 STEM 全科的普及与融合训练。

第五，高校中 STEM 相关的非师范专业，也应突出培养学生从事 STEM 教育事业的志向，提升学生应对"大工程"和"大科学"时代跨学科、多学科研究与学习的能力。

第六，鼓励高校师生和科研人员参与各级各类的 STEM 教育，实现高等教育对基础教育的反向推动作用。政府应尽快出台政策，鼓励每一位科研工作者（以及大学生、企事业相关单位工作人员）支持中小学的 STEM 教育。

4）建立国家统一标准，系统规划与建设 STEM 教育的课程体系

STEM 教育课程及教学的标准化实施需要建立统一的课程标准，建立自上而下的政策指导与相关支持。具体包括以下几个方面。

第一，国家层面组建团队，加强理论和实践研究，系统规划和构建符合中国国情的应用于不同阶段的 STEM 课程体系。研发和制定指向学生核心素养培养及创新能力发展的中小学 STEM 课程规划方案和课程标准，明确中小学各阶段具体的课程（活动）目标，在基础教育现有的课程体系中，明确 STEM 教育课程体系的基本特性和内容，明确学分及实践训练的课时要求。

第二，开发多元、开放的 STEM 课程评价体系，规划和构建指向学生核心素养培养及创新能力发展的评价指标，把学生在 STEM 课程中的学习表现纳入学生学业评价指标中。鼓励高校在自主招生时，将学生在不同学段 STEM 课程中的学习表现纳入录取考核评价指标中。

第三，地方教育行政部门组建团队，基于地方教育现状，依据国家 STEM 课程规划方案和课程标准，制定 STEM 课程教学指南，为教师规划实施课程、深入开展教学提供具体指导。

第四，在地方和校本课程中，鼓励开发有地方和校本特色的 STEM 课程和教材，在符合国家课程（活动）标准的前提下，鼓励学校充分发掘适合本校学生的项目式学习的主题内容，提高国家课程的校本化实施。

5）丰富 STEM 课程资源开发的途径及内容

从教学场馆和教学内容两方面，对已有资源进行整合并充分利用，挖掘潜在资源，针对不同的教学场馆，开发并设计出不同的 STEM 课程教学资源，建立 STEM 课程资源库。主要包括以下几点。

第一，充分挖掘各高校、科研院所或企业中的科技成果，面向前沿科技和国家重大需求，采用或共同使用他们的场所和软硬件设备，与高校、科研院所共同开发适合不同学段的 STEM 课程。

第二，充分利用已有中小学和高校的优质实验室资源，提倡资源共享，教师

共同开发不同学段的 STEM 课程。

第三，鼓励事业型公共场馆（如科学技术馆、博物馆和天文馆等）和相关企业为中小学 STEM 课程的开展提供相关服务。

第四，鼓励建设 STEM 素养实验室，该实验室应涵盖面更大，融合更多元素，容纳更多的相近学科共同参与。

第五，鼓励建立 STEM 能力孵化基地，满足学生多样化的课题需求，实现多学科的有机融合，使学生在基地学习中形成对科学原理、科学制作、实践创新的整体概念，成为学生良好兴趣爱好的多元支撑。

第六，建立 STEM 课程人才资源库，设置相应的人才资源职称评定机制，同时鼓励各地方、各学校之间 STEM 教师的交流与合作。

第七，鼓励各地方搭建 STEM 课程的资源共享平台、组织开展 STEM 课程的资源评选比赛，促进 STEM 课程资源的建设与共享。

6）规范校外 STEM 教育机构，建立 STEM 教育的保障机制

为保证 STEM 教育的顺利推进和高水平实施，应规范校外 STEM 教育机构的运行机制，加强中小学和高校 STEM 教育开展的制度建设，完善保障机制。具体包括以下几点。

第一，加强对具有 STEM 课程及资源研发能力的校外机构（企业、研究机构等）的统一管理，建立 STEM 课程的资质认定及校园准入机制；支持机构与大中小学协作开展 STEM 教育，研发和实施 STEM 课程，建立对 STEM 教育相关社会资源的统筹协调机制。

第二，制定经费报备、申请、审批及划拨机制，使学校能够高效、合理地使用在建设和完善 STEM 教育硬件设施、开展教师培训、购买课程（活动）资源等方面的专项资金。

第三，充分挖掘社会资源，以项目开发等方式合力建设支持 STEM 教育开展的专业教室或共享空间，建立项目审批和监督机制，保障经费来源及合理使用。

第四，进一步丰富 STEM 教育成果的交流和展示平台，从国家层面制定相关政策，支持地方、区域和学校定期举行交流展示活动，适当拓展体现 STEM 教育理念和成果的竞赛类型和内容，并尝试为具备 STEM 素养发展潜质的学生开辟升学绿色通道。

7）强化顶层设计，合作开发与共享 STEM 教育资源

学生 STEM 素养的形成具有阶段性和连续性，不能绝对割裂早期幼儿教育、基础教育、高等教育在 STEM 教育上的一致性和递进性。因此，要以系统思维为指导，以顶层设计为导向，做好中小学 STEM 教育与高校 STEM 教育的联系工作，特别强调大学、科研院所等的 STEM 教育资源对中小 STEM 教育的支持与共

享。具体包括以下两点。

第一，打破中小学与高校之间相互孤立的教学状态，鼓励大学主动对基础教育开放实验室、共享教育资源，并与中小学联合培养 STEM 教师，积极参与中小学和早期教育的 STEM 普及教育活动。

第二，吸引科研院所、高科技企业、科技馆等社会力量参与国家 STEM 教育战略规划和 STEM 教育资源的建设与共享活动，借鉴远程教育、网络实验室等教学形式向学校提供不同渠道的学习资源。有条件的学校还可以尝试与国外机构进行 STEM 教育合作，共享国际先进的 STEM 教育理念、资源、经验与成果，以进一步优化和完善中国的 STEM 教育。

参 考 文 献

李协京. 2015-06-03. 韩国 STEAM 教育：整合培养科技创新力. 中国教育报.

刘恩山. 2016. 北京师范大学教授. 快速发展的 STEM 教育. 北京海淀区内部进修资料.

彭志达. 2016. 美国 STEM 教师教育政策文本分析. 湖南师范大学硕士学位论文.

唐科莉. 2016. 让所有年轻人具备必要的 STEM 技能和知识——澳大利亚《STEM 学校教育国家战略 2016—2026》. 基础教育参考，（3）：72-74.

王懋功. 2016. 从国家高度思考 STEM 教育. 上海教育，（3）：39.

翁聪尔. 2015. 美国 STEM 教师的培养及其启示. 华东师范大学硕士学位论文.

杨亚平. 2015. 美国、德国与日本中小学 STEM 教育比较研究. 外国中小学教育，（8）：23-30.

赵慧臣. 2017. 美国北卡罗来纳州中学 STEM 学校的教学设计及其启示. 中国电化教育，（2）：47-54.

American Association for the Advancement of Science. 1989. Science for All Americans. Oxford：Oxford University Press.

Department of Education and Training. 2015-12-10. National STEM School Education and Strategy（2016-2026）. http://www.educationcouncil.edu.au/site/DefaultSite/filesystem/ documents/ National%20STEM%20School%20Education%20Strategy.pdf.

Institute for Educational Innovation. 2016-10-08. Middle School STEM Implementation Rubric.

Marginson S，Tytler R，Freeman B，et al. 2013. STEM：Country Comparison. Melbourne：Australian Council of Learned Academies.

The Society of Biology. 2014. Vision for Science and Mathematics Education. London：The Royal Society Science Policy Centre.

U.S. Department of Education. 2015-04-23a. Science，Technology，Engineering and Math：Education for Global Leadership. https://www.ed.gov/stem.

U.S. Department of Education. 2015-10-07b. STEM Education Act of 2015. https://www.congress. gov/bill/114th-congress/house-bill/1020/text.

U.S. Department of Education. 2016-07-06. Effective Educators for All : OII Announces 2016 Competitions to Strengthen Teacher Preparation and Leadership. https://innovation.ed.gov/2016/ 06/07/effective-educators-oii-announces-2016-competitions-strengthen-teacher-preparation-leadership/.

Verlag W B，Design H S. 2012. Perspektive MINT-Wegweiser für MINT-Förderung und　Karrieren in Mathematik，Informatik，Naturwissenschaften und Technik. Bundesministerium fur Bildung und Forschung. Berlin：Berlin Press.

第6章　STEM 教育的国际比较与中国 STEM 教育的现实挑战、实施路径、政策建议

　　中国经济新常态下，增长动力正从要素驱动、投资驱动转向创新驱动。这一转换符合经济、自然和社会规律的发展，同时也体现了国家对高素质创新人才的迫切需求（项贤明，2010）。教育部在 2014 年 3 月发布的《关于全面深化课程改革落实立德树人根本任务的意见》中明确指出："国际竞争日趋激烈，人才强国战略深入实施，时代和社会发展需要进一步提高国民的综合素质，培养创新人才。"2017 年 1 月国务院印发的《国家教育事业发展"十三五"规划》指出"十三五"时期教育改革发展的总目标是："教育现代化取得重要进展，教育总体实力和国际影响力显著增强，推动我国迈入人力资源强国和人才强国行列，为实现中国教育现代化 2030 远景目标奠定坚实基础。"

　　发展创新型国家、提升人力资源水平，教育改革是"先手棋"，只有一流的教育，才有一流的人才，才能建设一流的国家。作为 21 世纪教育改革的新方向，STEM 教育以其在培养学生科学探究能力、创新意识、批判性思维、信息技术能力等未来社会必备技能方面的突出作用，受到了世界范围内的广泛关注，被公认为是推动创新力的有效途径和培养有竞争力的劳动力的重要保障（丁明磊，2015；朱学彦和孔寒冰，2008）。

　　STEM 最早由 NSF 于 20 世纪 90 年代提出，是科学（Science）、技术（Technology）、工程（Engineering）和数学（Mathematics）四个学科首字母的缩写（Breiner et al.，2014）。随着 STEM 运动的发展和推进，教育者逐渐认识到 STEM 背后潜在的教学方法转变及教育意义，于是在 STEM 后面加上了教育二字，变成"STEM 教育"。他们认为 STEM 教育应该贯穿于学生的整个学习阶段，以及正规的校内学习和非正规的校外活动之中（Sanders，2009）。STEM

教育不仅是一种整合性的教育理念，也是一种课程设置的趋势，更是一种教学方式的革新，它强调学生在项目和问题的引领下，运用多学科知识创新地解决真实问题。

就中国而言，虽然有一些个人和团体以各种方式对 STEM 教育进行了积极探索，也有少数学校进行了相应课程的开发，但是这些具体的做法都有边缘性的特点。STEM 教育的建立和完善是与国家发展同步的，需要长期布局和顶层力量推动。因此对各国的 STEM 教育进行系统的梳理和比较，对于促使我们将 STEM 教育理念转变为切实的实践，并结合中国实际情况，拓展出具有中国特色的 STEM 教育具有一定的启示和参考价值。

本章在全世界范围内选取了十一个国家进行了 STEM 教育的国际比较研究，具有一定的代表性，分别为北美洲的美国、加拿大，欧洲的英国、德国、芬兰，亚洲的中国、韩国、日本、新加坡，大洋洲的澳大利亚、新西兰。本章基于现有的政府文件、报告和文献，以及来源于 PISA 和 TIMSS 的数据结果，采取质性研究和量化研究相结合的方法构建国际比较框架，通过比较和分析，指出了中国 STEM 教育所面临的挑战，并对 STEM 教育的实施路径提出了具体可行的建议。

6.1　STEM 教育的国际比较与中国 STEM 教育的现实挑战

6.1.1　STEM 教育的国际比较

STEM 教育目前已作为促进学生综合素养的跨学科教育在世界各国蓬勃发展起来，本部分选取了十一个具有代表性的国家，分别从教育目标及实施状况、课程标准、评估状况、师资培训以及学生学业成就这五个方面进行深入的比较和分析。

1. 教育目标及实施状况

当前仅有美国和澳大利亚从整合性观点的角度提出了 STEM 教育的培养目标，尤其是美国针对不同教育阶段的 STEM 教育目标都有详细说明（卢春，2011；范燕瑞，2012），如表 6-1 所示。澳大利亚则提出了 2 个目标，分别为：确保学生获得牢固的 STEM 基础知识和相关技能，鼓励学生进行进一步的 STEM 学习。

表 6-1　美国的 STEM 教育目标

教育阶段	培养目标
K-12 阶段	1. 培养学生的科学、技术、工程和数学技能，为其在 21 世纪科技经济中获得成功做准备（无论是进入高校还是直接进入劳动力市场） 2. 提高学生在 STEM 教育中的参与度，使学生认识到 STEM 教育对生活的价值
本科阶段	增加本科阶段完整参与 STEM 教育的学生人数，为进入 STEM 及其相关领域或进一步深造做准备
研究生阶段	提升该阶段 STEM 项目的学生参与度，使学生能够快速立足于相关领域

在对 STEM 教育实施现状的比较中，本部分主要从政府的政策、STEM 学校教育、企业和专业团体的支持这三个方面进行了比较。

1）政府的政策

本部分选取的国家从立法、政策、报告等不同层面指出了 STEM 教育的重要性。尽管它们关注的焦点有所不同，但归纳起来主要有以下几个方面：提升 STEM 教育的积极影响、增强公众的科学意识、促进学生 STEM 相关学科的参与度、加强学校从基础教育到高等教育以及职业培训的 STEM 教育、建立各部门机构的合作机制、建立年度和长期目标、建立共通的评估标准、成立专门的 STEM 部门或组织。

（1）北美洲国家的政策和计划。

作为 STEM 教育的发起者，美国国家科学委员会（National Science Board，NSB）于 1986 年发表《本科的科学、数学和工程教育》报告，被视为 STEM 集成的开端。自此，美国政府报告甚至是法律法案中频频出现 STEM 教育。1986~2015 年，关于 STEM 教育，美国国会，教育部，总统科技顾问委员会，国家科学技术委员会，美国州长协会等部门和机构，先后出台及发布了 26 项政策、法规和研究报告，强调社会各界应重视 STEM 教育，并全力推进 STEM 教育在美国的实施（赵中建，2012a，2012b，2012c）。

在加拿大的宪法中，教育是由省自行负责的，国家没有统一的部门、政策和法律。所以每个省对教育的管理都不同。由于联邦政府对省和地区缺乏直接的控制，所以相关的政策性文件少之又少。2008 年加拿大发布了国家报告《加拿大的科学和技术创新系统》，该报告指出 STEM 相关领域被视为克服短期经济停滞的基石。

（2）欧洲国家的政策和计划。

英国最初的重点是科学、工程和技术（Science，Engineering，Technology，SET），到 2006 年也转变为 STEM。英国以"人力资本"的形式对 STEM 进行了定义，"在全球化时代，增强英国竞争力的最好方法就是进军高水平的商业、服务业和工业。要达到这一目标，拥有一个有效的科学创新体系是至关重要的"。

《2004-2014 年科学与创新投入框架》的出台，明确反映了英国政府对 STEM 教育的重视（Mann and Oldknow，2012）。

德国将 STEM 教育称为 MINT 教育，目前还未把 MINT 教育作为单独条款列入政策性文件，但是在多个政府报告中已明确提出，如《2011/2012 德国教育系统报告》指出："目前教育系统的关键是在各个层面的教育系统中加强 MINT 教育。"（杨亚平，2015）

由于语言及其他各种原因，芬兰与欧洲其他各国的情况大不相同。芬兰是不再以 STEM 教育为重点的国家之一，这就意味着关于 STEM 未来发展的政策也就少之又少了。然而，这并不意味着芬兰放弃了 STEM 这种方式，其以一种隐性的方式体现出来，对 STEM 的考虑已经体现在了教育和政策的方方面面。

（3）亚洲国家的政策和计划。

中国方面，教育部于 2015 年在《关于"十三五"期间全面深入推进教育信息化工作的指导意见（征求意见稿）》中首次提出探索 STEAM 教育、创客教育等新教育模式，使学生具有较强的信息意识与创新意识（教育部，2017；国务院办公厅，2016）。2017 年 1 月，教育部出台的《义务教育小学科学课程标准》中首次定义了中国版 STEM，言明 STEM 应是一种项目学习和问题解决为导向的跨学科课程组织方式，它将科学、技术、工程、数学有机地融为一体，有利于学生创新能力的培养。

2011 年，韩国教育和科技部（Ministry of Education，Science and Technology，MEST）推出了《搞活整合型人才教育（STEAM）项目》，该项目以数学和科学为中心，与实用性技术工程相结合，以构建"培养现代社会所需的具备科学技术素养的人才"为目的。同年，韩国科技委员会（National Science and Technology Committee，NSTC）提出了培养和支持科学技术人才资源的总体规划。该计划包括促进小学和中学 STEAM 教育，提供友好的研究型环境、世界一流大学项目、全球博士奖学金以加强高等教育的科研竞争力（李协京，2015）。

新加坡没有针对 STEM 教育的文件。

（4）大洋洲国家的政策和计划。

虽然澳大利亚目前还没有国家级的政府机构负责 STEM 教育政策制定工作，但是各州依据国家课程大纲和本州的特点与需求提出了相应的策略。例如，2011 年西澳大利亚州提出了"有效的合作：提高西澳的 STEM 教育"的倡议。教育较为发达的昆士兰州提出了"昆士兰州 STEM 课程教育 10 年规划"，详细地论述并分析了昆士兰州的 STEM 教学现状、问题和可行的解决方案。南澳大利亚州也出台了"STEM 发展战略"，提出了一系列行之有效的活动来促进 STEM 课程的开展与学习（张宁，2013）。

目前新西兰还没有明确的关于 STEM 教育的政策。

2）STEM 学校教育

STEM 学校教育方面，美国是开展最深入的国家。从 STEM 课程的开发、STEM 中心的成立到 STEM 学校的建立，形成了一个完整的体系（吴俊杰等，2013；张燕军和李震峰，2013；丁杰等，2013）。表 6-2 列出了 11 个国家 K-12 阶段 STEM 教育的开展情况。

表 6-2　11 个国家 K-12 阶段 STEM 教育的开展情况

所在洲	国家	STEM 教育的开展情况
北美洲	美国	建立以 STEM 为核心的学校，在综合性学校中设立 STEM 课程，以学校为依托建立供学校和社区使用的 STEM 教育中心 [1]
	加拿大	基本上每个省都强制要求学生在十年级之前学习数学和科学，并且通常要求学生在这方面多修 1 个学分才能毕业
欧洲	英国	数学和科学是所有学生的必修课，直到 16 岁为止
	德国	依靠工业的反哺，倾向于设立第三方独立机构来提高学生的 STEM 技能，建立人才学校和初级工程学院 [2]
	芬兰	STEM 以隐性的方式贯穿于芬兰的整个教育体系
亚洲	中国	数学和科学教育贯穿于整个 K-12 阶段
	日本	修改课程大纲加强中小学阶段 STEM 学科的课时和内容
	韩国	数学和科学教育贯穿于整个 K-12 阶段。建立了 Kyonggi 科学高中和 STEAM 精英学校
	新加坡	数学和科学为 1~6 年级核心科目，中学分为快速课程、普通（学术）课程和普通（技术）课程，同时设立了专科自主学校
大洋洲	澳大利亚	STEM 的教育生态系统包括学前教育、中学教育、高等教育、高职教育和职业培训。10 年级之前的 STEM 课程均为必修课，而 10 年级之后则为选修课 [3]
	新西兰	科学、技术和数学贯穿于整个中小学教育

1）Committee on Highly Successful Schools（2011）；Meggan（2008）

2）Lohmar 和 Eckhardt（2013）

3）Mayumi 等（2013）

3）企业和专业团体的支持

除了顶层力量的推动、学校教育的实施以外，STEM 教育的深入开展还需要与不同企业和专业团体合作，开展相应的 STEM 项目，形成 STEM 教育的合力。表 6-3 列出了 11 个国家的相关企业和专业团体对 STEM 教育的支持情况（杨光富，2014；上官剑和李天露，2015）。

表 6-3　11 个国家的企业和专业团体对 STEM 教育的支持情况

所在洲	国家	对 STEM 教育的支持情况
北美洲	美国	成立了"繁荣 21 世纪全球经济委员会"、"成功的 K-12 STEM 教育实施评估委员会"和"变革方程组"等，这些组织由大学、研究机构和公司组成 [1]
北美洲	加拿大	由政府资助的"加拿大学术委员会"为独立的非营利公司，为国家在科学、技术和创新委员会提供科技咨询和评估报告

续表

所在洲	国家	对 STEM 教育的支持情况
欧洲	英国	成立了国家科学和数学网络学习中心以及伦敦科学学习中心
	德国	企业承担大量的 MINT 项目
	芬兰	成立了国家科学教育中心 LUMA，促进科学教育，加强学校和企业间的联系
亚洲	中国	2015 年成立了 STEM 教育云中心，2016 年成立了中国 STEM 教育协作联盟。高等教育方面成立了国家技术转让中心和大学科技园
	日本	公司、财团建立科学教育基金，提供实践机会
	韩国	政府建立了韩国先进科技机构（KAIST）来培养高质量的科技人才。同时还成立了韩国科学和创造力发展研究所（KOFAC），促进学习和技术相关文化活动，支持 STEA 项目的实施
	新加坡	贸易和工业部（MTI）是负责科技活动的主要机构，科学技术研究局（A*STAR）则是整合科学和技术领域的研究和开发的阵地
大洋洲	澳大利亚	澳大利亚科学院提供丰富的非政府课程
	新西兰	教育部成立了数学和科学专责组

1）Bybee（2010）；President's Council of Advisors on Science and Technology（2010）；Herschbach（2011）

2. 课程标准

在课程标准方面，本部分主要对所选 11 个国家 K-12 阶段 STEM 相关学科的课程文件进行梳理和分析，从课程整合的模式、STEM 相关学科课程的内容两个方面进行详细比较。

1）课程整合的模式

从课程的本质来看，整合包含横向维度和纵向维度，故本部分从各国和地区的课程标准入手，从这两个维度进行课程整合模式的比较（杨凤娟，2013；齐美玲和孙云帆，2013）。

（1）STEM 相关学科课程横向整合模式。

STEM 相关学科横向整合（跨学科、跨领域的课程整合）的具体模式如表 6-4 所示。

表 6-4　横向整合课程的具体模式

国家及地区	横向整合模式	参考文件
美国	STEM 整合：K-12 阶段教育中，科学和工程被整合在《新一代科学教育标准》中，以表现期望为核心，以"表现期望+基础盒子+连接盒子"的呈现方式实现整合。其中对科学素养的培养强调"科学反思和社会应用"	*A Framework for K-12 Science Education：Practices，Crosscutting Concepts，and Core Ideas*（《K-12 科学教育框架：实践、共通概念和核心概念》）
加拿大安大略省	STSE 整合：《加拿大科学教育共同框架》中把"将科学与技术、社会和环境相联系（STSE）"作为第一条目标，着	*The Ontario Curriculum，Grade 1-8：Science and Technology*

续表

国家及地区	横向整合模式	参考文件
加拿大安大略省	重培养学生在真实情境中运用掌握的知识与技能的能力和批判性地分析科学技术发展对社会、环境的影响的能力。除此之外，加拿大安大略省 1~8 年级的科学课程和技术课程内容规划综合在一份课程文件《1~8 年级安大略省科学和技术课程》中，体现了科学和技术的整合设计。同时以"共通概念"整合学科间的概念体系	*(Revised)*（《1~8 年级安大略省科学和技术课程》）
芬兰	跨课程课题：《国家基础教育核心课程》提出的所有高中学校共有的跨课程主题包括积极的公民意识和创业精神、安全与福祉、可持续发展、文化认同感与文化知识、科技与社会、沟通与传媒能力。同时明确提出了建模的意义，注意培养通用的 ICT 技能	*National Core Curriculum for Basic Education*（《国家基础教育核心课程》）
韩国	STS 整合科学课程：以 STS 理念为指导来开设科学课程（非分科教学）；STEAM 整合：STEAM 教育从社会科学的角度综合了 STEM 教育。通过合并各学科，并把它应用到实际生活中，STEAM 有意培养学生的发散思维和对学习的兴趣，加强学生对科技的理解、动机和潜力，以及提高他们的创造力	*Educational Policies for Improvement Based on International Student Assessment Results*（《基于国际学生评价结果的教育政策改进》）
新加坡	科学营导师制计划（SMP）及各类大学学长计划：发展中学 3~4 年级学生跨学科的科研能力	*Science and Technology System in Singapore*（《新加坡的科学技术系统》）
英国	注重各学科知识（包括数学、英语等）之间的联系：《国家科学教育课程标准》在呈现知识内容的同时，会说明该知识点与其他学科之间的联系以及所需要的技能。例如，对"能量、电和辐射"中做了如下批注：见"ICT 标准"，学生能够使用模拟或电子数据表格来模拟室内电力的供给与能量的损失，即与数学知识相联系，并且能够运用相关的技能，与实际生活联系密切	*National Core Curriculum for Upper Secondary School*（《国家高级中学核心课程》）
澳大利亚维多利亚州	十分强调科学和数学模型建构，在认知要求中将"建模"作为一种认知水平，对其进行了明确界定。学习活动多为科学、数学、信息技术相结合的过程。课标中同样设置了"ICT 标准"。成立中学的跨学科专业研究中心，包括 BioLAB、Earth Ed、Ecolinc、Gene Technology、Access Centre（GTAC）、Quantum Victoria、Victorian Space Science Education Centre（VSSEC）等	1. *Victorian Certificate of Education Study Design*（《维多利亚州教育证书的研究设计》） 2. *Information and Communication Technology (ICT) Capability*（《信息交流技术能力标准》） 3. Science and Mathematics Specialist Centres（科学和数学专业研究中心）

从以上梳理可以看出，各国和地区 STEM 相关学科的课程内容标准呈现出不同程度的整合，从整合程度上来看主要分为以下类型。

第一，自然科学课程整合，如澳大利亚维多利亚州和日本、韩国等。

第二，科学、工程、技术或科学、技术、环境的整合，如美国和加拿大等（Morrison and Raymond，2009）。

第三，所有学科整合，如芬兰的《国家基础教育核心课程》标准将所有的高中核心课程以课题的形式整合在一起，包括物理、化学、地理、生物、语言和哲学等 10 个学科。

从 STEM 相关学科的横向整合模式来看又可以分为三种类型。

第一，通过以大概念为核心的跨学科概念体系的建构，来实现概念理解与实践的相互促进。例如，美国及加拿大安大略省提出的"共通概念"，它是涉及科学、数学和科技等各个领域的最基本的概念，这一概念超越了学科界限，并且相对稳定，对于各种文化观念都是普遍适用的，反映出不同学科的内在一致性，有助于学生建立对所有学科的整体认识（Honey et al.，2014；John，2013）。

第二，以主题、课题形式来实现跨学科的实践，如芬兰、法国的主题课程学习。

第三，通过表现期望实现横向整合，表现期望即学生完成和掌握该阶段的内容后在具体情境中所能表现出的外显行为。例如，美国《新一代科学教育标准》中的"表现期望+基础盒子+连接盒子"模式，以"连接盒子"中其他学科领域的相关内容来保障表现期望的实现（NGSS，2013）。又如英国和澳大利亚维多利亚州课程标准中的"ICT 标准"，为学生具体应如何结合其他学科技能来实现该标准提供了示例，可操作性强。

以上三种模式都不同程度地为学生跨学科整合知识和技能提供了平台和途径。

（2）STEM 相关学科课程纵向整合模式。

STEM 相关学科课程纵向整合的具体模式如表 6-5 所示。

表 6-5　纵向整合课程的具体模式

国家及地区	纵向整合模式	参考文件
英国	科学课程标准遵从统一的编排形式，并按照学段（KS1~KS4，相当于中国的小学一年级到高中一年级）依次说明，组成完整的科学知识体系。同一主题在不同的学段有不同的要求，学生学习的内容在深度和广度上都逐渐增加，呈现纵向整合的方式。高二则进入专业方向明确的高级课程阶段[1]	*National Core Curriculum for Upper Secondary School*（《国家高级中学核心课程》）
澳大利亚维多利亚州	K-10 阶段学习科学综合课程，11 年级学习科学分科课程，分科课程与综合课程采用同样的表述体系，内容描述与各方面目标衔接自然，螺旋上升	*Victoria Essential Learning Standards*（《维多利亚州基本学习标准》）
加拿大安大略省	1~8 年级为各年级科学课程的整体规划，与 9~10 年级的课程相衔接，但 9~10 年级分为"学术型综合课程"和"应用型综合课程"，分别与 11~12 年级的"大学预备课程"和"学院预备课程"相对应。在科学课程标准中提出了"核心概念"来整合知识内容，为所有科学知识的深入理解提供了一个框架	1. *The Ontario Curriculum, Grade 9 and 10: Science (Revised)*（《9~10 年级安大略省科学课程》） 2. *The Ontario Curriculum, Grade 11 and 12: Science (Revised)*（《11~12 年级安大略省科学课程》）
日本	日本的小学、初中科学课程的总目标与分目标（小学指年级目标，初中指领域目标）是一致	教育課程の改善の方針、各教科等の目標、評価の観点等の変遷——教育課程

续表

国家及地区	纵向整合模式	参考文件
日本	的，而且分目标按照具体的学习内容对总目标进行详细的解释和说明。课程的构成在小学和初中是同一框架，而且没有重复、不易操作实施的内容	審議会答申、学習指導要領、指導要録（1947~2003年）（《日本高等学校指導要領》）
韩国	3~10年级为科学综合课程，11年级以后为分科课程。课程设置层层递进，如在科学（10年级）、物理Ⅰ和物理Ⅱ均含有力学相关的内容，但难度是逐渐加深的，从说明到运用再到理解	Educational Policies for Improvement Based on International Student Assessment Results（《基于国际学生评价结果的教育政策改进》）
美国	例如，密歇根州从小学到中学统一开设科学课程，没有单独开设分科课程。在1~12年级的学习进程中，学生不断拓展和深入对学科核心概念的理解，课标中含有各学段对同一核心概念的表现期望	Michigan Merit Curriculum High School Graduation Requirements（《密歇根州高中课程标准和期望》）
中国	例如，高中化学部分的知识学习采用螺旋上升的方式，相同的知识板块既在高一必修中学习，又在选修中学习，选修中广度拓宽，增加学生的认识视角，并加大深度	中华人民共和国教育部《普通高中化学课程标准（实验）》

1）Finnish National Board of Education（2011）

从各国 STEM 相关学科课程纵向整合的程度来看，可以分为以下两种类型。

第一，各学习阶段内部整合，如中国。

第二，注重各学习阶段内部和它们之间衔接的整合，如英国、日本和澳大利亚维多利亚州等国家和地区的小学和中学同一领域的纵向衔接，加拿大安大略省提出的"核心概念"为 K-12 年级课程中所有科学知识的深入理解提供了一个框架。

从各国 STEM 相关学科课程纵向整合的形式来看，可以分为两种类型。

第一，通过核心概念和表现期望来进行纵向整合的形式，如美国和加拿大安大略省（Carla，2013）。

第二，通过学科核心概念和内容要求的形式来进行纵向整合的形式，如英国、日本等。

此外，横向整合模式和纵向整合模式之间是相互作用的，共同促进课程的实施效果。例如，美国的《K-12 科学教育框架：实践、共通概念和核心概念》中以两个案例说明了如何通过表现期望实现对科学及工程实践、共通概念、学科核心概念的整合。又如加拿大安大略省的课程标准在每一门课程提出核心概念后，都会附表说明该门课程的核心概念与共通概念的关系。

2）STEM 相关学科课程的内容

针对 STEM 相关学科课程的内容，本部分从课程内容的选取和主题分布、课程内容标准两个方面进行详细比较和讨论。

（1）课程内容的选取和主题分布。

以科学课程内容的选取为例，图 6-1 和图 6-2 分别展示了各主题在各国和地区高中物理和生物课程中的分布情况。

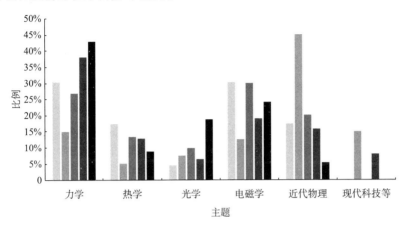

图 6-1　部分国家（地区）高中物理课程中各主题的比例

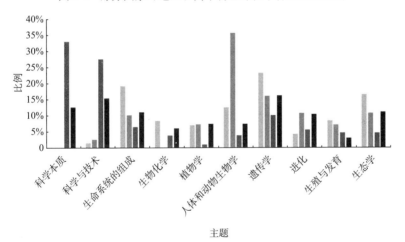

图 6-2　部分国家（地区）高中生物课程中各主题的分布

由图 6-1 和图 6-2 中可以看出以下几点。

第一，加拿大及其安大略省等注重现代科技、科学本质内容以及学科间交叉内容的选取，这一点值得我们借鉴。

第二，韩国注重与生活、生命系统的组成、工业生产相结合的内容，而中国呈现出与科技前沿结合较少，与其他学科及生产、生活联系较不密切等问题。

第三，澳大利亚和加拿大两国的内容标准关注了技术对环境、社会等的影响，对于学生批判性思维以及社会责任感的培养更有益。

（2）课程内容标准。

以技术课程和数学课程为例，比较各国在课程内容标准方面的特点，分析如下。

第一，从澳大利亚、加拿大两国的技术课程内容标准的表述（如"学生了解从事设计和技术职业的人是如何考虑影响设计决策的因素"，"描述在各种计算机职业中计算机是如何被使用的"）中可以看出它们对职业探索教育的重视。而在中国，职业导向课程的融合性并不明确，中学阶段的职业导向课程未被放在一个重要的位置。

第二，美国高中数学课程内容标准更注重培养学生能够基于数据进行预测、评估和决策，以及使用现代信息技术表征数学问题及数据的能力。

第三，澳大利亚维多利亚州的课程标准更注重培养学生解释、比较数据的能力，同样强调与信息技术的结合，并能够将所学知识和技术应用于新闻传媒中，紧跟时代发展。中国课程标准强调知识与实际生活情境之间的联系，较为注重知识内容所涉及的思想和方法，以及收集数据、提取信息的能力，而关于学生实践能力培养的内容较少。

可见，增进科技前沿以及体现科学本质的课程内容，在课程标准中促进学科之间的融合，强调评估决策意识、批判性思维能力的培养等也是课程标准改革的重要方向。

3. 评估状况

美国作为 STEM 教育的倡导者，其 STEM 教育监测特别是监测指标体系的研制开发是较为完善和极具代表性的，可以为推进中国 STEM 教育监测与评价工作、构建中国 STEM 教育监测指标体系提供借鉴和启示。因此本部分主要分析和比较美国相关组织机构颁布的 STEM 教育监测指标体系。

美国的 STEM 教育监测指标体系主要有：NAS 2013 年颁布的 STEM 教育监测指标体系、2012 年艾奥瓦州 STEM 教育监测指标体系、2012 年"变革方程组织"的 STEM 教育监测指标体系（钟柏昌和张丽芳，2014），如表 6-6 所示。

表 6-6　美国三套 STEM 教育监测指标体系

指标体系	美国国家科学院 2013 年 STEM 教育监测指标体系	艾奥瓦州 STEM 教育监测指标体系	"变革方程组织"的 STEM 教育监测指标体系
研发机构与智库	大学和研究机构、企业等，如威斯康星大学、加利福尼亚大学大学伯克利分校、加利福尼亚大学洛杉矶分校、密歇根州立大学、彭伯顿研究有限公司、SRI 国际研究中心	艾奥瓦州政府 STEM 教育咨询委员会，以及由这个委员会召集的诸如爱荷华州立大学社会和行为研究中心、教育研究所、爱荷华州立大学评价评估中心、爱荷华测评项目组等智库	美国企业界优秀的管理者创办的研发机构，邀请 STEM 教育相关的不同学科专家，来自高校、研究机构、企业和政府机构

续表

指标体系	美国国家科学院 2013 年 STEM 教育监测指标体系	艾奥瓦州 STEM 教育监测指标体系	"变革方程组织"的 STEM 教育监测指标体系
指标体系的依据和标准	（1）STEM 教育战略发展的目标；（2）STEM 相关学科标准；（3）STEM 学科集成的目标和标准	立足于艾奥瓦州的具体实际，以监控并促进该州范围内的 STEM 教育发展为主要监测目标：①STEM 教育监测的具体程序和构成要素；②STEM 教育监测评估的框架	
指标体系的维度	（1）学生获得优质 STEM 教育的机会水平；（2）STEM 教育者的能力；（3）STEM 教育相关的政策和经费支持力度	（1）STEM 教育学生学业成绩和学习兴趣；（2）STEM 教育准备情况（教师和入学机会）；（3）STEM 高等教育情况；（4）STEM 教育的就业情况	（1）需求；（2）期望；（3）资源支持；（4）师资力量；（5）面临的挑战内容；（6）学习机会
具体指标的数量	14	18	26
监测对象	联邦各州	艾奥瓦州	地方、州、联邦
指标体系的数据建设	美国教育部国家教育统计中心，美国全国教育进展测评，美国劳工部调查统计	基本教育数据调查，国家教育统计中心，爱荷华劳动力发展调查，爱荷华测试项目	

在共性方面，三套指标体系都将 STEM 各学科作为一个整体来进行指标设计和监测，同时在指标体系设计和监测实践过程中始终以 STEM 学科集成、学科交叉和融合为方法论。

在特色方面，三套指标体系的研制标准和依据不同，监测对象层面不同，指标体系的具体维度划分不同，监测的重点和倾向性不同，监测指标研发机构的具体性质不同。

4. 师资培训

世界各国对 STEM 教师的培养都十分重视，也都根据本国的科技和社会发展因地制宜，制定了各具特色的 STEM 教师培养制度。其中不乏许多优秀并且同样符合中国国情的经验，值得我们研究并进行学习。本部分主要从 STEM 教师培养场所、培养年限和课程设置三个方面进行详细比较。

1）培养场所

在培养场所方面，本部分通过对各个国家 STEM 教师培养的政策文件及近百篇研究报告的比较，梳理得到各个国家 STEM 教师培养场所的特点，如表 6-7 所示。

表 6-7　STEM 教师培养场所比较

国家	STEM 教师培养场所	国家	STEM 教师培养场所
澳大利亚	具有教师教育学院的大学	日本	"在大学中的培养"和"教师资格证颁发的开放制"两大途径并行
德国	在大学（包括综合性大学和其他学术性高等学校）进行	新加坡	国立教育学院是新加坡唯一一所输送教师的学院

续表

国家	STEM 教师培养场所	国家	STEM 教师培养场所
芬兰	由各 STEM 学科学院、教育学院及其教师教育学院共同提供相关教育	新西兰	有提供专门培训计划的许可的教师教育机构
韩国	韩国的小学教师主要由 11 所国立教育大学培养，而中学教师的培养机构可以分为师范和非师范两大类	英国	全日制师范大学，或只开设"本科后"教育证书课程的大学（如伦敦大学教育学院、伯明翰大学教育学院）
加拿大	具有教师教育学院的大学	中国	高等师范院校
美国	由公私立综合大学教育院系及普通文理学院教育系来培养师资		

经过比较发现，中国的 STEM 教师培养场所是以师范院校为主体、以教师培训机构为支撑、以现代远程教育为支持、立足校本的教师培训体系。这一体系与西方发达国家相比，在多样性上相对单一。综合比较各个国家的教师培养场所，大致可以分为以下两种模式。

第一，在综合大学中由 STEM 学科学院和教育学院共同培养，如澳大利亚、德国、芬兰、加拿大和美国等。

第二，单独设立教师培养机构，如英国、韩国、新加坡和新西兰等。虽然培养场所略有差别，但是各个国家都集中了全国优质的教育资源对教师进行培养。并且由于社会的发展以及 STEM 学科在高新技术产业领域具有重要的作用，集中国家优质教育资源设立 STEM 教师培养机构的做法更能适应社会的发展。

2）培养年限

在培养年限方面，本部分通过对各个国家STEM 教师培养的政策文件及近百篇研究报告的比较，梳理得到各个国家 STEM 教师培养年限的特点，如表6-8 所示。

表 6-8　STEM 教师培养年限学制比较

国家	STEM 教师年限学制	国家	STEM 教师年限学制
澳大利亚	4~5 年的双学士学位模式或 4 年的STEM 师范课程	日本	4 年本科制或 1~2 年硕士生教师教育课程
德国	分为两个阶段，学制根据毕业教授学校类型的不同而不同，第一阶段为 7~9 个学期，第二阶段为 18~24 个月	新加坡	4 年的教育学士、为期 1 年的研究生教育文凭或教育文凭项目
芬兰	4~5 年硕士制	新西兰	3~4 年双学位制
韩国	4 年制学士学位课程	英国	4 年本科制或 1 年"本科后"教育证书课程方案
加拿大	3 年 STEM 课程学习加上 1 年教育学学士，或 4~5 年双学位制，或继续教育	中国	4 年本科制或"4+2"教育硕士制
美国	教师教育项目的学制有 4 年、5 年或 6 年不等，本科制与研究生制并存		

通过比较发现，中国 STEM 教师培养基本以四年的本科制师范生为主，对

STEM 教师的"本科后"教育相较于其他西方发达国家而言，无论是在政策制度上的重视程度还是在各个培养机构的培养质量方面都有着不小的差距，这使中国 STEM 教师虽然在学科专业知识上花费的时间较长，但是在教育理论和实践能力培养上所用的时间和精力都无法与教育发展相对完善的国家相比。

3）课程设置

在课程设置方面，本部分通过对各个国家 STEM 教师培养的政策文件及近百篇研究报告的比较，梳理得到各个国家 STEM 教师培养课程设置的特点，如表 6-9 所示。

表 6-9　STEM 教师培养课程设置比较

国家	课程类别	课程内容
澳大利亚	专业课程	在 STEM 学科所在院系学习 STEM 专业课程
	教育课程	在教育学院学习一至两年的教育课程，其课程设置与教育学学士课程设置相同
	实践课程	一般本科生的实习主要安排在临近毕业的大三或者大四学年，有的高校在四个学年都要求学生进行一定时间段的教学实习
德国	专业课程	在 STEM 领域内选择主修学科和辅修学科进行学习
	教育课程	包括教育学、心理学、哲学、社会学、政治学、民俗学和神学等
	实践课程	完全中学、综合中学高年级的教师与职业学校的教师在职前阶段需要经历两年的见习期，其他类型教师的培养则需要一年教育见习期
芬兰	专业课程	在 STEM 相关学科院系进行两年的学习，可选修 1~2 门辅修科目
	教育课程	教育科学课程与学科教学法的学习
	实践课程	基础实习、实地实习和教学实习
韩国	专业课程	师范大学的 STEM 专业课程由其教科教育系承担，学习 STEM 相关理论知识，并且强调如何在今后的教师生涯中传授 STEM 知识。一般大学教育科是为了培养实业系教师，在大学中设立了农业、工业和水产等与 STEM 方面相关的实业课程。具有教育科的大学的非师范学生可以在学习 STEM 相关专业课程的同时申请教育课程
	教育课程	分为教育理论和教科教育
	实践课程	为期 4 周的中小学实地实习
加拿大	专业课程	初中教师需有一项 STEM 领域内专长，学习 3~4 门相关课程；高中教师需有两项 STEM 领域内专长，至少要选修 6 门相关课程
	教育课程	教育基本理论课程和教学法课程
	实践课程	二、三年级每周安排 1 天的时间到中小学校实习，一般安排在 9 月至第二年的 4 月，总天数不小于 90
美国	专业课程	包括科学本质方面课程和科学技术与社会、文化方面课程
	教育课程	教育科学课程，包括教育心理学、教育社会学、教学过程、教学方法与策略、课程的设计与评价、教学计划、教育测量与评价等
	实践课程	四年制学生见习和实习通常安排在每个学期的一定时段或安排在最后半年进行；五年制的学生通常是在前四年扎实的知识学习基础上再从事 10~12 个月不等的见习和实习阶段的训练，与教育课程的学习同步进行
日本	专业课程	由师范大学开设，从教员培养的角度加以考虑学科专业科目独立的专业性
	教育课程	学科教育法（学）和教育职员专业科目

续表

国家	课程类别	课程内容
日本	实践课程	将教师职前培养阶段的一次性教育实习分散到大学四年之中进行
新加坡	专业课程	学生可从生物、化学、计算机、地理、数学、物理等科目中选择两个科目进行学习，其内容由教育学院主任从南洋理工大学给定的课程列表中确定
新加坡	教育课程	新加坡师范生的教育课程主要包括教育研究和课程研究两个模块
新加坡	实践课程	在教育学士学位培养方式中，教育实习安排在大学四年的规定学期，实习课程包括 2 周"校园生活体验"、5 周"教学助理"、5 周"第一次教学实践"、10 周"第二次教学实践"
新西兰	专业课程	STEM 学科教师在本科时与非师范 STEM 学科学生学习相同知识
新西兰	教育课程	教育课程即教育学基本理论，包括教育学和教育心理学等。除此以外，对源自当今教育研究（尤其是使学生了解新西兰教育情景的研究）的专业知识越来越受重视
新西兰	实践课程	3~6 周的实习
英国	专业课程	STEM 学科教师在本科时与非师范 STEM 学科学生学习相同知识
英国	教育课程	教育学、教育心理学等理论课程与实践整合
英国	实践课程	三年制的本科教育学士学位课程计划，实践体验的时间至少 24 周；四年制的本科教育学士学位课程计划，实践体验的时间至少 32 周；一年制的初级（培养小学和幼儿园教师）和中级（培养中学教师）"本科后"教育证书课程计划，实习时间分别为 18 周和 24 周。而且，师范生的上述"实践体验"至少要在两所学校进行
中国	专业课程	分科在物理、化学、生物、计算机和数学相关院系进行培养，在专业课程上师范生与相应学科的非师范生差别不大，要学习相应学科在本科阶段需要掌握的各类学科知识，以便在今后的教学过程中更好地向学生传授相应的知识
中国	教育课程	心理学、教育学和学科教学法
中国	实践课程	一至两个月的教育实习

通过比较发现，中国目前的 STEM 师范生培养课程体系中，除英语、政治等大学生的必修科目外，绝大部分课程都是 STEM 专业课程，教育课程相较于教育发展相对完善的国家而言，所占比例要少得多，实践类课程基本上只是为期六周左右的教育实习，而且没有十分明确的考核标准。这就导致许多师范生真正走上教师岗位之后教育理论和教学实践能力难以达标，甚至有的学生初登讲台之时都很难表达自如。

5. 学生学业成就

学业成就方面，本部分选取 PISA 和 TIMSS 成绩进行比较，在实证的基础上分析 STEM 教育的有效性。

1）PISA 成绩表现

PISA 是一项由 OECD 统筹的学生能力国际评估项目。主要对接近完成基础教育的 15 岁学生进行评估。PISA 测试从 2000 年开始，每隔 3 年在世界范围内进行测试，至今已开展了 6 次测试。

2015 年有来自 72 个国家的 540 000 名学生参加了评估，表 6-10 列出了所选 11 个国家的学生各项素养的平均成绩和科学顶尖学生人数比例。OECD 将顶尖表 现定义为水平 5 和水平 6，即科学素养高于 633 分。

表 6-10　2015 年 11 个国家的学生各项素养的平均成绩和科学顶尖学生人数比例

国家	科学平均成绩	阅读平均成绩/分	数学平均成绩/分	科学顶尖学生人数比例
美国	496	496	470	8.5%
加拿大	528	527	516	12.4%
英国	509	498	492	10.9%
德国	509	509	506	10.6%
芬兰	531	526	511	14.3%
中国	518	494	531	13.6%
韩国	516	517	524	10.6%
日本	538	516	532	15.3%
新加坡	556	535	564	24.2%
澳大利亚	510	503	494	11.2%
新西兰	513	509	495	12.8%
OECD 平均值	493	493	490	7.7%

科学成绩是衡量个人和国家应对当今人类面临复杂挑战的能力的标准，对科学知识的了解和掌握，将帮助学生成为富有竞争力的公民。科学顶尖学生人数比例方面，OECD 平均值为 7.7%。所选的 11 个国家的平均值都超过了 OECD 平均值，说明这部分学生有足够的技能和知识，能够创造性和自主地运用他们的知识和技能应对各种各样的情况，甚至是不熟悉的情况。其中新加坡、日本和芬兰排名前三，中国排名第四，美国排名最后。

2）TIMSS 成绩表现

TIMSS 是由国际教育成就评价协会（the International Association for the Evaluation of Educational Achievement，IEA）发起和组织的国际教育评价研究和测评活动，其含义为国际数学与科学趋势研究项目。2015 年 TIMSS 进行了第 6 次评估，57 个国家和 7 个地区的超过 58 万名学生参加了测评。表 6-11 列出了所选国家 2015 年四年级和八年级学生科学和数学的成绩均值，其中中国没有参加。可以看出所选国家的四年级和八年级学生的科学和数学成绩基本上高于均值水平，其中亚洲的 3 个国家排名前三，大洋洲的澳大利亚和新西兰成绩靠后。

表 6-11　2015 年 10 个国家的四年级和八年级学生在科学和数学上的成绩均值

国家	四年级科学成绩均值/分	八年级科学成绩均值/分	四年级数学成绩均值/分	八年级数学成绩均值/分
新加坡	590	597	618	621

续表

国家	四年级科学成绩均值/分	八年级科学成绩均值/分	四年级数学成绩均值/分	八年级数学成绩均值/分
韩国	589	556	608	606
日本	569	571	593	586
芬兰	554		535	
美国	546	530	539	518
英格兰	536	537	546	518
德国	528		522	
加拿大	525	526	511	527
澳大利亚	524	512	517	505
新西兰	506	513	491	493
TIMSS 均值	500	500	500	500

从 PISA 和 TIMSS 成绩表现来看，亚洲国家的基础教育中科学与数学的整合程度优于其他国家，量化思维和数学工具介入早，使用普遍。

6.1.2 中国 STEM 教育的现实挑战

与美国目前已经有规模、成体系和具有典型合作模式的 STEM 教育不同，中国还主要处在学术界对 STEM 教育的理念解读、政界的政策初步出台、商界的初步试水阶段，面临一些现实的挑战。

首先，中国尚未形成 STEM 课程体系，也没有统一的教学设计模式（余胜泉和胡翔，2015）。目前，中国现有的 STEM 教育课程可以分为两类：一类是直接从国外购买课程，复制和翻译国外学校 STEM 教育课程资源和制度；另一类是由学校的信息技术教师按照自己的教学经验直接开发 STEM 课程。第二类是中国较为常见的 STEM 课程形式，绝大多数都是依托 Scratch 创意编程、Arduino 创意电子等平台进行设计（吴俊杰，2013；秦建军，2013）。从实施的角度来看，从外国购买的课程昂贵，知识体系和国内知识体系还不能很好地融合，而且教师需要进行专门的培训或购买一定的培训服务才能在国内的学校课堂中使用。国内课程一般依靠开源电路板这个工具来设计和实现，然而这并不能实现创新能力的培养，有时国内课程甚至将 STEM 课程作为信息技术课程，许多学生其实是在课堂上机械式地完成老师布置的任务，并没有真正了解 STEM 教育的内涵。

其次，中国企业界、学术界的社会组织机构等已经在密切关注 STEM 教育发展的动向，如成立了上海史坦默国际科学教育研究中心、上海 STEM 云中心、中国 STEM 人才资源网。但是它们之间缺乏联动支持，尚未能将学术成果有效地与教育产业相结合。社会力量以企业和营利性组织机构为主，并且大多集中在北京、上海、深圳等一线城市。现有的 STEM 课程或者更确切地说是 STEM 产品，多数为一些公司研制开发的营利性产品，科学性和规范性欠缺，而且产品很难与课内教学衔接起来。部分 STEM 项目偏离 STEM 教育的本质，难以与基础性学科知识整合在一起。

再次，中国的 STEM 教育人才较为缺乏。中国中小学多为专科教师，缺少同时具有数学、科学、工程和技术各项知识的教师。中国 STEM 课程师范生普遍分科在物理、化学、生物、计算机和数学相关院系进行培养，在专业课程上师范生与相应学科的非师范生差别不大。目前只有吉林师范大学和广西师范大学等少数高等师范院校开设了"科学教师"专业，但是也仅仅是在科学学科本身中的横向配合，没有做到科学、技术、工程和数学的全面整合。

STEM 教育至少目前还没有涉及培养教师人才这个层面，我们国家的 STEM 教师大多由信息技术教师担任，对信息技术教师进行培训，其就可以作为 STEM 教育的师资资源。这是中国现今 STEM 教育发展阶段中 STEM 教师的主要来源，这样可以提高培养效率，节省培养成本。但是 STEM 毕竟不是简单的信息技术，STEM 教师也不仅仅是传授信息技术的教师，而应当是具有扎实的科学和数学功底并能熟练掌握工程技术手段的教师，从而能够在教学中真正做到跨学科整合 STEM 知识与技能，并综合培养学生科学素养的教师。因此我们需要培养专门的 STEM 人才，用以支持 STEM 教育。

最后，在 STEM 教育学业成绩表现中，尽管中国学生在科学和数学成绩方面表现较好，但是中国基础科学教育中科学探究与工程设计的整合是极其匮乏的，具体的整合模式还需要进一步思考与探索。

6.2　中国 STEM 教育的实施路径

6.2.1　加强 STEM 教育的顶层推动

根据 STEM 教育国际比较的启示可知，顶层推动是 STEM 教育在各国推广并深入发展的前提。STEM 教育最早在美国提出时，是为了促进国家创新能力和竞争力而推行的国家教育计划（Sainsbury，2017）。因此在 STEM 教育的实践中，政府应制定导向发展跨学科综合素质教育的政策，引导 STEM 教育的推广和实践。

1. 根据国家发展战略和未来市场需求培养 STEM 人才

STEM 人员培训应符合国家战略规划，服务国家发展。在尊重个人选择和意愿并且遵循客观事实规律的基础上加强国家的宏观指导作用，使 STEM 人才教育达标，提高 STEM 教育的实用性。但是由于人才培养一般需要较长的时间，需求供给往往呈现一定滞后性。近年来，中国出现了大学生就业困难和"民工荒"、农村剩余劳动力不足并存的现象，同时专业技术人才和高端人才短缺，表明劳动力结构存在着极大的不平衡。国家竞争归根结底是人才竞争，因此美国 STEM 教育战略非常值得学习。中国 STEM 人才培养要符合结构调整、产业升级、建设创新型国家的总体目标，要在宏观层面加强政府指导，适当引入微观竞争，动员社会资源的积极参与，在保证 STEM 人才培养质量的前提下提高输出效率，在未来的全球竞争中赢得主动权。

2. 人才政策应协同推进形成合力

国内 STEM 教育应通过培养优秀 STEM 人才来提高教学质量，鼓励和激发学生兴趣以提高学生的 STEM 素养；吸引更多的人才进入 STEM 领域，引导社会形成良好的 STEM 氛围。目前中国的人才政策协调效应还不足。次贷危机后，海外人才"千人计划"的实施正是缺乏与政策制度配套的制度机制，不能消除人才引进的重重障碍，最终导致其实际作用不符合预期。因此，中国的 STEM 人才政策应该提高各方面政策的整体性与协调性，制定目标一致并且能够相互促进的政策，避免出现政策相互抵消、削弱的局面，从而取得更好的政策效果。

6.2.2　提升 STEM 教师专业素养和教学投入

基于对 11 个国家的 STEM 教师培养的比较，可以得到在 STEM 教师培养方面的如下启示。

1. 丰富 STEM 教师的培养场所

一直以来中国各学科教师的培养主要都在师范大学中进行，但是随着社会对高质量教育人才的需求与日俱增，加之 STEM 各学科本身在飞速地发展，新的科技成果不断问世，STEM 学科的教师更需要提升自身的专业水平和教学水平，仅仅在师范大学中培养教师越来越不适应当今社会的发展需求。可以看到教育发展相对完善的国家均在综合性大学甚至全国顶尖的综合性大学中设立了专门的教师培养机构，以适应当今社会对人才需求的变化，因此中国可以借鉴其经验并结合中国国情对 STEM 教师的培养场所加以丰富，以便集中国家优质教育资源来培养 STEM 教师。同时由于 STEM 教育的特殊性，在 STEM 教师培养场所的设施建设方面应当注意对软件和硬件设施的投入，注重配备现代化、功能齐全、能够满足 STEM 教学要求的硬件及软件设施。

2. 加强 STEM 教师的"本科后"教育

STEM 教师除了要学习 STEM 学科相关专业知识以外，还要学习教育理论知识并进行教学实践训练，仅仅历时四年的本科教育明显已不能适应社会对 STEM

教师的要求。因此中国应当加强 STEM 教师的"本科后"教育，开展相应的教师发展项目或工作坊，向他们提供多方面、多维度的知识，教给他们相关的工程知识与内容，加强工程、科学和数学的联系，以及这三者与日常生活的联系。让今后的 STEM 教师不是以"教书匠"的身份进行教学，而是以"教育研究者"的身份融合其宝贵的教学经验进行教育研究。

3. 完善教师培养课程的类别配比

中国目前的 STEM 师范生培养课程体系中，必修和专业课程较多，教育课程所占比例较少，实践类课程明显不足。因此在 STEM 教师培养课程设置上应当更加注重教育基本理论课程，让 STEM 专业师范生能够运用教育理论更好地进行教学。同时，教师行业相较于其他行业来说，更需要学生在实践中锻炼自己，因此实践课程对教师培养至关重要。在 STEM 教师的培养课程中应当特别重视通过增加实践课程的时间和完善实习制度等方式，加强对 STEM 师范生实践能力的培养。同时考虑到在中学阶段要增强中学数学、物理、化学、生物等学科间的横向配合，开展跨学科实践探究活动，STEM 教师培养更要打破学科之间的壁垒，在课程设置中不能仅仅对本学科知识进行讲授，更重要的是让教师对 STEM 各个学科都有较清晰的认识，能够在教学中融合 STEM 各个学科的知识与技能，从而培养学生 STEM 学科的综合能力。

6.2.3　融入 STEM 教育理念的课程模式

当前中国中小学教育还是以分科教学为主，学科之间的联系较少，涉及技术和工程的内容更是缺乏。

在过去 20 多年的时间里，美国作为推动 STEM 课程改革的主要国家，开发了一些相关的课程，积累了许多可供参考的理论和实践经验（Moore and Smith，2014；Kelley，2010）。从美国的课程改革来看，打破学科界限、具有工程预科（Pre-engineering）的 STEM 课程是体现 STEM 教育理念，提升学生 STEM 素养的较好形式（范斯淳和游光昭，2016；Story，2012），如项目引领方向（Project Lead the Way）和基于设计的工程（Engineering by Design™）等（International Technology and Engineering Education，2015）。这些课程强调以真实世界的实践为背景，通过工程设计的过程（分析、限定、建模、优化、折中和系统），将科学、数学和技术知识进行联结，制作出相关的作品，培养学生跨学科的知识整合和解决问题的能力。

工程取向的 STEM 教育情境整合模式包含"涉及 STEM 的生活和工作议题"、"工程设计"、"科学探究"、"数学分析"和"科技技术"（Burke，2014；Barry，2014），它们之间的关系如图 6-3 所示。

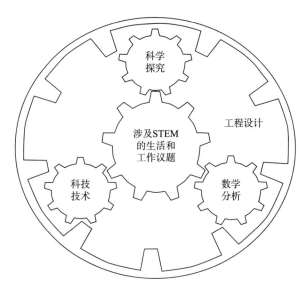

图 6-3　工程取向的 STEM 教育情境整合模式

以"涉及 STEM 的生活和工作议题"为中心齿轮，目的在于激发学生的好奇心，提高学生的参与度，在具体项目或问题的驱动下，学生通过外圈齿轮——"工程设计"，将科学、数学和技术知识进行联结与传动，制作出相关的作品，达到实践学习和心智学习的协同发展。

6.2.4　完善 STEM 教育的监测与评价体系

中国的 STEM 教育改革应以国家的大规模调查统计为基础，同时建立适当模型，运用数学手段定量预测教育市场需求，以此制定发展目标，并将其细化为短期、中期和长期目标。与此同时，国家应研制监测指标体系和具体实施方法，在实施过程中，通过调查学校教学的实际数据进行量化分析，对每个指标的变化进行跟踪，以此掌握 STEM 教育的实时动态变化，并及时进行调整和修订，确保不偏离既定的战略方向和轨迹。

6.3　中国 STEM 教育的政策建议

建设创新型国家，开展"大众创业、万众创新"，需要高素质的创新人才，鉴于 STEM 教育是推动创新力的有效途径和培养有竞争力的劳动力的重要保障，我们有必要开展 STEM 教育的国际比较研究。从比较的结果可以得出以下启示。

第一，STEM 教育应受到国家的高度重视，国家要加强顶层推动力量。政府应制定导向发展跨学科综合素质教育的政策，引导 STEM 教育的推广和实践。在宏观层面加强政府指导，适当引入微观竞争，动员社会资源的积极参与，在保证 STEM 人才培养质量的前提下提高输出效率，在未来的全球竞争中赢得主动权。

第二，提升 STEM 教师的专业素养和教学投入，丰富 STEM 教师的培养场所，加强 STEM 教师的"本科后"教育，打破学科之间的壁垒，完善教师培养课程的类别配比。

第三，关注与实践教学结合的 STEM 课程的开发。STEM 课程应以工程设计为主轴，以真实世界的实践为背景，通过工程设计的过程，将科学、数学和技术知识联结，培养学生跨学科的知识整合能力和解决问题的能力。

第四，完善 STEM 教育的监测与评价体系。发挥智库作用，注重协同创新，引入多元监测主体机制和创新指标体系研制的工作形式。明确教育目标，完善课程标准，实施基于 STEM 教育目标和 STEM 课程标准的监测。实施顶层设计，研制监测指标，加紧研制全面、系统、科学的 STEM 教育监测指标体系。建立监测体系，建立健全 STEM 教育监测及指标体系研发的相关制度。

第五，形成 STEM 教育共同体，包括教育部和各地教育局，中小学、高校和职业技术学院，企业和其他专业团体，家庭等。凝聚力量，全社会协同推进STEM 教育的发展。

中国 STEM 教育建议性框架如图 6-4 所示。

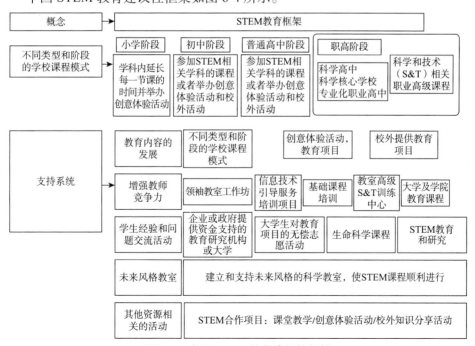

图 6-4　中国 STEM 教育建议性框架

参 考 文 献

丁杰，蔡苏，江丰光，等. 2013. 科学、技术、工程与数学教育创新与跨学科研究——第二届
　　STEM 国际教育大会述评. 开放教育研究，（2）：41-48.

丁明磊. 2015. 美国 STEM 教育计划对我国科技创新人才培养的启示及建议. 全球科技经济瞭
　　望，（7）：17-21.

范斯淳，游光昭. 2016. 科技教育融入 STEM 课程的核心价值与实践. 教育科学研究期刊，
　　（2）：153-183.

范燕瑞. 2012. 美国 K-12 阶段的 STEM 课程. 上海教育，（11）：20-21.

国立教育政策研究所. 2005. 教育课程の改善の方針，各教科等の目标、評価の观点等の变
　　迁——教育课程审议会答申、学习指导要領、指导要録（1947～2003 年）. 东京：国
　　立教育政策研究所.

国务院办公厅. 2016-02-25. 全民科学素质行动计划纲要实施方案. http://www.gov.cn/zhengce/
　　content/2016-03/14/content_5053247.htm.

教育部. 2017. 国务院印发《国家教育事业发展"十三五"规划》. 经济技术协作信息，
　　（1）：17.

李碧虹. 2013. 美国大学 STEM 人才培养策略解读. 大学教育科学，（5）：38-44.

李协京. 2015-06-03. 韩国 STEAM 教育：整合培养科技创新力. 中国教育报.

卢春. 2011. 美国"科学、技术、工程和数学"（STEM）高中述评. 外国教育研究，（12）：
　　12-16.

齐美玲，孙云帆. 2013. 美国 STEM 课程的浅析. 科教导刊（旬刊），（28）：201-202.

秦建军. 2013. 从 STEM 整体教学观的角度谈中小学技术教育. 中小学信息技术教育，（5）：
　　57-61.

上官剑，李天露. 2015. 美国 STEM 教育政策文本述评. 高等教育研究学报，（6）：64-72.

吴俊杰. 2013. STEM 教育视野下信息技术课程的变革. 中国信息技术教育，（9）：11-14.

吴俊杰，梁森山，李松泽. 2013. STEM 教育对中国培养适应 21 世纪的复合型创新型人才的启
　　示. 中小学信息技术教育，（3）：43-47.

项贤明. 2010. 教育发展与国家竞争力的理论探析. 比较教育研究，（6）：1-7.

杨凤娟. 2013. 对美国 K-12 学段"STEM"教育的观察与思考——从物理教学的视角阐释. 北京
　　教育（普教），（7）：21-24.

杨光富. 2014. 奥巴马政府 STEM 教育改革综述. 中小学管理，（4）：48-50.

杨亚平. 2015. 美国、德国与日本中小学 STEM 教育比较研究. 外国中小学教育，（8）：23-30.

余胜泉，胡翔. 2015. STEM 教育理念与跨学科整合模式. 开放教育研究，（8）：13-21.

张宁. 2013. 澳大利亚中小学 STEM 课程概况. 中小学信息技术教育，（10）：45-48.

张燕军，李震峰. 2013. 21 世纪美国高等教育科学、技术、工程和数学教育的问题及其应对. 比较教育研究，（3）：19-22.

赵中建. 2012a. 致力于 STEM 教育的"项目引路"机构. 上海教育，（11）：24-26.

赵中建. 2012b. STEM：美国教育战略的重中之重. 上海教育，（11）：16-19.

赵中建. 2012c. 为了创新而教育. 辽宁教育，（18）：33-34.

钟柏昌，张丽芳. 2014. 美国 STEM 教育变革中"变革方程"的作用及其启示. 中国电化教育，（4）：18-24，86.

朱学彦，孔寒冰. 2008. 科技人力资源开发探究——美国 STEM 学科集成战略解读. 高等工程教育研究，（2）：21-25.

Barry N B. 2014. The ITEEA 6E learning by DeSIGN^{TM} model. Technology and Engineering Teacher，73（6）：14-19.

Breiner J M，Johnson C C，Sheats H S，et al. 2014. What is STEM？A discussion about conceptions of STEM in education and partnerships. School Science and Mathematics，112（1）：3-11.

Burke B N. 2014. The ITEEA 6E learning by DeSIGN™ model，maximizing informed design and inquiry in the integrative STEM classroom. Technology and Engineering Teacher，73（6）：14-19.

Bybee R W. 2010. Advancing STEM education：a 2020 vision. Technology & Engineering Teacher，70（1）：30-35.

Carla C. 2013. Conceptualizing integrated STEM education. School Science & Mathematics，113（8）：367-368.

Committee on Highly Successful Schools. 2011. Successful K-12 STEM Education：Identifying Effective Approaches in Science，Technology，Engineering，and Mathematics. Washington：The National Academies Press.

Finnish National Board of Education. 2011-05-30. National Core Curriculum for Basic Education. http://www.oph.fi/English/education/basic education/curriculum.

Herschbach D R. 2011. The stem initiative：constraints andchallenges. Journal of Stem Teacher Education，48（1）：96-122.

Honey M，Pearson G，Schweingruber A. 2014. STEM Integration in K-12 Education：Status，Prospects，and An Agenda for Research. Washington：The NationalAcademies Press.

International Technology and Engineering Education Association. 2015-05-30. The Engineering by Design. http://www.iteea.org/EbD/ebd.htm.

Ishikawa M，Fujii S，Moehle A. 2013. Consultant Report，Securing Australia's Future. Sydney：Australian Council of Learned Academies.

John G W. 2013. Integrative STEM education at virginia teach：graduate preparation for tomorrows leaders. Technology and Engineering Teacher, 2（2）：28-35.

Johnson C C. 2013. Conceptualizing integrated STEM education. School Science & Mathematics, 113（8）：367-368.

Kelley T R. 2010. Staking the claim for the "T" in STEM. The Journal of Technology Studies, 36（1）：2-11.

Lohmar B, Eckhardt T. 2013. The Education System in the Federal Republic of Germany 2011/2012. Bonn：Secretariat of the Standing Conferenceof the Ministers of Education and Cultural Affairs of the Lander in the Federal Republic of Germany.

Mann A, Oldknow A. 2012. School-industry STEM links in the UK: a report commissioned by future lab. https://www.educationandemployers.org/wp-content/uploads/2012/03/future_lab_-_school-industry_stem_links_in_the_uk.pdf.

Mayumi I, Shota F, Ashlyn M. 2013. Consultant Report, Securing Australia's Future. Sydeny：Australian Council of Learned Academies.

Meggan T T. 2008. STEM education. State News, 51（9）：34.

Moore T J, Smith K A. 2014. Advancing the state of the art of STEM integration. Journal of STEM Education, 15（1）：5-10.

Morrison J, Raymond V. 2009. STEM as a curriculum. Education Week, 28（23）：31.

National Research Council. 2013. Next Generation Science Standards：For States, by States. Washington：The Academies Press.

NGSS. 2013. Next Generation Science Standards：For States, by States. Washington：National Academies Press.

President's Council of Advisors on Science and Technology. 2010. Prepare and inspire K-12 science, technology, engineering, and math（STEM）education for America's future. Education Digest, 76（4）：42-46.

Sainsbury D. 2007. The Race to the Top：A Review of Government's Science and Innovation Policies. Lodon：HM Treasury.

Sanders M. 2009. STEM, STEM education, STEM mania. The Technology Teacher, 68（4）：20-26.

Story S D. 2012. Engineering in K-12 education: understanding the status and improving the prospects. Insight, 13（3）：8-10.

第7章 如何建设促进政策创新的高校智库
——基于体制的视角

智库的核心使命是促进政策创新，高校智库建设也要始终围绕这个核心。近年来，中国政府积极推动创建中国特色新型高校智库，其目的就是促进政策创新。但实践中，由于种种原因，高校智库并未能很好地实现政府部门关于中国特色新型智库建设的政策目标。究其根源，可能仍在于"体制"问题。具体而言，当前中国高校智库建设主要存在以下问题：①智库建设的计划性过强；②政策研究的科学性不足；③大学智库的独立性欠缺；④大学智库的公共性偏弱；⑤政策创新的协同性较差。中国高校智库建设要真正实现促进政策创新的组织目标，需要针对上述五个具体问题进行认真反思，并切实改进。

7.1 智库建设的计划性

在我国，智库是一个新生事物，以前政府部门虽然也有一些服务于政策决策的研究机构，但并未以智库命名，也未以智库的标准进行规范。近年来，伴随政府决策科学化与民主化被正式提上议事日程，智库作为一个介于政治、知识、经济、媒体之间的新兴领域被引入我国，成为社会各界关注的焦点。但由于我国没有现代智库的传统，对于何为智库缺乏深入的了解，对如何建设智库也没有成熟的经验。对于大学智库而言，更是如此。1994 年北京大学创立中国经济研究中心，1999 年清华大学公共管理学院与中国社会科学院共同成立了国情研究中心，标志着大学智库在我国正式出现。事实上，自改革开放以来，我国大学一直是教学和科研两个中心，其主要职能是人才培养和科学研究，社会服务能力尤其是参政能力一直较弱。长期以来，我国公共政策的制定一直是政府的职责，大学较少直接参与。近年来，建设中国特色新型智库之所以成为热点话题并掀起高校智库建设的热潮，主要是因为政府政策的驱动。2014年为深入贯彻落实党的十八大、十八届三中全会精神，以及习近平总书记关于加强中国特色新型智库建设的重要批示和刘延东副总理在"繁荣发展高校哲学社会科学推动中国特色新型智库建设"座谈会上的重要讲话精神，推进中国特色新型高校智库建设，为党和政府科学决策提供高水平智力支持，教育部专门制定了《中国特色新型高校智库建设推进计划》。在政府行政权力主导下，我国大学智库如雨后春笋般出现。有学者估计，目前我国的大学拥有近千家可以称为智库的研究机构（胡光宇，2015）。实践中，很多大学或直接把校内重点文科研究机构改组为智库，或按政府的意见将相关学科的研究人员进行"组合"，然后形成智库。当前在我国大学中，无论是作为实体的智库还是作为虚体的智库，从数量上看都在蓬勃发展，但行政的色彩和计划性比较浓厚，真正能够围绕某一专业领域，为政府提供高质量、针对性强的政策建议，并能产生广泛政策影响的机构较少。借鉴国外一流大学智库建设的成功经验，我国大学智库的建设和发展绝不应为了数量繁荣而牺牲政策科学研究自身的特点。像大学智库这样的新领域，如果无法在政策研究的质量和影响力上取得大的突破，很快就会失去存在的意义。

大学智库大致有两种不同的存在方式，一种是以智库名义专门建立的应用性政策研究机构；另一种是因长期从事政策研究或应用性政策研究而被认为具有智库的性质。不同国家大学智库的存在方式差异较大。"把中西方智库的形成打个比方，西方智库的发展过程就像一棵树的成长，是由树种在适宜的环境下'生长'起来，更多的是一个'内生'的自然过程；我国智库的发展过程则像盖楼，先搭起外部框架，然后进行内部装修，更多是一个外部塑造的人为过程。'种树式智库'与'盖楼式智库'并无质的优劣差别，实际上，'盖楼'应该更快一些，但如果简单地贪功求快，简单地以指标要求短时间内实现数量上的增加，就容易出现'急躁冒进'式的行动偏离，所以，'盖楼式智库'建设确实需要精细地谋划好'外框架'和'内装修'，确保楼房既外形美观又适用宜居。"（秦惠民和解水清，2014）美国大学里的智库大多是自然生长的，即大学的政策研究机构因为依靠专家及其思想对公共政策的决策过程产生了影响，而被认为在性质上和功能上相当于智库，但这类研究机构同时也承担教学和学术任务，培养研究生。与美国不同，中国的大学智库则是基于某种明确的政策目的或政治使命，在政府和大学的行政权力主导下，有目的、有计划建立的制度化或非制度化的大学二级研究机构。这些机构的研究以为政府决策服务或影响政府的政策决策为导向，以促进公共政策创新为目的，致力于充当大学高深知识生产与政府科学决策、民主决策之间的桥梁，力争把知识与权力、学术与政治、思想与现实、研究者与决策者结合在一起（胡光宇，2015）。在理论上或逻辑上，中美两种不同模式的大学智库各有利弊。自然生长型的智库具有较高的独立性与自治性，其不足之处在于，很难摆脱学院文化的影响，即便是应用性的政策研究仍然偏重理论分析，而非解决现实问题。相比之下，中国大学里人为建构型的智库则从其诞生之日起就被赋予了明确的政策创新使命，应用或实用取向非常明显。但由于行政权力的介入较深，计划性较强，这些机构的政策研究过程往往缺乏足够的独立性与科学性，为了满足诸多利益相关者（政府、大学、公众、政策专家、政策制定者、决策者）解决现实问题的强烈诉求，加之政治意识形态的可能干预，大学智库政策研究的专业性不可避免地受到影响，智库本身的权威性也会受到公众的质疑。

受计划体制约束，我国大学智库的出现有其特殊性，除极少数外，大多数智库均不是"自然生成"的，而是有目的、有计划地"人为建构"的。究其原因，一是我国大学原本缺乏建立智库的传统；二是在现有体制下，长期以来政府对科学决策和政策创新缺乏足够的紧迫感。近年来，随着改革的不断深入和思想的不断解放，政府逐渐意识到科学决策、民主决策及政策创新的重要性，开始有意识地强化智库建设。在行政权力的驱动下，大学为回应政府的政策需求，以及争取可能的资源，在原有教学和研究机构的基础上组建各种各样的智库就成为某种"理性"选择。但由于缺乏政策科学研究的学术基础以及智库运作的制度传统，一些新成立的大学智库往往有名无实，那些以获得领导批示为目的的所谓研究报告或咨询报告，大多是基于对政府政策意图或决策倾向的猜测而临时"炮制"的，而不是基于长期的政策科学研究而得到的重大发现。按照迪克森的界定，"智库是相对稳定的独立于政府决策机制的政策研究和咨询机构。其研究现实问题，以科学研究方法为基础，以沟通知识与权力、架设科学技术和政府决策的桥梁为目标"（张新培和赵文华，2014a）。但长期以来，我国大学中人文社会科学的研究比较偏重于教学研究，即研究主要服务于教学，尤其是研究生教学，研究成果多以论文发表的形式呈现，主要用途是评职称以及满足科研考核；应用性的政策研究较为匮乏，更谈不上形成某种价值传统和政策倾向。当前在政府行政权力及资源配置的强力驱动下，部分新成立的大学智库由于缺乏学术根基或底蕴，大多是形式主义的，一些智库的研究者实际上也是不能胜任的。大学智库凭借任务式的政策研究课题谋生存，但其成果更多还是凭借大学的"光环效应"来获得一种政策正当性或合法性。一旦大学的光环褪去，这些所谓的研究成果可能更像是"学术泡沫"而非"政策科学"。

基于机构设置的计划性，中国特色新型高校智库建设带有浓厚的计划体制的色彩。计划体制是指政府凭借手中的行政权力单方面决定高校组织、制度与管理重大事项的顶层设计，高校主要面向政府，根据政府的政策需要而非社会或市场需要办学。在现有教育和学术体制下，以项目制管理为抓手，政府全面控制了大学的学术生产与传播。作为智库的一种，独立性原本应是大学智库的基本特征。但在现有治理结构下，政府控制着大学智库的"输入"（经费和项目）和"输出"（研究成果）。政府给智库下达研究任务或招标课题，智库则给政府提供符合其需要的政策建议。政府需要研究什么样的问题，智库就可以提供什么样的成果。表面上看，以智库为平台，大学与政府实现了"双赢"，但实质上，这种"问题解决"模式（the problem-solving model）的政策研究存在着重大的缺陷。"决策者期望社会科学家能提供以经验为基础的证据或研究成果，以便解决既定的政策问题。当各团体间目标不一致时，期望研究者仅仅通过提供'事实'就能解决问题，这简直是盲目乐观。"（刘复兴，2013）

建设一流的大学智库需要自由竞争的政策市场和思想市场。智库的研究成果需要在政策（思想）市场上自由竞争，而不能总是由政府"命题"，智库"答题"，领导批示，相关部门来落实。现有体制下由于缺乏自由竞争的政策（思想）市场，政府的政策决策主要或只能在科层制的"管道"内部循环，科学决策和政策创新充满偶然性或不确定性。如果计划体制以及与之相适应的计划思维不变，大学智库不能真正成为独立的思想中心，无论在大学中建立多少智库，都很难真正促进政策创新。根本原因在于，计划体制下政府对"异端思想"的容忍度低，对"政策窗口"缺乏时间敏感性，在事业单位体制及人员编制的约束下，智库及智库研究者发表"独到见解"的动机也会显著降低，按部就班或循规蹈矩不可避免。有时甚至是决策者已经做出决策，然后再授意智库进行研究，并用智库的研究结果来支持他们的政策立场。其结果，智库大多有名无实，其象征性远大于实用性，最终沦为政策合法化的工具。"大学智库治理由依附逻辑向均衡逻辑转型的核心特质是由简单直接的直线型聚合向多线型的聚合转变，即由原来政府控制'两头'的'政府政策需求—智库政策研究—政府采纳推行'直线型，向政府控制最终出口的'不同智库政策研究—同一政策博弈—政府采纳推行'多线型形态转化，变化的核心在于通过决策前充分的'政策研究和博弈'实现决策均衡。"（张宏宝，2015）当然，大学智库治理要实现从依附逻辑向均衡逻辑的转变，在根本上还取决于政府决策体制的改革以及大学与政府关系的调整。如果政府的决策体制机制无法真正做到科学化、民主化，大学与政府的关系依然是行政隶属性的而非平等的，那么在事业单位的体制框架内，大学智库只能是依附于大学和政府的附属机构而非独立机构，更谈不上作为独立法人。

总之，在我国建立大学智库是政府的有计划的需要，对于大学而言，应该可以建立智库，也可以不建立智库，绝不能"变异"成必须建立智库。智库是大学为社会服务的一种手段而非大学组织自身不可分割的一部分，更不是大学的目的。大学的本质在于追求真理、培养人性，而智库的使命是服务社会、促进政策创新。政策是利益博弈的产物，而真理是不容妥协的。当然，作为世俗社会的一部分，大学也不可避免地要为国家利益或意识形态代言而不可能完全成为纯粹的真理之城或思想中心。理想的境况下，大学智库应基于科学研究的扎实证据为政府提供政策创新的建议；但在实际情形中，由于政策创新的时间敏感性，加之决策机制本身的非科学性，大学智库有时很难根据科学研究的基本原则为政策创新寻找有效性的证据，而会更多地倾向于阐述政府的政策或领导人的意志，更有甚者，为了满足政府政策决策合法性的需要，大学智库还会以专家个人或智库整体的名义为政府的决策"背书"。当然，上述情况绝非大学智库的特例，很可能是智库这个行业的某种惯例。"智库的专家现在更多地表现出口若悬河的社交技巧，而且十分善于同媒体打交道，以此来推销他们的研究并期望可以更深入地影响政府政策的制定。他们更深入地参与到各种政治活动中，近十年来新成立的，尤其是鼓吹型智库提供的价值越来越低。当人们在政治上发出了太多的噪声和提出了太少的建设性意见之后，这些机构就成为政治回音室的一部分，而不是提供可选择的政策分析和创新知识的来源。"（胡光宇，2015）大学智库中这种状况的存在，无论是对政府还是大学都是不利的。对于政府而言，大学智库的"奉迎"只是一种"虚假"或象征性的满足，由于缺乏真正的创新，长此以往会有损于政府统治和政策本身的合法性；对于大学而言，作为大学组织的一部分，大学智库若长期从事这种"非科学"，甚至"反科学"的所谓政策研究也会损害大学整体追求真理的理念，有碍于大学本身的卓越。如果大学智库的建立真的是为了促进政府决策的科学性和政策创新，必须将重点放在真正高质量的政策科学研究上，只有真正高质量的政策研究成果才能对政府决策有所启发，才能促进政策创新。

7.2　政策研究的科学性

政策研究是一门实践性很强的学问，既讲究政治智慧又基于科学，具有很强的专业性。学科建设意义上的优秀学者或科学家与智库需要的优秀政策研究者之间绝不能画等号。托马斯曾使用深度访谈、人种志观察和档案记录法研究智库政策专家，发现其职业发展的影响因素包括理性自由辩论、理解政治战略、传播思想和募集资金的能力，并使用学者、政策助手、政策企业家和媒体专家去描绘智库专家的角色，兼顾和协调这些职能是政策专家特质的核心（张新培和赵文华，2014b）。我国大学中人文社会科学研究领域虽汇聚了一大批优秀的学者，但这些学者大多从事学理研究或基础研究而非政策研究，甚至不研究政策问题。虽然科学研究能力和方法具有一定的通用性，但在政策问题上，基于"专业化"准则的"学科细分"会更加重要。"决策环境越来越复杂，只有做到学科细分才能提供更高质量的研究成果，而不是'大而全'的研究结果。"（胡光宇，2015）如果忽视了政策研究的科学性或政策科学研究的专业性，仅以资源作为驱动因素，促使原本从事学理研究和基础研究的学科专家改行做政策研究或研究政策，恐怕会事与愿违。这既无法提高政府决策的科学性，也很难促进政策创新。智库作为大学的一个组织机构，很容易建立，但能够胜任智库工作的长期从事政策研究的专业政策研究人员尤其是那些具有"企业家精神"的政策科学研究者，却很难招之即来、来之能战、战之能胜。大学智库的研究工作如果没有足够专业的政策科学研究者，尤其是愿意为政策创新全力以赴的"政策企业家"，而只是以智库的名义"投"政府"所好"，那么大学智库不可能成为优秀的智库，长此以往甚至会失去存在的意义。

一般而言，智库的政策研究属于应用性研究，但并不意味着智库的所有政策研究成果必须立即得到应用。大学智库评价体系既应该考察大学智库对政府决策的影响力，也应该综合评价其在学术界的影响力、对社会公众的影响力以及人才培养等方面。如果仅仅是为政府决策服务，那么大学智库就失去了其存在的本真价值（任强，2015）。智库既要为满足公共决策的需要而提供政策方案或分析报告，也要为满足经济社会发展的需要而生产公共政策方面的专业性知识，兼有人才培养的职能。因此是否得到应用或采用不能成为评价政策研究成果优劣的唯一标准。和基础研究一样，科学性仍然是检验政策研究成果好坏最重要的标准。从根本上说，政策科学研究所要解决的是"认识"问题，而应用要解决的是"行动"问题。从认识到行动，需要考量的因素有很多，实践中并非所有具有科学性和可操作性的政策研究成果都会得到政府的采纳或应用，对于那些没有被采纳或暂时未被应用的"政策源流"，只要科学性没有问题，大学智库就应持续深化相关研究，不断重申该研究对政策创新的重要意义，并通过适当的传播平台或媒介扩大其影响。根据美国智库发展的经验，"从政策过程来说，虽然政府一次只能采纳一家或几家智库的成果或方案，但其他智库并不因为自己的成果没有被采纳而放弃，而是继续研究，等待下一次机会。这种现象带来的好处就是，它从不缺少代替或修正在施行过程中效果不佳政策的方案，即使有坏政策，它的影响也非常短暂，从而让民众不会产生用政策之外的方式来解决现实问题的冲动"（谷贤林和刑欢，2014）。与美国相比，受传统政治文化和既有决策体制的影响，当前中国大学智库在政策研究中功利主义倾向较为严重，对热点问题或短期政策的关注较多，对战略性问题或国家长远利益的关注较少。政府对智库成果的评价往往过于强调领导的批示，基于领导的指示，那些立刻能转化为政策的研究成果会得到较多的关注，而对于那些未能及时经由领导批示被采纳的政策研究成果缺乏科学的评价方法和承认方式。

从时间敏感性来看，智库的政策研究大致有两种，一种是应急性的；另一种是持续性的。应急性的政策研究多针对突发事件或热点问题，争取能在极短或较短的时间内为政府的决策提供具有可行性的方案；持续性的政策研究关注长远的战略性问题，是智库的安身立命之本。毕竟"政策取向的首要重点是人类社会的基本问题，而不是当下的热点问题"（刘复兴，2013）。大学智库要成为一流智库，必须围绕人类社会的基本问题，从政策科学的角度切入进行更多的基础研究。当前一些学者对基础研究总是无显著成果的不耐烦情绪，促使一些人建议政策研究的重点应该重新回到应用研究上来，因为应用研究可以在改进政策方面产生直接效益。但是如果不深化我们对政策过程本身的认识，提高和改进政策效果是无捷径可走的。问题并不是我们的基础研究太少，而是通常与政策创新相关的基础研究太少（刘复兴，2013）。与官方智库和民间智库相比，大学智库在高深知识生产、传播方面具有显著优势，更应侧重于长期性、战略性、引领性的政策研究，将学理研究和现实议题相结合，兼顾研究的政策性与科学性，并从既有政策实践和科学规律出发，提出新的政策主张以促进政策创新。需要警惕的是，当前缺乏前瞻性的战略思想是我国智库相当普遍的问题。国内一些智库多是应急性对策占主导，缺少适当超前服务于长远的政府决策的探索和创新，因而把握现实全局或发展趋势的成果不多。要按照适度超前的原则，增强战略思维能力，以富有前瞻性的政策建议，展现智库的核心竞争力（荆林波，2016）。要建设一流的大学智库必须有清晰的战略定位，必须持续从事某一领域的政策研究和学术研究，通过专业化策略提高核心竞争力，以形成稳固的学术价值传统和政策倾向。

对于智库而言，无论是应急性的课题还是持续性的项目，政策研究都必须以证据为基础，而不能违背政策科学研究的基本原则。政策虽然与政治密切相关，且具有高度的实践性，但政策研究的基础只能是政治科学而非政治意识形态。政策研究中绝不能简单地将政治与意识形态画等号。政策具有政治性，甚至是意识形态性，但政策是政策，政治是政治，意识形态是意识形态，绝不可肆意混淆。基于政治科学或意识形态的考量，有时政策的科学性和可操作性之间会有冲突，有时可接受性而非专业性也会成为影响政府政策选择或政策决策的决定性因素，但智库的职责是政策研究而非民意测验或政治利益的博弈，政策科学的底线必须坚守。"高校智库建设应该避免成为与政府利益联合的'政策王国'。在决策咨询的过程中要保障所遵循的价值观念能够反映公众的价值观念，尽量把决策的伦理后果降到最低。在价值观与决策依据发生冲突时，应明确讨论价值判断的合法性，避免咨询的科学性受到威胁。"（王莉和吴文清，2013）对于大学智库来说，政策质量的标准要优先于政策的可接受性，大学智库的政策建议一定要建立在"研究证实了的因果关系"的基础上，而不能建立在"美好的愿望"的基础上。"科学家在执行一个项目时并不必然牺牲客观性。非客观性的价值在于决该去实现什么终极目标。一旦这个决定做出了，学者就要带着最大的客观性开始工作并且用尽所有可用的方法。"（刘复兴，2013）归根结底，大学智库的影响力取决于政策成果的质量，而质量的核心就是研究本身的科学性。科学政治化的质疑会使智库专家在政策决策咨询中的权威性急剧下降，因此，必须"维持科研领域与决策领域的相对分离，研究问题来源于社会生活，甚至直接来源于决策领域，研究过程要赋予科研领域相对独立性，尊重科学研究和政府管理系统各自的逻辑"（王莉和吴文清，2013）。大学智库的政策研究也必须尊重科学的规律和方法，而非遵循市场或民主的逻辑。政府的政策选择需要考虑民意或政策的可接受性，但智库的政策研究却只能基于科学、有效的证据，而不能为了满足政府的政治需要或意识形态的需要而肆意进行科学的社会建构，否则智库的政策研究将因科学性的缺乏而失去权威性，甚至是合法性。

7.3　大学智库的独立性

中国智库主要有官方、民间与大学三种不同类别。官方智库的优势是与政府关系密切，研究成果转化为政策的渠道畅通；民间智库的优势是独立性强，在政策研究课题的选择上有较大的自由度，可以为政府提供多样化的政策理念和决策思路；大学智库介于官方智库和民间智库之间，兼有"比较优势"与"比较劣势"。其优势在于，大学拥有丰富的人力资源、强大的科研实力以及较高的社会美誉度，这些可以为大学智库的运行与发展奠定扎实的组织基础；其劣势在于，大学缺乏运作智库的经验和从事政策研究的传统。尤为关键的是，在大学本身缺乏办学自主权的前提下，智库的独立性不可避免地受到影响。对于围绕学科建设的基础研究而言，论文发表由同行评审，政府的行政控制尚有缓冲的空间；但对于智库的应用性政策研究而言，同行评价被领导批示所替代，行政权力将直接介入并影响政策研究的实施。在政府的作用下，极短的时间内，大学智库的数量和规模就可以实现快速增长，智库的成果也可以屡屡得到领导指示。但同样由于政府的行政干预，大学智库的独立性以及其研究成果的质量与影响力可能无法得到更广泛的社会承认。这不利于智库的长远发展。作为世界一流智库，布鲁金斯学会的座右铭是："高质量、独立性和影响力。"布鲁金斯学会理事会主席约翰·桑顿认为，这三条是智库必须坚守的核心价值，也是判断能否成为高水平智库的关键所在（杨玉良，2012）。

近年来，各级政府倡导并推动大学建立中国特色的新型智库，其并不是要建立思想市场或政策市场，而更多的是出于一种工具性或功利性目的，即为政府的政策决策提供"科学"依据或专家"证词"。众所周知，当前在事业单位体制下，大学是政府的附属机构，行政上属于上下级关系。作为大学内的一个二级机构，智库不可能有独立的法人地位，只能经由大学被动地接受政府的"指示"和"批示"。在此背景下，大学智库的政策研究很容易沦为依靠政府的政策课题谋生的"御用"机构，无形之中使中国大学的人文社会科学研究更加庸俗化。有学者通过分析冷战期间美国"苏联学"逐步沦落为"克里姆林宫学"的历程，指出了学术研究泛智库化的严重后果。在冷战期间，美国诸多智库关于"苏联学"的研究，由于混淆了学术和意识形态的界限，学界（知识）与政界（权力）的张力逐渐消失，"在这样的研究机制中，从'遏制'战略出台伊始，许多重要政策皆是由智库或政界提出、学界论证和演绎的；大量的苏联学家根据需要，在大学、政府、智库之间轮换。这造成学界、政界、智库在苏联研究领域表面上能相互协作，研究成果不仅作用于学术界，更直接为军事情报和国家安全效力，但在这样的机制中，实际上培养出一大批功利主义对待苏联的'苏联学家'，其大部分成果是没有学术价值的，无法为其他学科所分享"（林精华，2014）。当前大的国际环境虽然已不同于冷战时期，但"苏联学"沦为"克里姆林宫学"的教训对于缺乏独立性的中国大学智库的发展仍然具有警示意义。

与官方智库相比，大学智库的主要优势在于独立性，即相对独立地对政府的政策提出批判与建议，以实现政策创新。但现实中，受制于大学与政府之间的行政隶属关系，中国大学智库在独立性方面比较欠缺，在具体运行过程中既依附于大学又依附于政府。"大学智库治理从属于政府和学校行政，没有树立并恪守体现自身问题、政策和政治源流的价值传统，也没有形成能够独立运行的制度化治理体系。"（张宏宝，2015）究其根源，中国大学智库的创立本身就是大学与政府合力促成的结果而非大学本身政策科学研究成果转化的自然结果。实际运行中，无论资金来源还是组织建制，大学智库都要受制于或依附于政府和大学。大学成立智库主要是为了响应政府建立中国特色新型智库的政策诉求，而非自身政策科学研究的内在逻辑使然。由于缺乏智库建设的传统，政府主管部门和大学领导对大学智库的性质与功能也缺乏理性认识，认为大学有人力资源的优势，当然可以胜任智库的工作。但事实绝非如此，智库建设绝不是组织一批专家、学者给政府政策提建议那么简单，智库的根本价值在于促进政策创新、思想创新，即以政策的科学研究为基础，积极向政府建言献策，以实现政策创新和思想引领。大学的本质是自由地追求真理。高质量的思想产品和政策建议是大学智库必须追求的目标。当前由于对政府和大学的双重依附，中国大学智库的政策研究经常沦为阐释政策或政策解读，即把作为一门科学的政策研究偷换成了以政策作为研究或解释的对象，以为只要以专家的身份解释或解读政策就是政策研究。其结果，存在着政策科学一词被滥用的危险——越来越多的致力于解决人类社会难题的个人、组织，把政策科学作为一种方便的代号，来指代对于他们来说最重要或最令他们感兴趣的任何活动（刘复兴，2013）。无论理论上还是实践中，大学智库之所以为智库，绝不仅仅是因为要解读或解释政策，更不是因为要以专家或第三方的身份为政府的决策"背书"，而是因为要以政策研究的科学性和智库组织的独立性为基础来研究政策。当然，强调政策研究的科学性和智库组织的独立性并非有意忽视政策的实践性或政治性而偏执于科学主义和自由主义。相反，坚守政策研究的科学性与智库组织的独立性，只是提醒我们必须充分考虑科学自身内在的和社会性的限度。大学智库的政策科学研究必须恪守自身的学术传统或学科范式，必须基于科学的方法和有效的证据而非滥用政策科学的概念来提供独立的政策见解，从而才能"为基于证据的改革营造一个良好的环境"（刘复兴，2013）。

与西方政治制度中的三权分立不同，中国政府的政策决策奉行民主集中制，在这种体制下，大学智库的研究成果一旦获得政府或领导人的信任，便很容易产生规模效应。实践中，通过在关键问题上为关键人物提供关键信息和建议（胡鞍钢，2013），大学智库关于政策创新的建议可以快速转化为社会生产力，产生巨大的正外部性政策效应。但在现有体制下，由于大学智库缺乏独立性和自治性，智库的政策研究很容易被政府的行政权力或领导人的意志所左右，一旦政府或领导人犯了大的方向性错误，政策决策的负外部性同样也十分巨大，甚至会酿成社会灾难。当然，这种境况的出现主要是由决策体制造成的，不能完全归罪于大学智库。但从政策伦理与政策科学的角度看，大学智库也不是完全无辜的。对于一流的大学智库而言，做对的事情远比把事情做对更重要。那么如何保证做对的事情而不只是把事情做对呢？增强大学智库的独立性是关键中的关键。"政策取向不能与那种认为社会科学家应该舍弃科学并且全身心投入政治实践的浅薄想法相混淆。也不应与那种认为社会科学家应该把他们的大部分时间用于为政策制定者提供当前问题的建议的观点相混淆。不断壮大的社会科学的所有资源，都应该用来解决我们文明的基本冲突。"（刘复兴，2013）换言之，大学智库基于科学研究的基本原则独立自主地进行政策研究，远比把政府下发的政策课题圆满完成更重要。

7.4 大学智库的公共性

智库的核心使命是促进政策创新，而政策制定与实施的主体是政府。因此智库与政府有密切的关系。一方面，为了公共利益，智库只能为政府服务，而不能沦为私人智囊；另一方面，为了公共利益，政府的"外脑"也只能是组织化的智库，而不应是私人顾问。近年来，中国政府大力推进建设中国特色新型智库，与政府决策模式的转变以及对国家治理体系和治理能力现代化的诉求密切相关。在计划经济体制下，政府决策主要依靠官僚系统自身的力量，政策实施则主要依靠行政命令驱动。改革开放以来，随着市场经济体制的建立和不断完善，总体性社会不可避免地面临瓦解，公民社会日益成熟，诸多利益相关方越来越深地卷入政策制定和实施过程中，成为对政府行政权力的必要制衡。在此背景下，再单靠政府官僚系统自身的人才与知识储备或单个的知识精英已经很难满足决策科学化、民主化的要求，基于科层体制或政治模式的政策决策质量已不足以应对日益复杂的社会问题。在此背景下，建立智库就成为必需的选择。大学作为高深知识生产的制度化场所，且具有为社会服务的职能，比较容易通过知识精英群体的组织化来应对政府政策创新以及决策科学化和民主化的公共需求。

作为强化大学为政府服务职能的组织载体，大学智库一方面可以基于知识转化拓展大学为社会服务的职能；另一方面也可以通过应用性政策研究满足政府政策创新的知识需要。大学智库的建立既实现了智库本身的多元化，也拓展和丰富了大学为社会服务的职能。作为知识与权力之间的转换器以及公民社会的一部分，大学智库可以强化政府决策层和公民社会之间的联系，并通过专业知识生产来影响政府公共政策的制定。"在政策分析市场中，智库提供的产品是政策思想、专家知识、建议甚至批评，而政府、媒体和公众等都是政策分析市场中的需求者和消费者。"（文少保，2015）作为大学的一部分，大学智库必须坚守公共性原则。大学智库所从事的政策研究主要是与政府、企业以及大众密切相关的公共政策，而不能被私人利益驱动，为私人产业或某一行业做代言。大学智库在政策立场上可能会有差别，但其出发点与最终目的应是公共利益，无论何时，对私利的追求都会威胁智库专家及其研究结论的独立性。但当前伴随学术资本主义的蔓延，高等教育系统不断商业化，大学自身的非营利性与公共性正在不断受到市场化的侵蚀。在介入政府政策制定的过程中，大学智库会不可避免地面临金钱与权力的双重诱惑。任何政策调整无不涉及利益冲突以及资源的重新分配。作为政府决策的智力支持系统之一，大学智库需要介入政策博弈。在政策博弈的过程中，不同利益群体会有不同的代言人，不同的代言人会基于不同的目的，通过不同的渠道向政府进行游说。大学智库作为公民社会的一部分，其政策研究必须始终坚守公共性的底线，始终为公共利益发声，为人民代言。

我们知道，中国传统社会素有"谋士"的传统，"士为知己者死"突出的就是一种私人感情。智库是现代社会的一种组织架构和制度设计，它不是个人政治效忠的工具，而是凭借知识精英的组织化，通过政策科学研究促进公共政策的创新来实现公共利益或国家利益的最大化。在某种意义上，智库的出现反映了古典国家与现代国家在决策时寻求智力支持方式的根本差别。古典国家是"家天下"，智囊或谋士主要效忠于统治者个人。现代国家被建构为公共产品的提供方，是"公天下"。在现代国家，智库作为一种组织机构，只能为公共利益服务。为了公共利益，智库既要避免成为政府政策的合法化工具，又要避免介入党派政治利益的纷争。中国历史上传统的智库建设多是私人性或非制度化的，而现在我们要建设的中国特色新型智库必须是公共性智库，讨论的是公共事务或公共政策。大学是典型的公共组织，大学智库应该发挥思想引领作用，对一些公共政策进行公开讨论。公开讨论对智库发展是非常重要的，如果中国的智库还继续以私人性、秘密的，或者是特殊渠道的形式存在，这样的智库可能对某个领导人或某个人的政治发展有好处，但未必对人民有益。中国的智库发展不能只专注于专业性、技术性和解决问题的强大性这些方面，还应该站在公民社会的角度，而不是完全与政府同声共气，应该保持一定距离，距离产生美（张胜军，2015）。改革开放以来，中国经济建设和四个现代化取得了巨大的进步，但国家治理体系和治理能力的现代化仍然"在路上"。根据社会转型理论，当前中国尚处在从传统社会向现代社会转型的过程中，作为民族国家政治常识的自由与民主观念虽已日趋普及，并成为社会主义核心价值观的一部分，但传统政治文化的影响仍不可小觑。"面对目前我国社会转型期公众对社会公正、公平的强烈诉求和'专家''知识'在社会服务中不断遭遇的信任危机，大学智库需力戒成为政府以外的其他赞助者和利益集团的代言人，以防背离大学智库公益性的基本要务。"（侯定凯，2011）未来在实现国家治理体系和治理能力现代化的进程中，大学智库除了直接为公共政策创新提供政策建议之外，还肩负有政治文明的启蒙责任，即以政策理念向公共政策的转化实践为平台，让政策（政治）科学的专业知识被非专业人士（普通公民）所接受。

7.5　政策创新的协同性

政府的政策决策对于政策创新至关重要。大学智库的政策研究成果只有经由政府的政策决策才有可能促进政策创新。这一方面是因为政策创新需要政府的行政主导；另一方面是因为无论哪个智库的政策研究成果，其本身存在某种局限性，政府作为智库研究成果的消费者，在相关研究成果转化的过程中有"纠偏"和"筛选"的义务。大学智库受大学自身科研习惯的影响，在政策研究中习惯于用理论眼光分析实践问题，即便是应用性的政策研究，也极易被学科知识精英按自己的学术偏好纳入不同的理论范式来加以分析，从而不可避免地导致"政策失真"。中国现有大学智库大多是新成立的，智库的很多研究者缺乏政策制定与实施的感性认识和实践经验，学术训练都是以学科知识为中心的。比较习惯的知识生产方式是做课题、写论文、发论文，与外部社会尤其是政府进行互动的能力相对较弱。这种情况极易导致大学智库的政策研究人员局限于自我的学科知识体系和认知结构，使原本致力于应用的研究不接地气，当然也就无法促进政策创新。"研究者和决策者之间出现紧张关系和交流发生困难是在所难免的。研究者总是把那些向他们提供存在手段的人叫作'可敬的敌人'，而决策者认为研究者总是自行其是而不愿意帮助解决各种亟待解决的问题的人。"（刘复兴，2013）因此，大学智库建设在顶层设计时一定要为实践领域的专才留有制度空间，努力从高素质的政策从业人员那里汲取个人经验、提炼隐性知识，以纠正布迪厄所说的"学究眼光"可能导致的谬误（沈国麟和林婪，2015），避免书生式的"清谈"可能导致的"误国"。"不同任职经历人员有其独特的职业特征及其附属机构所蕴含的符号资本、文化资本和各种社会资本，他们集结于高校智库，进行创新性政策相关知识的生产、传播和应用，不仅促进高校智库组织与政府、媒体、商业及其他非营利性社会组织等有效沟通，也更容易理解公共政策的诉求，提升组织运行绩效和政策影响力。"（张新培和赵文华，2014b）

　　基于此，美国智库在制度设计上有所谓的"旋转门"机制，日本智库在组织方式上也有"派出研究员"制度，其都是为了方便政策实践领域的专才与理论界的知识精英在政策研究过程中取长补短，共同努力促进政策创新。"政策的有效性与参与政策制定的专家团队在学科、背景上的异质性有很大的关联。同质性极强的政策制定网络，因其成员所拥有的知识、信息、价值观比较相近，容易达成一致意见，却可能无法反映真实、复杂的社会要求。"（谷贤林，2012）对于中国大学智库建设体制而言，急需建立内外两道"旋转门"以沟通政策理论与实践。外部"旋转门"位于大学智库与政府政策决策部门之间，政府的政策决策专才可以进入智库参与政策科学研究，同时智库的政策研究专家也有机会进入政府决策的核心部门，参与政策决策；内部"旋转门"则位于大学智库与大学内部其他学术性系科之间。为了应对日益复杂的社会问题，智库的政策研究需要越来越多的学科的学者参与其中。内部"旋转门"的存在可以让有志于政策研究的多学科的知识精英进入智库，同时也让智库内部的政策研究者有机会重回学术性系科，从事教学和科研工作。

　　为了促进政策创新，大学智库与政府之间绝不是政策市场中简单的供求关系，更不是知识市场上的"买卖关系"，而更多的是分工与协作的关系。"智库可以挂靠于其他机构，也可以独立存在，但它是永久性的组织而不是临时性的委员会。它们独立于政策制定人与大学，为社会的公共利益服务，但是又在两者之间充当着重要的桥梁作用，将严谨的学术话语转化为可为社会公众与政策制定者理解的现实话语。"（任玥，2014）在分工协作过程中，政府不能专横跋扈，大学智库也切忌歌功颂德。在具体政策议题上，大学智库不能玩世不恭似的"清谈"，政府也不能期望"无为"而治。大学智库负责政策研究（知识），政府负责政策决策（权力），二者（知识与权力）之间的良性互动是政策规划网络有效运行的基础，其共同目标是促进政策创新。作为"现代国家决策链"中不可或缺的一环（胡光宇，2015），提出政策理念并以基于证据（evidence-based）的政策研究为决策者提供智力支持是大学智库的基本任务。"智库承担的共同任务就是探索和推广短期看来尚不可行的政策建议，逐步让政策制定者认识到它的价值，使之有足够的支持者，并最终成为政策法律。"（苏江丽，2015）大学智库政策研究最重要的功能就是通过提出独立的政治或政策见解以及富有战略性与前瞻性的政策思维，来对政府的现有政策及其政策决策机制形成挑战。

智库的健康发展需要良性的竞争与合作。一种是大学智库与官方智库、民间智库的竞争与合作；另一种是大学智库之间的竞争与合作。在现有体制下，大学智库与官方智库、民间智库由于行政的隶属关系和主管部门的不同，基本上被隔离开来。体制内不同层级的政府拥有与之相应的政策研究机构作为官方智库；大学智库则以大学的行政隶属关系决定其服务的面向，部属大学的智库主要面向中央政府的各部门，地方大学的智库则主要面向地方政府的各部门。部属大学智库与地方大学智库之间、部属大学智库彼此之间以及地方大学智库彼此之间，都缺乏公平竞争与合作的制度性平台。民间智库属体制外，虽可免除行政隶属关系的影响，但其与官方智库、大学智库之间由于体制的区隔，既谈不上竞争，也很难合作。要实现不同类型智库之间以及同一类型智库内部的良性竞争与有效合作，需要政府破除政策研究中从"指示"到"批示"的线性模式，促进"议题网络"的搭建，将全国甚至全球范围内不同领域的智库专家通过某项议题聚集起来，就特定的政策问题进行讨论（胡光宇，2015）。具体来说，当政府产生政策创新或改进的需求时，可以在适当的制度平台上公开发布相关政策议题，由智库以志愿的方式自由探索，或由政府以招标的方式选择若干符合要求的智库同时展开政策研究，最后以科学的决策流程从中筛选出最佳的政策方案，作为政府政策决策时的备选。经由这样一个政策博弈的过程，既可以避免政府由于对某一智库的"偏听偏信"可能造成的决策失误，也可以对所有智库产生积极的激励作用。现代社会无论何种社会问题都日益复杂，面对复杂的社会问题，由于人的有限理性的硬约束，任何智库的政策方案都会存在"盲点"。克服"盲点"的唯一办法就是借鉴哈贝马斯的"交往理性"，鼓励更多的智库参加同一政策议题的研究。不同类型、不同立场的智库的协同不仅可以提供不同的政策备选方案，而且会呈现出不同的"政策理念"，经由理念的"碰撞"会更加有利于政策的创新。

为了促进政策创新，需要破除体制性壁垒，在官方智库、民间智库与大学智库之间建立互通的政策平台或议题网络，不同智库的政策研究成果可以通过相互竞争以实现政策博弈，最大可能反映更多利益相关者的诉求。政府的决策应综合不同智库政策研究成果的可取之处，以实现政策的"集成创新"和"协同创新"。政策创新是一个系统工程，无论何种智库，其能够做的只能是政策研究的理论创新，政策创新实践的主体只能是政府。智库创新性的政策研究成果可以促进或催化政府的政策创新实践，但绝不能也不应直接成为政策方案。在政策研究中科学政治化是不对的，但在政策实践中政治科学化也不可取。在促进政策创新的过程中政府必须发挥行政主导作用，以行政权力协调政策本身的科学性与政治性之间的张力。"从中国大学智库治理的现实来看，政府在政策研究阶段过早介入，或在政策决策阶段介入太晚，都有弊端；只有'政策博弈'环节才是政府介入的最佳联结点。在充分博弈的基础上，政府有权终结'政策博弈'，以实现'政策决策'，这是政府的使命和责任。"（张宏宝，2015）换言之，促进政策创新需要政府与智库之间的创造性的社会行动而非机械式的刺激—反应。在政策博弈过程中，如果政府"懒政"放弃政策决策的权力，抑或智库越过政策研究的科学边界，代替政府拟定政策文本，都是不恰当的，甚至是有害的。

当前中国大学智库发展的一个最大困境就是，无法在知识与权力之间保持必要的张力，无法在政策的科学性和政治性之间维持平衡。对于大学智库来说，要么研究成果远离政府的决策，难以满足政府的需要，要么就是过度卷入决策过程，丧失了研究的独立性。对于政府来说，决策过程中"一把手""一言堂"的现象仍常见，程序正义在决策科学化与民主化方面仍没有得到足够重视，政策博弈的情况还较为少见。政府决策较多依赖官方智库的建议和领导人个人的判断，大学智库与民间智库很难介入政府决策的过程。在某些特定政策议题上，政府有时也会求助于大学智库或民间智库，但也多是单向的行政委托或政府采购，很少会选择政策博弈的路径，而是以统一思想的名义尽量避免不同的政策立场发生直接冲突。"对于处在转型期的中国来说，应该重视大学决策思想库的构建。首先，应在观念和政策上允许独立的有各种不同倾向的大学思想库存在。它们从各自的立场和价值观出发为政府提供不同的决策意见和方案，彼此之间的竞争一方面使政府决策者受益，另一方面也促使不同的思想库不断优化自身的智力结构"（胡光宇，2015）制度设计上，多方参与的政策博弈优于政府和特定智库的直接合作。多方参与能够保证政策理念和方案的多元性，一旦某项政策方案在实施中出现了问题，可以立即启动其他备选政策方案。此外，由政策博弈所形成的良性竞争机制也可以避免利益群体的固化以及智库与政府的可能"共谋"。如果政府单独与某一智库长期合作，彼此的利益输送不可避免。出于组织自利的本性，政府和智库也会相互为对方的失误开脱。相反，在多方智库共同参与政策博弈的情境下，每一智库为了在竞争中获胜，必然会尽力提出最优的政策方案，提供给政策制定者和决策者选择。这种竞争机制既可以避免个别智库对政策议题的垄断，也可以使政府能够更加深入地了解政策议题本身的复杂性、多面性，决策时会更加审慎。

7.6　本　章　小　结

正如"罗马不是一天建成的"，一流的大学智库也不是一天建成的。中国特色新型高校智库的建设也不能急于求成。作为新生事物，中国大学智库面临"后发劣势"。"智库间的竞争非常激烈，一些有影响力的智库，其思想在进入政府决策的通道方面已经非常通畅，新成立的智库要达到这样的影响力则面临很大困难。"（胡光宇，2015）实践中大学充足的人才资源、多学科优势和广泛的国际交流并不必然意味着每一个优秀的学者都能成为优秀的政策专家，也不意味着其可以胜任智库的工作，更不意味着大学只要成立了智库就一定会成功。"政策研究的独特之处就像其改进政策的贡献一样，要有一种科学的态度，需要尽力区分政策的辩护者和分析者，区分社会评论家和政策科学家，区分政治的行动主义和政策的专业贡献，区分理智活动的价值分析和人类需要的价值信仰。"（刘复兴，2013）当前在以美国为代表的高等教育强国和智库强国，大学智库的确占据重要地位，其对政策创新的贡献丝毫不逊色于官方智库和民间智库。在部分发达国家，大学智库不但可以左右政府的政策决策，而且可以通过提出前瞻性的思想和创新性的概念来引领社会思潮和政策舆论。但在中国，智库建设的热潮还刚刚兴起，大学智库也的确远没有想象中那么重要，部分大学的所谓智库仍不过是一个制度性的"摆设"或"装饰"，更像是临时性机构而非永久性组织。由于政府和大学对智库的发展缺乏长远的战略规划，智库本身对政策研究的科学性也缺乏敬畏之心，很多匆忙之间成立的大学智库无论在政府决策渗透力、政策影响力、社会舆论引导力方面，还是在国际学术话语权方面尚乏善可陈。由于缺乏高质量的政策研究成果，大学智库在促进政策创新方面表现乏力，公众对大学智库不可避免地存有潜在的不信任感。究其根本，政府和大学没有按照现代智库的标准建设大学智库，而是采用贴标签的方式或行政的手段来设置智库。

大学智库要成为真正意义上的现代智库，抑或一流智库，必须在以下几个重要方面切实发挥智库应有的功能，而不能只是徒有智库之名。具体包括：一是基于政策科学理论，敏锐地发现重大问题，并基于政策的时间敏感性，提前做好研究或预研究工作，主动提供政策建议，走在决策的前面，而不只是坐等政府下达研究任务或课题；二是围绕政府的重大政策决策，以通俗的方式准确地向民众传播政策的科学内涵和专业知识；三是定期提供基于客观事实和数据的政策评估报告，及时发现政府政策实施中可能存在的问题，并通过适当的渠道向政府反馈或向全社会公开发布；四是将社会边缘阶层的声音传送到决策层，为他们争取基本权益，最大限度地保证政府决策的公平和公正（侯定凯，2011）。

参 考 文 献

谷贤林. 2012. 智库如何才能对教育实践产生影响——以卡内基教学促进基金会为例. 清华大学教育研究，（6）：36-43.

谷贤林，刑欢. 2014. 美国教育智库的类型、特点与功能. 比较教育研究，（12）：1-6.

侯定凯. 2011. 人文社会科学的知识转化机制探析. 复旦教育论坛，（5）：33-38.

胡鞍钢. 2013. 建设中国特色新型智库. 清华大学教育研究，（5）：1-4.

胡光宇. 2015. 大学智库. 北京：清华大学出版社.

荆林波. 2016. 从西方智库观念偏颇看如何建好中国智库. 党建，（3）：27-29.

林精华. 2014. 学术研究泛智库化之后果：作为国际政治学的美国"苏联学". 社会科学战线，（4）：90-100.

刘复兴. 2013. 国外教育政策研究基本文献讲读. 北京：北京大学出版社.

秦惠民，解水青. 2014. 我国高校智库建设相关问题及对策研究. 中国高校科技，（4）：15-20.

任强. 2015. 学术与政治：大学智库与政府的互动逻辑. 教育评论，（9）：23-26.

任玥. 2014. 试论我国大学智库功能发展的困局. 高校教育管理，（4）：31-36.

沈国麟，林婪. 2015. 高校智库建设：构建知识生产和社会实践的良性互动. 新疆师范大学学报（哲学社会科学版），（4）：46-50.

苏江丽. 2015. 美国大学智库的功能及其对我国大学智库建设的启示. 探索，（6）：182-186.

王莉，吴文清. 2013. 地方高校智库建设的逻辑分析——基于地方政府治理模式创新的探讨. 清华大学教育研究，（6）：109-114.

文少保. 2015. 高校智库服务政府决策的逻辑起点、难点与策略. 中国高教研究，（1）：34-38.

杨玉良. 2012. 大学智库的使命. 复旦学报（社会科学版），（1）：1-4.

张宏宝. 2015. "中国模式"新型大学智库治理体系的建构与发展. 华南师范大学学报（社会科学版），（6）：84-88.

张胜军. 2015. 中国高校智库建设离不开创新机制. 管理观察，（5）：76-77.

张新培，赵文华. 2014a. 研究型大学与高水平智库协同发展及启示. 中国高教研究，（8）：6-11.

张新培，赵文华. 2014b. 谁在为著名高校智库工作. 清华大学教育研究，（6）：59-65.

第8章 促进政策创新的高校智库建设体制研究

8.1 中国高校智库建设的背景、现状及发展的动力、问题

根据《全球智库报告》对高校智库的定义，高校智库是一个致力于公共政策分析的研究中心，它受母校的支持，但是支持力度不一。这种智库通常是大学的一个专门学院，也可能是隶属或独立于学院并专注于公共政策研究的机构。

8.1.1 中国高校智库建设的背景

一般认为，中国智库包括官方智库、高校智库和民间智库三大类。

20 世纪 80 年代是官方智库发展的黄金时期。改革开放以后，决策问题日益复杂，政府开始认识到智库的重要性，建立了一系列官方智库，如国务院经济研究中心、国务院技术经济研究中心、国务院价格研究中心、国务院农村发展研究中心[①]、中国政治与行政科学研究所、综合开发研究院、社会经济所等，各级政府设立的政策研究室等政策研究机构，从而形成了从中央到地方的官方智库网络。总体而言，这一时期的智库偏重于经济体制改革方面的研究（王莉丽，2013）。

20 世纪 90 年代初邓小平南方谈话后，各种智库不断涌现。随着国家对高等教育的重视和支持力度的加大，以及"211 工程"和"985 工程"的实施，一些重点高校依托自身人才和研究优势先后成立了一批颇具影响力的研究中心，如清华大学的国情研究中心、国际问题研究中心、全球传播研究中心，北京大学的中国经济研究中心等（中国国际经济交流中心课题组，2015）。

---

① 1981 年建立，前三者在 1985 年合并成为国务院发展研究中心。

2004 年，《中共中央关于进一步繁荣发展哲学社会科学的意见》明确提出，开创哲学社会科学事业繁荣发展的新局面必须加强党对哲学社会科学工作的领导。……党委和政府要经常向哲学社会科学界提出一些需要研究的重大问题，注意把哲学社会科学优秀成果运用于各项决策中，运用于解决改革发展稳定的突出问题中，使哲学社会科学界成为党和政府工作的"思想库"和"智囊团"。党的十六届四中全会明确指出，要加强党的执政能力建设就要通过改革和完善决策机制，推进决策的科学化、民主化，要通过专家对专业性、技术性较强的重大事项进行论证、咨询、评估。

党的十七大以后，党中央更加重视智库建设。中央发布的报告、党中央领导人都多次强调建设中国特色新型智库的必要性与重要性。党的十八大报告提出，坚持科学决策、民主决策、依法决策，健全决策机制和程序，发挥思想库作用，建立健全决策问责和纠错制度。2013 年，习近平总书记做出批示，明确提出要"建设中国特色新型智库"。随后，党的十八届三中全会更进一步指出，要通过建设中国特色新型智库来推动健全决策咨询制度。2014 年，习近平总书记访问德国，在谈及与德国的合作时，明确赋予智库外交意义。几个月后，习近平总书记在座谈会上号召广大专家学者广泛调研，潜心研究，为党中央科学决策建言献策（刘大可，2015）。2014 年，中央审议讨论《关于加强中国特色新型智库建设的意见》时，习近平总书记提出要把中国特色新型智库建设作为一项重大而紧迫的任务切实抓好（朱书缘和谢磊，2015）。2015 年，《关于加强中国特色新型智库建设的意见》正式印发，这是关于智库建设里程碑式的文件，该文件的出台体现了中央大力建设中国特色新型智库的决心和对智库工作的重视，同时也明确了智库建设的方向和目标。同年，中央印发《国家高端智库建设试点工作方案》，高端智库建设路线由此进一步明晰。2015 年，25 家智库被列为首批国家高端智库建设试点单位，《国家高端智库管理办法（试行）》和《国家高端智库专项经费管理办法（试行）》也同期出台。

8.1.2　中国高校智库建设的现状

中国高校智库数量不少，几乎所有研究型大学都有智库性质的机构，一般的称呼包括研究中心、研究基地、研究院、研究所等，主体是教育部人文社会科学研究基地、协同创新中心。与其他类型的智库相比，高校智库依托高校，具有人才多、学科全、设施完善、相对独立的优势。但高校智库来源复杂，归属、功能、定位不一[①]；经费比较依赖高校拨款，仅有小部分来自基金会、企业课题、

---

① 例如，有的高校智库系科研处等科技管理部门建立，"两块牌子一套人马"，功能也侧重于课题管理；有的高校智库系学院建立，从属于学院，主要功能是研究，但这类智库受学院影响较大，往往挂着智库之名，主要从事学术研究；有的高校智库由大学规划建立，甚至有自己的管理办法，相对来说，发展的阻碍较少。

捐助等；智库成员仍然以本校甚至本学院教师为主，聘用的政府官员与其他校所人员发挥作用较少。因此，中国的高校智库总体上零碎分散，五花八门，高度依赖学校，智库性质不明显，决策咨询效果不理想。

2015 年中共中央办公厅、国务院办公厅印发的《关于加强中国特色新型智库建设的意见》指出，发挥高校学科齐全、人才密集和对外交流广泛的优势，深入实施中国特色新型高校智库建设推进计划，推动高校智力服务能力整体提升。作为高校智库的规划管理者，教育部积极响应中央政策，及时制订实施了《中国特色新型高校智库建设推进计划》，进一步以协同创新中心和人文社会科学重点研究基地建设为依托，着力打造一批中国特色新型高校智库，并不断深化人文社会科学重点研究基地综合改革；设立智库研究相关课题，加强智库理论创新与战略研究。各省教育厅也积极响应，出意见、定细则，推动本省高校加快智库建设进程。

随着中国高校智库建设的推进，国外也越加重视中国高校智库。宾夕法尼亚大学自 2006 年起每年发布《全球智库报告》，在 2016 年全球智库综合排名榜单175 强中，共有 9 家中国智库入选，其中高校智库有两家[①]（表 8-1）。

表 8-1　2016 年中国　部分高校智库排名情况

智库名称	全球综合排名	2016 年全球高校智库排名
北京大学国际战略研究院	79	11
清华大学卡耐基—清华全球政策中心	未上榜	14
清华—布鲁金斯公共政策研究中心	未上榜	16
中国人民大学重阳金融研究院	149	30
清华国情研究院	未上榜	51
北京大学国际关系学院	未上榜	82

资料来源：笔者根据《全球智库报告 2016》整理

8.1.3　中国高校智库发展的动力

1. 政府推动

党的十八大报告以及十八届三中全会报告等纲领性文件，在顶层设计上把智库建设上升为战略任务，提出建设中国特色智库是建立健全决策咨询制度的前提与重要内涵。同时，各部委为应对日益复杂的决策环境，也积极回应中央的部署，大力推动管辖范围内的各类组织支持智库建设，其主要的政策工具包括法规意见、资金支持、优惠政策、资质认证等。教育部除满足自身决策需求外，还致力于把高校智库建设作为高校体制机制改革的着力点与"试验田"。

---

① 北京大学国际战略研究院（第 79 名）、中国人民大学重阳金融研究院（第 149 名）。

2. 现实需求

中国高校智库的突然兴起，除了自上而下的行政命令外，更有力的推动力在于快速增长的诸多现实需求。这些需求包括政府决策科学化、民主化的需求，社会大众面对社会现象、社会问题对专家归纳、提炼、解释、应对的需求，国内外交流与外交活动中产生的对专家型桥梁的需求，等等。

3. 内生动力

高校智库的快速发展除了外部环境的推动力以外，更关键的因素在于内生动力的需求。从高校层面看，如高校争取相关"政策红利"的冲动与通过智库建设促进学科建设、改革体制机制的思路；从高校智库的层面看，如加强自身水平，获得更多资源，巩固与政府的联系的预期；从知识分子的层面看，如提升个人待遇、声望，通过参政议政实现个人价值；从知识本身的层面看，如知识转型的需要，即知识高度分化、学科化之后，知识生产乏力，面临理论脱离实践的困境，知识生产面临生产方式的重塑，而智库为面向问题、面向应用的知识生产新方式提供了组织形式与空间。

8.1.4　中国高校智库发展的问题

1. 高校智库建设存在的问题

当前，高校智库建设不仅存在研究前瞻性和针对性差、决策贡献率较低等普遍性问题，也出现了一些需要注意和防止的倾向。

第一，"贴牌""拼牌"。有些高校把任何发挥智库作用的团队、机构，甚至一些与战略研究、公共政策毫不相关的团队、机构都贴上智库的标签，"换汤不换药"，混淆了专业智库与具有智库作用的研究机构、纯学术科研机构之间的区别。一些传统的学术机构担心自己被政府"冷落"，也纷纷进行智库"转型"。例如，某大学把与国外知名高校合作共建孔子学院、与有关部门共建"中央文献翻译研究基地"视为建设新型特色智库的显著成果。一些新成立的研究院，一方面自我标榜为新型特色智库；另一方面又堂而皇之地明确提出实行"两块牌子一套人马"，与原来的教学科研组织分工模糊、定位不清，平时没有任何活动，就是申请时"拼"人头、考核时"拼"成果。这些"贴牌""拼牌"智库，表面上看是人员、资源"共享"，实际上只是想在"政策红利"中分一杯羹。

第二，重复、"扎堆"。有的高校智库建设不是结合自身优势和特色，聚焦国家急需，凝练主攻方向，而是忙于"抢时髦、搞噱头、讨彩头"。据初步统计，2014 年以来新成立的"一带一路"相关高校智库就超过了 50 家，其中有的高校还成立了不止一家智库。新成立的与"京津冀协同发展"相关的高校智库超过了 20 家。高校各方面积极关注和投身国家重大战略研究的热情应予以肯定，但如此多的智库"扎堆"建设,势必造成研究的同质化、碎片化、低水平重复甚至过度竞争。有专家指出,"百舸争流是好事,但是一定不能互相撞车,要形成理性、科学的智库体系"(赵婀娜,2015)。以"一带一路"为例,决策迫切需要有数据支撑的实证研究,包括物流、安全等具体问题和国别研究,而目前大部分智库研究尚停留在宏观诠释层面(傅莹,2015)。

第三,虚化、讨巧。其一是机构"虚",有牌子,无队伍。有的教授身兼几个研究机构的"所长"或"主任",表面上研究人员一大串,也会拉上几个带"长"字的来装点门面,但实际上只是一个教授带着几个研究生的"学术个体户",与原先的科研机构没有什么区别。有的高校智库重申请、轻建设,虎头蛇尾,在成立之初信誓旦旦、目标远大,但成立之后便"束之高阁",要人没人、要成果没成果。其二是研究"虚",或就事论事,缺乏远见,或坐而论道,缺少实证。

第四,封闭、低效。开放性是智库的典型特征,但目前关起门来建智库的现象还较为普遍。其一是组织"封闭",研究合力难以形成。与其他智库相比,人才密集、学科体系完备是高校智库的优势和特色。但从高校智库建设的现实来看,多所学校、多个学科协同创新的少,一所学校、一个学科"单打独斗"仍是主流,不仅校际的合力不足,学校内部学科间的交叉融合也非常薄弱。也有一些高校智库仍习惯性地"眼光向上",倾向于和政府部门的共建,既失去了高校智库应有的独立性,也不利于衡量智库知识生产的有效性与真实水准。其二是成果封闭,社会影响力弱。智库是决策者与社会、公民之间沟通的桥梁,不仅要提出自己的思想和观点,还要努力用这些思想和观点去影响社会,充分发挥舆论引导的功能。当前,大量高校智库还停留在"递折子""发文章"的阶段(谢建超,2015),缺乏向社会传播的意识。一些颇有影响力的智库,要么迟迟没有建立起专门的网站,要么其建立的专门网站成为"僵尸"网站,栏目信息缺失,或者信息更新停滞。

2. 高校智库开展政策研究存在的问题

第一,研究内容"就事论事"多,"运筹帷幄"少。战略思维、全局思维是智库决策咨询研究的"压舱石"。有专家指出,智库不仅要做国家治理的"监督者",更要做国家战略的"谋划者"、国家未来的"瞭望者"(赵婀娜,2013)。美国智库一向以其研究的前瞻性和超前性著称,如《2025 年世界风险报告》《2035 年全球风险报告》。"探讨未来、预测未来、设计未来"是日本智库的主要任务和特点。相比较而言,国内智库仍偏重对当前具体问题的短期性、应景性研究,以及对现有政策的阐释和解读。有专家指出,现在很多高校智库提出的报告,大多是就事论事、短期行为,很少有为未来 20 年、30 年,乃至 50 年、

100 年发展布局的大文章、大战略（唐任伍，2015）。例如，编制"五年规划"是中国政府的传统制度，国务院从 2013 年就开始启动"十三五"规划的编制工作，但 2011~2014 年中国知网关键词含有"十三五"的论文仅有 29 篇。

第二，研究方法"坐而论道"多，"田野调查"少。有专家指出，"花絮"式的"旁征博引"并不能构成科学证据（张平，2013），那种临时召集专家开一两次会议、写一份报告的做法，犹如用专家临时"拍脑袋"去代替领导的"拍脑袋"，政策研究需要更严格意义上的系统证据支持。目前，中国一些智库学者仍醉心于经院式学术研究，还没有走出书斋、走向社会。对中国知网 2010~2016 年受各类基金资助的人文社科论文统计表明，在关键词中含有政策的论文总计有12 957 篇，其中摘要含有"理论"的仅有 2 049 篇（约占 15.8%），摘要含有"访谈"或"调查"的仅有 1 077 篇（约占 8.3%）。另据统计，国家社会科学基金《成果要报（2013 年）》57 篇要报中，以数据为主要论据的仅有 28 篇，而数据来自研究者本人采集的仅有 3 篇，且均来自短期调查。

第三，对策建议"虚招空招"多，"真招实招"少。能否拿出实用、管用的政策建议，是衡量智库水平的重要标志。现实中，一些对策建议虽"立意高远"，但缺乏可操作性。例如，某篇针对提高我国地震灾害防灾能力的"成果要报"提出，要提高建筑防震能力、加强普及防灾宣传教育、组建专业紧急救援队伍、设计紧急医疗救助体系等。一些对策建议了无新意，只是重复着"正确的废话"。例如，某篇"成果要报"提出加快推进长三角都市圈建设的对策，仅仅是坚持走"合作第一、竞争第二"的共赢之路。还有一些对策建议大而无当、空洞无物。例如，某篇关于"我国文化符号推广及文化素养教育"的"成果要报"提出，要推广位居前列的中国文化符号，打造知名中国文化品牌，但对如何推广、如何打造这些关键性问题却避而不谈。

第四，研究成果"束之高阁"多，"社会影响"少。实效性是评价智库研究成果优劣的重要指标，除了要提高研究问题和政策建议的针对性、可操作性以外，还要处理好咨政与启民的关系。美国智库已经形成了一套相对成熟的信息传播模式和机制。除专著外，美国智库绝大多数报告、简报等研究成果都提供直接下载服务。布鲁金斯学会每年有 200 多场活动，平均每个工作日就有一场"思想风暴"，其影响力很大程度上依赖于其高质量的论坛或圆桌研讨。加拿大可持续发展研究所将发表和出版的数量作为考核研究人员的重要指标之一，但这些刊物和出版物 70%不是针对学术界的，而是针对政策制定者和公众（许宝健，2014）。相比较而言，中国一些智库的研究成果往往"一阅了之""束之高阁"，成为摆在书斋里的"花瓶"。

8.2 国外高校智库建设的特点和经验

现代意义上的智库起源于西方发达国家，其高校智库明显比中国高校智库发展得成熟，在政策研究中占有举足轻重的地位，因此其有许多值得借鉴的经验。

8.2.1 开放的用人机制

一是复合的人员结构。欧美智库的研究人员不仅来源复杂，包括高校、企业、政府，专业背景也比较复杂。二是协同的研究团队。现代智库研究需要各方面的人才协同配合，著名智库在项目中常组建集体性、协同性的研究团队。三是常态的人才流动。国外著名智库十分重视研究人员的培养交流，人员培养交流的渠道有成立自己的学院或研究院，提供"实习项目"等（安淑新，2012）。四是激烈的人才竞争。在欧美国家，智库与高校不同，虽然待遇更优厚，但不设置终身聘用岗位，始终遵循"末位淘汰"[①]的思路。

8.2.2 跨学科的研究范式

相当多的西方著名智库采用的是学科知识与研究课题相结合的矩阵研究机制，在运作研究课题时，从按学科划分的各小组中抽调研究人员组成课题的研究队伍，进行跨学科综合性研究，从而形成一种矩阵结构。这种跨学科的研究范式根植于三点：一是实践的研究背景。欧美咨询市场化程度比较高，主要的课题来源是政府与企业急需解决的实践性问题，因此欧美高校智库研究主要基于社会现实展开（边晓利等，2012）。二是宏观的研究选题。欧美智库由于充沛的资金和人力资源，可以并且偏好于选择高层次、涉及广泛的宏观问题，以及涉及国家安全、国际关系的战略问题。三是系统的研究布局。国外著名智库开展的研究以战略问题为中心，专题研究、基础研究、方法研究都要为战略研究服务，强调研究布局的系统性、衔接性。正是研究的实践性、宏观性、系统性要求推动了国外高校智库逐渐采用并完善跨学科的研究范式。但是我们也要注意到，国外高校智库开展跨学科研究往往会根据专业优势选择研究领域，主动突出自身特色，聚焦重点，持续关注，以提升智库的专业特色与影响力。

8.2.3 完善的信息支撑体系

一是基于研究项目导向的信息资源体系；二是持续充足的信息资源；三是多

---

① 主要指的是聘用思路，不一定是具体实施办法。

渠道获取信息资源。国外智库大多都有各自可靠的信息数据来源，一般都有自己的图书馆和情报信息网络。一些大型智库还将专题研究与信息研究部门对等设置，或配置专门的信息资料人员。胡佛研究所除拥有斯坦福大学　流的资源外，自建的图书档案馆包括七大分馆，收集了 20 世纪以来的大量珍贵历史和政治史料。此外，几乎所有的国外知名智库都建立了各类专业特色数据库。有统计指出，美国有 4 000 多个数据库，占全球数据库总量的近 80%（刘恩东，2014）。

8.2.4　全方位的成果传播方式

西方智库注重宣传，一般会设立专门的成果传播、宣传部门。不仅通过定期或不定期地发布一些研究报告和简报等出版物、建设并不断更新智库网站来宣传其成果，而且充分利用媒体宣传。布鲁金斯学会采取的主要传播方式有人际传播、组织传播和大众传播，三种传播方式互为补充和促进。此外，国外高校智库坚持主动推广。欧美高校智库认为要向政策制定者主动推送信息，开展营销，推送的信息要简明扼要且易于理解。智库成果的营销推广能力可能是中美高校智库差距最大的方面。

8.3　加强中国高校智库建设的路径和建议

8.3.1　加强中国高校智库建设的路径

中国高校智库建设的基本路径可以分为宏观、中观、微观三个层面。

1. 宏观层面——自上而下的强力推动和改革引领

与传统决策模式相比，大力推动决策模式转型为高校智库建设注入了新的动力，智库建设也为决策模式转型提供了支撑。但是，由于传统决策模式根深蒂固，转型不彻底会抑制智库建设，相应地，智库建设的滞后又阻碍了决策模式的彻底转型。

目前中国的决策体制还处于转型期，在与智库的合作中带有浓厚的行政色彩，高校智库往往单向、临时、被动地参与决策。具体表现在高校智库参与决策的模式上，即高校智库通过申请决策咨询项目或政府通过招标购买智力成果的方式，从而建立临时性的合作关系。同时，由于政府在行政地位、资源筹集等方面占有优势，整个项目的选题、研究内容、研究方法、研究结论、成果评价都不同程度地受到政府指令的影响（张宏宝，2015；汪锋，2016）。在这一模式之下，高校智库参与决策咨询的效率可能会低下且缺乏独特贡献。虽然高校和决策部门都意识到了这样的问题，但是路径依赖与利益固化对内生的制度创新和局部的改革形成了较大的阻力。中央的相关部署与各高校的探索性改革已经对这一模式产生冲击，但由于路径依赖效应的存在，新的制度难以自然生长出。高校也在尝试"双轨制""另起炉灶"等方法，但由于整个决策模式的核心点在政府内部，指望高校智库单兵突进并不现实。因此，高校智库发展的重要前提就是下大力气改革决策模式，加快决策机制改革进程，完善高校智库与决策模式协同推进的顶层设计。

2. 中观层面——打破体制障碍，建立话语转换机制

中国智库具有多种发挥作用的方式和机制，可以概括为如下九种：内参和政策报告、咨询机制（咨询会议、机制化的委员会）、承接"发包"课题、参与公共外交、"第二轨道"沟通机制、公开渠道及社会影响、个人渠道（正式与非正式的）、人员交流、为领导层讲课（焦金锋，2017）。

更具体分析可以发现，中国智库主要通过四种网络发挥作用，即行政体制网络、政府官员网络、社会精英网络和媒体网络（鲍静，2009）。

第一，行政体制网络。中国智库与西方智库不同，其处于行政体制框架下，其核心的工作，如项目申报、资金支持、人员流动、职称评审、成果评价都不可避免地受到行政体制的影响，甚至依赖于行政体制网络（周健，2011）。中国智库的行政体制网络存在诸多结构特点，最显著的就是行政主管部门和业务主管单位的双头管理以及智库行政级别。智库的行政体制网络代表了智库在政府心目中的形象、社会身份和思想的权威程度，与之而来的是稳定的行政拨款、与相关部门制度化的沟通渠道和其他资源的获取渠道。

第二，政府官员网络。从功能上来看，政府官员网络对中国智库所起的主要作用是资助、提供研究课题，并通过闭合循环过程采纳智库研究成果，最后实现思想库的直接政策影响力。而在中国各级政府官员中，智库距离最能掌握政策决策资源的人有多近，是智库实现影响力的关键。

第三，社会精英网络。作为知识精英，智库专家参加工作单位以外的精英组织则是一个最为重要的结识其他社会精英个体的途径。智库通过社会精英网络，能为政策思想的认知和传播带来诸多益处。可以将这些益处归纳为三种效应：其一是机会效应，智库的社会精英网络使他们获得了更多的信息，这些信息包括课题信息与机会、最新的研究成果、相关领域的观点；其二是碟旋效应，智库社会资本对智库影响力的作用是具有正反馈的，它们之间是螺旋递增的相互促进关系；其三是复制效应，智库的观点被那些接受了它的智库网络中的其他成员自发地复制，传播给他人。

第四，媒体网络。智库借助各种媒体向公众传播政策观点，提到自己在普通大众中的知名度。媒体、智库与公众舆论之间存在三元结构关系。公众舆论通过

媒体体现而被智库了解，智库对公众舆论研究分析提炼，反映社会舆论的实质，形成成果，而成果又通过媒体引用产生影响力。

显然，从智库的传播渠道与影响力产生路径，可以发现阻碍高校智库发展的两个障碍。

（1）体制阻碍。高校下属智库的业务主管单位是它们所在的学校。这种关系天然地为智库划分了级别。一方面，高校的行政关系为高校智库在建立之初带来了较为全面的支持；另一方面，这种行政关系也会在高校智库进一步发展的过程中成为"玻璃天花板"。行政级别将会影响智库成果评判、拨款数量、项目申请、人才引进等的标杆。长此以往，行政体制会消解高校智库的活力与竞争性。此外，高校智库与政府官员的关系极大地影响了智库的发展。政府官员倾向于选择那些和自己有多次合作关系的智库，并经常委托那些他们曾经合作过的研究机构从事新的政策研究项目，排斥新的竞争者。

（2）话语体系阻碍。从智库的四种网络可知，高校智库要发挥作用，经常需要从学术话语体系转换到政府话语体系或社会话语体系。对比中国目前高校智库与政府之间的话语体系差异，作为思想供给方的高校智库，在言语表达习惯、修辞语义格调和话语形态展示三个方面，与作为思想需求方的政府部门之间，存在较大的差异。

因此，在中观层面要着力打破体制障碍，建立话语转换机制。

3. 微观层面——创新组织形式，建立知识生产新模式

智库的知识生产过程就是知识生产者把自己掌握的各种政府报告、规划、计划、报表、档案、总结、方案、政策法规、研究报告、科技报告、对外公布的工作流程等显性知识内化、加工。通过调研获得政策相关部门以及其他相关的隐性知识（如对领导决策需求的把握），结合个人的专业知识、技能将隐性知识不断内化、加工。两者融合内化成为新生产的隐性知识，这一知识社会化后可以与其他知识生产者、知识消费者（如决策者）交流，形成反馈，形成新的知识。

知识的生产模式包括三个过程，如图 8-1 所示。

知识的情景化 ⇨ 知识的创新化 ⇨ 知识的显性化

图 8-1　知识的生产模式过程

（1）知识的情景化。智库知识生产的起点必然要基于已有的学科知识。知识生产机构不可能脱离已有知识，但是由于智库对策研究的高度情境性，理论知识并不能直接应用。因此必须要结合实际情景收集信息，获取分散在各个组织中的隐性知识，完成对理论知识的情景化应用、完善。这样，理论知识与情景信息

结合就是智库知识生产的情景化过程（图 8-2）。

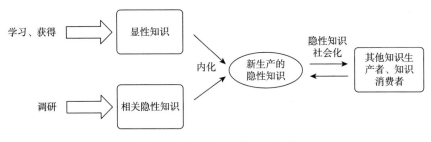

图 8-2　知识生产的情景化过程

（2）知识的创新化。研究人员对问题情境有了充分的认识后，就要结合自身知识、经验，通过调研获得信息，将隐性知识不断内化，加工开发出高度情景化的新知识，以期解决问题（图 8-3）。新开发的知识一般是隐性的知识。

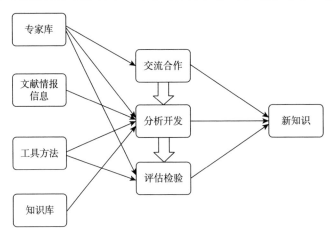

图 8-3　知识生产的创新化过程

（3）知识的显性化。获得的对策知识往往不容易表达，有时候难以言述。这样就需要通过智库专家运用比喻、比较、演绎等方式显性化，并按照一定规范与习惯形成政策决策者能够看懂的非学术文档，或者借助技术手段制作图片、视频等传播媒介，形成可向公众传播的材料。这种隐性知识外化、通俗化的过程就是知识生产的显性化过程（图 8-4）。

显然这一知识生产方式与传统高校学科知识生产模式迥异。依据吉本斯《知识生产的新模式——当代社会科学与研究的动力学》的观点，可以发现高校智库知识生产的新特征：其一是基于应用的情境；其二是跨学科性；其三是学术与市场的双重属性。这些新的特征在原有高校框架下难以解决，必然需要创新的组织形式和评价模式，并在新的组织形式下，构建适合智库的知识生产新模式。

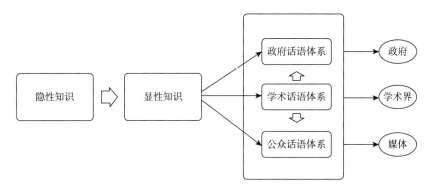

图 8-4　知识生产的显性化过程

8.3.2　加强中国高校智库建设的建议

推进高校智库建设一定要从实际出发，保持战略眼光和战略定力。既不能"有智无库"，缺乏打造智库品牌的意识，否则"库"不兴则"智"难聚；也要避免盲目跟风、大干快上，导致"库多智少"，更不能让智库成为装点门面的"纸库"，捞取好处的"金库"。

建设高校智库要靠高校与政府协同合作，严格按照《关于加强中国特色新型智库建设的意见》中关于智库建设的标准，稳扎稳打，不应盲目地推动高校智库"遍地开花"，将智库随意扩大与泛化，严格做好高校研究机构的定位与分工，有潜力开展政策资讯的研究机构要积极转型，引导其开展战略性、前瞻性问题与对策性、应用性问题研究。不适合开展政策研究的研究机构要坚持学术导向，扎实做好学术性、基础性研究。智库转型要配合研究模式改革。高校智库要确立以决策咨询为核心的研究模式，把宏观性、政策性、实践性研究放到首要位置，围绕此类研究按照社会需求开展基础性、方法性、专业性研究，根据综合性、政策性、实践性研究的特点，调整与政府的合作模式和人才培养形式。这是高校智库发展的基本原则。

为引导高校智库合理有序地发展，我们提出如下建议。

1. 健全完善政策，消减阻力

健全决策参与、成果购买制度。要通过立法的方式，将决策咨询购买法制化、程序化、公开化。通过法律硬杠杆进行外部约束，促使政府决策民主化、公开化，推动政府定期发布决策需求信息，打破目前决策咨询封闭、内部的模式，引导高校智库开展决策咨询。通过程序化的方式确保决策咨询项目公开择优、针对高效。

加大财政支持力度，提升人才报酬。在政府加大对高校智库财政支持力度的基础上，优先向人力资本投入倾斜。放宽咨询决策专家费标准，鼓励专家在决策咨询中获取劳务报酬，充分考虑决策咨询复杂的现实，扩大报销范围，适当提高间接经费比例。

完善税收优惠政策，扩大智库资金来源。切实制定落实对高校智库税收减免政策，制定个人与组织捐助智库的税收抵扣政策，研究制定阶梯性税收减免制度，引导鼓励高校智库多参与决策咨询，多出切实可用的成果。

巩固并完善政府信息公开制度。下大力落实政府信息公开条例，若有不按规定落实条例、对信息公开申请敷衍塞责的，要坚决对主管领导依法追责。建立政府信息数据库，扩大公开信息范围与系统性，通过网站、微博、年鉴等多种方式打通高校智库获取政府信息的渠道。

2. 优化整合资源，凝聚合力

高校学科门类齐全，对外交流广泛，具有智库建设的天然优势，但也存在学科建设分散、专业领域细化等现实问题。高校智库建设必须在审视自身办学定位和学科特色的基础上，做好整体规划和科学布局，注重突出协同创新。对内要打破院系、学科之间的壁垒，整合优势资源，形成跨学科、跨专业、跨领域的"拳头"产品；对外要加强合作、善于借力，扩大向社会、政府、国际开放的力度，搭建专业化智库平台。

3. 分类错位发展，挖掘潜力

加强高校智库建设，要加强统筹，引导各类高校坚持有所为、有所不为，在自己的优势学科领域找准发力点、生长点。既要培育一批具有集成优势的新型智库机构，也要培养一批具有重要影响力的咨政研究团队，建设一批社会科学专题数据库和实验室，搭建一批高端成果转化和发布平台。如果忽视了团队、数据库、平台建设，只是"一窝蜂"竞相成立一些华而不实的机构，高校智库做不强也走不远。要创新组织管理方式，推动高校智库内涵发展。在队伍建设上，要建立跨学科、跨部门的人才"旋转门"，加大校外挂职力度；在资源配置上，要优先安排专题数据库和实验室建设的经费支持，着力构建"先研究、后赎买"的资助机制；在成果评价上，要打破基于学科的论文、课题、奖励评价导向，要结合决策咨询实际，建立包括决策咨询数量、质量、效益、政策影响力、社会影响力等内容的评价指标体系。鼓励智库建立数据库。建立专项资金、项目，鼓励高校智库依托高校资源建立数据库，并引导跨学科、跨高校建立数据库体系，整合各方信息资源，健全信息资源收费机制，推动数据库公开、有偿使用。

4. 创新评价体系，激发活力

对策研究和基础研究有不同的研究范式，其成果表现形式也有着本质的区别。激发智库创新活力，必须改变拿基础研究的"尺子"来度量对策研究的局面，建立以贡献和质量为导向的绩效评估办法，形成用户评价机制，避免唯"批示论"、唯"论文论"、唯"数量论"，还对策研究以本来的面目。同时，也要考虑到高校智库的大学属性，建立完善高校专业智库的标准体系，形成"有进有退、优胜劣汰"的动态机制。

5. 改进管理办法，培育动力

高校智库不同于政府智库、民间智库，基础研究、学术研究是高校智库的源头活水，既要激发高校教师参与智库研究的积极性，也要避免智库专家完全独立于教研活动，与人才培养中心任务相脱节，成为大学里的"孤岛"（徐青森，2016）。为此，必须对学者兼职等一系列现行制度做出调整，实现智库研究人员从"身份"管理到"岗位"管理的转变，促进高校教师在学科和智库间的双向流动。加快建立具有稳定组织结构的高水平专职研究团队，加快从"各自为战的科研模式"向"团队合作科研模式"转变。制定有针对性的高校智库人才评价、引进和奖励政策，引导高校智库在研究队伍建设中引进"旋转门"机制，实现高校智库研究队伍组成"多元化"。

6. 促进成果转化，增强影响力

建立高校智库研究成果转化机制。完善优秀智库成果的奖励机制。充分吸收西方经验，强化智库评价中传播的权重，严肃智库成果传播的硬约束，不向社会公开的成果不予结题，不建立配套传播渠道的智库不纳入研究采购名录。坚决处理高校智库网站"僵尸"化、"挂羊头卖狗肉"的问题。引导高校智库运用互联网思维、信息技术、公共关系技巧，建立有思想、有吸引力的智库传播媒介。

参 考 文 献

安淑新. 2012. 加强我国智库内部管理的对策建议研究. 经济研究参考，（58）：32-44.

鲍静. 2009. 评《中国思想库：政策过程中的影响力研究》. 北京：清华大学出版社.

边晓利，李婧，梁婧. 2012. 国外智库研究的品质策略. 竞争情报，（1）：24-31.

傅莹. 2015-04-15. 国际战略智库期待"转型革命". 人民日报.

焦金锋. 2017. 协同治理视域下的我国智库发展及其资本提升. 学理论，（5）：27-29.

刘大可. 2015. 党校行政学院智库建设的现状与对策. 中共福建省委党校学报，（6）：46-57.

刘恩东. 2014-05-05. 美国智库发展新趋势. 学习时报.

唐任伍. 2015-02-14. 高校智库建设最忌同质化. http://blog.sina.com.cn/s/blog_4a90ec1c0102vj51. html.

汪锋. 2016. 提升我国高校智库决策影响力的制度设计——基于制度经济学视角. 高教探索，

（10）：25-27.

王莉丽. 2013-09-23. 中国智库发展的重要条件. 学习时报.

谢建超. 2015-07-22. 广东：加快新型智库建设. 中国经济时报.

徐青森. 2016-12-30. 高校智库不能"新瓶装旧酒". 新华日报.

许宝健. 2014-10-08. 大学智库要影响有影响力的人. 中国经济时报.

袁莉莉，杨国梁. 2016. 英国智库概况及对我国智库建设的启示. 智库理论与实践，（2）：34-41.

张宏宝. 2015 . "中国模式"新型大学智库话语权的建构与发展. 中国高教研究，（10）：32-35.

张平. 2013-04-10. 在"大理论"和现实关怀之间. 中国社会科学报.

赵婀娜. 2013-11-21. 一流智库是一流大学的重要内涵. 人民日报.

赵婀娜. 2015-02-05. 高校智库"热"也需"冷"思考. 人民日报.

中国国际经济交流中心课题组. 2015. 中国特色新型智库构建：现状、问题及对策. 全球化，（2）：107-119.

周健. 2011. 制度与角色的互动：当代中国政府过程研究的一个视角. 华东师范大学博士学位论文.

朱书缘，谢磊. 2015-01-21. 习近平谈建设新型智库：改革发展任务越重越需要智力支持. http://cpc.people.com.cn/xuexi/n/2015/0121/c385475-26422432.html.

第9章 创新能力发展的脑与认知机制及教育政策研究

——认知、非认知因素、训练和学校心理环境的作用及政策建议①

21 世纪是知识信息社会，科技进步和知识创新对经济增长的贡献率已经超过了其他生产要素贡献率的总和。如何培育创新型人才已成为当前全世界教育改革与发展的重要问题。当前我国教育的重要使命之一是如何培养学生的创新能力。系统总结影响创新能力发展的脑、认知和学校环境的多层面研究进展，提出促进学生创新能力发展的教育启示是我国教育发展的迫切需要。《国家中长期教育改革和发展规划纲要（2010—2020 年）》明确要求"努力培养造就数以亿计的高素质劳动者、数以千万计的专门人才和一大批拔尖创新人才"。党的十八大也把培养学生"创新精神"作为"办好人民满意的教育"的重要目标。

与知识经济和信息社会对个体提出的创新要求相比，目前我国中小学生创新能力的培养与发展还需要进一步促进。已有的跨文化研究表明，我国学生能力发展的优势是知识掌握和问题理解能力，而创造性思维相对较弱（施建农和徐凡，1999）。与此同时，学生的创新能力还存在较大的城乡差异，构成了我国当前教育质量与公平的严峻挑战之一。学生的创新能力培养和发展离不开积极心理环境的滋养。为促进我国学生创新能力的发展，迫切需要准确把握当前我国学校心理环境的特点、差异和存在的主要问题，认识学校心理环境影响学生发展的机制和条件。因此，系统认识学生创新能力关键成分以及脑与环境对学生创新能力的影

① 陶沙：北京师范大学认知神经科学与学习重点实验室、北京师范大学心理学部；杨盼盼：北京师范大学认知神经科学与学习重点实验室、北京师范大学心理学部；王延培：北京师范大学认知神经科学与学习重点实验室、北京师范大学心理学部；王道阳：北京师范大学国家基础教育质量监测协同创新中心；刘红云：北京师范大学心理学部。

响，增进创新能力发挥作用的保护因素，减少和消除不利因素，是推动学生创新能力发展的重要途径。

本章整合当前国内外有关创新能力发展的脑与认知特点的实证研究成果，着重分析与创新能力密切相关的认知成分、人格等非认知因素、训练和环境的影响，提出对创新能力发展规律的新认识，澄清、纠正片面观点。同时，基于具有全国代表性的实证科学数据，围绕学生创新能力发展，从学术和非学术课程、各类活动、心理环境（校园安全、支持性、公平性、自主性）等多个角度出发，全面分析当前我国学校心理环境在不同地区、城乡、师资水平、年级的特点以及存在的主要问题，系统揭示影响创新能力发展的学校心理环境、课程和活动因素，为制定教育改革措施提供科学依据。

9.1 创新能力脑认知机制的研究进展：认知、非认知因素与训练的作用

9.1.1 研究问题与方法

创新是人类社会生活中一个永恒存在的现象。在认知层面，创新是指能把之前无关的想法联系起来的能力。在社会层面，创新是指能产生有价值、新颖结果的想象活动（National Advisory Committee on Creative and Cultural Education，1999）。作为人类能力和智慧的最高表现，创新的脑与认知机制一直备受关注。但限于研究的技术条件，创新能力曾长期被当作一种难以知晓本质的神秘存在。在日常生活中，人们对创新的脑与认知机制有各种各样的看法，其中存在不少片面甚至错误的观念。20 世纪 90 年代以来，随着高密度脑电（electroencephalography，EEG）、无创脑成像技术［功能磁共振（functional magnetic resonance imaging，fMR）、正电子发射型计算机断层显像（positron emission computed tomography，PET）、近红外谱分析技术（near-infrared spectroscopy，NIRs）］的飞速进步，人们可以直接在正常、清醒人群中研究"创新脑"，并获得了有关创新的脑与认知机制的新认识。

运用定性和定量文献分析方法，我们对创新能力的脑与认知研究进展进行系统分析，旨在汇聚和提炼有关学生创新能力的脑、认知与人格及环境影响等方面的研究共识，总结有关创新能力的重要新观点。我们主要关注以下问题。

（1）创新能力是一种独特的能力吗？"创新脑"在脑的哪里？

（2）人格、情感、动机如何影响创新能力的发展？

（3）创新能力可以通过专项训练得到提高吗？

（4）社会环境有何作用？

在文献分析中，除开展定性分析外，我们还着重采用元分析（meta-analysis）的定量方法，实现对研究进展的汇聚和整合。元分析方法是整合现有研究证据的定量研究方法。根据研究问题，通过对众多现有实证结果的系统梳理形成能够再次统计的数据库，在此基础上应用效应量整合、检验的系列统计方法，可以获得相应领域研究的共识结论并鉴别研究分歧的来源。

我们特别关注创新能力训练有效性的问题，为此开展了专项元分析。基于入选的研究文献，我们把来自不同样本使用不同训练方法、训练时长和内容的多项研究数据结果整理转化为可比较、可二次分析的效应量，从而探究创新能力的训练效果以及影响创新能力训练的因素，回答创新能力训练是否有效的问题。

9.1.2　创新是多个脑区协同支持的优质认知活动

很多研究者试图去寻找特定的"创新脑区"，期待由此揭开提高个体的创新能力的秘密。然而，目前已有的研究证据表明，单个脑区难以独自负责如此复杂的高级心理活动的整个过程，人脑中不存在单一、专门的"创新脑区"，创新是全脑协同活动的产物。

Dietrich 和 Kanso（2010）基于 63 篇论文的 72 个实验对创新活动的三个主要领域——发散性思维、顿悟和艺术创新能力进行了综合分析，结果发现发散性思维并不是某一特定脑区的功能，前额叶、顶叶和颞叶均可能参与其中，同时视觉皮层、丘脑、海马、前扣带回、小脑、胼胝体也可能参与发散性思维。并且前扣带回在顿悟中起到很重要的作用，前额叶的许多区域，如左外侧区、右腹区也被认为与顿悟有关；颞顶脑区，尤其是颞上回在顿悟中非常重要。此外，视觉皮层和海马也可能参与顿悟过程。在艺术创新过程中，前额叶参与艺术创新获得了较一致的证实，如运动前区和运动皮层、额回、额叶岛盖、前扣带回等。此外，顶枕区、梭状回、视觉皮层、丘脑、基底神经节、海马、小脑、中脑和脑桥，也被揭示参与艺术创新活动。

以创新活动的重要认知过程——顿悟为例，大量研究同样支持多脑区协同的观点（沈汪兵等，2013）。综合 2000 年以来有关顿悟的大脑机制的研究发现，顿悟主要涉及腹外侧前额叶、扣带前回、扣带后回、海马、颞上回、梭状回、楔前叶、楔叶、脑岛以及小脑等多个脑区。这些区域在结构上有着丰富的神经和突触联系，并在功能上彼此相互交流和协作，共同形成了负责顿悟的认知过程和情感体验的神经网络（图 9-1）。就各脑区的功能而言，腹外侧前额叶主要负责顿悟难题思维定式的转移和打破；扣带前回则参与新旧思路的认知冲突以及解题进程的监管；海马、颞上回和梭状回构成了负责新异而有效联系形成的神经网络；问题表征的有效转换则依赖于楔叶和楔前叶组成的"非言语的"视觉空间信息加工网络；脑岛负责认知灵活性和顿悟相关情绪体验；反应相关手指运动的皮下控制则依赖于小脑（沈汪兵等，2012）。

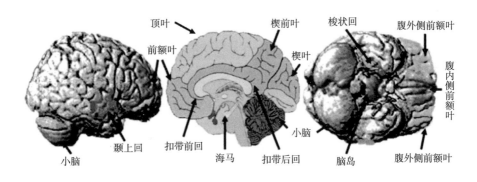

图 9-1　顿悟脑的相关脑区

资料来源：沈汪兵等（2013）

以视觉领域的创新为例，Pidgeon 等（2016）对 7 项 fMRI 和 19 项 EEG 研究中的约 800 被试进行了元分析，在 fMRI 研究中通过视觉创新能力与非静息控制组比较，结果显示至少存在 7 个与视觉创新能力密切相关的脑区：①丘脑背内侧核；②右侧额中回；③右中央前回；④左侧梭状回；⑤左侧角回；⑥右侧额下回；⑦左侧扣带回（图 9-2）。综合以上研究可以看出，创新活动的神经基础与其他很多心理活动一样，并不只是单一脑区参与的，而是依靠多个脑区有机组成的复杂系统。

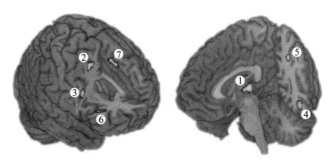

图 9-2　创新脑的相关脑区

①丘脑背内侧核；②右侧额中回；③右中央前回；④左侧梭状回；⑤左侧角回；⑥右侧额下回；⑦左侧扣带回

资料来源：Pidgeon 等（2016）

从脑的活动来看，大量研究结果显示，创新能力并不是一种单一、特定的能力，没有任何一种独立的能力等同于创新能力。创新能力实际上是多种认知能力的整合优化。

首先，注意力在创新过程中起到重要作用。注意范围越大，个体对信息的接受和检索水平就越高，从而越有助于新颖独到观念的涌现和捕捉（Wallach，1970）。其次，记忆直接影响知识积累和提取，从而影响创新思维过程。对 63 名 4~6 年级学生的研究发现，记忆能力与创新性思维之间显著正相关（Pollert et al.，1969）。此外推理、联想、认知策略、元认知等也显著影响了创新能力（Adams and Beschta，1980；Root-Bernstein，1988；Runco and Pritzker，1999）。因此，没有优质的认知加工，不可能产生创新活动。创新能力绝不是一种特定的能力，而是基于注意、记忆、推理、联想等多种能力的整合优化。

相关脑电研究也表明创新并不存在独特的脑活动。在早先研究中，alpha 波的事件相关同步（event-related synchronization，ERS）被认为能够反映相关脑区的低唤醒状态。通俗来讲，在这种观点下，执行发散性思维需要大脑处理注意涣散可低激活的状态，也就是所谓的 alpha 生物节律波弱化论，并认为这是创新过程所拥有的独特大脑活动状态。然而随着研究的不断深入，这种现象并未得到一致证实。例如，对于完成心理想象任务来说，研究者发现在脑海中绘画时，伴有前额叶和后部脑区的 alpha 波的事件相关去同步（event-related desynchronization，ERD）；但是在脑海中编舞时，却伴有 alpha 波的 ERS。这种不一致的结果目前很难得到解释。Pidgeon 等（2016）的元分析发现，在 alpha 波上无论是从频谱能量，还是从频率相干性的角度都很难获得一致性的结果。在高 alpha 和低 alpha 相干性方面，伴随创新活动相应增加、减少或无清晰改变模式的研究基本是相当的（图 9-3 和图 9-4）。

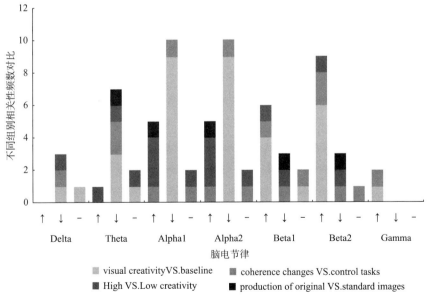

图 9-3　与创新密切相关的脑电活动频谱能量图

各类与创新密切相关任务的脑电活动频谱能量并不表现出稳定的特异性

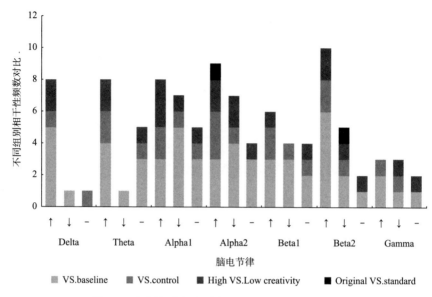

图 9-4　与创新密切相关的脑电活动频率相干性图

各类与创新密切相关任务的脑电活动频率相干性也不表现出稳定的特异性

资料来源：Pidgeon 等（2016）

另外，人们完成不同的创新能力任务（发散性、顿悟、艺术创新和创编故事）时所利用的脑区以及大脑活动状态也有很大差异，如完成发散性思维伴随前额叶 alpha 波的 ERS（相对与基线水平 alpha 波能量的增强），完成艺术创新伴随前额叶 alpha 波的 ERD。可见，不同的创新能力任务涉及的大脑活动差异很大，几乎难以找到一致性规律和独特的大脑活动状态。

9.1.3　创新能力受到人格倾向的影响

已有研究表明，创新型个体具有兴趣广泛、独立判断、自信、容纳相反或冲突概念等特征（Barron and Harrington，1981）。近年来对创新能力与人格特质之间关系的研究主要集中在"大五"人格框架下展开，并取得了一些重要进展。

经验开放性是目前唯一被证实的和创新成就有稳定正相关的人格因素（Hirsh and Peterson，2008）。经验开放性反映个体对经验的开放性、智慧和创新性程度及其探求的态度，它不仅仅是一种人际意义上的开放。这一特质得分高的个体具有活跃的想象力，能够主动接受新概念，并且具有较强的好奇心（Costa and McCrae，1992；张秋惠和王淼，2011）。Hirsh 和 Peterson（2008）在研究中，同时使用传统的"大五"人格问卷（Big Five Inventory，BFI）、由国际人格项目库（International Personlity Item Pool，IPIP）和 NEO 个性问卷（Neuroticism Extraversion Openness Personality Inventory，NEO-PI）等"大五"人格框架下的问卷中选出的各维度题目组成的新人格问卷和创新能力成就问卷（Creative Achievement Questionnaire，CAQ），对创新能力与人格特质之间的关系进行研究。结果显示，无论是新编的 CAQ 人格问卷还是传统的 BFI 人格问卷，在"大五"人格框架下，只有经验开放性与创新能力有显著的正相关，显著水平达到 0.01（图 9-5）。

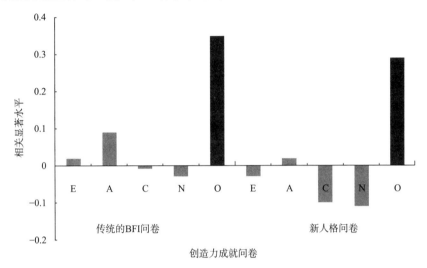

图 9-5　　"大五"人格框架下各维度与创新能力的相关

E=外倾性；A=宜人性；C=尽责性；N=神经质；O=经验开放性

资料来源：Hirsh 和 Peterson（2008）

基于 132 个国家（Steel et al.，2012）的数据，居民平均的人格经验开放性水平是唯一能够稳定、正向预测该国的创新水平的人格因素（图 9-6）。

尽责性得分高的人对工作负责，给自己设定更高的目标，会尽最大的可能完成组织交给的挑战性任务，并且会主动推动创新想法的实施和应用，以期获得更高的绩效（Raja et al.，2004）。但是由于尽责性是外部动机导向的，所以对创新能力的促进效果不够稳定。

神经质得分高的个体消极情绪多，容易焦虑，且缺乏积极的心理调节能力（Judge et al.，2002）。这些特点使得他们趋向于选择低压力、低工作量、任务明确的工作，不会对组织提供长期的投入，并且较少为组织的技术开发或服务流程提出新颖有益的想法，更不会支持、促进创新想法的实施（Raja et al.，2004）。

有趣的是，宜人性得分高也会对创新能力有妨碍作用。宜人性得分高的人会倾向于与人和睦相处，尽可能避免与同事发生冲突，在工作中为了避免承担风险，不会去尝试新的方法以改善组织流程，也不会采用新的技术和方法（Costa and McCrae，1992）。

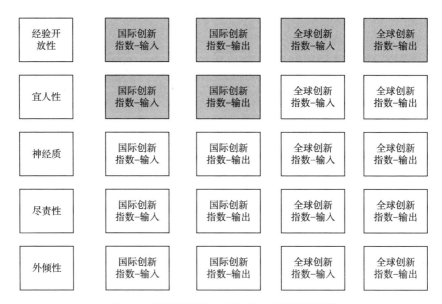

图 9-6　经验开放性、宜人性与创新指数相关

阴影部分表示经验开放性、宜人性与创新指数（输入/输出）相关显著性情况

资料来源：Steel 等（2012）

9.1.4　情感与动机在创新能力发展中具有重要作用

个人的情感会影响创新思维的产生。大量的实证研究表明，积极情感与高创新能力相关密切（Hennessey and Amabile，2010）。研究者指出，积极情感不仅能促进内在动机（Isen and Reeve，2005），而且对复杂、困难的任务的变通思维及问题解决也有促进作用（Aspinwall，1998；Isen，2000）。一项基于 222 名员工的创新能力研究发现，积极的情感与创新能力之间存在显著的正相关（Amabile et al.，2005）。对中小学生的一项调查显示，学生在愉快情绪状态下的创新性总体水平、流畅性和变通性均显著高于在负面情绪状态下的表现（卢家楣等，2002）。

内部动机、外部动机和创新能力之间的关系如下。内部动机是指个体参与活动或人事工作的动力，主要包括个体对任务的价值判断和个体存在的兴趣，是创新能力的心理动力基础（Amabile，1983）。受内在动机驱使的任务往往不容易被可能抑制创新能力的评价和约束条件所影响（Amabile，2003；Stohs，1992），大量实证研究都支持创新能力的内部动机原则（Hennessey and Amabile，2010）。具有内部动机取向的个体会表现出更高的创新性（Amabile et al.，1994）。从小学到成年的纵向研究表明，人们在做感兴趣的事情时会表现出更高的创新能力（Thomas and Scott，1993）。近年一个对 15 项研究、6 435 名被试的元分析结果也表明内部动机对创新能力得分有显著预测作用（Saul，2013）。当然，外部动机对创新能力也同样有影响。有研究证明，某些外在因素会抑制创新性的思考（Amabile，2003）。预期回报会增加个体的外在动机水平，但会使人感到受情境控制从而降低内在动机和创新性（Deci and Ryan，2002；Ryan and Deci，2000）。但如果是与个人内在动机相关的任务，奖励会促进内在动机水平和创新性（Hennessey and Amabile，2010）。

9.1.5　专项训练对于创新能力的部分成分有一定促进作用，但不能解决创新能力培养的全部问题

过去半个世纪以来，研究者提出了各种各样创造力训练的方法（Bull et al.，1995；Nickerson and Sternberg，1999； Smith，1998），并涌现了大量旨在开发创造力的训练项目（Scott et al.，2004）。但是创新能力训练真的有效吗？可以依赖专项的创新能力训练解决创新能力培养的问题吗？为了回答这两个问题，我们开展了有关创新能力训练研究的元分析，通过整合不同研究的结果，分析创新能力训练的有效性、效应量大小以及相关影响因素。通过对"创新能力/创造性/创造能力"、"顿悟"、"问题解决"、"发散思维"和"训练"、"干预"和"控制组"、"匹配组"、"随机对照"，"creativity OR creative OR insight OR innovation OR divergent thinking OR problem solving) AND （ train* OR intervention OR instruction) AND （ control group OR comparative group OR randomised controlled trial OR rct OR RCT）"等关键词进行检索，我们在"中国知网""Web of science"两个数据库中检索出从 1900 年到 2016 年 12 月的 5 559 篇英文相关文献和 5 篇中文相关文献，最终筛选出完整报告了实验组、对照组前测和后测的特征（包括均值、标准差或者效应值）的 26 篇英文文献。根据文献，将创新能力测验分为发散思维-流利性、发散思维-灵活性、发散思维-完善细节、原创性、问题解决和创造力成就六类（Guilford，1967，1968；Baas et al.，2008）。通过独立双重编码，获得效应量 80 个，数据处理采用 Stata 软件。随后对本元分析涉及的研究进行发表偏差检验，结果发现并不存在发表偏差。

如图 9-7 所示，从整体上看，创新能力训练提高创新能力的效应量接近于中等程度效应量（Cohen's d = 0.42）。可见，创新能力训练在创新能力的提高上有一定的作用。相对而言，问题解决能力的提高效果最明显（Cohen's d = 1.08），其次是发散思维-流利性（Cohen's d = 0.50）。与此相对，训练对于创造力成就、原创性、发散思维-灵活性方面的提高作用较小（Cohen's d = 0.42，0.39，0.23），而在发散思维-完善细节方面，创新能力训练几乎没有明显作用（Cohen's d = 0.15）。

在创新能力训练效果的影响因素上，研究结果表明，训练对象的年龄、训练时间和训练的领域与训练效果之间的关系并不大。进一步对可能影响创新能力训练效果的因素进行调节效应分析，包括训练对象的年龄、训练时间和规模（一对一或一对多）、训练领域（一般或特殊）、训练内容（训练技能和策略或训练态度）、训练方式（教师教授或学生自主练习）、训练媒介（人-人或人-机）等。主要结果如下。

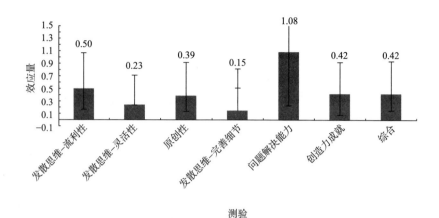

图 9-7　创新能力训练在各类测验上面的效应量
资料来源：选自李珊等的研究报告，未发表

第一，在训练发散思维-流利性时，相较于人-人的教师面授方式，计算机辅助方式对发散思维-流利性训练的影响效果明显较高（$Q=3.87$，$df=1$，$p=0.05$），如图 9-8 所示。

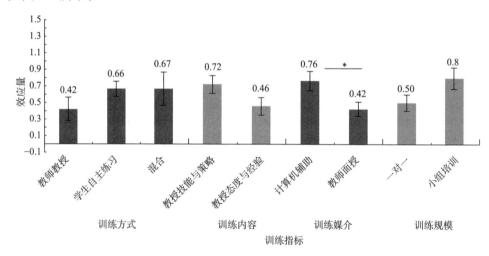

图 9-8　创新能力发散思维-流利性训练成效的效应量
*表示计算机辅助与教师面授对发散思维-流利性训练的效果的差异显著
资料来源：选自李珊等的研究报告，未发表

第二，在发散思维-灵活性上，学生自主练习以及教师教授和学生自主练习混合方式的训练效果优于教师教授（Cohen's $d = 0.40$，0.41，0.12），计算机辅助训练效果略优于教师教授（Cohen's $d = 0.41$，0.23），但差异检验不显著，可能与样本量不足有关。

第三，在原创性上，技能与策略训练的效应量大于态度与经验训练的效应量（Cohen's $d = 0.60$，0.26），其差异不显著，可能与样本量较小有关（分别为 9 个和 8 个）。

第四，在发散思维-完善细节上，混合教师教授和学生自主练习的训练效果比单纯教师教授的效果更好（Cohen's $d = 0.60$，0.27），小组培训的效果明显优于一对一的训练（Cohen's $d = 0.45$，0.06）。

第五，在创造力成就上，混合教师教授和学生自主练习的训练效果比单纯教师教授、单纯学生练习的效果都更好（Cohen's $d = 0.63$，0.2，0.30），计算机辅助训练的效果略好于教师面授的效果（Cohen's $d = 0.37$，0.18）。

第六，在问题解决测验上，训练媒介、训练方式、训练内容和训练规模对发散思维-灵活性提高均有一致的大效应（Cohen's $d > 0.77$）。

综上所述，创新能力能够经由训练得到一定提高，但效应仅为中等。相对而言，创新能力训练对问题解决能力、发散思维-流利性的提高效果最明显。上述结果提示，创新能力不一定能通过专门训练得到大幅度提高，而可能更应该在日常生活、学习中长期培养。但是已有研究缺少对迁移作用和长期效果的考察，因此训练对于创新能力发展的作用仍有待进一步研究。

9.1.6　创新能力不是单纯的个体现象，而是个人与环境相互作用的产物

在多数情况下，创新能力被视为一种个人能力。实际上，心理过程与社会文化之间存在相互影响，个体的思想和行为可能会影响文化的规范，而文化的规范也同样会影响个体的思想和行为（Lehman et al.，2004）。在一定意义上，创新能力并不是简单的个体现象，而是一种社会现象。无论是宏观社会环境，还是微观的家庭、学校、同伴环境，都对创新能力具有重要影响（图 9-9）。

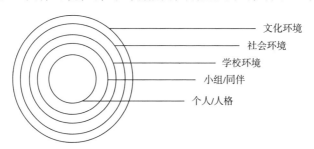

图 9-9　创新能力：个人与环境相互作用

资料来源：Hennessey and Amabile（2010）

大量研究揭示了工作环境、学校环境及文化环境等因素与创新能力的关系。当个体感知到自身被视为具有创新性的员工并且感受到组织对创新性工作的重视时，创新能力的表现最好（Farmer et al.，2003）。在适当的情况下，团体工作比单独工作会产生更多创新性的成果（Taylor and Greve，2006）。已有研究表明，最具创新能力的工

作往往是由组织里两个或更多的个体完成的（Thompson and Choi，2006）。

在更宏观的层面，社会和文化环境对创新能力同样起着重要作用。通过总结1988~2008年有关环境对创新能力影响的研究，提出社会环境（包括社会教育系统、课堂氛围、学校工作环境等）对创新能力有重要影响，并指出鼓励自主、提供最优化能力的社会环境对创新能力有促进作用（Amabile，1982，1983，1996；Amabile and Conti，1997；Hennessey and Amabile，2010）。因此，可以通过营造积极的学校心理环境，认识学校心理环境对学生发展的机制和条件，从而提高学生的创新能力，增强学校教育改革的针对性。

9.2 积极的学校心理环境：学生创新能力发展的重要支撑

9.2.1 研究问题与方法

学校是除家庭以外对学生发展影响最大的微观系统（Bronfenbrenner，1979）。学校为学生营造了安全与秩序、接纳与支持、公平与公正、鼓励自主与合作等多方面的心理环境体验，构成学校心理环境的主要成分（陶沙等，2015；Thapa et al.，2013）。学校心理环境可以从学生个体独特经验和学校群体共同经验两个层次考察。在学生个体独特经验层次上，每个学生自身对学校环境具有个体知觉，构成影响每个学生发展的独特环境，是学生发展个体差异的重要来源。在学校群体共同经验层次上，反映在同一学校学生的共同知觉中的学校心理环境，是影响不同学校学生发展的重要情境因素。当前我国基础教育改革面临的重要任务之一是从根本上转变以升学率"论英雄"的评价系统，急需升学率以外的科学评价学校质量的依据。因此，在学校层面建立学校心理环境和学生心理发展的关系，可以为建构学校质量评价的新体系提供重要数据支撑。

本部分首先探讨中国中小学学校心理环境在不同地区、城乡、年级的特点以及存在的问题；其次进一步考察学校心理环境对学生心理发展的作用、机制与作用条件，并建立学校心理环境指数。学校心理环境指数的建立基于国家科技基础性工作重点专项——"中国6~15岁儿童青少年心理发育特征调查"项目（董奇和林崇德，2011）。该项目由北京师范大学认知神经科学与学习国家重点实验室董奇、林崇德教授主持，全国52所高校、科研机构和医院近300位专家组成代表中国心理学研究最高水平的多学科联合攻关队伍，以及全国1651名研究生、各地一线教育工作者共同参与，历时5年，完成了2万余人次的预试。该项目依据综合反映教育、健康、生活水平、社会环境等方面的发展指数，将全国2859个区县（港澳台地区除外）划分为 4 区 14 层，然后依次采用与人口成比例的三阶段不等概率抽样方法随机抽取 100 个区县、600 多所学校、20 万名学生及其抚养人进行正式测试，建立了 8 000 多万个数据点，建成了中国目前唯一的 6~15 岁儿童青少年心理发育的系列国家基础数据库。该数据库第一次在心理与教育领域实现了全国代表性取样，为理解、减少城乡学生发展差异提供了可靠的科学数据。

在样本选择和数据来源上，已有研究多使用一个地区同一样本数据，这就影响到研究结论的外展效度，并且容易高估变量间的相关性。因此，本部分使用依据三阶段不等概率抽样的 "中国 6-15 岁儿童青少年心理发育特征调查" 项目组建立的数据库，使该数据具有良好的全国代表性，保证了研究结论的外展效度。此外，本部分学校总体心理环境数据来自全国 100 个区县、421 所学校、12 023 名 4~6 年级学生的报告，认知能力发展和学业表现的数据分别来自同校另外 12 019 名和 10 826 名学生的报告，有效控制了已有研究中信息来源为同一样本时可能存在高估相关性的问题。

在数据特点和处理方面，有关学生发展及影响因素的研究数据往往存在多水平、多层的特点，如学生镶嵌于学校，而学校又镶嵌于城乡、地区。在这种情况下，学生代表数据结构的第一层，而学校代表数据结构的第二层，城乡、地区则为第三层的数据。我们在研究中使用的全国代表性数据库也具有多层性。此外，学生发展的变异来源很多。由于传统的线性模型只能针对涉及一层数据的问题进行分析，而不能对涉及两层或多层数据的问题进行综合分析。因此，为解决数据变异来源分解、适合数据库多重嵌套的问题，我们采用多层模型分析方法探讨当前我国学校心理环境在不同地区、城乡、师资水平、年级的特点以及存在的主要问题，系统揭示影响创新能力发展的学校心理环境、课程和活动因素等。首先，建立分析的结果变量零模型，以探讨是否需要建构二层或多层模型；其次，逐步进行模型比较，以考查学生背景、学校特征、城乡等不同影响变量的作用。

9.2.2 我国中小学学校心理环境的特点、问题分析

第一，研究结果表明，不论发达地区还是欠发达地区，中小学在学校心理环境上普遍存在一些亟待改善的问题。地区经济和社会发展水平与学校心理环境存在一定正向联系，但是经济社会发展水平的高低并不等同于学校心理环境质量的高低。调查结果显示，即使在发达地区，也有部分学校的心理环境指数低于全国平均水平（陶沙等，2014）。相对而言，目前我国中小学学校心理环境在鼓励自主与合作、接纳与支持方面普遍存在突出问题。此外，中学学校积极心理环境在学校安全上的问题也较为突出。这些问题迫切需要我国高度重视学校软环境的建设，从资源投放、教师培训、学校制度和文化建设多方面入手，让学生在学校中体验到安全与秩序，得到来自教师和同学的接纳和支持，得到个性化的关注，促进学生身心健康发展（图 9-10）。

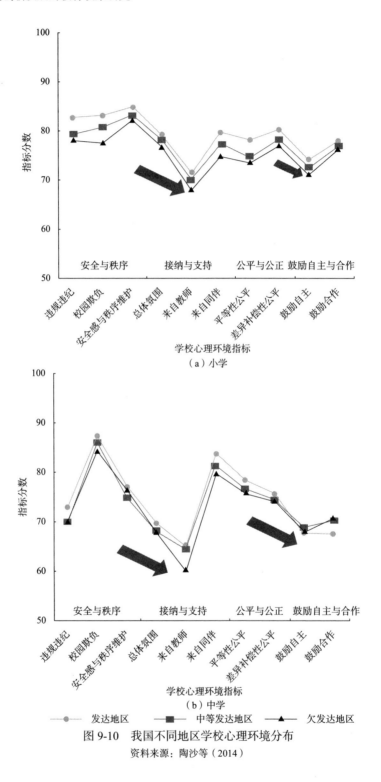

图 9-10　我国不同地区学校心理环境分布

资料来源：陶沙等（2014）

第二，无论在城市还是农村，都有为数不少的学校在心理环境上存在种种需要解决的问题。无论在城市还是在农村，都存在学校心理环境好的学校和学校心理环境差的学校（陶沙等，2014）。无论所处地区的经济发展水平和城市化水平如何，每一所学校都应高度重视学校心理环境的监测和改善，解决当前学校心理环境中的突出问题，为学生的全面发展营造良好的校园心理环境（图 9-11）。

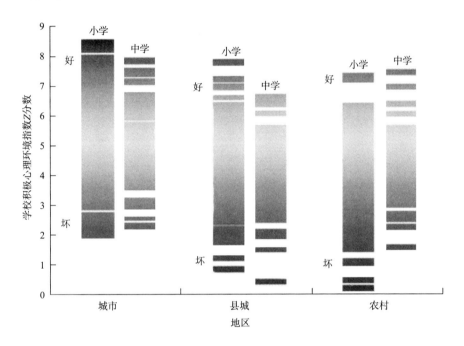

图 9-11　城市、县镇、农村学校心理环境指数

资料来源：陶沙等（2014）

第三，学校积极心理环境在质量上差异较大，约 11%的中小学学校积极心理环境处于"风险预警线"之下，急需关注。为了解"高风险学校"的特征，我们依据实证数据，设立了学校心理环境预警线，以鉴别学生发展的"高风险学校"。结果表明，学校心理环境预警线下的学校在学业成就、心理健康和学校满意度等方面均不利于学生成长（陶沙等，2014）。"高风险学校"在学校纪律秩序管理、师生关系、同学关系和学生自主发展等心理环境指标上存在一些突出问题，亟须得到高度重视并及时督导改进（图 9-12）。

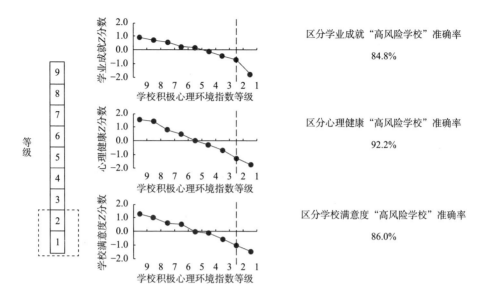

图 9-12　学校积极心理环境指数等级状况

资料来源：陶沙等（2014）

　　第四，心理环境高风险的学校在生源、师资、课程方面存在突出问题。在生源方面，心理环境高风险的学校中，处境不利儿童（包含流动儿童和留守儿童）的比例更高，父母受教育水平和家庭收入更差；在师资配置方面，校长和教师的高学历（本科及以上）所占的比例更低；在课程方面，较少为学生提供课外活动和艺体类活动，课程建设得到的专家指导较少。这些问题迫切需要我国高度重视鉴别薄弱学校，并引导和支持其积极进行校园软环境的建设（图 9-13~图 9-20）。

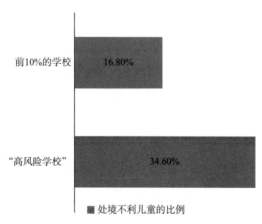

图 9-13　不同风险学校在处境不利儿童中的比较

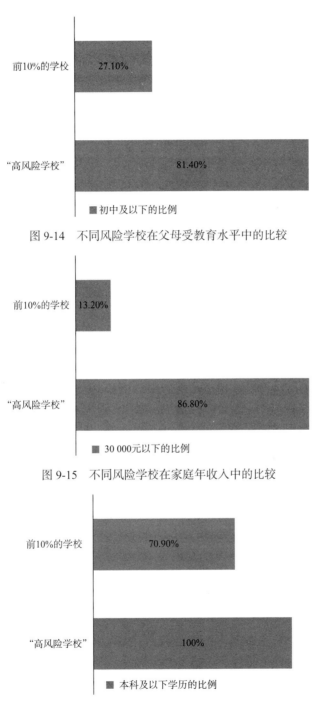

图 9-14　不同风险学校在父母受教育水平中的比较

图 9-15　不同风险学校在家庭年收入中的比较

图 9-16　不同风险学校在校长最高学历中的比较

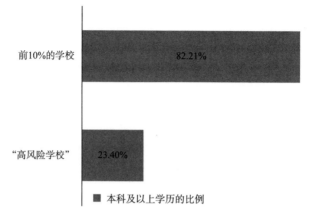

图 9-17　不同风险学校在教师最高学历中的比较

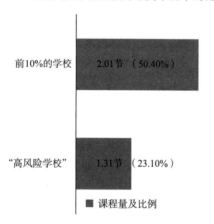

图 9-18　不同风险学校在非学术类课程（每周）中的比较

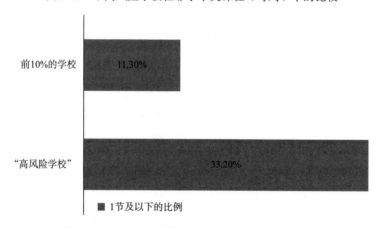

图 9-19　不同风险学校在体育课（每周）中的比较

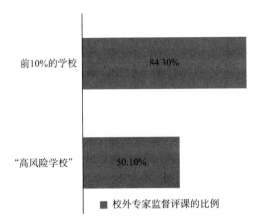

图 9-20　不同风险学校在校外专家监督评课中的比较

9.2.3　学校心理环境显著影响学生学业成绩、学习动机和态度

　　学校总体和学生个体知觉的学校心理环境均对学生的学业发展产生影响（周翠敏等，2016）。从学生的学业成绩来看，学校总体心理环境的影响要大于个体知觉到的学校心理环境的影响，与父母受教育水平、家庭年收入相当（图9-21）。从学生的学习动机和态度来看，个体知觉到的学校心理环境的影响最大，同时学校总体心理环境对学生学业动机与态度的影响也显著大于其他学生和学校背景变量（图9-22）。

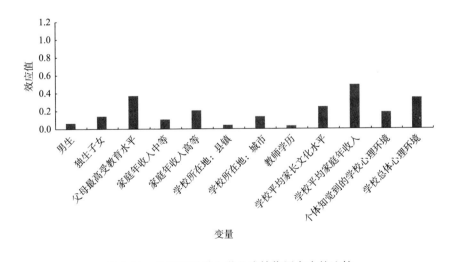

图 9-21　各变量对学生学业成绩作用大小的比较

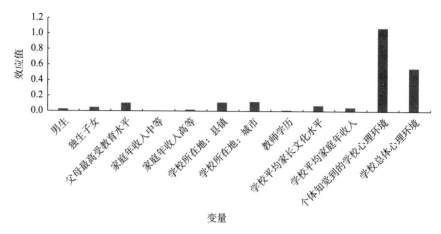

图 9-22　各变量对学生学业动机和态度作用大小的比较

资料来源：周翠敏等（2016）

学校心理环境的不同侧面对小学 4~6 年级学生认知能力的发展均有显著的独特作用，其中公平与公正的作用最强，安全秩序、鼓励自主与合作次之，并且安全秩序对高年级学生认知能力的影响更大；接纳与支持的作用最小，但是接纳与支持在女生的认知能力发展上影响更大（图 9-23~图 9-25）。

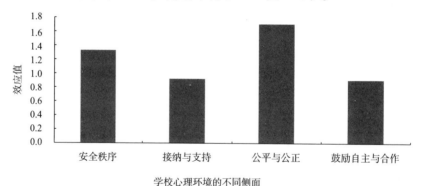

图 9-23　学校心理环境的不同侧面对学生认知能力发展的影响

资料来源：陶沙等（2015）

9.2.4　学校心理环境对处于不利地位的学生具有重要的保护作用

学校总体心理环境对学生学业表现的影响受到学校所在地、师资水平、学生总体社会经济地位的显著影响。

首先，学校总体心理环境对父母受教育水平较低、家庭收入水平较低学生的情绪和行为等社会适应具有更强的保护性作用；对农村地区学生对学校的满意感有一定的促进作用。

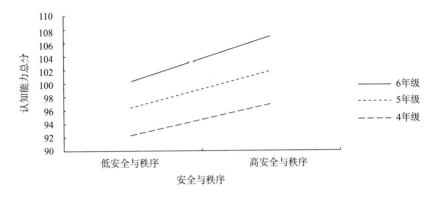

图 9-24　安全与秩序对学生认知能力影响的年级差异
资料来源：陶沙等（2015）

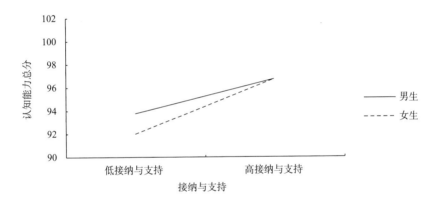

图 9-25　接纳与支持对学生认知能力影响的性别差异
资料来源：陶沙等（2015）

　　其次，学校总体心理环境对处于师资水平较低、平均家庭年收入较低学校学生的学习动机和态度具有相对更强的保护作用；对处于农村、师资水平较低、平均家长文化水平较低学校学生的学业成就具有相对更强的保护性作用。

　　最后，学校心理环境对学生认知能力发展的作用具有累积性，并对女生、来自收入较低家庭、来自总体家长文化水平较低学校学生的认知发展具有更强的保护性作用（陶沙等，2015）。总的来说，学校心理环境在学生认知能力、学业成就、学习动机和态度与城乡、性别、师资力量或家庭社会经济地位上都具有调节作用，并且更多的是对相对弱势一方的保护作用（图 9-26~图 9-31）。

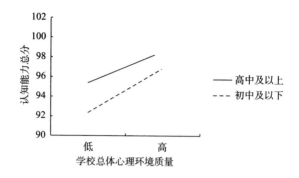

图 9-26　学校心理环境对学生认知能力的影响在不同父母教育水平上的差异

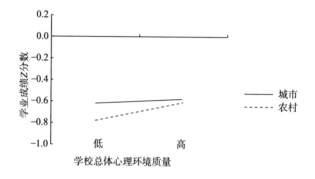

图 9-27　学校心理环境对学生学业成绩的影响在不同学校所在地上的差异

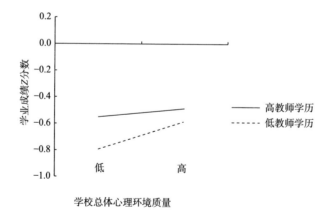

图 9-28　学校心理环境对学生学业成绩的影响在不同教师学历上的差异

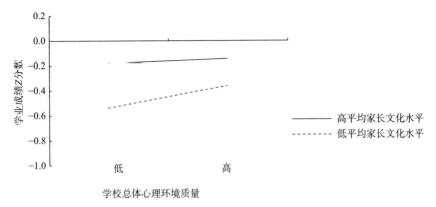

图 9-29　学校心理环境对学生学业成绩的影响在不同父母教育水平上的差异

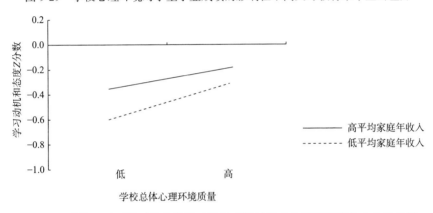

图 9-30　学校心理环境对学生学习动机和态度的影响在不同家庭收入上的差异

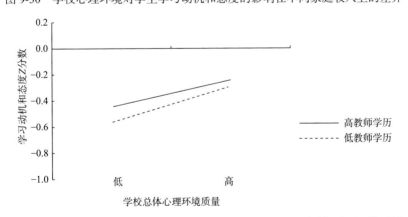

图 9-31　学校心理环境对学生学习动机和态度的影响在不同教师学历上的差异

资料来源：陶沙等（2015）；周翠敏等（2016）

9.3 政 策 建 议

第一，通过多种形式、校内外结合、课堂内外结合，向中小学生及其家长普及创新脑、创新能力培养的科学新知，提高学生和家长科学用脑、健脑的认识，以及培养创新能力的意识和方法。

大量研究表明，人脑中不存在"创新脑区"，创新不仅是全脑协同活动的产物，也是多种认知能力的整合与优化。创新能力的发展不仅会受到人格、情绪和动机的影响，也会受到社会环境的影响，是个人与环境相互作用的产物。创新能力培养不是少数精英、天才的特权，也不能仅仅依赖专项、专门技能培训。创新能力培养应面向全体学生，营造出鼓励、支持、崇尚创新的社会氛围，从而实现创新能力培养的"水涨船高"效应。因此，有关创新脑、创新能力培养的科学新知还应该普及到学生和家长中，引导广大学生和家长正确理解脑和认知能力发展的科学规律，形成创新的意识和态度，为创新奠定坚实的基础。同时积极利用学校内外各种渠道，通过课堂、课外活动、各类科技活动、实践活动和公开讲座等，积极宣传和传播科学新知。

第二，基于脑与认知科学研究的新证据，开展师资培训，更新教师有关创新能力及其培养的意识、知识和技能，同时重视积极学校心理环境的培养，为学生创新能力的提升提供良好的环境。

当前脑与认知科学研究为认识创新能力的本质及其培养提供了大量新的证据，要求中小学教育者更新观念，纠正陈旧、落后、片面甚至是错误的认识，基于新的科学研究进展审视既有的课程、教法、教学资源、教与学的组织管理，并进行必要的变革。为此，在教师、校长的职前和在职培训中应增加有关科学研究的进展，如在"国培计划"中增设相关模块，在各类校长培训与骨干教师、名师培养计划中提供相应主题培训，从而推动和支持教育者更新观念和知识，并发展相应的意识和技能。同时重视学校心理环境建设，及时发现学校心理环境中存在的问题，通过不断地解决问题促进教育优质、均衡地发展。在对边远和农村地区基础教育的投入中，不仅要重视学校硬件的标准化建设，也要充分重视支持、引导这些地区的中小学校认识学校心理环境的重要价值，通过课程设置和教师培训等支持政策，帮助这些地区的学校掌握和实施改善校园心理环境的综合措施，显著优化学校心理环境。

第三，监测学校心理环境，积极搭建数据共享信息平台，有针对性地优化学校心理环境。

在学校质量的监测中，要坚持学校硬环境和软环境并重。监测学校心理环境，有助于引导教育管理者和教师认识到好学校不仅要有好的硬件设施，以便培养学生取得好的学业成绩，还要重视不断完善学校日常管理、制度和文化建设，充分关注学生在日常学习、交往、生活活动中的实际体验，以学生发展为本，关爱、促进学生主动成长。为此，要以学校心理环境监测为抓手，积极搭建学校心理环境信息平台，从而实现学校心理环境监测的长期化、系统化、实时化，为国家、地方评估和监测学校心理环境提供便捷的技术支撑。

基于学校心理环境的监测，通过每一节课、每一个师生互动、生生互动的环节，使每一个学生在学校中充分体验到安全感和接纳，获得平等的发展机会和个性化的支持，满足自主发展和合作进步的需要，并有机会主动地参与自身发展，从而不断增进全体学生身心的健康发展，推动学校建设向以促进学生成长为中心转变，为学生的全面发展不断优化育人环境。

第四，重视课程和教育评价体系的改革，支持"高风险学校"改进学校心理环境，从而为学生创新能力发展提供水分与土壤。

丰富和增加学校，尤其是乡村学校的课外活动和艺术体育类活动，为学生提供更自由的学习选择和环境；为学生提供更全面的心理健康服务，重视其心理健康的发展。与此同时，对教师教育教学工作应提供专家的持续指导和支持，对教师的评价应综合学生各方面发展，尤其重视在教师考核中关注师生关系及班级氛围。积极改变课程教学活动中高教师控制、高同伴竞争的形式，重视提供艺术、体育等非学术课程及课外活动，加强专家对教师教育教学工作的引导和支持，从而营造积极的学校心理环境，为学生创新能力的发展提供水分与土壤。

参 考 文 献

董奇，林崇德. 2011. 中国 6-15 岁儿童青少年心理发育数据库手册. 北京：科学出版社.

卢家楣，刘伟，贺雯，等. 2002. 情绪状态对学生创造性的影响. 心理学报，（4）：381-386.

沈汪兵，罗劲，刘昌. 2012. 顿悟脑的 10 年：人类顿悟脑机制研究进展. 科学通报，（21）：1948-1963.

沈汪兵，刘昌，袁媛，等. 2013. 顿悟类问题解决中思维僵局的动态时间特性. 中国科学：生命科学，（3）：254-262.

施建农，徐凡. 1999. 从中德儿童技术创造性跨文化研究结果看性别差异. 心理学报，（4）：428-434.

陶沙，刘红云，杨振，等. 2014. 学校积极心理环境指数报告. 北京：北京师范大学中国基础教育质量监测协同创新中心.

陶沙，刘红云，周翠敏，等. 2015. 学校心理环境与小学 4~6 年级学生认知能力发展的关系：

基于全国代表性数据的多水平分析. 心理科学, （1）: 2-10.

张秋惠, 王淼. 2011. 人格特质对心理契约的影响研究. 中国人力资源开发, （2）: 13-16.

周翠敏, 陶沙, 刘红云, 等. 2016. 学校心理环境对小学 4～6 年级学生学业表现的作用及条件. 心理学报, （2）: 185-198.

Adams J N, Beschta R L. 1980. Gravel bed composition in oregon coastal streams. Canadian Journal of Fisheries and Aquatic Sciences, 37（10）: 1514-1521.

Alfonso B V, Meléndez J C, García-Ballesteros M. 2013. Evaluation of a creativity intervention program for preschoolers. Thinking Skills and Creativity, 10（3）: 112-120.

Amabile T M. 1982. Children's artistic creativity detrimental effects of competition in a field setting. Personality and Social Psychology Bulletin, 8（3）: 573-578.

Amabile T M. 1983. The social psychology of creativity: a componential conceptualization. Journal of Personality and Social Psychology, 45（2）: 357-376.

Amabile T M. 1996. Creativity in Context. Boulder: Westview.

Amabile T M. 2003. Within you, without you: towards a social psychology of creativity, and beyond//Runco M A, Albert R S. Theories of Creativity. Thousand Oasks: Sage Publications.

Amabile T M, Conti R. 1997. Environmental determinants of work motivation, creativity, and innovation: the case of R & D downsizing//Garud R, Nayyar P R, Shapira Z B. Technological Innovation: Oversights and Foresights. New York: Cambrige University Press.

Amabile T M, Hill K G, Hennessey B A, et al. 1994. The work preference inventory: assessing intrinsic and extrinsic motivational orientations. Journal of Personality and Social Psychology, 66（5）: 950-963.

Amabile T M, Barsade S G, Mueller J S, et al. 2005. Affect and creativity at work. Administrative Science Quarterly, 50（3）: 367-403.

Aspinwall L G. 1998. Rethinking the role of positive affect in self-regulation. Motivation & Emotion, 22（1）: 1-32.

Baas M, de Dreu C K, Nijstad B A. 2008. A meta-analysis of 25 years of mood-creativity research: hedonic tone, activation, or regulatory focus? Psychological Bulletin, 134（6）: 779-806.

Baer J. 1996. The effects of task-specific divergent-thinking training. The Journal of Creative Behavior, 30（3）: 183-187.

Barron F, Harrington D M. 1981. Creativity, intelligence, and personality. Annual Review of Psychology, 32（1）: 439-476.

Bronfenbrenner U. 1979. Contexts of child rearing: problems and prospects. American Psychologist, 34（10）: 844-850.

Bull K S, Montgomery D, Baloche L. 1995. Teaching creativity at the college level: a synthesis of curricular components perceived as important by instructors. Creativity Research Journal, 8（1）: 83-89.

Cheng Y Y, Wang W C, Liu K S, et al. 2010. Effects of association instruction on fourth graders' poetic creativity in Taiwan. Creativity Research Journal, 22（2）: 228-235.

Chiu F C. 2015. Improving your creative potential without awareness: overinclusive thinking training. Thinking Skills and Creativity, 15（3）: 1-12.

Clapham M M. 1997. Ideational skills training: a key element in creativity training programs. Creativity Research Journal, 10（1）: 33-44.

Costa P T, McCrae R R. 1992. Four ways five factors are basic. Personality and Individual Differences, 13（6）: 653-665.

Cousijn J, Zanolie K, Munsters R J, et al. 2014. The relation between resting state connectivity and creativity in adolescents before and after training. Plos One, 9（9）: e105780.

Deci E L, Ryan R M. 2002. Handbook of Self-determination Research. New York: University Rochester Press.

Dietrich A, Kanso R. 2010. A review of EEG, ERP, and neuroimaging studies of creativity and insight. Psychological Bulletin, 136（5）: 822-848.

Ding X, Tang Y Y, Tang R, et al. 2014. Improving creativity performance by short-term meditation. Behavioral and Brain Functions, 10（1）: 9-12.

Ding X, Tang Y Y, Deng Y, et al. 2015. Mood and personality predict improvement in creativity due to meditation training. Learning and Individual Differences, 37（2）: 217-221.

Doron E. 2016. Short term intervention model for enhancing divergent thinking among school aged children. Creativity Research Journal, 28（3）: 372-378.

Dziedziewicz D, Oledzka D, Karwowski M. 2013. Developing 4-to 6-year-old children's figural creativity using a doodle-book program. Thinking Skills and Creativity, 9（4）: 85-95.

Farmer S M, Tierney P, Kung-Mcintyre K. 2003. Employee creativity in taiwan: an application of role identity theory. Academy of Management Journal, 46（5）: 618-630.

Fehr K K, Russ S W. 2016. Pretend play and creativity in preschool-age children: associations and brief intervention. Psychology of Aesthetics, Creativity, and the Arts, 10（3）: 296-308.

Fontenot N A. 1993. Effects of training in creativity and creative problem finding upon business people. The Journal of Social Psychology, 133（1）: 11-22.

Gerrard L E, Poteat G M, Ironsmith M. 1996. Promoting children's creativity: effects of competition, self-esteem, and immunization. Creativity Research Journal, 9（4）: 339-346.

Groenendijk T, Janssen T, Rijlaarsdam G, et al. 2013. Learning to be creative, the effects of observational learning on students' design products and processes. Learning and Instruction, 28（28）: 35-47.

Guilford J P. 1967. The nature of human intelligence. American Educational Research Journal, 5（2）: 249.

Guilford J P. 1968. Intelligence, Creativity, and Their Educational Implications. San Diego: R. knapp, Publisher

Hennessey B A. 2010. The creativity-motivation connection//James C K, Robert J S. The Cambridge Handbook of Creativity. New York: Cambridge University Press.

Hennessey B A, Amabile T M. 2010. Creativity. Annual Review of Psychology, 61（1）: 569-598.

Hirsh J B, Peterson J B. 2008. Predicting creativity and academic success with a "fake-proof" measure of the Big Five. Journal of Research in Personality, 42（5）: 1323-1333.

Hoffmann J D, Russ S W. 2016. Fostering pretend play skills and creativity in elementary school girls: a group play intervention. Psychology of Aesthetics, Creativity, and the Arts, 10（1）: 114-125.

Hong S Y, Diamond K E. 2012. Two approaches to teaching young children science concepts, vocabulary, and scientific problem-solving skills. Early Childhood Research Quarterly, 27（2）: 295-305.

Isen A M. 2000. Some perspectives on positive affect and self-regulation. Psychological Inquiry, 11（3）: 184-187.

Isen A M, Reeve J. 2005. The influence of positive affect on intrinsic and extrinsic motivation: facilitating enjoyment of play, responsible work behavior, and self-control. Motivation & Emotion, 29（4）: 295-323.

Judge T A, Heller D, Mount M K. 2002. Five-factor model of personality and job satisfaction: a meta-analysis. Journal of Applied Psychology, 87（3）: 530-541.

Kienitz E, Quintin E M, Saggar M, et al. 2014. Targeted intervention to increase creative capacity and performance: a randomized controlled pilot study. Thinking Skills and Creativity, 13（2）: 57-66.

Kim S, Chung K, Yu H. 2013. Enhancing digital fluency through a training program for creative problem solving using computer programming. The Journal of Creative Behavior, 47（3）: 171-199.

Koutsoupidou T, Hargreaves D J. 2009. An experimental study of the effects of improvisation on the development of children's creative thinking in music. Psychology of Music, 37（3）: 251-278.

Krampen G. 1997. Promotion of creativity（divergent productions）and convergent productions by systematic-relaxation exercises: empirical evidence from five experimental studies with children, young adults, and elderly. European Journal of Personality, 11（2）: 83-99.

Lehman D R, Chiu C Y, Schaller M. 2004. Psychology and culture. Annu. Review of Psychology,

55（1）：689-714.

Lizarraga M L S D A，Baquedano M T S D A，Oliver M S. 2010. Stimulation of thinking skills in high school students. Educational Studies，36（3）：329-340.

Moore M，Russ S W. 2008. Follow-up of a pretend play intervention：effects on play，creativity，and emotional processes in children. Creativity Research Journal，20（4）：427-436.

National Advisory Committee on Creative and Cultural Education. 1999. All Our Futures：Creativity，Culture & Education. Sudbury：Department for Education and Employment.

Nickerson R S，Sternberg R J. 1999. Handbook of Creativity. New York：Cambridge University Press.

Pidgeon L M，Grealy M，Duffy A H，et al. 2016. Functional neuroimaging of visual creativity：a systematic review and meta-analysis. Brain and Behavior：6（10）：1-26.

Pollert L H，Feldhusen J F，Van Mondfrans A P，et al. 1969. Role of memory in divergent thinking. Psychological Reports，25（1）：151-156.

Raja U，Johns G，Ntalianis F. 2004. The impact of personality on psychological contracts. Academy of Management Journal，47（3）：350-367.

Root-Bernstein R S. 1988. Setting the stage for discovery. The Sciences，28（3）：26-34.

Runco M A，Pritzker S R. 1999. Encyclopedia of Creativity. Cambridge：Academic Press.

Ryan R M，Deci E L. 2000. Self-determination theory and the facilitation of intrinsic motivation，social development，and well-being. American Psychologist，55（1）：68-78.

Saul J R. 2013. Voltaire's Bastards：The Dictatorship of Reason in the West. New York：Simon & Schuster，Inc.

Scott G，Leritz L E，Mumford M D. 2004. The effectiveness of creativity training：a quantitative review. Creativity Research Journal，16（4）：361-388.

Smith G F. 1998. Idea-generation techniques：a formulary of active ingredients. The Journal of Creative Behavior，32（2）：107-134.

Steel G D，Rinne T，Fairweather J. 2012. Personality，nations，and innovation：relationships between personality traits and national innovation scores. Cross-Cultural Research，46（1）：3-30.

Stevenson C E，Kleibeuker S W，de Dreu C K，et al. 2014. Training creative cognition：adolescence as a flexible period for improving creativity. Frontiers in Human Neuroscience，8（8）：827.

Stohs J H. 1992. Intrinsic motivation and sustained art activity among male fine and applied artists. Creativity Rwaearch Journal，5（3）：245-252.

Taylor A，Greve H R. 2006. Superman or the fantastic four? Knowledge combination and experience in innovative teams. Academy of Management Journal，49（4）：723-740.

Thapa A，Cohen J，Guffey S，et al. 2013. A review of school climate research. Review of

Educational Research, 83（3）: 357-385.

Thomas M R, Scott N S. 1993. Microsatellite repeats in grapevine reveal DNA polymorphisms when analysed as sequence-tagged sites （STSs）. Theoretical and Applied Genetics, 86（8）: 985-990.

Thompson L L, Choi H S. 2006. Creativity and Innovation in Organizational Teams. London: Psychology Press.

Trinchero R, Sala G. 2016. Chess training and mathematical problem solving: the role of teaching heuristics in transfer of learning. Eurasia Journal of Mathematics, Science & Technology Education, 12（3）: 655-668.

Venditti S, Verdone L, Pesce C, et al. 2015. Creating well-being: increased creativity and proNGF decrease following quadrato motor training. BioMed Research International, 1S（1）: 1-13.

Wallach M A. 1970. Creativity//Mussen P. Carmichael's Handbook of Child Psychology. New York: Wiley.

Zampetakis L A, Moustakis V, Dewett T, et al. 2008. A longitudinal analysis of student creativity scripts. The Journal of Creative Behavior, 42（4）: 237-254.

第 10 章　促进学生创新能力提升的综合素质评价研究

我国中小学综合素质评价是在基础教育改革的宏观背景下提出的，与其他基础教育的改革举措一样，其目的是扭转长期以来存在于我国基础教育领域的"应试教育"倾向，使基础教育从过分重视知识传授甚至以应对考试为目的，重新回归到关注学生素质和能力尤其是创新能力的发展上来。

10.1　中国中小学综合素质评价的产生背景、历史演进、成效以及当前存在的问题

10.1.1　中国中小学综合素质评价的产生背景、历史演进、成效

1. 中国中小学综合素质评价的产生背景

中小学教育要由应试教育转到全面提高素质的轨道上来，这是基础教育领域的深刻变革，是提高国民素质、培养跨世纪人才的必然要求。素质教育自20世纪80年代被提出以来，一直是教育界广泛关注的热门话题，也是我国教育改革与发展的主旋律。然而，由于"应试教育"思想在人们的头脑中已根深蒂固，形成了一整套"应试机制"和模式，因此要实现转轨，必然要打破"应试机制"，建立起强有力的素质教育运行机制，以"素质教育"取代"应试教育"。

素质教育运行机制中，最重要的就是建立科学的素质教育评价体系。随着素质教育的不断深化，教育评价作为实施素质教育的一个重要制约因素，越来越受到学者们的关注与重视，因此，为全面反映学生素质发展状况，促进素质教育的发展，综合素质评价作为一种全新的教育评价理念便应运而生。作为一种新型的

评价制度，综合素质评价适应了时代发展的需要，体现了素质教育和新课改的理念，有利于促进学生全面而有个性地发展。

2. 中国中小学综合素质评价的历史演进

伴随着综合素质评价的产生及其进一步的推进，相关综合素质评价政策也几经演化，大致经历了四个阶段，见表 10-1。

表 10-1　综合素质评价的历史演进

发展阶段	时间	政策文本	特征
孕育阶段	1999~2001 年	1999 年 6 月，国务院《关于深化教育改革全面推进素质教育的决定》 2001 年 5 月，国务院《关于基础教育改革与发展的决定》 2001 年 5 月，教育部《基础教育课程改革纲要（试行）》	综合素质评价意识萌芽，处于综合素质评价积极的尝试和探索阶段
确立阶段	2002~2006 年	2002 年 12 月，教育部《关于积极推进中小学评价与考试制度改革的通知》 2003 年 3 月，教育部《普通高中课程方案（实验）》 2004 年 2 月，教育部《国家基础教育课程改革实验区 2004 年初中毕业考试与普通高中招生制度改革的指导意见》	综合素质评价政策基本确立，逐步形成了以六大基础目标为主要评价内容的评价指标体系
探索发展阶段	2007~2013 年	2007 年 2 月，教育部《关于做好 2007 年普通高等学校招生工作的通知》 2008 年 1 月，教育部《关于普通高中新课程省份深化高校招生考试改革的指导意见》 2010 年 7 月，国务院《国家中长期教育改革和发展规划纲要（2010—2020 年）》 2011 年 11 月，教育部办公厅《关于做好 2012 年高等学校自主选拔录取试点工作的通知》 2013 年 11 月，《中共中央关于全面深化改革若干重大问题的决定》	对综合素质评价理念和内容的不断探索研究和拓展，在六大基础目标的基础上，各地结合本地实际建立了自己的综合素质评价指标体系
全面提升阶段	2014 年至今	2014 年 9 月，国务院《关于深化考试招生制度改革的实施意见》 2014 年 12 月，教育部《关于加强和改进普通高中学生综合素质评价的意见》	综合素质评价成为一项基本的教育政策，开始全面实施

3. 中国中小学综合素质评价的成效

（1）引导评价价值取向的转变和育人观念的更新。

综合素质评价唤醒了"以人为本"的评价理念，教育评价的价值取向开始关注"促进学生全面发展"，评价的内容、方法和目标等向着多元化、全息化、发展性的方向发展。评价主体由单一化转向多元化以及自评、互评相结合，强调多方参与和互动；评价内容由学业评价转向全面综合评价，既考虑学生的学业成绩，又关注学生的全面发展；评价方法由注重量化转向质性与量化结合；评价者与被评价者的关系由主动-被动转向平等、理解及互动等。

（2）为促进学生潜能的发展以及个体的成长提供了更广阔的空间。

由于综合素质评价不再只关注分数，而是对学生思想品德、学业水平、身心健康、兴趣特长、社会实践、创新能力等的全面关注，这种关注和导向给了学生广阔的发展空间。综合素质评价的内容亦成为学生发展的导向，每一项指标对于学生来说都是行为标尺和行动指引。一些学校因势利导，创造条件为学生搭建了实践与创新的平台，促进了学生潜能的开发和多种能力的发展，为个体的成长提供了更广阔的空间。

（3）推进了学校素质教育的进程。

综合素质评价是素质教育评价观的直接表现，是学校实施素质教育的有效载体和有力抓手。综合素质评价涵盖科学、人文、艺术等国民素养的基本要求，评价方式更人文、更民主、更开放，这对学校改革办学思路、形成办学特色、提升教育品质起到了积极的推动作用。因而，学校实施综合素质评价的过程，也就是推进素质教育的过程。

10.1.2　当前中国中小学综合素质评价中存在的问题与困境

虽然综合素质评价概念的提出接近二十年了，但无论是在理论上还是在实践中，我们对综合素质评价的理解和实际推进仍存在很多需要研究和解决的问题。这些问题可以归结为认识、技术和制度三个层面，以下从这三个层面对这些问题进行具体分析。

1. 认识层面：理解的分歧及片面性

认识层面的问题主要集中在对"评什么"和"为什么评"看法的分歧上。对"评什么"问题的看法实际上体现的是对综合素质内涵的理解，而对"为什么评"问题的看法体现的是对综合素质评价的目的和作用的理解。

（1）对综合素质内涵的理解存在分歧。

第一，综合素质评价中的学习能力究竟指的是什么？与中高考和学业水平考试中对学习能力的评价有什么不同？教育部的很多政策文件都把综合素质评价与中高考制度、学业水平考试制度并列为教育评价制度中的三大体系，这造成了一些人的错觉，认为综合素质评价不应包括学习能力的评价，因为学习能力的评价是由中高考制度和学业水平考试制度来完成的。同时，在实际的推进过程中，有些地区也把"综合素质"理解为"非学术素质"，并在评价标准中体现出来（崔允漷和柯政，2010）。但是，教育部在2002年颁布的《关于积极推进中小学评价与考试制度改革的通知》中明确提出基础性发展目标的六个方面中包括学习能力。那么，综合素质评价中的学习能力到底评价什么？它与中高考和学业水平考试中所评价的学习能力有什么不同？这些仍是需要进一步明确的问题。对这些问题理解的模糊性至今尚未解决，这表现在各地区的综合素质评价实践中，对学习能力的提法存在非常大的差异。

第二，促进学生综合素质的发展是否等同于促进学生的全面发展？在国家教育主管部门的很多文件中，促进学生综合素质的发展和促进学生的全面发展是在同一含义上使用的，政府文件对综合素质和全面发展并未加以严格区分，因此在各地区所进行的综合素质评价实践中，有些综合素质评价标准直接等同于全面发展，这一状况发人深思。学生的全面发展是 1949 年以来中国的基本教育方针和人才培养目标，那么，如果综合素质与全面发展含义相同，为什么我们不坚持学生全面发展的提法，而要提出综合素质及其评价的概念（蔡敏，2011）？

第三，综合素质与核心素养有什么区别和联系？近年来，随着基础教育改革的深入，基础教育的培养目标重新受到人们的关注。核心素养在国外的基础教育中是一个重要词汇，各国包括各种世界教育组织都非常关注不同时期学生核心素养的培养问题，出台并修订学生的核心素养框架（刘新阳和裴新宁，2014）。2016 年 9 月，北京师范大学联合国内高校近百位专家组成的课题组完成了《中国学生发展核心素养》的研究成果，它所回答的是新时期中国基础教育"要培养什么样的人"这一教育基本问题，因此，核心素养必然成为未来中国基础教育课程改革、教学方法改革、教育评价改革等的依据和基础（褚宏启，2016）。那么，现在所提的综合素质评价与核心素养之间到底是怎样的关系？

综合素质评价这一概念是中国教育系统所独有的概念，在国外的教育系统中与之最为接近的概念就是核心素养，同时，国外的核心素养概念贯穿于从人才培养目标到教育评价的全过程，"建立以核心素养为导向的评价与反馈系统是各国或地区推进 21 世纪核心素养教育的重要抓手"（刘晟等，2016）。但是目前从国内的情况来看，综合素质是教育评价领域改革的独特政策概念，而核心素养则是教学和课程领域改革的学术概念，两者因提出的背景、适用的范围不同而鲜有交集。

（2）对综合素质评价的目的和功能的理解具有片面性。

第一，综合素质评价在改革招生考试制度方面的功能和作用被过度强化。1999 年首次提出综合素质这一概念，就是在改革招生考试制度这种意义上提出的，"加快改革招生考试和评价制度，改变'一次考试定终身'的状况……高考科目设置和内容的改革应进一步突出对能力和综合素质的考查"。在 2007~2008年的文件中，综合素质评价的这一目的和功能被进一步强调，且更加具体。

综合素质评价在改革中高考制度中的作用被过分重视和强调，致使综合素质评价在实际推进中遇到了这样的观念障碍，即如果无法确定综合素质评价结果在中高考中如何使用，那么综合素质评价就无法得到切实的推进（高凌飚，2013）。因此，深入地研究和明确到底为什么要推行综合素质评价是当前非常迫切的任务。

第二，综合素质评价作为发展性评价的作用没有得到应有的重视，对课程教学改革以及推进素质教育的作用基本没有凸显出来。2003 年教育部出台的《普通高中课程方案（实验）》中明确提出了发展性评价的问题："建立发展性评价体系。改进校内评价，实行学生学业成绩与成长记录相结合的综合评价方式。"从课程改革的角度提出发展性评价的问题，对理解和定位综合素质评价的功能及作用具有重要意义。2014 年国务院的《关于深化考试招生制度改革的实施意见》进一步强调了发展性评价的问题："建立规范的学生综合素质档案，客观记录学生成长过程中的突出表现，注重社会责任感、创新精神和实践能力。"但是，如何将发展性评价的理念与综合素质评价实践以及中小学教育教学改革联系起来，依然是需要进一步探索的问题。

第三，综合素质评价作为教育评价制度的改革，对中小学教育教学改革以及推进素质教育的作用一直没有凸显出来，在以往的政策文件中，这一点都没有得到强调和重视。直到 2014 年《关于加强和改进普通高中学生综合素质评价的意见》出台，才首次从这一高度来看待综合素质评价："综合素质评价是对学生全面发展状况的观察、记录、分析，是发现和培育学生良好个性的重要手段，是深入推进素质教育的一项重要制度。"但是在现实的推进过程中如何实现这一理念，仍然是尚待探索和解决的问题。

2. 技术层面：实施中的混乱及欠科学性

进行普通高中学生综合素质评价，需要解决好两个方面的问题，即如何评价和如何正确使用评价结果。而中国当前的综合素质评价在评价过程和结果的使用中都存在一系列的不适应和缺陷。

（1）评价方法过度量化。

长期以来，受"应试教育"以及高考"指挥棒"的影响，提起教育评价，人们首先想到的就是标准化考试和量化的考核结果。"在量化的范式中，教育学家们普遍认为教育活动的结果是可以量化的，将任何结果量化为数字或图表，保证了教育评价的客观性与结果的科学性。"因此，各地在综合素质评价实践过程中的普遍做法是将综合素质进行层层的分解，分解成不同的"观测点"，通过对每个观测点进行赋分，然后将每个观测点的评价结果综合成上级评价指标的结果，直至合成最终的结果。这种层层分解的做法对学生行为习惯的规范与养成起到了积极的促进作用，但是要将全部指标进行量化评价的方法，不仅不科学，也带来了一系列新的问题，如对"观测点"进行赋分存在困难，以及由此导致的赋分的不客观直接造成了综合素质评价结果的不准确（温雪梅和孙俊三，2012）。过分强调量化评价也导致了对结果的过分关注，这意味着综合素质评价仍然是依托分数才能"一决高下",那么破除"唯分数论"的设想就化为一句空谈。

（2）评价指标过度细化。

目前，大多数省市确定综合素质评价内容的基本依据是《教育部关于积极推进中小学评价与考试制度改革的通知》提出的道德品质、公民素养、学习能力、交流与合作能力、运动与健康、审美与表现等六个方面的基础性发展目标，据此确定相应的一级、二级、三级指标体系。虽然评价指标分解的目的是使评价标准更为具体，但评价标准的过度细化会使其科学性遭到质疑。例如，山东省高密市某学校综合素质评价体系共设置了5个评价维度、6个评价指向、20个评价指标和89项评价要素（刘志军和陈朝晖，2015）。这样的封闭性综合素质评价体系不可避免地削弱，甚至有可能从根本上消除学生个性化生存的空间，违背了素质教育和综合素质评价的本质，对学生综合素质的提高和个性培养极为不利（柳夕浪，2011）。

（3）评价结果缺乏区分度。

综合目前各省市的综合素质评价方案来看，综合素质评价的结果主要有两种表达方式：等级和评语。如果以评语来表达综合素质评价结果，基本上没有可见的区分度。如果以等级的方式表达综合素质评价的结果，区分度虽比评语高，但依然较差。由于综合素质评价结果的区分度太低，无法起到甄别学生的作用，最终决定学生能否上大学的根本因素还是高考成绩（罗祖兵和吴绍萍，2011）。

（4）评价过程和结果的使用流于形式。

综合素质评价程序一般包括记录信息、整理遴选、公示审核、形成档案、材料使用等。然而，在实际操作中，综合素质评价程序中的记录信息、展示交流环节常常被忽略，学生自评、同学互评、教师评价、家长评价则简化成打分，然后按照一定的权重，计算出六个维度各自的分数，或者合成一个总分数，换算成等级，加上班主任评语，填写在一张表格上，最后按规定上交给上级教育行政部门。有些学校甚至将综合素质评价进行"外包"，即学校为了避免在综合素质评价网络平台上对学生进行综合素质评价的烦琐以及其对正常教学的冲击，将这一工作外包给某些公司或个人（马壮，2014）。

此外，在高一级学校招生时，录取最主要的依据仍然是考生的学业成绩，综合素质评价结果没有实质性地影响升学，录取时学生的综合评价一栏形同虚设，招生时几乎不会被查阅，导致"中学随便评，高校基本不看"的尴尬结果。

（5）评价的实施缺乏常态化。

一方面，综合素质评价涉及学生日常学习生活的方方面面，十分烦琐，因而，综合素质评价实施以来，一直都被当作一件独立的工作来实施，而不是根植于学校日常工作，与学校正常的教育教学活动相联系。同时，多数学校也没有足够的师资力量及水平，很难做到科学、客观、全面地顾及所有学生的综合素养的培养及评价，导致综合素质评价缺乏常态化的实施。

3. 制度层面：制度的缺失及欠系统性

综合素质评价作为一个新生事物，对教育管理部门提出了更高的要求。但就现阶段各地区的实施情况来看，管理问题比较突出。同时，综合素质评价监督、检查、诚信机制的缺失导致综合素质评价的结果受到大众的质疑。

（1）缺乏顶层设计和有效的制度衔接。

时至今日，综合素质评价已逐渐成为中国一项基本的教育评价制度，因此，迫切需要通过顶层设计，以全局的视角对综合素质评价的各方面、各层次进行系统的考虑，统揽全局，在最高层次上寻求问题的解决之道，并以政府的力量保证其顺利执行。然而，目前中国并没有建立一套完善、高效、自上而下的综合素质评价管理机制，现有的政策文件仅仅是提出要建立综合素质评价制度、要纳入高校招生录取评价体系等抽象的规定，而具体到综合素质评价由谁来负责管理、谁来评价、怎么评价、如何使用、如何监督都没有一个清楚的框架和详细的管理办法。在实际操作中，各地完全按照自己的理解制定本地的综合素质管理制度和办法，从而导致综合素质评价缺乏一致性和可比性。

由于缺乏顶层设计，综合素质评价与基础教育体系缺乏良好的衔接，具体表现在以下几点。

第一，与基础教育课程改革衔接不够。素质教育与新课程改革需要综合素质评价，综合素质评价有助于深化基础教育课程改革、全面推进素质教育。但在当前的教育实践中，综合素质评价属于教育评价领域，因此它与课程教学改革的联系较弱。从更深层的原因进行分析，综合素质评价之所以与课程教学改革缺乏衔接，是因为综合素质评价概念在课程教育上的指导意义不明确，它既不能像核心素养那样为课程教学改革提供明确的依据，也不能像素质教育那样为课程教学改革提供明确的方向。

第二，与中高考制度衔接不够。中高考在中国教育体系中具有举足轻重的地位，它"引领"着整个基础教育的发展。如果不撼动以考试成绩作为唯一标准的中高考制度，素质教育就难以从根本上深入推进（赵利萍和周先进，2015）。从目前的情况来看，将综合素质评价纳入中高考体系是改变以中高考成绩为唯一录取标准的中高考制度的有力举措，有研究者指出，"进行评价制度与评价方式的改革是素质教育能否深入推进的瓶颈，而综合素质评价则是消解这一瓶颈的关键举措"（罗祖兵，2015）。

然而，到目前为止，中国教育政策对综合素质评价纳入中高考体系一直表现出"犹抱琵琶半遮面"的态度。国务院和教育部先后颁布的多项政策和文件，都只是一些较为抽象的规定，都将综合素质评价的功能定位为招生录取的"参考"，除此之外，国家并没有出台相关的法律法规或者制度，明确制定将综合素质评价纳入中高考体系的具体可执行的办法，这也是导致综合素质评价实践以来没有取得实质性进展的主要原因。

第三，缺乏与大学人才选拔、培养制度的有效衔接。中国高中综合素质评价几乎遵循整齐划一的评价标准，综合素质评价结果区分度太低，根本无法起到甄别学生的作用，更无法为大学选择符合自己专业特色和要求的人才提供可靠的依据。事实上，目前高中和大学之间陷入了"不使用不好好做"与"做好了才使用"相互推诿的怪圈。高中学校认为，如果综合素质评价纳入高考招生制度，能真正体现综合素质评价的效用和价值，它们就会"好好去做"；高校则认为，只有高中综合素质评价工作做好了，能提供更多关于学生成长的信息，高校才有使用的价值。这也反映出高中综合素质评价实践缺乏动力和有效激励机制的问题，而这个机制的前提就是综合素质评价要与大学人才选拔制度相衔接，具备为其选拔人才服务的能力（李萍和柴葳，2015）。

此外，目前高中综合素质评价制度与高校人才培养制度相分离，自成体系，二者之间缺乏连贯性。而个体的成长有其内在规律，基础教育阶段综合素质评价所体现的培养目标应与大学培养目标之间进行统筹考虑，有效衔接，保持人才综合素质养成和创新能力提升的规律性和连贯性，才能打通人才成长的通道，更有效地提升人才培养质量。

（2）地方教育管理部门对综合素质评价工作认识不明确，无法提供科学有效的指导。

各级教育行政部门在具体管理中，经常出现简单化、去专业化的管理措施，与综合素质评价所倡导的评价理念相冲突，无法为综合素质评价工作提供专业、具体的指导。例如，河南省规定，"评为 A 等的，各省辖市应控制在 30%以内"，"评为'尚需努力'或 D 级的必须非常慎重，具体情况应如实记录并报学校学生综合素质评价工作领导小组审定"。这种管理规定显然不符合综合素质评价的理念。由于教育部门对综合素质评价工作的认识存在缺陷，实际工作中诸如此类的现象经常发生，无法为学校综合素质评价工作提供具体的专业化指导，甚至还会影响综合素质评价的正常发展。

（3）缺乏有效的监督机制，无法保证综合素质评价的诚信度。

综合素质评价具有主观性和过程性的特性，由此可能带来公平性问题，这一直广受社会关注。消除公众对综合素质评价公正性质疑的最好方法是建立有效的监督检查机制。虽然各地区在政策文件中都要求建立复核制度、监督制度、公示制度、责任追究制度等，但这些制度或流于形式，或停留在书面状态，并没有落实到具体的实践操作中，表现在以下几个方面。

第一，监督主体不明确。在具体的实施过程中，综合素质评价由谁来监督的问题并没有得到解决，监督主体的不明确导致整个监督机制无法有效地履行监督责任，一些综合素质评价过程中出现的问题很难被及时地发现。

第二，监督内容模糊。综合素质评价作为一种新生事物，很多地方尚处于探索阶段，在监督检查方面，采用的也是与传统的教学监督检查类似的方法，如检查评价内容是否按时填写、各项支撑材料是否完备等。但对于评价机制设置是否合理、材料是否真实可信、评价过程是否客观真实等，往往都没有涉及。

第三，信息公开机制不成熟。综合素质评价天然具有主观性、过程性和生成性等特殊属性，因此，只有保证综合素质评价过程公开透明，才能保证它的公信力。然而，纵观各省市及地区的综合素质评价实施办法，大部分只是制定了综合素质评价报告单及评价表等，有些学校还建立了学生成长档案袋。近年来，随着综合素质评价的进一步推进，各地也相应地建立了综合素质评价的公开网络信息平台，但内容却不"丰满"、不充实，沦为学校应付上级检查的"挡箭牌"。综合素质评价信息公开机制的不成熟，直接导致了综合素质评价过程中监督不力、行为失控的局面（王润和周先进，2015）。

（4）综合素质评价工作烦琐，增加了学校、老师和学生的负担。

综合素质评价涉及学生日常学习生活的方方面面，十分烦琐。综合素质评价程序一般包括记录信息、整理遴选、公示审核、形成档案、材料使用等，具有非常明显的过程性特点。因此，学校老师除了正常的教学工作之外，在现有评价范式下还必须对学生日常学习行为的点点滴滴进行记录和评价，增加了教师和学校评价的工作量与难度，也造成了评价工作的流于形式。

同时，在高中教育阶段，学生本身就背负了异常沉重的学业压力，为了形式上的"全面发展"而驱使学生尽可能多地参加各类活动，则会严重挤压学生正常的休息和娱乐时间，进而容易造成学生学习与生活中的疲惫和"拼命"状态，不利于学生正常发展。

10.2　学生综合素质评价的国际比较研究

国外虽然没有明确的综合素质评价提法，但国外的教育评价和学生评价发展相对比较成熟，无论是理论研究还是实践做法，评价作为教育领域中的重要一环一直受到高度重视，积累了比较丰富的经验。他山之石，可以攻玉，发达国家的教育理念和教育评价中的一些经验和做法非常值得我们借鉴。

10.2.1　发达国家的教育理念

理念是评价的先导，有什么样的教育理念，就会产生什么样的评价方式和方法，通过梳理当前国外先进的教育理念，亦可为中国综合素质评价工作提供先进的理念支持。

1. 重视平等，关注每一位学生的发展

美、日、英等国都出台了一系列法律和法案，关注每一位学生的发展，努力实现教育领域的平等。在平等教育理念的指引下，发达国家的学生评价逐渐呈现出淡化甄别和选拔功能的特点，而将目标定位于促进学生发展，凸显评价的激励、诊断和发展功能。

2. 尊重学生个性，关注个体差异

个性化教育一直是西方发达国家所倡导和推崇的，个性化教育的核心理念就是要尊重学生的个性，关注个体差异。发达国家的个性化教育贯穿于课程改革、教育评价等教育体系的各个领域，对学生个性化教育提出了明确的要求和具体实施方案和办法，使个性化教育在政策上有了支持和保障。

另外，多元智力理论的提出和发展，再一次使各国教育界深刻地认识到尊重个体发展的差异性和独特性的价值，即强调每个学生都是独立的个体，有自己的个性特点和擅长之处，绝对不能以千篇一律的标准去衡量他们。只有充分尊重个性，关注不同学生的差异性，才能为社会培养出不同类型的人才。

3. 立足时代要求，发展核心素养

核心素养的提出也是对教育过程中存在的问题的反思与改进，是 21 世纪提升人才培养质量的关键环节。教育发展必须着眼于时代的要求，自 20 世纪 90 年代以来，为应对全球化、知识时代与科技发展等挑战，各国际组织与许多国家和地区都结合自身经济、社会和教育发展需求，从不同角度提出了面向 21 世纪的核心素养。核心素养成为统领各国教育改革的一个概念，引领并拉动课程教材改革、教学方式变革、教师专业发展、教育质量评价等关键教育活动（崔允漷，2016）。

10.2.2　国外中小学生评价的方法与特点

从教育评价的实践层面来看，可以尝试从以下三个方面了解国外中小学评价：一是日常学业活动的评价；二是高校招生制度中的综合素质评价；三是核心素养评价。

1. 日常学业活动的评价

（1）评价方式和评价主体多元化，重视表现性评价。

第一，评价方式多元化。任何一次和任何单一的考试内容、形式和方法都无法完整地评价一个学生，因此，应综合多方面的考试内容和评价方法以全面考查学生。例如，美国《国家科学教育标准》中提供的评价方法除了纸笔测试等传统

方式以外，还包括平时的课堂行为记录、项目调查、书面报告、作业等开放性的方式。为培养学生的一些重要而复杂的技能，包括研究技能、交际技能、口头技能、文字表达技能、操作技能、论辩技能、观察技能、创造技能、探究技能和思维技能等，通常采用口试与答辩、短文与论文、过程叙述反应题、综合分析解释题、作品与方案设计、档案历程分析、实验操作等方式进行评价。多元化的评价方式拓展了评价视角，摆脱了僵化的纸上作业，使教师在设计评价时有了更多元、更弹性的选择，无疑是对学生和教学更加科学、准确和全面的评价，能满足多方面的需求，同时通过评价促进学生全面发展。

第二，评价主体多元化。在评价主体方面，将与学生学习生活相关的教师、学生、家长和其他社会成员都纳入评价体系中，建立健全学校、家庭、社会三者有机结合的评价体系，实现评价主体多元化，主要通过评语的方式让多元主体从自身角度对学生进行客观的评价，从而更全面、更深刻和多层次地衡量学生的发展情况。评价主体多元化，可以避免评价陷入固有的认识，多角度、全方位地评价学生，更有助于发现学生的长处和优势，有利于引导学生朝着正确的方向发展。

（2）强调质性评价，定量评价和定性评价相结合。

国外对学生学业成绩的评价采取的是定量评价和定性评价相结合的方式，主要包括成绩和评语及报告。学生成绩的记录方式非常多样，有 score（分数）、point（绩点）、grade（等级）、credit（学分）、grade point average（平均积点分）、rank in class（排名）、原始分、相对分等。

除了定量的成绩之外，英、美、日等国家每学期都会给学生出具一份全面的评价报告。报告一般由班主任和各任课老师为学生出具，每一份报告都是个性化、写实性的，包括学生应达到的具体要求、完成任务情况、努力程度、取得的成绩等，也包含对学生的肯定和鼓励、对学生努力方向的描述等，这些对学生和家长都有很强的参考价值。

（3）立足过程性评价，将过程性评价和终结性评价结合起来。

发达国家中学特别重视过程性评价，并且关注把过程性评价与终结性评价相结合，而不是仅将终结性考试作为评价的唯一指标。终结性评价是平时过程性评价的总和：终结性评价＝过程性评价＋终结性考试，终结性评价≠终结性考试。因此，过程性评价贯穿于课堂教学过程的始终以及学生的每项活动、每次作业中。通过对学生的课堂活动、作业、小测验、实验、写作、阅读、项目、制作、考试等各项学习活动进行及时的评价，及时对学生学习过程进行监控和调整。

（4）注重对学生实践能力和创新能力的考察。

英国 A-Level 考试中的"中心评审课程作业"、新加坡的"专题作业"、IB 国际课程中的"扩展论文"等都是对学生学习能力、实践能力和创新能力考查的有效方式。设置较为真实的作业任务，或设置以学生为中心、与现实生活中的问题及实践相结合的学习活动，考查方式包括论文、报告、专题文件、讲演、实验等，很好地考查了学生的思维能力、写作能力、合作与沟通能力、问题解决能力、自我调控能力，以及终身学习和面对挑战的能力。

2. 高校招生制度中的综合素质评价

发达国家大学在录取学生方面拥有高度的自主权，如英、美、日等国家的名校在录取中都要进行单独考核。

（1）多次考试，防止"一考定终身"。

发达国家几乎不存在"一考定终身"的情况，而是普遍实行多次考试制度，如英国的 GCSE 考试和 A-Level 考试都不是一次性的终结性考试，取而代之的是分阶段多次考试；美国 SAT 考试的次数和成绩认定较为灵活，学生刚进高中就可参加 SAT，有多次机会，学生可以重复参加考试；日本各大学单独进行的考试也分为两次，即把大学的招生名额分为两部分，如果学生参加第一次单独考试失败，仍可挑战第二次单独考试；而新加坡的 GCE-A 水准考试成绩有效期为 2 年，如考生对成绩不满意，或某科目不及格，可在第二年报考单科，最终以最好的成绩组合申请。

多次考试机会有效地避免了一次考试中可能会出现的偶然因素，大大降低了考试的压力，可以使每个考生都能考出自己的最佳水平，从而使真正优秀的学生能被选拔出来。

（2）全方位、多元化的灵活评价方式。

发达国家高校的录取评价指标非常多元化，不仅不会以学生的入学考试成绩作为唯一的录取标准，而且依据他们的兴趣、特长、适应性和各种能力，从多个方面加以综合评价（王小明，2017）。不同国家的大学在录取过程中有具体的依据和做法。

美国：学业成绩+个性品质+课外活动。

美国对申请大学的学生普遍采取"整体评价，择优录取"的原则，各大学对新生的审核程序基本相同，大致可分为 3 项：学业成绩、个性品质、课外活动，对其中任何一项因素没有绝对的标准。因此，会出现 SAT 成绩很高，但其他方面平平的考生未被大学录取的情况，也会出现 SAT 成绩并不十分高，但其他综合素质较好的考生被录取的情况。

英国：证书成绩+综合考评。

英国高校主要采取的是证书成绩与综合考评相结合的招生录取模式，即以学生的证书成绩（A-Level 成绩）为主要参考依据，申请人还必须做个人陈述、参加高校组织的独立考试、面试或者学校推荐等方法来完成综合评价，最终决定录取结果和录取的方式。

日本：中心考试+个别考试。

日本大学的入学考试包括中心考试和各个大学的个别考试。中心考试具有资格认定的性质，真正决定考生上哪所大学的是由各个大学举行的个别考试。而个别考试主要包括个别学力检查、小论文测验和面试、职业高中综合学科毕业生选拔、入学选拔办公室（Admissions Office，AO）考试等。

新加坡：GCE-A 水平考试+专题作业+课外活动+平时成绩。

新加坡的大学入学考试制度以多元化为方向，立足于学生的全面发展，采取综合化的评价标准，即除新加坡 GCE-A 水平考试外，专题作业、课外活动、平时成绩等都被列入了考试评价体系。

综上所述，发达国家在大学录取中都以多元化的评价为标准，不仅反映了一个国家的人才观念，而且直接左右学生课内外安排，鼓励学生学好课业，同时关心并积极参与学校和社区活动，以丰富个人经历，培养多方面综合能力。

（3）定性标准主要依赖于专家的评价和判断。

国外大学录取中的综合素质评价，不像中国很多省市一样建立了统一的综合素质评价指标体系，而是将学生的综合素质作为一个整体，采取模糊评价、总体评价的方法，从多方面综合衡量和选拔合格新生，并没有固定或统一的标准。评价工作由接受过系统训练、具有丰富招生经验的专业人士组成的招生委员会负责，并依据综合素质评价结果做出录取决策。由于没有刚性标准，学生无从准备也无须准备，反而减轻了负担，让教师和学生都能把更多的精力放在教学和自我发展上，而不是放在应付考试上。

3. 核心素养评价

随着核心素养框架的提出，各国基础教育的顶层理念就是强化学生的核心素养，相应地，针对学生核心素养的监测与评价也成为各国关注的热点。目前各国主要通过以下三种方式进行评价：标准化考试、证书制，以及依托形成性评价了解和诊断学生核心素养的发展。

10.2.3　发达国家综合素质评价配套支持机制

发达国家中学阶段特有的课程结构、管理方式、评价方式、大学招生录取制度等充分体现了其"个性化""自主性"等特点，这与综合素质评价的内在属性相契合，为其发展提供了良好的土壤。

1. 先进的课程制度为综合素质评价提供了有力的支撑

课程制度是教育制度的核心。从 20 世纪后期起，世界发达国家为了适应社会发展的需要，提高基础教育质量，在课程改革方面做出了很多有益的尝试。

（1）自由、开放的选课制度。

在发达国家，中学尤其是高中阶段普遍实行灵活自由的选课制度，如英国高中课程设置实行的是证书课程+选修（组合选修+任意选修）课程模式，美国高中课程设置模式是基本的核心课程+丰富多样的选修课程+广泛综合的教育计划与项目，学生可以根据自身兴趣爱好和学习能力，从几十门科目中选择自己擅长的学科进行修读，将个人兴趣与课程学习有机地结合在一起。

（2）培养综合能力的综合课程逐渐增多。

近年来，国外很多国家的中学课程都开始注重跨学科等培养学生综合能力的综合课程的开设，如美国的 STEM 教育、IB 国际文凭课程、英国的 A-Level 课程等，这些课程的设置已经超出了传统中学教育的分科教学，致力于学生知识获取能力的培养，特别是思维能力、创新能力和交流能力的提高。

（3）为学生提供更多自主学习和自由学习的时间。

学生自主学习和自由学习对创新能力的发展具有重要的意义，如日本的"综合学习时间"，德国的"自由学习"等，关注学生自主学习、独立思考、"因材而学"的学习方式，得到了世界各国的普遍关注与认可。

2. 高度的学校招生自主权为综合素质评价提供了广阔的空间

如前所述，英、美等发达国家的高校一直以来就享有高度的招生自主权，各高校和专业因此能根据自身的特点，设立自己的招生委员会来制定招生的标准，规划招生模式和完成招生的整体运作。近年来，韩国、日本等亚洲国家也在逐步提高大学招生录取中高校的自主权。

高校享有自主权，自行制定综合素质评价的录取标准，能较好地体现高校及专业对学生的实际需求，从学生对专业的适用性出发，灵活采取各种措施选拔有特长或有特殊才能的学生。这样有助于高校选拔出更多符合自身需要的各类人才，从而促进学校的进一步发展。

3. 良好的外部诚信环境为综合素质评价提供了有效的保证

鉴于综合素质评价的灵活性和多样性，为保证评价合理和有效，减少人为因素的干扰，发达国家教育部门充分利用法律法规以及社会、家长和学生对评价进行有效的监督。从教师对学生平时成绩的评定、升学的推荐信制度，到大学录取新生的标准、办法及公正性，都需要有良好的个人信誉和学校信誉，经得起社会的评判和广泛监督。这是因为发达国家实行综合素质评价的社会制度比较完善。首先，欧美等发达国家是以法律和制度为基础的社会，法律制度健全，人们的规则意识强；其次，欧美的社会诚信体系完善，中学和学生提供的申请资料的真实性有保障。这种教育评价制度、教育法律的明确化和科学化，为实施综合素质评价提供了广阔的空间。

10.3　促进学生创新能力提升的综合素质评价政策建议

本节从认识层面、技术层面和制度层面提出完善中国高中综合素质评价的政策建议，以期将综合素质评价工作真正落到实处。

10.3.1　认识层面：正确把握综合素质评价的真正内涵

综合素质评价是中国教育政策语境下独有的一个概念，从前面的分析中可以看出，这一概念本身也有一个内涵变化的过程。从某种意义上说，综合素质评价既是一种评价观，又是一种评价方式和体系，它是中国教育主管部门为了扭转唯分数、唯考试等弊端而推出的一项带有引导性的改革举措，因此必须要以政策、本土、发展的观点来理解综合素质评价的真正内涵。

1. 综合素质评价是对学生的整体性评价

综合素质是指一个人各方面素质的综合，它涵盖个人所呈现的内在、外在、精神的方方面面。所以，综合素质不是某一类素质，也不是某些素质简单的组合，而是一种内在、有机、互融的整体性素质。学生的综合素质应当具有整体性、系统性、关联性、综合性等特点，只能对其进行综合评价。因此，综合素质评价关注的并不是每类素质的评价，它所关注的是学生发展的导向，强调发展的整体性和全面性。

2. 综合素质评价是对学生的鉴赏式评价

综合素质评价所强调的是对学生各个方面的"观察、记录、分析"，其根本目的是要从中发现并培育学生的良好个性，是对学生未来发展潜能和倾向的深度挖掘、尊重与维护。

进行综合素质评价，其实质就是发现、鉴赏学生所具备的优势素质，这些素质可能并不能通过考试显现出来，却对学生的发展至关重要。鉴赏式的综合素质评价要求评价者善于发现学生所具备的优势素质，变"补短式的评价"为"扬长式的评价"，通过评价发挥个体的优势，肯定其内在价值，并引导其个性得到更好的发展。因此，综合素质评价不是对学生进行分类、分层和分级的评价，而是"对学生全面发展状况的观察、记录、分析，是发现和培育学生良好个性的重要手段"。

3. 综合素质评价是突出学生个性的评价

综合素质评价是一种整体性评价，又是一种个性化评价。综合素质评价的整体性体现在评价内容的整体性上，但是整体性并不等于全面性，也不等于均衡性，更不等于没有个性。换句话说，综合素质评价并不要求学生各个方面都达到高水平的均衡发展，而是承认个体差异，在全面发展的基础上，帮助学生实现个性发展。因此，综合素质评价要突出学生的个性特长，应该采用"合格＋特长"的评价理念和方式。在基础必备素质都合格的基础上，鼓励学生获得个性化的发展，"合格"体现的是"全面"，"特长"体现的是"个性"。要通过改变评价手段，鼓励学生展示自我，由学生自己选择最能代表自己特点的作业、作品和成果等。

4. 综合素质评价是导向创新能力的评价

当今时代，创新能力已成为决定国家竞争和个体竞争的重要因素之一，因此，重视创新能力的评价是综合素质评价随时代发展的需要。中国学生创新能力不足，在很大程度上是教育评价导向出了问题，而青少年时期正是创新意识形成与创新能力培养的最佳时期，重视中小学生的创新能力培养是对创新发展新理念最直接、最深刻的回应。

10.3.2 技术层面：科学运用多元化的综合素质评价方法

通过对发达国家学生评价方法和制度的研究可以看出，这些国家学生评价的共同特点是建立了多元化、全方位、开放性、系统化的学生评价方法和体系。以下结合中国的实际情况，在综合素质评价的技术操作层面提出几点对策和建议。

1. 建立全方位、开放和更具弹性的综合素质评价标准体系

进行学生综合素质评价最关键的问题是评价什么，即评价标准的制定。中国当前各地制定综合素质评价标准的普遍做法是"逐步细化再综合"，但实际上，依照这一思维方式，不论我们在细节上做多少修改，评价中的难题仍旧无法解决，因为任何标准都无法穷尽一个人的素质，而且由于综合素质具有整体性，在某种意义上它具有不可分解性，故对综合素质进行层层分解的做法注定是不成功的。因此，必须转换综合素质评价标准制定的思维方式。

美国的学生综合评价采取了一种与中国不同的路径，它并没有像中国那样把综合素质划分成道德、审美、公民方面的素质，相反，它将学生的综合素质看作一个整体，采取了模糊评价、总体评价、专家判断等方法，正如有些研究者所言，"综合素质评价不要求也不可能有相对具体、可对比的标准，只能有一些概括性的、描述性的标准"。因此，综合素质评价不应当是一把精准的"尺子"，也不应是一个"筛子"，按预先设定好的标准去度量每一个学生的综合素质水

平。它应该是一面"镜子"，让学生、教师和家长重新认识到学生个体的特点，给予他们展示自己独特能力的渠道和机会。这就要求综合素质评价标准由片面走向全方位、由封闭走向开放、由刚性走向弹性。

2. 运用多种手段对学生的行为和学习过程进行评价

个体的综合素质之所以能够被评价出来，是因为有这样一个假设，即综合素质一般会通过个体的行为反映出来，因此，通过对个体行为的评价和观察，就有可能对个体的综合素质做出判断。这也是近年来在教育评价领域强调过程性评价和结果性评价相结合的原因，因为过程性评价正是通过评价个体行为进而评价学生素质的。因此，综合素质评价方法需要有"多种量器"，即面对学生的作品、成果以及其他成长记录，或者在与学生的直接对话中，采用最契合学生优点和特长的评价方式、评价手段进行评价，即所谓"桃红柳绿各得其宜，鸟飞鱼跃各得其所"。

对学习过程的评价，需要改革目前中国以单一的考试为主的评价方式，根据不同课程的目的、性质、内容和对象，选择相应的评价形式与方法，鼓励广泛采用多样化的考核方式，如出勤率、课堂表现、作业情况、测验、课题、论文、实验、阅读、写作、研究课题等，将日常评价、期末考试等有机地结合起来，通过过程性评价来关注学生在学习过程和社会实践活动中体现出来的价值判断能力、批判性思维能力、社会责任感、人生规划能力等。

3. 进一步优化各级各类大规模考试的内容和形式

首先，加强考试内容与学生生活的联系，考查学生解决实际问题的能力，引导学生学以致用。其次，拓宽试题类型，从不同角度、不同方面来考查学生知识掌握情况以及思维发展情况。最后，要打破现行的以背诵和记忆为主的考试模式，注重对技能与能力的考查，在考试中力求知识与能力并重，这无疑对学生和教学评价都更加科学、准确和全面，能满足多方面的需求。

4. 加强对评价技术和工具的开发及研究

（1）应加强对档案袋评价的研究。

过程性评价中最主要的方法就是档案袋评价法，通过档案袋对学生的学习、生活内容进行记录，以反映学生的进步或成就。但是，档案袋评价并非只是记流水账，也需要有预先的设计，因此还需要加强相关研究，尤其是随着信息技术的发展，要注重对电子档案袋的开发和使用。

（2）开发测试学生认知思维等通用能力的工具。

无论发展到何时，测试依然是教育评价中最重要的手段之一。目前在中国，测试主要是学科考试，考查学生对学科知识的掌握程度。但是应该看到，国际上对学生通用能力的测试已经比比皆是，如 SAT、PISA 等都是这类测试的代表，它们更关注学生能否应用所学知识解决问题，是否具有良好的思维能力和自我学习能力等。因此，当前开发这类测试具有非常重要的现实意义。

5. 准确表达综合素质评价结果

传统以等级来表达综合素质评价的结果，虽然简便易行，但容易造成对综合素质评价的误读与曲解，因为仅以等级或分数的方式来表达综合素质评价的结果，会掩盖不同学生综合素质的差异。因此，综合素质评价结果的表达，应采用多种方式，如"评语评价"就可以写实性地描述学生的素质及其表现，包括学生的经常性表现，学生的兴趣、个性、爱好，学生的优势素质等。只有多种方法并用，才能客观描述学生综合素质的水平。

10.3.3 制度层面：加强顶层设计并完善综合素质评价的制度体系

综合素质评价绝不仅仅关系到中高考制度改革，也不仅仅是教育评价领域的事情，而是中国基础教育改革的重要一环。如果不能从这一高度去认识综合素质评价，在实际的工作推进过程中，势必会陷入形式化、片面化的泥泽而无法自拔。因此，要站在基础教育改革的高度，从顶层设计并完善综合素质评价的制度体系，只有这样，综合素质评价中遇到的障碍和问题才能彻底解决。

1. 理顺与基础教育各体系之间的关系

（1）以核心素养理念提升综合素质评价的导向性。

核心素养是在全球化、信息化与知识社会背景下提出的。各国综合国力的竞争已经从过去的生产力水平转为以人才为中心的竞争。正是在这样的背景下，各国纷纷出台了新时期本国、本地区人才的核心素养框架，因此它是对"教育要培养什么样的人"这一重大理论和现实问题的回答（崔允漷，2016）。因此，从根本上说，核心素养是综合素质评价的依据和基础，作为育人目标体系，核心素养应该指引学校的课程、教学与评价改革。但目前在中国，综合素质是教育评价领域改革的独特政策概念，而核心素养是教学和课程领域改革的学术概念，两者因提出的背景、适用的范围不同而鲜有交集。这在一定程度上造成了中国综合素质内涵模糊的状况。

因此未来应以核心素养的理念提升综合素质评价的导向性，使综合素质这一概念能够与时俱进，能够更突出地体现时代特点，能够具有更加明确的方向性，并能够使教育评价与人才培养目标紧密联系起来，一方面可以使核心素养的培养落到实处；另一方面也可以使综合素质的评价有据可依。

（2）以课程教学改革支撑综合素质评价的多元性。

学校课程是一个国家或地区的教育系统实现其教育目标的重要载体，学生综合素质的发展也是通过课程来实现的，知识和能力的培养需要强有力的教学环节的支撑，综合素质评价必须和课程改革相辅相成，二者有着千丝万缕的联系。如果课程教学不改革，一直沿用传统方式，那么综合素质评价也只能囿于传统模式。因此，只有推进课程改革，综合素质评价才能走向多元化，同时，综合素质评价的多元化又可对课程和教学改革起到强有力的推动作用。

第一，逐步放开高中选课自主权，充分发挥学生特长，为个性化评价提供土壤。自主选课可以充分地发挥学生的特长，有利于激发学生潜力，促进学生的成长和发展。而只有学生在课程和教学中实现了个性化的发展，才能从根本上支撑个性化的评价，否则所培养出来的人只能千篇一律，那么，所进行的评价也只能大同小异。

第二，逐步实现课程的综合化、活动化和生活化，为创新能力导向的评价提供可能。中国当前的课程结构过分强调学科独立性，门类过多；教学过程注重知识传授和机械记忆；教材与学生生活实际联系得不够紧密。应该说，这样的课程和教学是不利于学生创新能力培养的。综合课程和活动课程是当今世界课程改革的两大趋势，其共同的目标是培养学生的实践能力和创造能力，因此，只有课程和教学进行了相应的改革，综合素质评价才能从根本上改变。

（3）以招生制度改革凸显综合素质评价的重要性。

尽管本部分反复提到综合素质评价应放在中国基础教育改革的背景下思考，但无可否认的是，综合素质评价首先是教育评价领域的改革，与招生考试制度改革紧密相连。因此，综合素质评价还需理顺与中高考招生考试制度的关系，尤其是应努力建立起综合素质评价与中高考制度的"硬挂钩"，以凸显其重要性。

第一，改变以高考成绩作为高校录取唯一依据的方式，增强大学招生与高中日常学业表现的关联度。大学招生模式一直是影响中学课程建设、评价标准的一个很重要的因素，大学录取中的评价机制在很大程度上左右着中国中学教育的方向和定位（张亚群和巨玉霞，2005）。因此，打破大一统的高考招生录取模式，规定高校录取应综合考查学生的学分、学生高中阶段成绩记录、平均积点分、学校排名、高中学业水平测试成绩、高考成绩等，全面综合考查学生学业水平与能力，将有助于学生的发展。

第二，提高高校招生自主权，探索和完善多元化的录取方式。在高等教育迈入大众化教育阶段后，政府应转变职能，扩大高校办学自主权，将专业设置、招生计划、录取政策等权力还给高校，允许高校按一定的方式自主招生已经成为发展趋势（杨九诠，2013）。高校享有自主权，自行制定综合素质评价的录取标准，实现从"招分"向"招人"转变，更好地体现高校及专业对学生的实际需求，从学生对专业的适应性出发，灵活采取各种措施，选拔有特长或有特殊才能的学生，这样有助于高校选拔出更多符合自身需要的各类人才，从而促进学校的良性发展。

第三，探索建立高校招生录取制度中的独立专业化决策机制。综合素质评价纳入高考体系以后，它就成为高考制度的一个部分，具有高利害性，因此将不得不面对人情、腐败等诚信问题。这就要求我们必须从制度设计着手，设计出合理的制度，能够规范和约束人们的行为，最大限度降低腐败发生的概率。应构建独立的专业化决策机制，将招生录取权独立于任何个人和机构，完全交给由专业人士组成的招生委员会决定。独立机构必须保证招生过程不受任何行政力量的干扰和影响。同时要建立集体决策机制，有效破解个人偏见所导致的评价误判，从而确保综合素质评价的公平与公正。

2. 完善综合素质评价的体制机制建设

（1）完善综合素质评价队伍建设，培养专业评价队伍。

综合素质评价工作是一项专业性、科学性、操作性都很强的工作，且意义重大，牵动着千百万家庭的心，因而不能简单地定性，笼统地给出结论，要真正发挥评价的指导性功能和咨询性功能，为相关决策提供参考。目前，从总体上看，中国专业性的教育评价机构发展不足，发育不够成熟，专业力量还比较薄弱。因此，逐步培养和建设具有先进评价理念、掌握评价专业技术、专兼职相结合的专业化评价队伍，是有效组织和落实综合素质评价工作的保障。

为此，一方面要明确组织管理制度，实行市、区县、高中学校三级管理制度，组建从各级教育行政部门、学校、年级到班级的自上而下的综合素质教育评价组织机构体系，健全组织领导，落实到人头；另一方面要明确相关责任，教育行政部门、主管评价的领导是主要责任者，地市、县的领导负全责，主管领导负总责。

同时，要想使综合素质评价得到真正的落实和有效的实施，必须建立综合素质评价学习和培训制度。做好综合素质评价学习和培训工作，提高综合素质评价人员的职业道德水平和综合评价能力，以确保评价结果的权威性与可信度。各级教育行政部门和学校全面开展学习和培训工作，争取做到参与评价的每一位工作人员对评价的目的、程序、内容、方法等各个环节和细节把握清晰。同时，认真总结评价过程中见到的成效，特别是要注意积累那些有助于学生成长发展的经验和好做法，切实抓好典型引路，定期开展专项督导，不断研究新情况，采取新对策，解决新问题。同时，要加强综合素质评价职业道德培训，使每个教师都真正树立起对评价工作的责任心，真正意识到做好评价工作是对学生终生负责，才能保证做好评价工作。

（2）构建综合素质评价的诚信机制。

目前，由于种种原因，学生综合素质评价过程中存在着种种不诚信现象，严重干扰了综合素质评价结果的公平和公正，影响到学生、家长和社会对综合素质评价的认同，成为影响学生综合素质评价工作深入推进的"瓶颈"。因此，在综合素质评价过程中，必须建立起完备的诚信机制。

构建学生综合素质评价的诚信机制必须从思想道德教育、诚信制度建设等方面着力，需要政府、教育行政部门、学校领导、教师、家长、学生和社会共同参与，共同营造和培育诚信环境。首先，要开展宣传教育，为诚信评价营造良好氛围；其次，要建立和完善"诚信评价"机制，为诚信评价提供保障；再次，要建立综合素质评价的公示、举报和申诉制度；最后，要建立综合素质评价的责任追究制度。

（3）建立综合素质评价的监督机制。

完善综合素质评价机制需要建立相关的监督机制。针对中国当前综合素质评价监督呈现缺乏专门管理机构的状况，应成立相应的综合素质评价监督委员会，对综合素质评价工作进行全方位的监督。

第一，明确监督主体。综合素质评价监督委员会成员除了来自学校、教育主管部门外，还必须吸纳来自大学、中小学、企业、律师行业、会计师行业、社团等的相关人士，组成多元化监督团队。要明确综合素质评价监督委员会的法律监督地位，具体化、规范化综合素质评价委员会的权利、责任和义务。

第二，革新监督方式，建立综合素质评价信息公开机制。综合素质评价是评价主体根据评价标准，运用合适的评价方法，依照评价对象的实际表现进行价值判断的过程。因此，建立综合素质评价信息公开机制，将价值判断内容公开化、透明化十分迫切且必要。首先，在制度上政府、教育管理部门要制定相关综合素质评价信息公开的政策，确定信息公开的内容和程序。其次，建立综合素质评价的电子化信息平台，充分利用信息技术及时将评价材料与进程上传，将学生综合素质评价置于群众监督之下，有利于综合素质评价活动贯穿于整个教育过程中。

参 考 文 献

蔡敏. 2011. 高中学生综合素质评价：现状、问题与对策. 教育科学，（1）：67-71.

褚宏启. 2016. 核心素养的国际视野与中国立场——21 世纪中国的国民素质提升与教育目标转型. 教育研究，（11）：8-18.

崔允漷. 2016. 追问"核心素养". 全球教育展望，（5）：3-10.

崔允漷，柯政. 2010. 关于普通高中学生综合素质评价研究. 全球教育展望，（9）：3-8.

高凌飚. 2013. 综合素质评价反思. 基础教育论坛，（20）：38.

李萍，柴葳. 2015-08-11. 中小学综合评价如何让高校"买账". 中国教育报.

刘晟，魏锐，周平艳，等. 2016. 21 世纪核心素养教育的课程、教学与评价. 华东师范大学学报（教育科学版），（3）：38-45，116.

刘新阳，裴新宁. 2014. 教育变革期的政策机遇与挑战——欧盟"核心素养"的实施与评价. 全球教育展望，（4）：75-85.

刘志军，陈朝晖. 2015. 初中学生综合素质评价实践：偏差、成因及改进. 教育研究与实验，（6）：67-71.

柳夕浪. 2011. 用力缓慢，但能穿透木板——高中学生综合素质评价的突破点. 人民教育，（17）：32-37.

罗祖兵. 2015. 综合素质评价纳入高考的两难困境及其突围. 全球教育展望，（8）：31-40.

罗祖兵，吴绍萍. 2011. 高中综合素质评价统一性的问题及其对策. 教育科学，（8）：39-42.

马壮. 2014. 高中综合素质评价实施中的问题与对策. 文学教育（下），（5）：128-129.

王润，周先进. 2015. 高中生综合素质评价监督机制的构建——基于新一轮高考改革的思考. 教育理论与实践，（26）：9-11.

王小明. 2017. 普通高中学生综合素质评价机制的现状及启示——基于美、英、日、韩等四国的比较研究. 教育探索，（1）：114-121.

温雪梅，孙俊三. 2012. 论教育评价范式的历史演变及趋势. 现代大学教育，（1）：51-55.

杨九诠. 2013. 综合素质评价的困境与出路. 华东师范大学学报（教育科学版），（2）：36-41.

张亚群，巨玉霞. 2005. 高考改革观点述评. 基础教育参考，（6）：10-13.

赵利萍，周先进. 2015. 综合素质评价纳入高考招生的困境及其超越. 教育理论与实践，（2）：20-22.

第 11 章　基于证据的学习方法机理与国际比较研究①

11.1　发　展　背　景

11.1.1　基于证据的思想日益成为教育研究与实践的指导思想

"基于证据"理论起源于医学，原本盛行于医学和卫生领域（Kovářová and Šimková，2014）。20 世纪 70 年代，基于医学的案例具有独特而又相对一致性差的特征，人们开始考虑如何去分析并理清差异背后的原因，或通过进一步的实验来消除各种差异性，建立更为明确和普遍意义上的因果关联。因而人们在医疗健康领域提出了基于证据的研究和决策的概念和方法，并取得了成功。

进入 21 世纪后，基于证据理论迅速为人们尤其是政府组织所认可，并被推广到众多领域，包括社会学、心理学、社会保障和教育等。教育作为一种专业实践，应该基于证据或者至少从证据中获取信息（evidence-informed），并应用在学生学习、教师教学以及教育政策制定等方面。如今，我国教育研究日趋走向科学化和规范化，更应该大力倡导基于证据的教育研究文化。

基于证据理论指导教学实践，并催生新的学习文化，由此形成了基于证据的学习（evidence-based learning，EBL）。基于证据强调切实提高实证研究的水平，充分利用"证据"说话，更好地让研究结论支撑教育决策。具体而言，基于证据的学习认为，实践能够根据一些关于可能结果的可靠证据来加以说明，主张学习最重要的是学生自己的探索与实践。基于证据的学习是目前基于证据理论应用的方向之一。

① 余胜泉：北京师范大学未来教育高精尖创新中心、北京师范大学教育学部。吴娟：北京师范大学未来教育高精尖创新中心、北京师范大学教育学部。杨明全：北京师范大学教育学部。

11.1.2　创新教育实践需要"基于证据的学习机理"的指导

创新是 21 世纪全球发展的重要议题。创新教育近年来成为十分紧迫和重要的议题，受到各个国家的广泛关注。基于证据的学习理念，可以培养学生科学探究的意识，提供切实可行的问题解决方法，同时也能促进对学生创新意识、创新思维、创新能力的培养。在创新教育中，创客教育和 STEM 教育作为两种重要的实践形式，正在产生日趋深远的影响。

STEM 教育是建立在多学科融合的基础上的教学实践方式，STEM 教育的课程目标包含科学素养、技术素养、工程素养和数学素养等方面，并综合性地体现在实际问题解决、实践项目开发、新型技术创新等层面。STEM 教育的宗旨是"以设计和探索为目的，并对技术问题解决进行科学的探索"。STEM 教育的课堂多基于真实问题情境展开探究性学习，基于设计的学习，强调做中学、探究、建模和合作共享等。STEM 教育理念与当今我国发展创新教育、培养创新人才的目标不谋而合，因此，在国内教育领域也掀起了一股研究与实践的热潮。从我国创新教育实践开展的现状来看，急需基于证据的学习机理的指导。我国有越来越多的学校和教育机构开设创客课程和 STEM 课程，但这些课程大多注重人工制品的制作，缺乏对 STEM 教育方法和实施过程的关注，甚至出现了不遵循教育规律，一窝蜂让学生学习开源电路板、3D 打印、机器人等课程内容，并将之等同于 STEM 学习的现象。这种过分关注新颖的技术工具，而忽视培养学生的创造性思维的现状，对于学生核心学科素养的提升、严谨的科学态度的建立，均无益处，故而令人心生忧虑。目前的创客教育和 STEM 教育，其松散的课程结构和生态体系，很容易使 STEM 教育变成华而不实的口号，对创新人才的培养未能起到应有的作用。

STEM 教育应以"基于项目的学习，基于问题的学习"为主，同时要充分发挥学习者的主体地位。结合美国 STEM 学习生态系统的构建，课程与教学注重探究学习、项目学习以及与真实世界的联系，增强实用性，是一条重要的方法策略。而这与基于证据的学习的特点——"以问题为导向""以学习者为中心"不谋而合。STEM 学习一般包含提出问题、猜想假设、设计实验与制订计划、收集证据并评价交流等要素，这些要素也都指向一个共同的核心——证据。因此，基于证据是 STEM 学习最深刻的本质。将基于证据的学习应用到 STEM 教育中，形成具有实践意义的方法、流程或模式，可以促进 STEM 教育的生态系统构建。

11.1.3　基于证据的学习是制定教育决策的重要依据

我国教育改革与实践的推动力多来源于政府的号召、专家的设计或前卫实践者的引领，很多情况下是愿望多于理性，直觉多于证据。《国家中长期教育改革和发展规划纲要（2010—2020 年）》中指出，要"加强教育宏观政策和发展战略研究，提高教育决策科学化水平"。基于证据的学习对当前教育教学的深入改革具有很重要的作用，我们需要正确认识证据在教育实践中的作用，证据与证据的使用在很大程度上影响了决策的方向。

在我国，以往大部分的教育决策是基于价值和资源的，但当教育面对的挑战日益增长而资源却不再增加时，教育决策就需要在流行价值和可利用资源的背景下对最好的证据进行系统的评估，在信息充足的情况下进行理智决策。教育研究要不断针对实践问题展开最新的实证研究，在保证一定的信度和效度的前提下，为实践决策提供主题清晰的数据和研究设计。基于证据的教育需要对已有的和未来的教育研究的设计、证据的标准、与现有知识的一致性等方面进行令人信服的评估。基于证据的教育强调研究结果的实践价值先于其学术价值，因此，研究的结果要达到满足实践需要的水平，使得利益相关者能够使用这些证据进行有依据的决策。另外，研究结果也应当尽量保持价值中立，由"独立"组织提供，不受利益的影响，不带有偏见，并以最便于利益相关者使用的形式呈现，并能够强化对其结果在日常实践中的使用。此外，在教育实践中不断强化专业知识的地位和价值，提升教育决策的证据意识，摒弃仅凭经验和直觉进行的教育实践，能够为基于证据的教育的开展创设良好的文化氛围。

11.2　基于证据的学习：渊源、内涵、基本形态与特征

近年来，世界各国在课堂教学和学生学习领域积极推进改革和创新，由此出现了一些新的教与学的方式和方法。基于证据的学习就是其中一种新的学习方式，它体现了对学生学习证据的关注，在教与学的多个领域得到了运用，也折射出当今时代学习方式的变革与创新。

关于证据的定义，《现代汉语词典》中是这样解释的："能够证明某事物的真实性的有关事实或材料。"外文词典中关于 evidence 的解释与中文略有差别。《韦氏高阶美语英汉双解词典》是这样解释 evidence 的："（1）证明，证据；（2）迹象、征兆、标志。"从这里可以看出，中英文关于证据的释义分歧主要体现在"征兆、迹象、标志"这几点。本章将"证据"定义为"征兆、迹象，也可以作为证据用来表明或证明某些事物"。

11.2.1　基于证据的学习的渊源

从源头上来看，基于证据的学习是基于证据的思想和方法在教育领域的具体

应用。基于证据的思想来自于医学领域，最初它只是教授医学的一种方法，通过各种科学手段获得可见的实验数据和结果以指导医学行为的实施和相关政策的生成。在现实的医学实践中，临床中有关治疗手段、药物使用的效果检验，往往是以众多的小规模实验方式来展开的。在医学临床实践和医学研究中，"证据"是至关重要的因素，它是促使医学成为实证科学的根本原因。正如有国外学者在开展护士教育中谈到，"运用证据来提升学习结果，由此证明个体的能力和绩效的持续提升"（Laibhenparkes et al.，2015）。医学界倡导基于证据的研究的初衷，就是以既有的大量零散的研究成果为评估对象，从纷繁复杂的既有研究资源和文献中，为诊治方案寻找可靠、扎实的依据，或者为明晰依据提供下一步需要研究的问题并推荐统一规范的研究方案。例如，学者杨文登认为，大概在 20 世纪 80 年代之后，医学的实践领域凭借自己独特的学科位置，综合考虑了自然科学和人文科学的特性，最先取得了突破，形成了"循证医学"（evidence-based medicine），并最终促成了一种名为"循证实践"的实践方式（杨文登和叶浩生，2012）。

世界银行的评估机构先后在 2000~2005 年的年会上组织专门的研讨会，把随机试验作为获得严格、更好证据的工具；OECD、NAS 以及英国和美国众多政府部门都给予了空前的重视，把随机试验和基于证据的研究作为众多研究领域决策依据的主要来源（Boruch，2005）。教育领域中基于证据的研究就是在这一背景下，在英、美等国家迅速兴起的。

11.2.2 基于证据的学习的内涵

在今天，随着信息技术的迅猛发展，学习的内涵也得以不断丰富和拓展。在过去，学习的要义在于掌握既有的知识体系和文化要素，但在今天，学习活动不仅要让学生拥有新知识，而且必须让学生参与知识建构和创造的过程，这样他们在未来才能够应对知识社会的挑战。

传统的认识论认为，在人的认识领域存在着认识主体（人）和认识客体（知识）之间的对立，知识作为认识的客体是客观存在的，反映了事物的规律和本质，作为认识主体的人需要掌握这些外在的知识。受这一认识论的影响，传统的学习观强调学习主体（学生）对学习客体（知识）的掌握，学习的本质就是要将外在的知识纳入学习者的认知结构，从而形成新的认知。而对学习的评价无非就是检测知识结构的转变状况，测试的成绩也就是学习已经发生的证据，因此，对学习活动的判断严重依赖于学习成绩评价，这在一定程度上导致了"唯分数论"和应试主义倾向。近年来，新的知识观开始兴起，强调知识只不过是主体对客观世界的一种解释，不同的个体会根据自己的经验对知识进行不同的建构，学习者的主动性对知识的建构至关重要。这样看来，学生的学习就具有了建构性的特点，学习活动越来越需要相应的证据予以支撑，这就对学习证据提出了新的要求。

在信息化时代，学习的概念正在得到重构和革新，学习的含义和学习模式也会随之发生相应的演变。例如，在网络环境下，学习活动日趋超越传统的知识记忆，而是越来越成为一种"知识建构学习"，其特征内涵表现为："对一个共同体有价值的思想的持续改进和生产，深思熟虑地增加社会的文化资本；学习者在不断进行自我解释和与他人交互解释中建构知识的过程；借助新媒体，在讨论的基础上，进行知识的协商与合作建构；对专家知识进行共享与创新。"（刘春花等，2016）可以说，在学习概念演变的趋势下，学习活动越来越以信息技术手段为建构知识的"脚手架"，最终致力于生成新的思想、创造新的知识。

可以说，"学习的革命"已经不再是一个口号，而是面向未来的一种现实选择。而基于证据的学习恰好适应了这种新的发展趋势，是对传统学习方式的一种超越。那么，什么是基于证据的学习呢？总体来说，它不是某一种具体的学习方式或方法，它是为解决特定问题而运用一些证据来呈现学习结果并由此证明学习活动已经发生的所有学习方式的统称。因此，我们可以称之为一种学习范式，一种有关学习的理论模式和实践范例。这种学习范式的核心本质在于，它通过运用一定的证据来反映学习的过程并呈现学习结果，正是通过证据的呈现，教师得以判断学生的学习真正发生了。"运用证据来提升学习结果，由此证明个体的能力和绩效的持续提升。"（Laibhenparkes et al.，2015）因此，这种学习范式与传统的学习有着重要的区别，我们可以用表 11-1 来表示这种区别。

表 11-1　传统学习与基于证据的学习的差别

学习范式	组织形式	主要途径	实现的目的
传统学习	以教师为中心，个体孤立地学习	师生之间的信息传递	掌握事实性知识、概念和原理
基于证据的学习	以学生为中心，小组合作学习	学生自主探究	获得情境性知识和提升问题解决能力

在基于证据的学习范式中，证据是表征学习活动得以发生的关键。证据本来是法律的一个术语，指的是证明案件的事实性材料。在开展基于证据的学习过程中，学生需要主动收集、提供并分析有关的信息和资料，提出解决问题的假设并予以验证。在这个过程中，学生收集和产出的可以检测的学习材料都可以看作"证据"。因此，证据的表现形式有很多，如档案袋中的作品、绘本或海报、概念图或思维导图、项目设计、制作发明和研究报告等。

11.2.3　基于证据的学习的基本形态

基于证据的学习特别强调学习证据的重要性。学习证据，是指证明和反映学习活动得以发生的事实性材料和学习者的外在表达，它是判断学习活动得以发生的基本依据。从外在表现形式来看，学习证据的形态主要有实物、书面报告、口头报告、表演、自我评价报告以及他人评价报告等。

实物就是学生在学习过程中或者之后自主完成的一些作品，表现为小发明、小制作、手工作品等，在一些科学课和手工课上，实物是反映学生学习状况的基本证据。书面报告指的是学生在学习结束之后完成的调查报告、数据分析报告和研究报告等，如科学课上的实验报告就是反映学生学习状况的书面报告。口头报告指的是学生在学习过程中的口头陈述，用以表达学生的所见、所闻、所感和所得，这些口头陈述也可以看作学生学习发生的证据。表演指的是学生对所学内容的一种综合性表达，尤其是在艺术课等方面，表演能够真实地反映学生的学习状况。自我评价报告反映的是学生对自己学习的一种判断，它能从主观上反映学生对学习的认识和收获。他人评价报告反映的是教师和家长等对学生学习的一种判断，它也是鉴定学习活动及其结果的重要证据。

11.2.4 基于证据的学习的基本特征

目前，基于证据的学习已经在多个专业教育领域得到了应用，包括医学教育、工程教育、心理干预和治疗、各级各类的课堂教学等。基于证据的学习体现出不同于传统学习方式的一些基本特征，主要表现为如下五个方面。

1）学习目标具有发展性

基于证据的学习目标指向学生的核心素养发展。核心素养是学生在接受相应学段的教育的过程中，逐步形成的适应个人终身发展和社会发展需要的必备品格和关键能力，它是关于学生知识、技能、情感、态度、价值观等多方面要求的综合表现。当前，促进学生核心素养的发展已经成为深化素质教育改革和基础教育课程改革的重要目标。"教育部将组织研究提出各学段学生发展核心素养体系，明确学生应具备的适应终身发展和社会发展需要的必备品格和关键能力，突出强调个人修养、社会关爱、家国情怀，更加注重自主发展、合作参与、创新实践。"（教育部，2014）与此相一致，基于证据的学习强调学习证据的获得和呈现，它能够较为全面地反映学生在知识、技能、情感态度和价值观等领域的综合发展，在目标指向上致力于促进学生核心素养的发展。

2）学习内容具有问题导向性

问题导向性，指的是在基于证据的学习过程中，学生学习的内容一定是围绕某一问题而展开的，是为了解决问题而展开的；产出的证据其实就是问题解决之后获得的结果。因此，基于证据的学习注重证据，或者至少从证据中获取信息，强调以问题解决为导向。正如国外学者所言，"学习就是由寻找某一真实问题的答案或应对困境的结论而导致的一种结果"（Ebrahimi，2016）。这与传统的常规教学不同，常规教学要求学生们在遇到问题并努力运用内容去解决问题之前必须掌握其内容，而基于证据的学习要首先提供给学生们一个真实的问题。

3）学习结果具有可检验性

基于证据的学习强调对思维过程和问题解决过程进行外显，最终以可观测的证据产出呈现学习结果，因此学习结果是可以追溯和检验的。无论学习的过程产生了哪些证据，这些证据都是对内在学习过程的表征，反映了学生的思维和问题解决的过程。证据的可检验性意味着对学习过程的评估更为便捷，因为它是有据可循的。

4）学习评价具有诊断性和发展性

基于证据的学习把评价看作学习过程的一部分，而评价的目的在于对学习的过程及其品质进行鉴定和评估，从而提出改进下一步学习的建议。这说明，在基于证据的学习中评价的目的主要是诊断性和发展性的，而不是终结性的；评价的目的在于提供改进的线索，从而提升下一步学习的品质，而不是甄别和选拔。例如，作为基于证据的学习的一种具体方式，基于问题的学习（problem-based learning）就特别强调学习中评价的功能，基于问题的学习认同的哲学观是把评价看作学习过程的一部分（Alias et al.，2015）。

5）学习活动具有综合性

在讲授式教学模式下，学生的学习是单一的，即接受教师讲授的知识。与此不同的是，基于证据的学习是一种综合性的学习，即学习活动呈现出多元性和丰富性。在该范式下学生的学习更加积极和主动，学习活动呈现出多样化特征，如小组合作、提出问题、发现信息、讨论并拓展新信息、决策并提出结论等。基于问题的学习是一种小组合作的学习方式，在这种方式中，学生要综合运用信息解决问题，他们在学习中更加积极并能够发展各种技能，因此它要比通过阅读或听讲更加有效（Alrahlah，2016）。

11.3　基于证据的学习的常见实施模式

基于证据强调切实提高实证研究的水平，充分利用证据说话，更好地让研究结论支撑教育决策（王春丽和顾小清，2015）。具体而言，基于证据理论指导教学实践，并催生新的学习文化（王美和任友群，2011），由此形成了基于证据的教学（evidence-based teaching，EBT），其强调以问题为导向的学习模式，主张学习最重要的是学生自己的探索与实践（李雪飞，2014），要求学生通过自主探索、实践，获取证据并以此建构自己的知识结构，将经验转化为专业知识或者专业技能，而且已有证据表明学生有所成长和发展。

11.3.1 以概念图为证据表征工具的学习模式

有研究者以概念图作为证据表征工具，对基于证据的学习模式进行了流程性的梳理（Eitel and Steiner，1999）。

1）该模式的实施流程

以概念图为证据表征工具的学习模式，是从问题提出到问题解决的一般路径为基准，通过六个步骤完成整个学习过程的，其中包括证据检索、证据评估、证据应用三个阶段（图 11-1）。

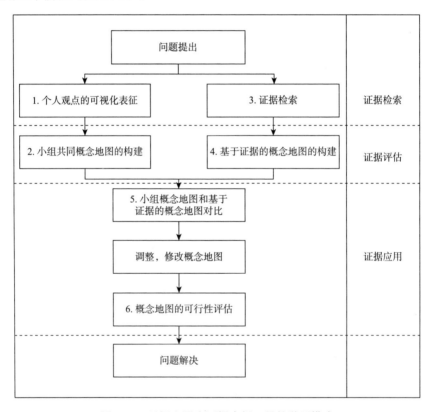

图 11-1　以概念图为证据表征工具的学习模式

各步骤的操作如下。

第一，提出个人的问题和观点，并且进行可视化表征。

当问题提出后，学生会根据自己的认知和经验形成个人观点。之后，学生将个人的观点进行可视化表征，形成文本材料，如提炼大纲，绘制概念地图、流程图等。该步骤的目的是激发学生的学习兴趣，为之后的研究进行铺垫。

第二，通过小组合作讨论，达成共识，形成小组的共同概念地图。

在小组内将个人的成果进行比较，通过对不同观点的讨论，个人对自己的概念地图进行重新构架。这一步骤的目的是对个人观点进行整合，在达成共识的基础上以概念地图的形式形成小组观点，提出问题解决方案。

第三，检索证据。

以小组概念地图为基础，锁定关键词和检索词，选取专业期刊、网络学术资源、文献数据库等作为证据来源，进行证据检索。检索结果的质量取决于操作者的检索能力和前两步形成的小组概念地图的具体性和可操作性。这一步骤的目的是从文献中找到客观、精准、清晰的信息，作为可用证据。

第四，通过证据的评估，形成基于证据的概念地图。

通过不同方法和途径获得的证据级别不一，将检索到的文章和其他可用资源依据其级别进行分类和排序（表 11-2），并从中提取有用信息进行概念地图的构建，形成加权的基于证据的概念地图。这一步骤的目的是批判性地评价获得的证据并初步形成对小组概念地图的评判。

表 11-2　获取证据的不同等级

等级	证据的类型	研究规范	研究设计
1	观点	数据的客观性	研讨会专家咨询
2	质性	规模	观察研究、质性研究
3	量化	测量	量化研究
4	比较研究	控制组	个案对照研究法
5	干涉	变量的系统变化	实验
6	控制误差	控制干预变量	随机对照实验
7	证据整合	统计显著性	元分析

注：将证据划分成七个等级，等级越高，证据的力度越强

第五，将小组讨论得到的概念地图和基于证据的概念地图进行对比，获得更高质量的概念地图。

将小组讨论获得的概念地图与批判性地研究文献后获得的基于证据的概念地图相比，不断修正发展以获得一个小组概念与证据相结合的综合体——更科学、高质量、更详尽的概念地图。

第六，通过具体实践评估概念地图的可行性。

借助具体问题情境，通过小组或个人的具体实践来评估形成的基于证据的概念地图是否能够以及如何运行。并结合实践探究将所形成的概念地图迁移到其他问题情境中，实现概念地图的现实意义。

2）该模式的特点

第一，以概念地图为证据表征工具的学习，是以问题为导向的学习。基于证

据的学习以问题为出发点，通过问题表征、设计解决路径、寻找基于证据的解决路径、对解决方案进行修改和调整形成最佳解决方案，全过程以问题为核心，以问题解决为最终目的。

第二，以概念地图为证据表征工具的学习，是以学习者为中心的学习。在基于证据的学习中，强调学生的主动探索、亲身实践，学生是问题解决的核心人员，是小组和团队活动的组织者、协调者，具有较强的参与性。

第三，以概念地图为证据表征工具的学习，有效地避免了经验主义缺乏证据支撑的不足。在基于证据的学习的实施过程中，以证据的检索—评估—应用为主要环节，形成了以证据为核心的实施流程。学生在学习过程中，通过对证据的搜集、筛选以及将有效的证据应用到自己的研究方案中，培养了严谨的科学态度和良好的实证研究规范。同时有效地避免了经验主义中存在的缺乏证据支撑的问题。

第四，以概念地图为证据表征工具的学习，有助于提高教学设计的质量，为教育管理决策服务。基于证据的学习是一种涵盖教育多方面的方法，从方法的运用到实验证据的收集，将专业智慧与经验证据相整合，共同指导教学决策，有助于提高教学设计的质量，为教育管理服务。

11.3.2 基于问题的学习

1）基于问题的学习的内涵和基本特征

基于问题的学习，是指把学习设置于复杂、有意义的问题情境中，以自主学习和小组学习的形式，在教师的引导下，解决复杂、实际或真实性的问题，旨在使学生掌握学科基本知识，发展学生的自主学习和终身学习能力，发展思维能力、解决实际问题能力，培养学生创新意识和合作精神。基于问题的学习是以问题作为学习的起点并围绕问题的解决而展开的（王济华，2010）。

基于问题的学习具有以下特征。

第一，问题的真实性。学习中的问题是真实情境中的问题，是基于问题学习的首要特征。真实性，是指在生活中会遇到，或与学生的经验、兴趣相关的问题，而且这类问题大多是不良结构的，是已知信息不明确，或者解决途径和解决方案不唯一的开放性问题。为了解决这些问题，学生就需要收集大量的证据。当学生学习的内容与自己的生活有联系时，他们会更主动地去学习，去理解和记忆所学习的知识，认为其对生活有用，并能够学以致用，更能促进知识的迁移运用，对于以后他们在生活中运用相关的知识也有一定帮助，从而更容易收集到证据。

第二，学生是学习的主体。在传统课堂上，学习是一种被动接受知识的活动，学生一直处于被动接受知识的状态。基于问题的学习更强调学生的主体性，以学生为中心。基于问题的学习是促进学生主动参与的学习，它先创建一个真实的问题情境，引发学生的学习兴趣；学生进入问题情境后，成为情境中的主人，他们有独立思考的机会，自己收集证据，并对证据进行选择与总结，充分发展自主性、能动性和创造性。要发挥学生的主体性，还要了解学生的需要，根据学生的特点来选择设计问题，促进学生的主动学习。这种学习方式，对于学生而言，不仅更引人入胜，而且更有针对性，有利于学生的个性发展。

第三，过程的探究性（基尔希纳等，2015）。基于问题的学习，给学生提供探究、选择的机会，将自己的知识、获得的证据以及经验协调起来，形成科学的概念和原理，建立自己的知识结构。这种学习范式解决的问题是结构不良、杂乱且复杂的问题，没有足够的信息和现成的解决方案，需要学生通过探究获得知识、找出最佳的解决方案。基于问题的学习不再是简单地将已有知识再现给学生，而是要求学生针对问题，调动已有、未知的知识和能力储备，通过多种途径收集证据再进行探究，最后找出问题解决的途径和方法，整个学习过程，是一个不断查找证据并利用证据进行探究问题的答案的过程，重在引起和培养学生的探究兴趣和精神。

第四，学科的综合性（余胜泉和胡翔，2015）。世界是一个统一的整体，在现实的生活中，任何一个现实问题都不可能只涉及单一学科的知识，而是跨学科的整合。在基于问题的学习中，问题来源于杂乱无章的生活，大多跨越多门学科。这些问题向学生显示了各门学科之间的联系，帮助学生强化将学校所教的各科知识作为一个统一体的意识，促使学生应用一门学科的知识去更深刻地理解另一门学科（Delisle，2004）。要解决这些真实问题，学生必须综合自己已有的知识，综合运用、分析，才能达到对问题全面、整体的认识。因此，我们在培养学生专业知识、专业技能的同时，也要重视对学生综合知识、能力的培养。例如，地理是一门综合性很强的学科，它与其他多门学科有密切联系，在解决复杂的地理问题时，也要运用多门学科的知识。

第五，证据的获取方式及应用。证据的获取方式为：小组各个成员自主学习相关知识，查询相关信息，通过各种渠道查找证据。证据的应用指的是针对问题查找到的证据，应当运用新学到的知识重新分析问题和假设，并生成新的解决问题的假设。

第六，评价方法。评价方法包括对学习的最终产品的评定、对中间产出的评定（如案卷分析）、传统的测验、真实问题迁移测验、对自我反思报告的评定、自由创造、对结果展示的评定以及系统的答辩等。学生除了需要来自教师的评定外，还需要对自己的学习进行评价，包括自我评价和同伴评价。

2）基于问题的学习的操作流程

基于问题的学习通过提出和解决问题来实现知识经验的建构。根据 Barrow 的模型，基于问题的学习在实际实施过程中大致包括以下环节（姜美玲，2003）。

第一，组织学习小组。在探索问题之前，学生要组成一个学习小组，学生们要互相了解或认识,为合作学习创设一个良好的人际氛围。学习者分别做自我介绍,形成毫无偏见的氛围。

第二,提出一个问题。用少量的信息提供给学生一个复杂的问题,这个问题应该尽量与其在现实世界中的情况接近,能够吸引学生。在解决问题的开始阶段,学生和教师要对问题解决的目标形成共同的理解。基于问题的学习的本质是以问题来驱动学习。提出问题是该模式的核心和重点,它为学习者提供了明确的目标,使问题的解决成为可能。

第三,自主探究式学习。小组成员集合,先各自独立查询解决问题所需的知识、资料、证据并且独立研究,之后小组成员集合分享学习成果和观点,讨论问题的解决方案。学生们要评价自己所获得的证据以及他人的证据,分析证据是怎样得来的,来源是否可靠等,并整合大家收集到的证据,提出本小组解决问题的方案,这是促成自主学习的重要途径。

第四,学习成果展示。各小组利用不同形式来报告自己的结论以及得出结论的过程,如数学分析、图表、口头报告、戏剧表演等。基于问题的学习所强调的不只是让学生解决问题,而且是要让他们理解问题背后的关系和机制。

第五,多元评价。学习成果展示需要通过多元评价来及时发现问题,同时教学评价也是最能调动学生积极性的一个环节。但在评价时要注意以下几点:其一,教师要实现评价形式多元化,既要进行终结性评价,也要开展过程性评价;其二,教师要实现评价内容多元化;其三,教师要实现评价主体多元化,包括小组互评、小组自评和教师评价。

第六,反思总结。反思对于教师而言,是迈上自我认识、自我改造、自我教育的专业发展道路;对于学生而言,则是提高学习效率和分析能力,提升思维能力、创新能力和自主学习能力的重要策略。因此在解决问题之后,师生都需要有意识地反思整个问题解决的过程。

11.3.3 基于项目的学习

1)基于项目的学习的基本概念

基于项目的学习是一种教学方法和教学模式,它的主要目的是使学生把知识系统化并应用于真实的社会实践,为了达成这个目标,要让学生完成一个真实的任务(许华红,2014)。在这个过程中,学生独立完成任务,可以采用小组协作的方式进行学习,并采用真实性评价等评价方式。

2)基于项目的学习的特征

(1)有一个驱动或引发性的问题,用来组织和激发学生的学习活动。学习活动是基于项目的学习的主要内容。

(2)注重学生的学习主体性。在不断地发现问题、分析问题、探究问题、获取证据、解决问题的过程中获得学科知识的核心概念和原理，从而掌握一定的技能。

（3）在学习的过程中阶段性或终结性地产出一系列或一个最终作品，学生之间就作品产出进行交流和讨论，在交流和讨论中得出结论和发现新的问题（高志军和陶玉凤，2009）。

（4）重视就现实生活中的真实问题进行探究。要求学生综合运用多种学科知识来理解和分析，从不同学科的角度获取信息作为证据支撑自己的结论或利用证据解决问题。

（5）强调学习活动中的合作。老师、学生以及活动中的所有人员相互合作，形成"学习共同体"。在"学习共同体"中，成员之间是一种密切合作的关系。

（6）学习过程中需运用到多种认知工具和信息资源（任英杰和戴心来，2004）。在学习过程中，学生会使用各种认知工具和信息资源来陈述他们的观点，支持他们的学习。

（7）注重对学生的真实性评价。它要求学生应用必需的知识和技能去完成真实情境或模拟真实情境中的某项任务，通过对学生完成任务状况的考察而达到引导学生思考问题、反思实践、提高研究技巧的目的。

（8）学习具有一定的社会效益。基于项目的学习能促使师生与广大社区进行联系，学生的作品能够与教师、家长及商业团体进行交流和分享，从而获得一定的经济效益。

3）基于项目的学习的实施流程

基于项目的学习主要由内容、活动、情境和结果四大要素构成。内容是指现实生活和真实情境中表现出来的各种复杂、非预测性、多学科知识交叉的问题。活动主要是指学生采用一定的技术工具（如计算机）和研究方法（如调查研究）解决所面临的问题而采取的探究行动（吴莉霞，2006）。情境是指支持学生进行探究学习的环境，这种情境既可以是物质实体的学习环境，也可以是借助信息技术条件所形成的虚拟环境。结果是指在学习过程中或学习结束时学生通过探究活动所学会的知识或技能，如小组合作学习技能、生活技能、自我管理技能等。

基于项目的学习的实施流程通常可分为选定项目、制订计划、活动探究、作品制作、成果交流和活动评价这六个基本步骤。

第一，选定项目。在基于项目的学习中，项目的选择很重要，教师在此过程中只能充当指导者的角色，对学生选定的主题进行引导。首先，所选择的项目是否和学生日常的生活相关；其次，应该考虑学生是否有能力开展该项目的学习，并且项目应能融合多门学科，如科学、数学和语文等；再次，项目应该丰富，值得学生进行至少长达一周的探究；最后，学校有能力对该项目学习进行检测。根据评价的情况，如果有必要的话，可对学生选择的项目进行适当的调整，或建议学生对项目进行重新选择。

第二，制订计划。计划包括学习时间的详细安排和活动计划。时间安排是指学生对项目学习所需的时间做一个总体规划，做出一个详细的时间流程安排。活动设计是指对基于项目的学习所涉及的活动预先进行计划，如采访哪些专家、人员的具体分工、从什么地方获取资料等。

第三，活动探究。这一步骤是基于项目的学习的主体，学生大部分知识内容的获得和技能、技巧的掌握都是在此步骤完成。此步骤学习小组直接深入实地进行调查研究，通常是到野外旅行，对必要的地点、对象或事件进行调查研究（林仕康，2012）。在调查研究的过程中，首先，学生对活动内容以及自身对活动的看法或感想进行必要的记录，提出解决问题的假设，然后借助一定的研究方法和技术工具来收集信息；其次，对收集到的信息进行处理和加工，对开始阶段提出的假设进行验证或推翻开始的假设；最后，得出问题解决的方案或结果。

第四，作品制作。作品制作是基于项目的学习区别于一般活动教学的重要特征。在作品制作过程中，学生运用在学习过程中所获得的知识和技能来完成作品。作品的形式不定，可多种多样，如研究报告、实物模型、图片、录音片段、录像片段、电子幻灯片、网页和戏剧表演等。学习小组通过展示他们的研究成果来表达他们在基于项目的学习中所获得的知识和掌握的技能。

第五，成果交流。作品制作出来之后，各学习小组要相互交流，交流学习过程中的经验和体会，分享作品制作的成功和喜悦。成果交流的形式可多种多样，如举行展览会、报告会、辩论会、小型比赛等。参与人员除了本校的领导、教师和学生以外，还可有校外来宾，如家长、其他学校的教师和学生以及上级教育主管部门的领导和专家等。

第六，活动评价。基于项目的学习与传统教学模式的重要区别还在于活动评价。在这种教学模式中，评价要求由专家、学者、教师、同伴及学习者自己共同完成。它不但要求对结果的评价，同时也强调对学习过程的评价，真正做到了定量评价和定性评价、形成性评价和终结性评价、对个人的评价和对小组的评价、自我评价和他人评价之间的良好结合（陈东莉和闫伏花，2009）。评价的内容包括课题的选择、学生在小组学习中的表现、计划、时间安排、结果表达和成果展示等方面。对结果的评价强调学生的知识和技能的掌握程度，对过程的评价强调对实验记录、各种原始数据、活动记录表、调查表、访谈表、学习体会等的评价。

11.3.4 基于设计的学习

1）基于设计的学习的基本概念

基于设计的学习的概念，不同的研究者有不同的解释。

Kolodner（2002）认为，基于设计的学习是为 6~8 年级的中学学生的科学学习开发的基于项目的探究式教学方法，旨在让学生置身于努力完成设计挑战的境脉中学习科学内容，同时发展能够解决复杂、非良构问题的技能和理解力。学生要想成功地完成设计挑战任务，需要在合作与交流中，设计调查证据、实施调查、分析数据、得出结论，根据得到的证据做出自己的设计并证明它们。学生不仅能学习概念和公式，还能学习科学方法和科学性的推理，以及如何应用他们正在学习的概念和技能。

Doppeit 等（2008）认为，教师在基于设计的学习活动中挑战学习者，让其去创造能够反映主题、概念和标准的有形物体。有了这些物体，学生可以在一个互动的环境中学习基础学科，这样能促进信息的回忆与再利用。他们学习创造逻辑联系，查明原因和结果，提出类比，并在最高水平上进行批判性思考。他们使用设计专业中简化的技术，包括学习计划、实验发现、解释、区别、修订和证明自己的想法。

可以看出，基于设计的学习是让学生设计一定的实物或模型，学生为了设计出好的作品，在实施过程中不断地学习新的知识、收集各种证据对设计方案加以修改。通过这样一个过程，可以培养学生整合相关学科知识的能力及创新能力。

2）基于设计的学习的特征

第一，多学科性。

个体只有具有整合性的知识，才能顺利实现有效地迁移、应用知识和解决问题的目标。基于设计的学习在科学教育中应用广泛，即它不仅包括物理学、数学学科内容，而且涉及自然、地理、生物等学科内容。例如，克罗德纳的"运动汽车"项目是让学生通过设计具有动力系统的汽车来学习诸如力、合力、力对运动的影响、牛顿运动定律这样的科学概念以及数学方面的知识，并通过运行实验、基于证据的验证以及对其中现象和规律的解释来学习科学方法，习得重要的推理能力和社会能力，如理性逻辑思维能力、基于证据的决策能力、创造性能力以及协作、交流能力。也就是说，在基于设计的学习中，学习者在解决设计型问题时，需要学习有关联的所有知识，并且这些知识都不是孤立、枯燥的。学习者在解决问题时，会一步步地发现需要掌握的各方面知识，这就激发了学习者的学习兴趣，使他们不断探索学习相关知识。如此学习者的学习网就在深度和广度上不断拓展（王佑镁和李璐，2009）。

第二，合作性。

基于设计的学习强调团队合作的精神，在与团队的交流与协作中学会协作能力。基于设计的学习的项目一般都是持续时间较长的学习过程，该过程需要学习者组成小组进行合作完成挑战。小组中的同伴共同确定挑战，搜索相关信息，分享信息，设计成品，提出反馈意见。此外，小组之间也是一种合作关系，当小组成员向其余组的学习者阐述设计挑战时，其余的学习者会提供反馈，进而完善设计。教师在整个项目中亦扮演着重要的合作者的角色，提供相关的指导。

第三，开放性。

基于设计的学习强调学习环境的开放性，包括课堂中的开放与课外的开放。基于设计的学习的授课方式打破了传统的粉笔加黑板的教学方法，以学习者为中心，在教学中教师主要是创设任务情境，然后把提问的权利还给学生，培养学生"质疑"的意识，当学生有疑问时，教师只是给予启发，提供支架，鼓励学生自己去交流、探索，让学生带着疑问在课外搜集原材料，查询资料，根据搜集到的证据提出自己的解决方案，然后再回到课堂上进行展示交流，发现不足之后，可以继续在课外进行交流与修改。

第四，学生学习自主性。

在基于设计的学习中，设计人工制品的任务驱动着学生去搜集大量资源和证据，创建模型，学生在搜集资料、筛选可用信息进行学习与研究的同时，也在不断地澄清自己的认识：关于这个要完成的主题我知道什么，我还需要学习什么，该去哪儿寻找信息，怎样筛选有用信息。当对建立的模型进行测试后，通过小组比较，又驱使他们思考自己作品的优缺点，以及如何进行改良。基于设计的学习的整个过程都是不断促使学生进行反思的，并且教师也在不断地鼓励学生进行阐述，说出自己最初设计的想法，以及如何设计，发现了什么问题，应该如何进行优化，在不断的反思过程中，他们学习的自主性得到了增强。同时，当训练学生集合各种信息对整个过程进行阐述的时候，学生拥有了解决问题的经验，最终成为积极、自主性很强的问题解决者。

第五，多重性。

基于设计的学习要求学生"做科学"，以在设计、技术和科学中获得"持久的知识和技能"，也要求学生学习复杂的认知技能、社会技能和交流技能，以帮助他们形成"思维习惯"。由于基于设计的学习起源于社会对人们科学素养提高的要求，其要求培养学生在学习科学概念以及原理之外，还要培养学生整合教育中的相关方面知识的创新能力和专业能力，学生能够获得在各个研究领域以及日常生活中的知识和社会技能。因此基于设计的学习具有锻炼学生多重能力的特点，包括学习能力、创造能力、批判能力、合作与反思能力、动手操作能力、信息搜集能力等。

第六，循环迭代性。

正如贝拉·H. 巴纳锡（Bela H. Banathy）所说，设计是一种决策性型、学术型的探究活动，是一种持续地寻找实施办法的过程（常珊珊，2016）。实施这一过程体现为互动式循环圈（图11-2），借鉴设计的特质，基于设计的学习最突出的特点就在于探究过程的迭代循环，学习始终处在一个不断的设计/再设计的循环中。

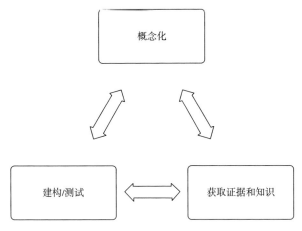

图 11-2　互动式循环圈

3）基于设计的学习的操作模型

图 11-3 中呈现了基于设计的学习的活动循环，此循环包括两个基本的循环：设计/再设计循环与调查/探究循环。设计/再设计循环设计成功完成挑战的活动。由于挑战的成功完成离不开探究，因此基于设计的学习还需要调查/探究循环（张君瑞，2011）。

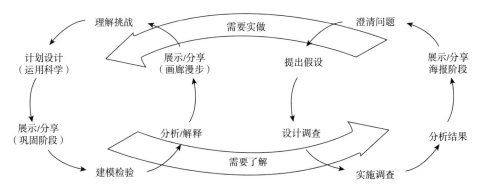

图 11-3　基于设计的学习中的循环迭代

这两个循环的运行方式如下：基于设计的学习活动始于设计/再设计循环顶部的理解挑战，当学生需要了解某个新事物时，他们参与调查/探究，调查/探究的结果为进行中的设计/再设计提供了应用的内容。每个循环都整合了科学、设计、合作与交流实践，每个循环都涉及写作、反思与公开展示，以帮助学生阐释他们的经验，澄清他们所学的知识，并将行动与目标联结起来。在设计、检验、学习与再设计中，学生迭代所开展的工作，逐步精制设计方案，逐步提高科学概念的理解以及对科学实践的掌握。

11.3.5　5E 教学模式

1）5E 教学模式的基本概念

5E 教学模式是基于建构主义教学理论的一种科学教育的实施模式，5E 分别为 engagement（引入）、exploration（探究）、explanation（解释）、elaboration（迁移）、evaluation（评价），目的是帮助学生将现有知识体系与新的学习内容联系起来，并通过实际经验来加深理解，建构式地学习重要概念。

Engagement 要求通过活动对已有知识和要学习的内容建立联系，吸引学生探究的兴趣；在 exploration 环节教师提供支架支持学生对学习内容进行探究，学生在这个环节中暴露出对已有概念的理解，同时产生新的想法；explanation 环节要求学生阐述自己在探究活动中的行为及产生的解释，之后由教师直接讲授学习内容；elaboration 环节让学生将新学的内容应用于实践，在加深理解的同时以求进一步拓展；evaluation 是指对学生在整个过程中理解情况和实际能力的评估[①]。

2）5E 教学模式的特征

5E 教学模式具有如下基本特征。

第一，学生是探究活动的主体，学生在教师的引导下积极思考。该模式强调激发学生的兴趣，教师仅仅帮助学生建构知识，学生的自主构建是 5E 教学模式的核心。

第二，形成新旧概念之间的冲突是主动建构的动力（吴成军和张敏，2010）。

第三，强调学生在探究过程中获得概念、知识和技能。确定探究问题之后，学生在教师的指导和支持下，以小组或个人的方式进行探究，从多种途径（教师、网络、书籍）方面获取资料，作为证据。在解释环节运用收集到的资料并结合所学内容，得出结论并进行解释。

第四，评价方式多样。用正式或非正式的方法评价，可能是小组交流（学生互评）、小项目，或者是老师的开放性问题。

3）5E 教学模式的操作流程

国内教育研究者提出了如图 11-4 所示的 5E 教学模式模型图（代鸣和姚宝骏，2008）。

---

① BSCC. BSCC 5E.Instructional Model. http://bscs.org/bscs-5e-instructional-model.

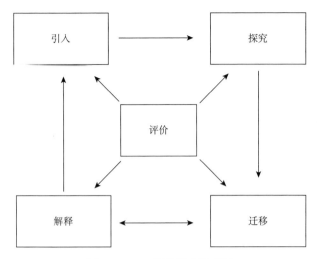

图 11-4 5E 教学模式模型图

5E 教学模式的实施流程如表 11-3 所示。

表 11-3 5E 教学模式的实施流程

环节	教学要求	教师行为	学生行为
引入	教师提出关于周围事物的一些问题，将学生引入学习状态，同时了解学生的已有背景知识和相关概念	培养兴趣 激发学生产生好奇心 提出问题 了解学生的前概念	提出问题，如"这种现象产生的原因是什么？""关于该问题我已经知道什么？""我可以发现什么？" 表现出对问题的兴趣
探究	学生制订计划进行探究，收集证据回答问题	鼓励学生合作，给予间接指导 在学生探究时进行观察、倾听 在需要时给学生的探究指明正确的方向 为学生提供思考问题的时间 扮演学生顾问的角色	在活动限制的范围内自由思考 检验预测和假设 形成新的预测和假设 尝试不同的方法并和其他人讨论 记录观察结果并形成观点 不急于得出结论
解释	在学生探究和解释的基础上，教师正式明确概念、原理。在教师的指导下，使用新知识回答最初提出的问题	鼓励学生用自己的语言解释概念和定义 询问学生的理由，让学生表明想法 规范地讲解新术语和定义 在学生已有经验的基础上解释概念	向其他人解释可能的解决方案或答案 对解释互相质疑 倾听并试图理解教师提供的解释 联系以前的活动 在解释中使用观察记录
迁移	学生运用新知识、新概念解决新的问题	要求学生使用所讲授的规范术语、定义和解释等 鼓励学生在新情境下运用或扩展概念和技能 提醒学生采用不同的解释 根据已有的数据和材料对学生提问	引用新术语、定义、解释、技能以及新的但是类似的情境 运用以前的信息进行提问，提出解决方案，做出决策，设计实验 从所得证据中概括出合理解释 记录观察结果和解释 与同伴互相检查是否理解

续表

环节	教学要求	教师行为	学生行为
评价	用正式或非正式的方法评价学生对新知识、新概念的理解情况，包括新技能的学习情况	在学生运用新概念和新技能时对其进行观察 评定学生的知识和技能掌握情况 寻找学生改变想法或行为的依据 允许学生评价自己的学习以及在小组学习中获得的技能 提出一些开放式问题	利用观察结果、所得数据和已得的解释回答开放性问题 证明自己理解了概念或技能 对自己的进步和所掌握的知识做出评价 提出可进一步探究的相关问题

11.4　基于证据的学习评价

传统的学习评价模式往往评价维度和评价依据过于单一，而基于证据的学习评价能够很好地从证据出发，多角度、多维度、多方面地对学生的情况进行评价。

基于证据的学习评价的整体结构如表 11-4 所示。

表 11-4　基于证据的学习评价的整体结构概要

层次	功能角色	主要的实体	知识表征的例子
领域分析	收集某领域实质性的信息，这些信息可以给评价提供直接的启示	概念、术语、工具和表征形式	关于某领域的表征形式和符号系统（内容标准、课程纲要等）
领域建模	基于领域分析中确定的信息，用陈述性的形式表达出评价的结构	代表学生 KSAs（知识、技能和能力）的各种作品、各种可能的观摩资料等	使用图尔敏图等来呈现对应的实体
概念性评价框架	根据评价的论点设计评价任务或题目蓝图	学生模式、证据模式、任务模式等	测量模式的代数表征或图式表征等
执行	质性评价，包括呈现任务并收集和分析反应	任务论据、学生作品，为进行评分而准备的数据	对任务协议进行说明；呈现的任务等
发布	学生和任务之间的互动：评分；报告	呈现的任务：形成的学生作品；评价得出的分数	在互动中用到的任务论据的组合；用于报告总结

从基于证据的学习评价概念框架来看，其最核心的便是能力模式、证据模式和任务模式（Sawyer，2014）。

能力模式体现了我们需要测量的目的，即我们需要测量什么；证据模式是在基于学习者特定的任务和环境的条件之下，能够表现出我们想要的关于学生模式证据的具体现象；任务模式便是我们采取哪种测量方式，使用什么来进行测量（图 11-5）。

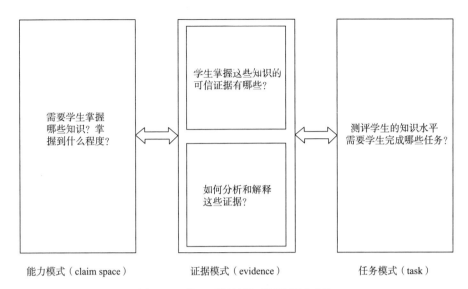

图 11-5　基于证据的学习评价概念框架

11.4.1　教育大数据与基于证据的学习评价

相比传统的教育评价，大数据的发展使教育评价走向客观性评价、伴随式评价、综合性评价和智能化评价（图 11-6），为学生的自我发展、教师的教学反思、学校的质量提升等多方面提供了基于数据分析的实证支持。大数据支持下的教育评价一方面能够减轻工作负担；另一方面采用统一标准进行评价，能在一定程度上提升评价的准确性。

图 11-6　基于大数据证据的学习评价

资料来源：《中国基础教育大数据发展蓝皮书（2015 年）》

1）客观性评价：评价依据从主观经验判断到客观数据支持

在传统的教育环境下，教师对学生的评价，相当一部分来自于学生的考试成绩，以及教师的个人主观印象，这导致评价不够全面、客观、理性。教育大数据的出现，使学生有机会记录、展示各方面的情况，并借由数据依托，让学生对自己、教师对学生的了解更全面、客观，强化了教育评价的诊断、引导、调整功能，为学生的全面发展及终身成长提供更为科学的评价指针和引导方向。

2）伴随式评价：评价方式从总结性评价到过程性评价

教育评价在发展过程中，其评价功能观逐渐开阔，评价方式日趋丰富，经历了从结果导向的总结性评价发展到过程导向的形成性评价，并进化到质量导向的伴随性评价的过程。伴随性评价是把总结性评价与形成性评价相结合，重在积累教学过程中学生智能发展的生成性成果，不给学生划分等级，不去单纯比较学生成绩高低，而是通过及时记录学生的学习状态、学业表现、学习阶段性反馈等多种来源的学习情况和水平做出判断，采取目标与过程并重的学习质量发展型评价观（高凌飚，2006）。

大数据时代下，多种数字化设备的综合应用，可以收集学生在学习平台、学习终端上的学习痕迹、学习表现、学习习惯等数据，并且用数据可视化的分析技术加以呈现，使教师和学生可以在不增加技术使用难度的前提下，了解学习者在整个学习过程中的表现，用基于大数据的伴随式评价引导学生终身学习。

3）综合性评价：评价内容从单一评价到综合评价

在对评价内容的改革中，大数据将再次突破评价的片面性，收集学习者的多方面学习信息，如文化背景、家庭背景、学习风格、学习能力、认知水平等多个方面、多个指标进行综合性评价（图11-7）。

主要评价内容有：其一，思想品德，主要考查学生在爱党爱国、理想信念、诚实守信、仁爱友善、责任义务、遵纪守法等方面的表现；其二，学业水平，主要考查学生各门课程基础知识、基本技能掌握情况及运用知识解决问题的能力等；其三，身心健康，主要考查学生的健康生活方式、体育锻炼习惯、身体技能、运动技能和心理素质等；其四，艺术素养，主要考查学生对艺术的审美感受、理解、鉴赏和表现能力；其五，社会实践，主要考查学生在社会生活中的动手操作、体验、经历等。通过对这五大方面的指标细化工作，形成高中生的综合素质评价指标体系。在此基础上，按照小学、初中教育的不同性质和特点，调整评价指标，进而形成一套完整的学生综合素质评价指标体系。

4）智能化评价：评价手段从人工评价到智能评价

大数据的一个明显特点就是数量庞大、维度丰富。若想收集、处理、分析这些庞大且繁杂的数据，离不开智能化分析技术。因此，教育评价的手段要对应地从传统人工统计、处理考试成绩等相对单一的数据，转变到用智能技术来分析网

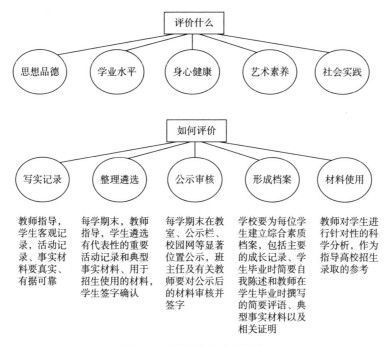

图 11-7　学生综合素质评价

络和用终端来收集学生各方面的大量数据，使智能化的计算可视化呈现，实现教育评价的即时性与智能性。

11.4.2　基于大数据证据的学习评价：以 STEM 评价为例

STEM 教育主张基于证据学习的理念，面向学生和教师的多元价值，要求持续性地关注学生的学习过程，通过教师评价、自我评价和组内评价相结合的方式，对小组、个人和作品展开质性评价，基于大数据的思路，采集学习全过程的数据来测量学生的知识的高级认知状态、问题解决能力与学习能力。在 STEM 教育评价中采用多元评价模式，使用多种评价方法，将学校、教师、家长、学生等纳入评价主体，收集学生学习的全过程数据，利用大数据分析技术，对学生做出真实、客观、准确的评价，以促进学生健康发展，提高学生核心素养。

表现性评价实施多元主体评价，采用多种评价方法（如档案袋、量规等），利用调查、访谈、点评等多种评价手段，提倡教师评价、自我评价和小组评价，帮助学生全面地了解自我。表现性评价强调评价主体的多元化、评价方式的多样化、评价实施的过程化、评价内容的大数据化、评价结果的可视化，通过评价学生在 STEM 教育中的各种行为表现和结果，践行并实现以学生为中心的理念，指导教学活动与实践相结合。

　　大数据在教育中的应用主要集中于数据挖掘和学习分析，能为人们带来大价值（big value）（Sivarajah et al.，2017）。将大数据应用于 STEM 教育评价中，就是对教学过程和学习过程进行数据挖掘和学习分析。一方面，分析学生的全学习过程和学习结果，帮助教师精准判断学生状态，明辨教学和学习问题，为教师针对学生的实际情况制定个性化的教学活动以及做出准确的教学决策提供依据；另一方面，通过大数据分析学生特征、学习需求、学习行为、学习路径、学习结果等来判断学生当前的状态，预测学生将来的学习结果，为学生提供个性化的学习支持服务，帮助学生实现个性化学习并提高学习效率。在 STEM 教育中，大数据分析对学习过程中的微观表现进行测量，从努力程度、学习态度、智力水平、领域能力、交互协作等多个维度深层次挖掘有价值的数据信息，揭示其中隐藏的学习行为等模式并以可视化方式呈现，从而有效地帮助教师和学生改善教和学。

　　表现性评价要求数据来源广、种类全、处理快、分析准，保证针对学习全过程收集数据，对学生学习进行精准分析和预测，为改善教学和提高学习效率提供决策依据。大数据具有数据量大、实时性强、种类多样、真实准确、动态变化等特征（Martin，2015），能够满足表现性评价的需求。在 STEM 教育中，表现性评价的数据来源主要包括学生参与的各种互动、学生独立学习和合作学习、学生的测评结果、学生的产品制作与创造过程。收集数据的方法和手段可以是在线系统记录、教师观察、量表和问卷调查等。

　　为实现大数据的采集与分析，通过开发基于大数据的 STEM 教育测评系统模型（图 11-8）帮助教师开展备课、授课，帮助学生自主学习、协作学习，并实现对学生学习行为数据的记录、存储和处理。STEM 教育测评系统模型包含教师端和学生端，能够实现大数据采集与分析、可视化展示等功能。在教师端，利用内容生成设计工具、课堂互动教学工具和教学分析工具，帮助教师智能备课，灵活高效地开展教学活动，实施多种教学互动。在学生端，课堂互动学习工具实现师生互动、生生互动以及学生与学习内容的互动，个人成长档案记录工具记录保存学生的学习行为、交互行为和学习结果（包括测评结果和学生制作的产品）等表现性行为数据（图 11-9）。

　　测评系统采集的数据包括学生基础信息、学生表现性行为和学生的评价数据，因此，在系统中将内嵌多种评价量表，在 STEM 教学活动结束后对教师和学生进行调查。例如，开展教师评价、学生自评和互评，收集学生在课堂活动中的表现和在创造作品中的表现数据。在系统中，建立学生能力模型库，存储知识能力和核心素养编码表，并与各种量表做关联。因此，通过量表评价就能反映出学生的知识能力水平和核心素养水平。

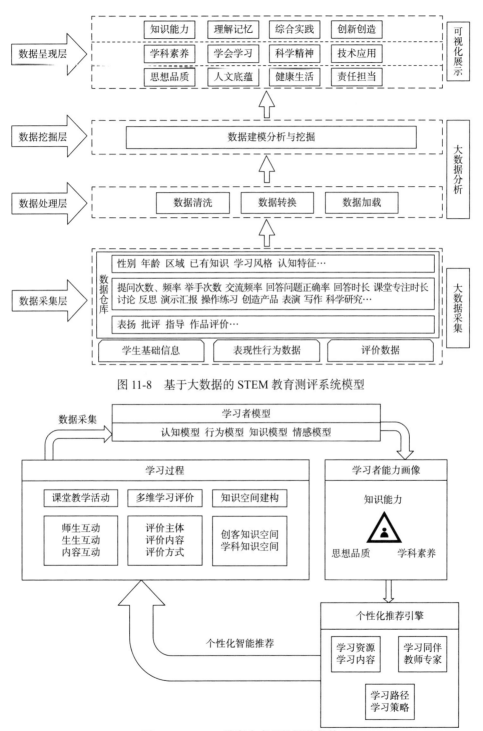

图 11-8　基于大数据的 STEM 教育测评系统模型

图 11-9　STEM 教育中表现性评价架构

测评系统将各种信息和数据传输到智能云系统进行处理和分析，以可视化的形式在教师端和学生端展示大数据分析结果。从学生的知识能力、学科素养和思想品质等方面考查学生在 STEM 教育中知识获得和核心素养培养等情况。

测评系统对行为数据进行深度挖掘和分析后可形成全面的评价报告。评价报告结合了学生在整个课堂教学中的表现和评价量表的调查结果，从知识能力和核心素养方面评价学生，并可视化展示学生的评价结果。根据评价结果向学生推荐学习资源、专家教师、学习同伴、学习路径和学习策略，帮助学生提高个人学习效率和效果。

11.5 启示与建议

无论从基于证据的学习的内涵特征，还是从国外教学实践来看，基于证据的学习都与传统的教学方式有着很大的不同，它体现出鲜明的时代特色和未来特征，对推进我国的教学改革并带动学习变革有着重要的启发作用。因此，我们能够得出以下启示，并提出几点建议。

11.5.1 几点启示

1）基于证据的学习是一种体现未来学习特征的新的学习范式

未来学习必定是以学习者为中心的学习，也是基于问题的学习，而且学习者在学习过程中必定要基于证据做出相关的决策，而基于证据的学习很好地体现了这些特征。例如，它以问题为出发点，通过问题表征、设计解决路径、寻找基于证据的解决路径、对解决方案进行修改和调整、形成最佳解决方案，全过程以问题为核心，以解决问题为最终目的。而且，基于证据的学习经常采用探究性学习模式和小组合作学习的方式，强调学生的亲身实践，加强学生与学生、学生与老师、学生与环境之间的互动，让学生在社会交流和自主探索中进行知识的建构。在此过程中，学生是解决问题的核心人员，是团队活动的组织者、协调者。基于证据的学习还强调基于证据做出决策。在课程实施的过程中，预先组织的内容、选择的方法都不是一成不变的，教师会以学生的需求、反应以及其他因素作为判断依据来灵活调控实施过程，从而有效避免缺乏证据的经验主义。

2）基于证据的学习能够带来教师教学方式的转变

在传统的教学模式中，教师往往凭借经验和直觉来进行教育实践。而基于证据的学习将学生的经验放在教学过程的突出位置，倡导理性的教育决策方式。基于证据的学习强调要以学生的实践经验为证据来组织学习内容、调控学习过程、验证学习成果，主张教师引导学生通过自主探索获取证据并以此建构自己的知识结构，将经验转化为专业知识或者专业技能。这样，基于证据的学习"倒逼"教师采用"基于证据的教学"，要求教师根据一些证据来做出决策，从而解决特定问题、达到教育目的。与基于证据的学习相匹配的教学必定是以证据为核心的教学流程，学生在学习过程中通过搜集、筛选、讨论证据，成为建构知识的主体；而教师在这个过程中则充当"帮助者"的角色，更多地发挥启发、引导并提供解决问题的"脚手架"功能，从而帮助学生更好地发现证据、解决问题。

3）基于证据的学习可以运用于多种学习领域

从国外的教学案例来看，基于证据的学习既可以在数学和自然科学领域运用，也可以在人文社会科学领域运用，具有较好的普适性。这启发我们，在我国中小学教育教学改革过程中，各学科都可以运用基于证据的学习方式，帮助学生提升学习的质量和效果。在数学和自然科学领域的学习中，基于证据意味着学生必须通过学习、思考和研究而提供外显的学习产品，这种产品恰恰表现了学生对数理逻辑和自然规律的认识。在人文社会科学领域的学习中，基于证据意味着学生可以超越以记忆为主要手段的传统学习方式，将批判性思考和问题解决引入学习的过程，通过相关的证据说明学习的结果，从而提升学习的信度和成效。

4）基于证据的学习是推进教育创新的重要手段

学校教育创新是一个系统工程，它既包含宏观层面的机制体制的创新，又包含微观层面的教与学方式的创新。基于证据的学习顺应了时代发展的需求，能够有力地推动学生核心素养的发展，是新时期学校教育应该倡导的学习范式。它关注学生的主动学习，彰显了学生的主体性；它强调学习结果的外在表达，以学习证据表征学生综合素养的发展；它注重学生个性化的表现，促进了学生创新精神和实践能力的发展。而且，在基于互联网的学习环境中，基于证据的学习能够与当前的一些新的课程形式结合（如科学课程、综合实践活动课程、研究性学习课程等），能够更有效地体现教育创新的价值。

11.5.2　几点建议

1）积极营造有利于学习证据生成与采集的学习环境

基于证据的学习强调学习者积极主动地参与学习活动并呈交学习结果，因此，为学生营造良好的学习证据生成、学习证据采集、学习证据利用的环境至关重要。尤其是在今天，移动通信技术蓬勃发展、移动学习终端设备日益普及，这为更好地开展基于证据的学习提供了技术设备和相关资源。一方面，我们需要对种类繁多、分散无序的移动学习资源进行整合，使其功能得以最大化地发挥；另一方面，积极开发新的学习证据采集开放标准，促进各种学习平台的数据交换，为学生营造多元学习证据的生成与采集环境。

进一步完善各级教育数据网络建设以及教育数据的采集与更新机制，采用行政收集、网络获取、传感采集等多种方式，建立动态更新、横纵联通的教育主题数据库，并向社会适度开放。

2）转变师生观念，推进基于证据的学习

要转变传统以知识传授为核心模式的讲授型教学，要推进基于证据的学习理念，要更多采用问题驱动、项目驱动、设计驱动等形式的基于证据的学习模式，注重在学习过程中利用学习数据与学习证据。

对于教师而言，要培养一种使用数据改善教学决策的习惯，知道从哪里可以获取学生数据，哪些数据对改善教学有帮助以及如何利用数据辅助教学决策。能够正确解读教与学相关的各种数据报告，开展及时、精准、个性化的评价反馈和教学干预。要充分意识到数据分析绝不仅仅关注学生的分数以及考试通过率，而应重点关注学生的综合素质发展以及个性化成长。能够与家长就学生的各项学习数据进行沟通交流，帮助家长理解数据的来源与用途，家校合作促进孩子健康成长。要积极利用大数据技术优化课程教学，与研究人员一起探索大数据与学科教学深度融合的模式、方法与策略，在提升教学质量的同时注重学生数据隐私保护。要注重培养学生的数据素养，将数据科学的基本理念、技术与方法渗透到学科教学中。

对于学生而言，要具备数据安全与隐私保护意识，知道在应用学习平台与工具的过程中会产生哪些数据，了解不同数据的用途。要掌握常用数据分析工具的基本操作，并能正确解读分析报告，能够对自己的学习过程与结果进行基于数据的客观分析与评价，准确识别自己的优势与薄弱点。要养成积累学习成果数据的良好习惯，不断丰富成长档案袋，为考评、升学、就业等提供数字证据。

3）开展以学生为中心的教学设计

与基于证据的学习相匹配的教学方式应该是基于证据的教学，这种教学必须以学生的参与和表现为基础进行设计，真正体现出"以学生为中心"的核心特征。这种教学设计可以根据建构主义的学习理论来开展，教师需要对学习活动涉及的诸多要素进行分析和规划，关注学生的独特需求和个体差异性，引导学生进行主动学习和探究，并鼓励学生进行个性化的表达，从而帮助学生自主建构知识并最终形成学习证据。

4）倡导表现性学习评价

传统的学习评价属于标准化测试，也就是以纸笔测验的方式对学生的学习进行考核。这种评价不利于对学生的综合素养进行鉴定，也不利于学生创造性的发挥。而表现性评价可以很好地关注学生的各方面表现，是与基于证据的学习相匹配的评价方式。表现性评价的操作方式多种多样，如观察、访谈、行为检核表、作品展示、作品项目评量、真实性情境中的问题解决、电脑模拟、实验、同伴互评、自评等。在大部分情况下，表现性评价是在实际生活情境或类似于这个情境之中进行的，评价的实施过程很生活化，不带有刻意评价的色彩。这也有利于学生真正表现出真实的学习情况和发展水平。

5）开展基于大数据技术收集学习证据的综合素质评价

要积极推进基于证据学习的理念，在日常教学中，推进基于大数据的表现性评价，运用大数据技术，收集全学习过程的学习数据，提升综合素质评价的科学性和可信度。

传统教育评价存在的弊端使其无法满足综合素质评价对评价主体多元化、评价内容丰富性、评价实施过程化、评价方法多样化等多方面的需求，不符合综合素质评价的理念。而表现性评价注重在真实的情境中对学生的实践表现行为进行评价，以评估教学和学习效果，应用于综合素质评价具有一定的优势。利用表现性评价可以帮助教师明确教学目标，帮助学生准确理解学习目标和学习任务，促使学生将理论知识与实践活动相结合，真正推动学生锻炼和培养个人的创新创造能力。表现性评价关注学生的学习全过程，通过收集学生在学习活动、产品创造和制造过程中的表现性行为数据，利用大数据分析技术对学习行为数据进行可视化展示，能够对学生做出全面、精准的评价，从而帮助教师全面了解学生，有针对性地实施教学活动；帮助学生正确了解自我，认识自我，改善个人学习。可见，表现性评价与综合素质评价的教育理念、培养目标、多元评价模式需求等相一致，能够有效指导综合素质评价的实施，能够对学生做到精准评价。

6）推进基于证据的综合实践活动教学效果评估

要贯彻基于证据的学习理念，以综合实践活动教学效果评估为抓手，推动综合实践课程的深入开展。

综合实践活动课程是以社会现实生活为内容的课程，课程实施效果与学生、家长、社会对课程的认识程度有直接关系。学校不能从国家战略和教学改革的方向层面认识到课程的重要性，家长仍然围绕考试升学的要求安排孩子的学习活动，忽视孩子全面发展的需求，公众场所没有为课程开展提供便利条件等现象普遍存在。究其原因，主要是学校、公众、学生和家长缺乏对综合实践课程的足够认识。此外，综合实践课的教师多来自于数学、物理、计算机等原有课程，但是综合实践课程对教师的综合能力要求较高，强调跨学科的综合问题解决能力，综合实践课程本身的复杂性导致基层很多教师难以胜任，综合实践课程又不是学校关心的"主科"课程，因此教师也不愿意花更多时间去研究。

综合实践课程不受重视是表面现象，导致不受重视的根本原因，是综合实践课程并没有被纳入学校评估与测试范围。因此我们建议，将综合实践活动、问题解决能力纳入学校的正式评估范围。未来要在此基础上总结经验，探索将该课程纳入中高考成绩体系。只有这样，才能真正引起各级学校、学生和家长的重视，让师生把关注重点从单一学科的考试成绩，转移一部分到能体现学生问题解决能力、高阶思维能力的综合实践活动课程上来，最终提高学生的创造性思维水平和综合能力素质，为我国打造创新型社会从源头贡献力量。

7）深入开展学习证据的采集与利用研究

设立基于证据的学习、学习证据与教育大数据的研究专项，汇聚教育学、管理学、计算机科学、统计学等多学科的研究力量，深入研究，破解学习证据采集与利用过程中存在的热点、难点问题，同时结合综合素质评价、核心素养发展的战略需求，开展前瞻性研究。

要按照教育部"管办评分离"的制度设计，成立提供专业学习证据、教育数据质量与安全评估服务的第三方社会机构，为学习数据质量与分析的科学性提供客观准确、高质量的评估服务。

进一步完善教育法律法规，将科学的数据支撑作为国家教育政策制定的必要条件。各级教育行政部门要加强"数据治理"理念，尽快出台学习数据治理相关办法，指导学习数据的获取、归档、保存、互换及重复利用，不断提升学习数据质量，保护学习数据隐私安全，保障学习数据合理应用，促进学习数据合法共享。

总之，基于证据的学习是近年来各国在教与学领域倡导的新理念，它强调改变传统的"教师讲、学生听"的基本模式，注重学习者的自主探究和成果表达，培养学生解决问题和运用知识的能力。基于证据的学习在本质上有利于加强学生学习的内在动力，引导学生去主动探索和实践，然后获取证据并以此建构自己的知识结构，将经验转化为专业知识或者专业技能。从国外的实践经验来看，基于证据的学习会促使教师转变教学方式，从单纯的知识讲解和信息传递转向关注学生的学习过程，并基于客观事实和证据来对学生的学习进行评价，从而促进学生的成长和发展。因此，这对于面向未来的教育教学改革具有重要的借鉴意义。

参 考 文 献

常珊珊. 2016. 高中生地理学习过程优化设计研究. 华中师范大学博士学位论文.

陈东莉，闫伏花. 2009. 基于项目的学习（PBL）与元认知能力的培养. 软件导刊（教育技术），（6）：10-12.

代鸣，姚宝骏. 2008. 5E学习环教学模式在生物学教学中的运用. 生物学教学，（7）：18-19.

高凌飚. 2006. 关于"过程性评价"的思考. 课程·教材·教法，（10）：15-19.

高凌飚，钟媚. 2006. 过程性评价：概念，范围与实施. 上海教育科研，（9）：12-14.

高志军，陶玉凤. 2009. 基于项目的学习（PBL）模式在教学中的应用. 电化教育研究，

（12）：92-95.

基尔希纳 P，斯维勒 J，克拉克 R，等. 2015. 为什么"少教不教"不管用——建构教学、发现教学、问题教学、体验教学与探究教学失败析因. 钟丽佳，盛群力译. 开放教育研究，（2）：16-29，55.

姜美玲. 2003. 基于问题的学习：一种可资借鉴的教学模式. 全球教育展望，（3）：62-66.

教育部. 2014-03-30. 关于全面深化课程改革　落实立德树人根本任务的意见.

李雪飞. 2014-11-01. 基于证据的教学：美国大学联合会 STEM 教学改革的理念、框架与实践探索. 南京：第十五届全国大学教育思想研讨会.

林仕康. 2012. 高中通用技术基于项目的学习教学模式研究. 上海师范大学硕士学位论文.

刘春花，黄甫全，王晓芳. 2016. 网络环境下知识建构学习的四种模式. 电化教育研究，（9）：41-47.

任英杰，戴心来. 2004. 网络环境下基于项目的协作学习探究. 电化教育研究，（12）：57-60.

王春丽，顾小清. 2015. 形成基于证据的教育研究文化——"全国首届教育实证研究论坛"综述. 中国远程教育，（12）：5-11.

王济华. 2010. "基于问题的学习"（PBL）模式研究. 当代教育理论与实践，（3）：98-100.

王美，任友群. 2011. 对中国教育技术学科发展的再思考：方法、实践与理论. 中国电化教育，（4）：1-7.

王佑镁，李璐. 2009. 设计型学习——一种正在兴起的学习范式. 中国电化教育，（10）：12-16.

吴成军，张敏. 2010. 美国生物学"5E"教学模式的内涵、实例及其本质特征. 课程·教材·教法，（6）：108-112.

吴莉霞. 2006. 活动理论框架下的基于项目学习（PBL）的研究与设计. 华中师范大学硕士学位论文.

许华红. 2014. 基于项目的学习文献综述. 教师博览（科研版），（5）：8-10.

杨文登，叶浩生. 2012. 社会科学的三次"科学化"浪潮：从实证研究、社会技术到循证实践. 社会科学，（8）：107-116.

余胜泉，胡翔. 2015. STEM 教育理念与跨学科整合模式. 开放教育研究，（4）：13-22.

张君瑞. 2011. "基于设计的学习（DBL）"理论与实践探索. 扬州大学硕士学位论文.

Delisle R. 2004. 问题导向学习在课堂教学中的运用. 方彤译. 北京：中国轻工业出版社.

Alias M，Masek A，Salleh H H. 2015. Self，peer and teacher assessments in problem based learning：are they in agreements? Social and Behavioral Science，20（4）：309-317.

Alrahlah A. 2016. How effective the problem-based learning in dental education，a critical review. The Saudi Dental Journal，28（4）：155-161.

Boruch R. 2005. Better evaluation for evidence-based policy：place randomized trials in education，criminology，welfare，and health. Annals of the American Academy of Political and Social

Science, 599（1）: 6-18.

Doppeit Y, Mehalik M M, Schunn C D, et al. 2008. Engagement and achievements: a case study of design-based learning in a science context. Journal of Technology Education, 19（2）: 22-39.

Ebrahimi S. 2016. Impact of problem-based learning on iranian intermediate learners' incidental vocabulary learning. Pacific Science Review B: Humanities and Social Sciences, 15（6）: 2-13.

Eitel F, Steiner S. 1999. Evidence based learning. Medical Teacher, 21（5）: 506-512.

Kolodner J L. 2002. Learning by design: iterations of design challenges for better learning of science skills. Cognitive Studies, 3（9）: 338-350.

Kovářová P, Šimková G. 2014. Evidence-based learning approach in evaluation of information literacy education//Kurbanoglu S, Špiranec S, Grassian E, et al. Information Literacy, Lifelong Learning and Digital Citizenship in the 21st Century. New York: Springer.

Laibhenparkes N, Brasch J, Gioncardil L. 2015. Nursing grand rounds: a strategy for promoting evidence-based learning among pediatric nurses. Journal of Pediatric Nursing, 30（2）: 338-345.

Martin H. 2015-01-03. Big Data for Development: A Review of Promises and Challenges. http://www.martinhilbert.net/big-data-for-development/.

Sawyer R K. 2014. The Cambridge Handbook of the Learning Sciences. Cambridge: Cambridge University Press.

Sivarajah U, Kamal M M, Irani Z, et al. 2017. Critical analysis of Big Data challenges and analytical methods. Journal of Business Research, 7（1）: 263-286.

第12章 "互联网+"终身教育研究

12.1 "互联网+"终身教育体系的战略蓝图

知识的快速迭代更新、科技日新月异的变化以及社会生活的持续变革，使人们无法借助一段时间的学习而一劳永逸地应对所有的需求与挑战（国际21世纪教育委员会，1996）。人类社会进入知识社会，终身教育变得越来越重要（Karl，2015）。《中华人民共和国教育法》明确规定："推进教育改革，推动各级各类教育协调发展、衔接融通，完善现代国民教育体系，健全终身教育体系，提高教育现代化水平。"《国家中长期教育改革和发展规划纲要（2010—2020年）》提出了"到2020年，基本实现教育现代化，基本形成学习型社会，进入人力资源强国行列"的战略目标。构建终身教育体系，建设学习型社会成为新阶段我国教育综合改革的战略目标和方向。

2015年世界教育论坛通过的《仁川宣言》强调，2030年的教育愿景是要实现包容和公平的全民优质教育和终身学习，承诺在所有环境中以及在各级教育中促进优质的全民终身学习机会。这一宣言从教育的包容能力和个性化的教育服务两个角度指出了终身教育发展的目标和方向。终身教育体系的建设目标，就是要形成大规模个性化的开放教育服务体系。

终身教育体系的这一价值追求内在规定了终身教育体系是面向全体国民的大规模个性化开放教育体系，能够为每一个有意愿学习的学习者提供灵活、优质和公平的个性化教育服务。一方面，它规定了终身教育体系的包容性，即要面向所有人提供教育服务，实现在教育服务对象上的规模发展；另一方面，它从公平性的角度规定了教育服务的起点是个体学习者，即为每一个学习者提供满足需求、适应的个性化教育服务，而不是按照大规模工业化生产逻辑组织的统一化、标准化的教育。这一教育体系是一个开放的教育体系，开放是其本质属性，也是其内涵展示和功能实现的根本保证。

技术尤其是现代信息技术在教育领域中的应用集中表现为教育信息化的过程

及其推动的教育改革。教育信息化是推动教育改革与发展的战略举措已是国际教育领域的共识，世界各国都把教育信息化发展战略作为促进教育变革发展、提升国家综合竞争力的前瞻性选择。我国《国家中长期教育改革和发展规划纲要（2010—2020 年）》指出"信息技术对教育发展具有革命性影响，必须予以高度重视"。2015 年 7 月，国务院发布《关于积极推进"互联网+"行动的指导意见》，提出要探索新型教育服务供给方式，探索基础教育、职业教育等教育公共服务提供新方式，加快推动高等教育服务模式变革。"互联网+"战略的提出为以互联网推动教育改革提供了良好的政策环境。

现代信息技术在教育中的应用，对构建终身教育体系的重要意义体现在以下几个方面：一是终身教育和终身学习的内涵之一是要打破教育和学习的时空限制，而现代信息技术的进步让这种跨越时空的教与学成为可能；二是终身教育体系的价值追求在于为每一个学习者提供灵活、优质和公平的教育，个性化学习具有价值追求的多元性、学习资源的丰富性、学习方式的自主性、学习过程的终身性等特征；三是现代信息技术的开放、共享基因有助于终身教育体系整合不同机构的资源，提升自身的资源供给能力进而提升承载力和服务能力。

12.2 "互联网+"终身教育组织模式构建研究

12.2.1 从终身教育体系的角度考虑

关于终身教育的各种模式，从国内的研究来看，主要有以下几种构想：吴福生关于终身教育体系的基本构想是，利用法律法规确定"终身学习社会"的教育改革目标，主要包括改变封闭的学校教育办学模式，促使其向开放的办学模式发展，并改变传统的以学校教育为核心的教育体系，建立一个能够融合家庭、学校和社会的机制，贯穿人的一生（吴福生，1995）。吴健强则将终身教育体系划分为彼此相适应的三个教育系统，以及以学历教育为主的学校教育系统、以职业资格教育为主的行业教育系统和以文化生活教育为主的社会教育系统，三个系统都以现代远程教育为支撑体系（周西安，2011）。

而从不同国家的情况来看，大致可以分为以下几种。第一种是补偿教育模式。在早期的学校教育中，一个人不可能得到所有他需要的正规学校的学习，因此他在后期需要随着工作的开展和职业的挑战以及生涯的变化继续进行学习，需要得到以前没有得到的一种补偿。第二种是继续性的职业教育模式。这种模式是指在正规教育之后进行的各种继续性的职业教育的模式。第三种是适应社会转型和民主化要求的终身学习模式。第四种是以休闲取向为主的终身学习模式。这四种模式具有一个共同点，即过去在正规教育中经常出现的全日制的学习形式将更多地被一些非全日制，包括半工作、半学习或者说边工作边学习的模式所取代。而不同国家虽然具体的终身教育体系有所差别，但都包含一些较为固定的要素，主要包括国家政策与法律、组织机构（如管理机构）和各种学习场所、保障机制、资金支持、社会氛围。我国的终身教育组织模式的建立也应该从这几方面进行考虑（赵莹，2011）。

综合国内外已有研究，归纳出我国终身教育组织模式的几个基本要素：教育内容（资源）、教育机构、受教育者、教育方式、教育保障和教育服务，具体内容如图 12-1 所示。

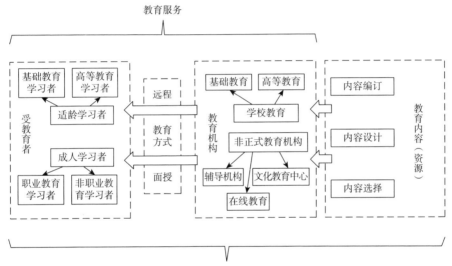

图 12-1 终身教育组织模式要素示意图

如图 12-1 所示，各个终身教育组织模式的要素包括一些子要素。教育内容（资源）主要包括三个部分：内容编订、内容设计及内容选择，这三者之间并没有明确的界限，既可以由专业机构进行，也可以由多方共同完成。教育机构则主要是指实施教育过程的机构，即教育内容与受教育者之间的连接环节，教育活动发生的地点，它既包括传统的学校教育，也包括非正式的教育机构。教育内容经由教育机构，运用面授或远程的方式，传递给受教育者。整个终身教育的过程都需要一定的教育保障，主要包括法律保障、制度保障、资金保障等。这些保障为整个终身教育体系的建立和运行提供支持。而整个教育过程及教育内容经由教育机构传递给受教育者这个过程需要教育服务的支持。所谓教育服务，是指独立于学校之外的支持学习者进行学习行为以及学历认定等一系列服务。

12.2.2 从"互联网+经济"商业模式的角度考虑

互联网时代的商业模式，需要消费者参与生产和价值创造的过程，让厂商与消费者连接，厂商与消费者共创价值、分享价值。罗珉认为互联网时代的商业模式就是在充满不确定性且边界模糊的互联网下，通过供需双方形成社群平台，以实现其隔离机制来维护组织稳定和实现连接红利的模式群（罗珉和李亮宇，2015）。

互联网环境下，无限延展的经济时空下消费者不再被动地接受产品，而是参与产品设计、生产、评价过程，厂商可以直接获知消费者的消费需求。这使各商业主体之间的关系连接更加紧密，用户之间、企业之间、企业与用户之间形成了互联互通的社区关系，传统单一的客户关系正在演进为价值共创的合作关系。此外，在产品的供应链方面，平台商业模式直接向产品提供商进货，交到消费者手中，不需要其他的中间环节，也就是所谓的供应链组织方式的扁平化。同时，平台商业模式提供的信用认证与评级功能能够有效降低交易风险，这使得节约时空成本的时序安排能够尽量小地影响供应链效率。阿里巴巴的价值创造模式就是一个典型的案例，其价值创造模式如图 12-2 所示（冯华和陈亚琦，2016）。

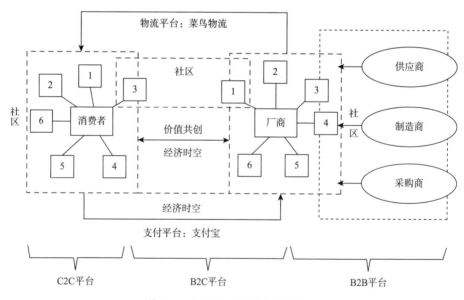

图 12-2　阿里巴巴的价值创造模式

阿里巴巴的价值创造模式表现为全供应链条在经济时空的无缝衔接，连接到平台上的个人、企业或组织均能获取经济时空无限延展所带来的效用，克服了物理时空的约束。任何满足生产或消费利益诉求的供应链环节都可融入阿里巴巴平台，涉及产品供应、采购、生产制造、批发、零售、交易、售后服务的供应链全过程，原本不具规模优势的中小型企业也能参与价值共创过程（冯华和陈亚琦，2016）。

通过对互联网经济商业模式的分析，我们可以发现"连接"、"共享"和"保障"是其较为鲜明的二个特点。"连接"，是指互联网将原来受时空限制而分裂开的厂商、消费者等主体进行连接；"共享"，是指资源共享，这个资源不仅包括商家之间的共享，也包括厂商和消费者之间的销售渠道和消费者信息的共享，以及消费者之间的信息共享；"保障"，更多的是指由互联网平台提供的，保障整个组织模式正常运行所需要的一切支持服务。

与终身教育组织模式相联系，我们能够发现其中有很多相似的可以借鉴的经验。首先，建立政府、学校、个人之间以及不同教育机构之间的密切联系，使教育活动贯穿于受教育者人生的各个阶段和各个领域。其次，建立资源共享机制，打破传统教育中从教师到学生单一的知识传递方式，利用互联网互联共通的特点，形成教师与教师、教师与学生以及学生与学生的互助社群，真正实现教育资源的共享。最后，建立完善的终身教育保障体制，主要包括政府的政策保障，课程的质量监控体系以及学分认证系统。

12.2.3　终身教育组织模式

根据以上研究，在终身教育组织模式要素示意图的基础上，归纳出终身教育组织模式示意图，如图 12-3 所示。

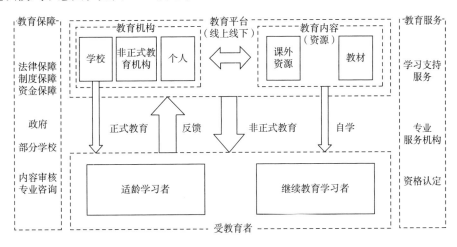

图 12-3　终身教育组织模式示意图

与终身教育组织模式要素示意图不同的是，终身教育组织模式示意图将"教育机构"和"教育内容（资源）"两个模块，合并在"教育平台"这一模块中，强调二者的融合，教学内容可以作为教学机构的内容支撑，为教学服务，其内容也可以来自于教学机构。需要注意的是，教学机构不再只包括学校和一些非正式的教学机构，还包括一些个人"草根教师"，这些"草根教师"虽然没有专业的教师资格证，但他们也可以提供优质的教育资源和教育服务，只要经过专业人士的审核和认证即可。同时，教育平台包括线上线下两种，线下主要指的是传统的教育机构与纸质教学内容，而线上的教学平台不止包括在线教育平台，还包括各种非正式的教育资源，这些资源既可以来自于名校的教学资源，也可以是"草根教师"的自由分享。教育机构与教育内容不再是单向的传递关系，变成了双向的互相支持的关系。

整个教育平台为受教育者的学习行为提供支持。受教育者主要包括两个部分：适龄学习者和继续教育学习者，这两类受教育者均可以在教育平台获取合适的学习资源。获取方式主要包括三类：其一，传统的正式教育，即专业的教材知识或课标要求的知识在学校教育中的传递；其二，非正式教育，其学习内容的来源以及获取方式较为丰富，受教育者的一切学习行为都可以通过非正式学习的形式进行；其三，非正式学习中较为特殊的一种——自学，在如今这个快速发展的时代，这种学习方式对于学习者来说是必不可少的，自学的学习方式一般不会经由教育机构，而是教育内容与受教育者之间直接的连接，这就更加突出了教育内容的重要性。此外，教育平台与受教育者之间并不是简单的单向关系，受教育者同样可以对教育平台中的内容进行反馈，从而促进整个教育平台的改进。

除此之外，整个终身教育组织模式还需要两大模块的支持。一是"教育保障"模块；二是"教育服务"模块。"教育保障"模块涵盖两个部分：政府方面的保障，主要包括法律上的保障，制度上的保障以及资金上的保障；而另外一些优秀的学校或者学科专家需要承担教育内容审核以及为教育服务机构提供专业咨询和监督的任务。"教育服务"模块主要由专业的教育服务机构承担，其主要负责学习支持服务以及学分资格的认定工作等。当教育内容和教育机构不再局限于传统的学校教育后，学习者的学习方式变得多样化和非正式化，势必要有一种合理的体制对学习者的学习成果进行支持、监督和认证，如建立"学分银行""课外答疑"机制等。这些机制的运行可以依靠专门的教育服务机构，但同时，各类教育服务机构都应接受教育保障体系的监督。

其中需要我们注意的是，目前我们建立终身教育体系的最大瓶颈在于没有完善的开放教育制度，即缺少政府方面的制度保障，这是后续一系列模块建立的基础。教育平台的建立则更多的是社会力量的支持，因为学生已经产生了个性化的学习需要，市场上自然会出现能够满足学生学习需要的机构或者资源平台。教育服务模块的建立，则需要以除学历教育之外的非正式教育能够得到社会的认可为前提。因此，现阶段我们最重要的目标应该是一个可以支撑终身教育体系运作的制度基础。

12.3 "互联网+"终身教育资源整合机制研究

在"互联网+"视阈下教育资源有以下几种：内容类的教育资源、生成类的教育资源、工具类的教育资源、人力资源、物力资源、财力资源管理制度资源（表 12-1），其中前三类是根据资源的作用和性质对数字化教育资源的分类，人力、物力、财力、管理制度资源相对难以数字化但也可以借助互联网加以重组整合。

表 12-1 教育资源分类

内容类的教育资源	结构化的内容资源	网络课程、主题学习网站、电子教材
	碎片化的内容资源	媒体素材、教案、试题、试卷、互动软件、论坛帖子、博文、录音材料等
生成类的教育资源		课堂实录、远程协同教学/教研、论坛、在线辅导、个体学案、学生作业等
工具类的教育资源		信息搜索工具、知识建构工具、可视化工具、交流协作工具、问题解决工具、虚拟体验工具、学习管理与评价工具、远程学习平台等
人力资源		教师、教学辅助人员、教学管理人员、教育科研人员、网站开发维护人员、教学软件开发人员、其他工作人员
物力资源		教学场地、教学设施、网络设施
财力资源		教育投入、教育资金
管理制度资源		标准与协议、政策、办学经验、管理制度

12.3.1 教育资源整合机制关键要素

终身教育资源整合机制的传统要素可分为以下五类：①管理制度，包括规划、制度、机制、标准/规范；②教育媒介，包括教育的基础设施、管理平台等；③教育角色，包括资源建设者、组织者、管理者、应用者等；④教育内容，即内容型的教育资源；⑤传播进程包括教育资源整合、传播、应用的方式方法和进程。除传统要素外，开放、共享、协作、跨界等互联网思维在教育变革中的推动作用越发显著，"互联网+"也成为引发教育资源整合要素及其关系变化、推动教育资源整合机制整体变革不容忽视的创新要素（表 12-2）。

表 12-2 "互联网+"教育资源整合要素

管理制度	规划、制度、机制、标准/规范
教育媒介	基础设施、管理平台
教育角色	资源建设者、组织者、管理者、应用者
教育内容	内容资源
传播进程	建设、整合、配置、应用
"互联网+"	开放、协作、连接一切

我国研究关于教育资源配置的概念相对统一，一个比较经典的定义即"在教育资源数量一定的情况下，如何将有限的人力、物力、财力在教育系统内部各组成部分，或在不同子系统之间进行分配，以期所投入的教育资源得到最充分的利用，尽量满足社会各方面对教育的需求，以求教育持续、协调、健康发展"（范先佐，1997）。在此经典定义下的研究也多是在人力、物力、财力资源有限的条件下，去研究怎样分配教育"蛋糕"的问题。而不同以往增加学习者就要相应增加教育资源的规律，互联网和数字化教育资源可复用的性质和规模效益却使教育资源在某些程度上显得不是那么紧缺，教育资源配置问题的重点也应从"在资源有限的前提下"回到"满足学习者的教育需求"上来。

12.3.2 "互联网+"终身教育资源整合关键环节

1. 建设

在课程提供方面，我国MOOC平台上的课程以国内高校自建课程为主，课程研发团队多来自"985""211"等高校，授课教师大多具有较高的社会地位和学术权威，呈现出"名校名师"的特点；也有部分授课教师来自教育机构、企业、社会，来自企业的授课教师也大多是企业中具有一定工作经验的从业人员。除课程的自主建设外，也有部分平台与国外高校或平台合作引入国外优质的课程资源（表12-3）。

表 12-3　各平台课程来源

平台	供课单位				
	国内院校	国外课程	企业	教育机构	个人
顶你学堂	√	×	√	×	×
福建省高校在线教育联盟	√	×	×	×	×
华文慕课	√	×	×	×	×
MOOC中国	√	×	×	×	×
学堂在线	√	√	√	×	×
中国大学MOOC	√	×	×	√	×
UOOC联盟	√	×	×	×	×
东西部高校课程共享联盟	√	×	√	×	√
好大学在线	√	√	×	×	×

当前我国MOOC资源主体大多以视频方式呈现，其视频组织形式包括课堂实录、演播室实录、虚拟演播室及实地拍摄、计算机录屏、画中画、讨论、采访、动画等，除视频外，平台还为学习者提供了一些学习辅助工具，如在线学习进度呈现、视频笔记本等。在调研的MOOC中，大部分的交互都是基于论坛进行的，只

有一小部分课程建立了课程的 QQ 群、微信群，几乎没有将微博、知乎、天涯等学习者在生活中使用频率更高的社交媒体整合到课程内的 MOOC 中（表 12-4）。

表 12-4　平台常见学习辅助工具

工具类型		功能及具体工具
效能工具		书签、日历、导航、帮助、课内检索、知识图谱
交互工具	异步交互工具	论坛、邮件、笔记、Wiki
	实时交互工具	虚拟讨论式、实时聊天
学生参与工具		分组、自评互评、学生档案、学生社区

平台课程的建设流程大同小异，基本上有如下几个环节：课程规划、教学设计、课程制作、课程上线、学习服务、课程认证。课程规划的主要内容为确定课程的主题，这个环节通常为授课单位向平台提交课程申请，平台进行筛选审核。除此之外，平台也会根据建设情况邀请一些高校或者专业机构和个人来专门开设一些新课程，或者利用平台特色自建课程。教学设计是在线课程的教学设计，平台往往有专门的教学设计师和负责课程的教师进行沟通，并对课程内容适当地进行重新整合。课程制作往往由平台负责进行，如拍摄课程视频、制作在线试题等，是一个将课程从线下迁移到线上的过程。学习服务支持终端由教学方和平台共同承担。教学方会由授课教师或授课教师所组成的教学团队为学习者提供学习答疑服务，但是这种学习服务支持并不是强制性的，不同课程论坛答疑的数量和质量差别较大。同时，平台方会提供技术支持服务，在平台页面较为显著的位置附有使用说明，并提供邮箱或者在线人工服务。课程认证指的是当学生满足课程要求时，平台提供相应的课程证书。

在平台建设方面，目前国内 MOOC 平台多为科技公司搭建维护 MOOC 云平台，高校再借助云平台快速搭建形成拥有自己机构域名、页面、风格的专属MOOC 平台，并上传教育资源。但高校租用、购买、与科技公司合作开发建设MOOC 平台都是独立行为或局限于小群体，这些平台自成体系，缺乏合作共享机制，存在 "信息孤岛"和重复建设的问题。

在课程内容方面，丰富课程类型，兼顾各类教育。根据终身教育的核心理念，终身教育在时间上应贯通一个人的一生，涵盖学校教育、家庭教育、职业教育、社会教育等各类正规和非正规教育。但是现有MOOC 多以高校学生或社会大众为学习对象，针对特定人群的培训课程较少，因此，在建设终身教育课程资源时应注意课程的内容结构，在继续丰富高等教育资源的同时应注意加强职业教育资源的建设，以及兼顾面向社区、农村、老年人的教育资源建设。另外，针对目前平台理论导向、以知识传递为目标的通识课程与基础课较多的情况，还应该推动建设应用导向、以高阶能力和创新能力培养为目标的高阶专业课，同时应注意选择与之相匹配的教学模式和学习理论。

在课程来源方面，汇聚大众力量，人人提供资源。目前课程内容提供方较为局限，大多是重点大学，非重点大学参与不积极，企业和社会个人加入课程制作更少，供课单位的局限性不仅导致课程类型有局限性，也难以满足大量学习者的多元化学习需求。终身教育资源的建设者不应局限于名校名师，平台应充分鼓励社会个体的能动性和创造性，以更加积极开放的态度集成大众智慧，形成人人提供教育资源、人人享受教育资源的良好生态。

在平台建设方面，统一技术标准，增强连接能力。"新世纪网络课程建设工程"系列工程以及 MOOC 在我国的迅猛发展，使我国积累了大量的数字化学习资源，与 MOOC 有关的平台也有近百个之多，但平台信息自成体系，不能互通，部分资源利用率低、"信息孤岛"和重复建设等问题较严重。要完善统一的 MOOC平台及资源的技术标准，同步推进国际国内标准化工作，对外增强面向全球的连接能力，对内增强平台间的移植共享能力，盘活建设多年的大量国家精品课程。

2. 应用

现有 MOOC 平台的应用方式主要可以归纳为同步 MOOC 模式、异步 MOOC模式、同步 SPOC 模式、异步 SPOC 模式。同步 MOOC 模式即学习者直接在课程平台上跟随正在开课的 MOOC 学习，其学习支持服务提供者直接为课程平台；异步 MOOC 模式即学习者在课程平台上学习已经关闭的 MOOC，进行自主学习；同步 SPOC 模式则是教师完全跟随一门 MOOC 学期进度，如中国大学 MOOC 平台上工程图学这个课程，有 27 个学校跟着浙江大学的课程同步进行，主讲教师对其他教师进行辅导，实现了资源的开放共享，也促进了教师的专业发展；异步SPOC 模式则是教师"复制"一门已经结课的 MOOC 的学期内容，作为自己的学期教材使用，教师可以独立管理该课程，不必再花大量时间准备和讲授基础、固化、可复制的内容，更高效地完成教学任务。

现有 MOOC 的供给方式主要有平台对组织和平台对个人两种模式，前者多为MOOC 平台和院校、企业等通过合作或加盟等方式达成 MOOC 平台为组织提供课程和培训的协议，如东西部高校课程共享联盟为联盟内部高校供课。MOOC 对个人的供给方式即 MOOC 平台将课程信息传递给受众，受众自主选择课程进行学习。

关注教育增量，挖掘教育数据。MOOC 平台为学习者和使用者提供了一个高交互的媒体环境，为受众的交互提供了大量的支持，这使 MOOC 在进行教育传播的同时还实现了知识的衍生和增长，并且 MOOC 平台可以方便地记录这些数据。不仅教师在编辑已有 MOOC 以适应自身教学需要的过程中产生了新的教育资源，平台记录下来的学习者的相关数据也是在这一过程中产生的宝贵资料。

发展自适应学习技术，提高资源供给的有效性。自适应学习技术的发展为终身教育理念提倡的个性化学习提供了可能，为海量教育资源与大量具有个性化学习需要的学习者之家的精准对接提供了策略。

3. 管理

在管理即质量保障方面，原则上是由开课学校负责"教"的质量，选课学校负责"学"的质量，运营服务商提供服务，多方协调配合，共同保障教学质量。平台还往往成立专门的质量保障机构、相关课程质量评价体系，在课程质量、科学性问题方面进行把关，保证上线课程的质量（表 12-5）。例如，东西部高校课程共享联盟为了确保共享课程的教学质量，特别设立了课程质量管理委员会，建立、督促执行、修订各类教学服务质量标准，制定课程质量评估标准，组织专家进行课程评审，公布评估结果并对评估优秀的课程给予奖励、暂停评估不良的课程。优课联盟（university open online courses，UOOC）构建了《全国地方高校 UOOC 联盟上线MOOC 课程质量评价体系》，根据教学设计与方法、教学内容与资源、教学活动与考核、团队支持与服务、教学效果与评价等指标对课程的质量进行监控。UOOC联盟还构建了教师、管理员和助教三层次培训机制。教师培训主要侧重于教育理念更新、MOOC 教学设计与制作、MOOC 技术方法与手段、MOOC 平台与服务等；管理员培训主要侧重于 MOOC 平台技术与服务、MOOC 教学管理内容与要求、MOOC 统计与分析、教师与学生问题解答与服务等；助教培训主要侧重于 MOOC教学特点、MOOC 教学运行与服务、助教工作与职责等。

表 12-5 各平台课程质量保障

平台	开课协助	课程准入标准	课程准入流程	自体质量保障机构	第三方质量保障机构
顶你学堂	√	不详	×	×	×
福建省高校在线教育联盟	不详	√	√	√	×
华文慕课	本体	√	√	√	×
MOOC 中国	√	√	√	√	×
学堂在线	√	×	√	√	×
中国大学 MOOC	√	×	√	√	×
UOOC 联盟	√	√	√	√	×
东西部高校课程共享联盟	√	√	√	√	×

12.3.3 关键角色

按照功能划分，教育资源整合的关键角色主要有资源建设者、组织实施者、政策制定者以及资源受用者；按照社会自然角色划分，参与教育资源整合的则有各类高校（包括"985""211"高校、省重点、普通高校、高职院校、民办高校等）、企业、组织、政府、个人等，其关系不是一一对应的，而是彼此交叉（图 12-4）。

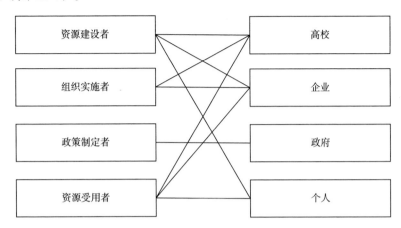

图 12-4　资源整合中的关键角色

1）作为资源建设者和资源受用者的高校

高校可以说是现有终身教育资源建设的主力军，然而高校还存在相对封闭和保守的一面。2016 年中国 MOOC 共享调查报告显示，仅有 27% 的高校将 MOOC 部署为重要战略，更多高校对 MOOC 持观望态度，仅有 12% 的高校愿意将 MOOC 向社会开放，大部分高校还没有利用 MOOC 来服务社会的意识。

面对"互联网+"教育的大潮，高校应该意识到自身存在的保守性，加大自身开放程度，政府也应该积极出台相关政策引导此类高校打破自身封闭的禁锢，充分释放其创造力和能动性。

2）作为政策制定者的政府

政府在教育资源整合中起着把控全局的作用，一方面要统筹规划制定发展蓝图和战略规划，引领教育资源整合的科学推进；另一方面要组织完善质量保障体系、资历框架制度，以及完善知识产权与数据共享和信息安全等相关法律法规，为教育资源整合健康发展提供政策保障。同时加大人力资本和研究以及基础设施建设投入，逐步设立实验学校、实验区，扩大公益性文化体育设施向公众开放的范围，实行在职人员带薪学习制度，为终身教育发展提供宽松环境。

3）作为资源建设者的企业

企业在当前教育资源整合机制中主要以资源建设者的角色出现，然而企业可以是终身教育资源整合中优质资源的提供者，且企业所掌握的高等教育资源与高校所掌握的高等教育资源的一个显著差别是，企业所掌握的资源的应用性和实践性较强，企业提供的境遇化课程将更加符合在职学习者的学习需求，如网易云课堂推出的"前端开发工程师"微专业课程，从网易产品实践出发，通过实际项目经验培养用户的产品前端构架技术能力，对于该专业的学习者是难能可贵的学习资源。

4）作为核心智力支持的教师资源

教师资源也是除课程资源外一项重要的教育资源，随着教育规模的扩大，师生比例失衡、授课教师负荷过重使得优质教师资源成为大规模终身教育发展的一大紧俏资源。在当下的 MOOC 建设中，通过合理分工，将一部分学习支持服务工作交由平台技术工具或教育公共服务体系承担，如学习进度提醒、客观题阅卷等可由平台技术提供，组织注册、分数考评等可由教育公共服务体系提供，将教师从非专业知识密集的工作中解放出来，从而在专业性更强的工作中投入更多精力。

5）作为学习者的个人

个人可以并且应该成为教育资源的积极建设者。个人目前在教育资源整合机制中主要以学习者的身份出现，其中在职学习者是终身教育中不同于在校学习者的一类学习者，2016 年中国 MOOC 共享调查报告显示，此类学习者希望能利用 MOOC 来提升职业技能水平的比例要显著高于在校生，希望利用 MOOC 来学习全新领域的知识、提升专业水平技能和兴趣学习是在职者排名前三的内部动机。

12.3.4 关键支持

1）基础设施和资金支持

有关资料显示，2010 年，世界投资教育的经费平均占 GDP 的 5.2%，我国仅占 2.68%，面对日益扩大的教育需求，单靠财政性教育经费支持已难以满足（岳武，2012）。但乐观的是，MOOC 发展至今，已经吸引了大量的资金投入和企业参与，"互联网+"教育的概念也获得了许多风投公司和公益基金的青睐，加之政府和高校提供的资助，我国MOOC平台的发展目前拥有较为良好的资金支持环境。面对此种情况，政府在增加财政性教育经费的同时，应因势利导社会资金投入教育领域，如向教育事业捐赠或投资的个人或公司以及教育公益资金管理机构实行所得税减免等优惠政策。

2）政策支持

配套制度不完善已经成为我国"互联网+"教育发展最紧迫的制约条件，政府一是应通过立法等形式将终身教育放在更高的战略地位；二是要重视顶层规划，如对资源共享的内容结构做规划，避免重复建设等问题的出现；三是建立相关配套的学分管理制度、教师管理制；四是完善知识版权和信息安全相关法规。

"互联网+"在各个行业领域所产生的创新应用与新的业态，必然要在某些环节或更大程度上突破既有模式与路径，而这些创新可能得不到既有政策支持，甚至会与既有制度相冲突（林世员等，2016）。在教师管理方面，现行的还是单位固定用人，教师资源很难在不同部门之间流动，教师可能出于时间成本、回报期望、版权问题、团体利益等原因，而缺乏动力甚至不愿意将优质教育资源数字化并将其共享，这极大地阻碍了资源建设和整合进程。在学生管理方面，虽然目前众多学校开始了学分管理的方案，但认证的学分主要来自校内，而学生通过校外其他途径的学习却经常得不到相应的学分，未来学分制度也应更加灵活开放，改革和建立完善的招生考试制度、教学管理制度、学籍管理制度、学分积累转换制度等。

12.4 "互联网+"终身教育服务模式研究

12.4.1 创新的终身教育服务模式要素

在终身教育的时代背景下，教育的消费者越发多元，消费需求也越发多样，所以教育服务模式也应该多种多样。针对不同的问题构建不同模式，而且从不同的层面展开，相互之间有交叉、融合，共同为学习者提供教育服务。

1. 服务主体

长期以来，政府在教育发展过程中居主导和支配地位，教育供给主体单一、僵化（余远方，2011）。在我国，公共教育服务的重要主体是政府。但是，随着我国经济的高速发展，政府提供的侧重于普惠性、大规模的公共教育服务渐渐满足不了人民日益增长的教育需求。为了实现终身教育的目标，构建创新的终身教育体系，公共教育服务的主体应该打破政府"一头独大"的现状，引入"第三方专业组织"的力量。"第三方专业组织"具有民间性、非营利性以及致力于提供公共服务的目的，相对于政府而言，其效率高且灵活多变；相对于市场而言，其成本低。因此，引入"第三方专业组织"能够有效地弥补受教育者因政府、市场"双重失灵"而造成的教育需求无法满足的缺陷，成为公共教育服务供给、解决全民公共教育服务需求问题的一种新制度安排和供给机制。将"第三方专业组织"纳入公共教育服务体系，将有利于我国终身教育体系的构建，提升我国公共教育服务的能力。

原来的公共教育服务的重要主体是政府和学校，但随着"互联网+"时代的到来，面对云计算、大数据、虚拟现实等技术的兴起，我们的生活方式和学习方式发生了巨大的变化。当在制度、机制健全的情况下，在公共教育服务体系中企业的加入无疑为公共教育服务注入了新的活力，有助于提高其服务能力，企业加入无论在教育供给的多元化方面还是在个性化方面都将带来新的业态、变革。

在创新的终身教育体系中任何办学服务主体都应该重新定位自身的优势，从而将某些教育服务功能交由一些专业化的机构来承担和提供。例如，MOOC 的超常规发展和教育组织模式让单一机构提供的服务相形见绌，这让一些提供教育专项服务的机构进入了高等教育领域。公共服务模式在教育领域并不是首次出现，如我国在现代远程教育实践中就建立了公共服务体系，以奥鹏远程教育中心、弘成科技发展有限公司、知金教育咨询有限公司三家公共服务机构为依托，以社会化公共服务的方式为远程教育机构和学习者提供相关服务。另外，像北京希普无忧教育科技有限公司、北京网梯科技发展有限公司等专业技术公司为远程教育的发展提供技术支持。

2. 服务对象

从个体的角度来看，终身教育的服务对象是一个人的一生，既包括纵向的个体不同发展阶段所受到的各级各类教育，也包括横向的从学校、家庭、社会各个不同领域受到的教育，其最终目的在于"维持和改善个人社会生活的质量"。

从社会的角度来看，终身教育的服务对象是全体社会成员，在社会中各个年龄阶段，各个层次的人，只要一个人有学习的意愿与能力，他就应该受到合适的教育服务。终身教育具有全民性，接受终身教育的人包括所有的人，无论男女老幼、贫富、种族。

3. 教育服务方式

（1）校内校外相结合的教育服务方式。传统教育的服务方式以我们熟悉的校内班级授课制为代表，这种带围墙、缺乏灵活性、资源匮乏的教育服务方式不能满足我国终身教育的需求。"互联网+"时代在线教育的兴起，催生出了新型的教育服务方式。接受教育的场所突破了传统学校的围墙。终身教育的受众是社会上的广大群众。在这种新的教育服务方式中，无论是基础教育还是高等教育体系的学习者都可以在享受校内教育的同时，接受校外的非正式教育。在非正式学习中，学习者可以根据自身的需求、兴趣、特点来选择学习内容。校外的教育机构可以给有学习需求的人提供其所需要的学习服务。

（2）线上线下相结合的教育服务方式。面对终身教育体系中受众庞大的继续教育领域，远程教育是满足继续教育需求的主要方式。在线教育的发展使我们看到了实现终身教育的希望。电子设备、移动终端越来越普及，无线网络的覆盖率越来越高，社交软件的使用成为我们生活中的一部分。这使得在线资源的获取越发便捷。线上、线下结合的混合式教育服务方式是确保学习效果的一种有效方式。相比较单纯的学校课堂教学，单纯的在线教学，线上线下相结合的混合式教学既要发挥教师引导、启发、监控教学过程的主导作用，又要充分体现学生作为学习过程主体的主动性、积极性与创造性。线上线下结合的教育服务方式将两者结合起来，使两者优势互补，学习者可以获得最佳的学习效果。

4. 服务内容

1）学习分析

大数据分析技术通过构建模型，能够呈现简单易懂的可视化量表，让教师可以精确地了解学生个性化的学习需求，通过数据发现真实的学生。大数据带来的教育革命使我们能够通过自然科学的方式探寻教育规律。原本只能凭借教师经验来判断的学习者特征可以在一定程度上排除教育实施者的主观性，从而对学习者的真实情况进行客观的呈现。这种在终身教育体系中创新的服务内容，根据学习者年龄、性别、职业、喜好、学习行为等数据来发现真实的学习者特征，并根据这些特征来为有终身学习需求的学习者设计适合的课程。

2）教育资源

互联网具有汇集更多资源的特征，它可以最大限度地汇聚社会教育服务资源。互联网的即时通信与网络协同可以使学习者得到更好的学习支持和反馈，实现跨班级、跨学校甚至跨区域的协同。为了实现终身教育的目标，满足全民终身接受教育的需求，教育系统要开放，教育的资源也应该是无限的，这种无限的资源也必然是多样的，能够满足不同人不同种类的教育需求，这种大规模、开放、易获得的教育资源可以为施教者和学习者服务，并且能够为学生提供个性化的教育服务。在新型的终身教育体系中，学习的消费者、内容的提供者、教学的服务者、资金的提供者、考试的提供者和证书的提供者等都可能来自于社会机构，企业、专业化的公益组织、专门的科研院所、互联网教育公司等社会机构都将成为优质教育资源的重要来源。

3）教育评价

在个性化教育需求日益庞大的今天，教育的评价方式势必会颠覆以往以总结性评价为主的模式，要更加注意针对学习者整个学习过程来进行客观科学的评价。基于大数据的教育评价不再依赖于对单一评价对象的单一维度的评价，而是可以尽可能地将一切与教育相关的数据纳入其中，不但利用评价性数据，而且注重过程性数据，不但包含对结构化数据的获取，也重视对非结构化数据的收集。大数据的介入使得教育评价的内涵与功能得以拓展，让评价不再仅仅是评价，而是转变为教育教学决策的重要证据。

12.4.2　创新的终身教育服务模式

新型的教育服务业态以学习者的需求和消费满足为核心出发点，通过互联网供给丰富的教育资源、在线的教师服务、个性相投的学习同伴、促进思维发展的学习认知工具、权威的知识与信息源、促进社会性成长的学习社区等。从统一模式的学校教育供给到多元化教育服务的精准供给，教育公共服务不是仅发生在教室和学校里，而是终身、全面、按需获得。

1. 充分满足学习者个性化学习的服务模式

当教育与学习越来越关注个体的发展，而不仅仅是通过教育来培养合格的劳动者时，以人工业生产规模化、标准化为特征的教育服务提供方式将越来越不能满足学习者的学习发展需求。个性化教育的提出正是从推进个体发展和实现个人价值的角度，将教育的价值取向关注重心从社会转向了个人。时代呼唤的个性化教育必然要求一种新的教育服务模式与之相适应。为这种个性化的学习需求提供基于学习者需求的定制化教育服务模式，将成为未来教育领域的主流。

教育服务除了具有一般服务业的特性之外，还具有自身的一些特征，其中之一即是，教育服务产品的消费者具有多层次性与多元性。教育服务产品在市场上消费，其购买对象是多层次、多方面的，从消费对象来看，其具有多元化特性，包括国家、社会、家庭及个人等。从个体消费对象的角度来看，其学习需求也是多元的。个性化学习是学习者基于自身学习需求的终身化学习，体现了纵向的延展性与横向的多维性，它是一种立体化的学习。从横向的多维性来看，不同的学习者具有不同的学习需求，这规定了个性化学习价值追求的多元性。为了满足不同学习者的多元学习需求，必须要有相应的学习资源做支撑，这规定了个性化学习资源的丰富性，以及学习方式的自主性、学习进度的个性化等特点。个性化学习的含义可以概括为以下几方面：其一，个性化学习是指针对学生个性特点和发展潜能采取的恰当的方法、手段、内容、起点、进程、评价方式，促使学生各方面获得充分、自由、和谐的发展过程；其二，个性化学习强调，学习过程既是个性的展现和养成过程，也是自我实现和追求个性化的过程。这一关于个性化学习的解读也为定制化教育服务的组织实施指明了目标与路径。定制化教育服务模式组织的逻辑起点是个体学习者，而不是群体，更不是教育机构，是从个体学习者的角度出发进行的教育实施与服务提供，它不同于传统教育生态中以班级（群体）为逻辑单元的教育服务方式。

教育价值的追求以及学习者的个体发展，依靠的是教育内容的组织、教育资源的配给以及教与学环境的设计和教学的实施。个性化、定制化服务的提供最终要落实到内容、资源、方法、环境等教育的环节之上。这些教育环节的组织围绕着学习者个体展开，根据学习者的学习需求提供不同的教育资源与内容，根据不同学习者的学习动机选择不同的评价方式，根据不同的学习能力和风格安排不同的学习进程与教学方式。以学习者个体为起点的定制化服务，从传统的教育成本与效率的视角来看似乎并不是最理想的模式，但教育服务有其本身的特殊性，其服务价值最终还是要体现在学习者的个体发展上，从促进学习者个体发展的角度来看，定制化的服务模式拥有无限的价值潜力。现代信息技术在教育中的应用让定制化服务的实现更加容易，信息技术正在促进并将持续影响教育的组织模式，资源的配给方式会更加灵活与开放。

2. "草根"服务"草根"的同伴互助模式

从技术的角度来看，Web 2.0 强调个人并非是孤立的，而是彼此相连以自组织的方式让人、群体、内容和应用等充分"动"起来，带来更多的用户互动并产生服务内容，使网站服务的使用价值与吸引力都大为增加。Web 2.0 开放分享的基因更为明显，依托交互广度和交互强度都更加凸显的 Web 2.0 工具，人与人之间形成了某种形式的社会联通网络，在这一网络中，人们可以进行各种程度与深度的交互，Web 2.0 技术的发展为"草根"服务"草根"的同伴互助模式提供了技术支撑。

正是在 Web 2.0 技术的支撑下，基于用户交互过程所贡献的大量新信息和数据以及社会性交互的广泛性，基于联通主义学习理论的 MOOC 创新了教育服务模式。该服务模式的创新体现于其学习者之间相互服务的设计。学习者不仅要积极参与自己的学习，还要主动参与其他学习者的网络连接，并成为其他学习者网络中的节点与信息来源，在这个过程中联通主义学习者是知识的创造者，通过创造知识与其他人进行连接；学习者要参与其他学习者学习结果的评价，以同伴互评的方式实施教学评价是 MOOC 的一大特色。在整个学习过程中，教师知识权威在解构，学生与教师的权威依附关系解除，在基于联通主义学习理论的 MOOC 学习中，更多依赖学习者之间的连接与互助，实现了"草根"服务"草根"的同伴互助模式创新。这种同伴互助式的学习模式由来已久，只不过在信息技术高度发达的今天，人与人之间的沟通、联系更为便捷，信息交互更为顺畅、广泛，交互、互助的同伴已经跨越了地域、年龄、专业的限制，成为一个无限可能的社会网络。

12.5 相关政策建议

12.5.1 加快建设国家资历框架

大规模个性化开放教育体系是在对社会各种教育资源进行整合的基础上形成的有利于学习者终身、灵活学习的系统，能够适应广大社会成员对学习的多种选择和要求，方便其在一生中的任何时间、任何阶段进行学习。这需要能够实现学习者各个阶段、各种形式学习成果的积累和转换，这是制约中国终身教育体系构建和学习型社会建设的重大障碍。在终身教育背景下，迫切需要突破传统教育在教育体系、制度和培养模式上的局限，建设符合中国国情的国家资历框架，搭建终身学习的"立交桥"。

1）成立国家级专门机构，统筹各部委与各行各业建设国家资历框架

资历框架的建设不仅仅是教育系统的问题，需要在中央政府层面统筹规划教育、人社等各部门以及各行业领域，共同完成这一体制机制创新，同时还必须借鉴国外相关经验成果，优化顶层设计，构建资历框架的制度基础和实施策略，方能真正建立跨越各级各类教育以及从业实践经验积累的终身教育立交桥。

资历框架的构建是一项政府主导的体制机制创新实践，是公共政策的构建过程，仅仅依靠办学机构的力量难以完成，也会受办学机构的利益诉求所局限。南非从 1990 年开始建立全国终身学习认证框架，2009 年颁布了新的全国终身学习认证方案，在南非主管当局领导下成立了高等教育认证委员会、一般教育认证委员会以及职业认证委员会。这个框架贯穿教育、培训、工作和社会各部门，相互联系也十分紧密。建议参照国际经验，尽快成立国家终身教育资历框架工作领导小组，由国务院分管领导任组长，并成立专门机构，负责资历框架的制定和应用工作，该机构将作为我国终身教育体系建设的责任机构。

国家终身教育资历框架工作领导小组通过一系列研究和试点工作，调动各行业的力量来共同完成我国终身资历框架。以国家人力资源建设战略目标为导向，以市场人才需求为核心，结合各类教育人才培养的针对性，建设能够支持我国可持续发展并与国际接轨的多层级资历框架体系，形成资历框架一般知识和能力标准体系，并在此基础上与各行业统筹建设适合行业的专门知识和能力标准体系，最终形成覆盖全社会各行业的国家资历框架。

2）制定国家层次终身教育法律法规，规范资历框架的建设和应用

为了切实推进国家资历框架的建设和应用，建议同时推进我国的国家终身教育立法工作。目前，我国福建、上海、太原等地都出台了区域性终身教育促进条例，北京也将地方性终身教育促进条例纳入立法程序。但是，国家层次的终身教育法律条文尚未研究和制定，如果不尽快着手制定国家层次的法律条文，必将影响我国资历框架的应用和实施进程，国家层面终身教育立法工作时不我待。

国际上美国、日本、韩国等国家都通过终身教育立法专门规范学习成果认证、学分存储和转化等基本制度以及实施和应用模式等，通过法律为国家资历框架的建设和实施提供制度保障。

资历框架是涉及多部门、多行业以及每一个国民的学习制度基础，因此，有法可依是该框架能够得到有效实施的保障，建议国家尽快调研制定国家终身学习立法，将资历框架作为我国终身学习的基本制度予以固化。

3）促进学习成果认证、积累和转换，建立"学分银行"制度

建立"学分银行"制度已经成为世界众多国家教育改革和发展的重要趋势，如美国学分衔接和转移政策，欧洲学分转换与累积系统，英国资格框架，澳大利亚职业资格框架、韩国"学分银行"制度、加拿大的学分转移制度等。搭建终身教育"立交

桥"，实现各级各类教育纵向衔接、横向沟通，需要"学分银行"制度的支撑。

国家教育行政部门要加快我国"学分银行"制度的建设。首先，在已有省市实践的基础上，尽快研究建立我国的"学分银行"制度，在国家资历框架的基础上制定学分认证标准，完善学分转移、积累程序，建立个人终身学习档案。其次，结合"双一流"建设，积极推进我国高水平大学以及其他高校依托优势学科，建设并开放 MOOC，作为一流大学、一流学科建设的重要任务和我国教育组织模式创新的突破口。要完善相关制度引导各类学习者注册学习 MOOC，对学习成果给予认定，所获得的学分在不同的机构之间可以互认。

12.5.2 完善国家终身教育质量保证体系

资历框架的实施还将涉及各类教育的质量保证问题。各类教育经历的相互承认，以及教育和劳动力市场的有效沟通和衔接，除了有基础制度作为保障，还需要有各类教育之间质量的相互认可，以及劳动力市场对教育的质量认可。因此，完善各级各类教育质量保证体系成为当务之急。

1. 建立终身教育质量保证标准体系

在终身教育质量保证体系建立的过程中，终身教育质量保证标准的制定是构建终身教育质量保证体系的前提，从微观上可以规范办学行为，指导办学方向，强化学校质量自律，使远程教育办学机构能够在质量管理工作中有法可依、有理可循，是保证和促进其教育质量不断提高的客观需要；从宏观上是构建终身教育质量保证体系的必然、提升质量的关键。

从国际经验来看，不同国家依据本国的国情采取了不同的质量保障标准。美国高等教育认证制度中的质量标准，由不同的认证机构各自制定，并据此对院校和专业进行认证，这些认证标准以引导性的定性描述为主，已经逐渐抛弃了以具体的量化指标进行测量的价值追求，转向了引导学校或专业注重质量建设的方向。按照法律规定，加拿大的教育由各省负责，因此加拿大没有国家层面的教育行政机构，更没有国家层面的教育质量保障机构，其教育管理重心集中在省级政府和教育行政部门。每省都会设置类似教育质量委员会的机构，以阿尔伯特省教育质量委员会为例，该委员会颁布了严格的质量保障标准。

我国应充分学习借鉴国外已有的教育质量保障标准，结合我国教育发展的实际，尽快出台国家层面的教育质量保障标准。国家教育质量保障标准作为最基础的标准，在质量保障中发挥着基础性和引导性的作用。质量保障的重要原则之一就是拒绝在单一指标或证据的基础上评价学生、项目，或者学校的表现状况。国家教育质量保障标准绝不应是评价一切机构与课程的唯一标准，它仅是最为基础的指导性标准。不同质量保障机构和办学机构在国家质量保障标准的基础上，根据自身情况制定相应的质量保障标准，实现质量保障标准统一性和多元性的统一。针对教育领域不同的教育类型与形式，也应形成专门的质量保障标准，从而形成教育质量保障标准体系。

2. 构建终身教育质量保证组织体系

基于国际经验，质量保证的组织实施是由政府、终身教育机构、第三方质量监测中心协同完成的，三者同为质量保证的核心利益相关者和参与者，三者协同作用才能真正促进质量保证体系的有效实施。具体的组织架构及实施流程如图 12-5 所示。

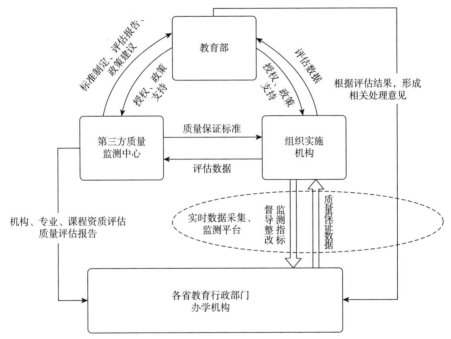

图 12-5 中国终身教育质量保证组织架构及实施流程

1）教育行政部门

《教育部 2016 工作要点》中明确提出要"加快完善国家教育标准体系"。建立国家层面的质量保证标准是整个质量保证体系的基础和起点。按照国际惯例，国家层面的质量保证标准一般由政府和实践机构委托第三方质量监测中心制定。

第三方质量监测中心作为独立于政府和办学机构的第三方角色，从外部对终身教育机构的质量进行评估和认证，在保证教育质量的同时，可以大大提高用户和消费者对办学机构质量的信任。教育部可遴选授权终身教育领域的专业机构作为第三方质量监测中心，定期对终身教育机构进行认证和评估，这是推进管、办、评分离的重要举措。

质量监测和评估信息的公开可以增加终身教育质量的透明度，引导正向的社会舆论，提高终身教育的社会声誉。因此，根据我国实际情况，建立质量监测评估信息公开机制和方法，在整合分析第三方质量监测中心的评估报告和办学机构自评报告的基础上，定期发布监测评估结果，是构建我国终身教育质量保证体系的重要环节。

监测实施与结果应用涉及行政管理部门、办学机构、学生和媒体等多方力量，需要中央到地方的多部门参与、各司其职。因此以教育部为核心，协调各机构紧密协同，统一工作目标，统一规划任务，明确每项任务的成果形态，根据各自优势分工开展工作，针对各环节制定标准化工作程序和操作标准，保障质量保证工作有序衔接。

随着技术的飞速发展，质量监测手段与方法也在不断更新，多形态的实时数据监测和采集工具，基于大数据的数据分析和呈现已成为实施质量保证和监测的重要手段。教育部可以依据质量保证标准，建立质量监测数据的采集规则，并委托专业机构开发面向各学历终身教育机构的质量保证信息平台，实现数据的实时采集和呈现，并以可视化方式进行实时解读。

2）第三方质量监测中心

第三方质量监测中心是实现管、办、评分离的关键，其主要作用是实现全面诊断、客观监督、舆论引导、决策咨询、促进提升，其具体工作如下。

第三方质量监测中心作为该领域的专业机构，汇聚了相关领域的学术专家和专业人士，在质量保证领域具备丰富的经验，能够胜任教育部的委托，制定国家层次的质量保证标准，设计关键监测点和监测指标以及研发监测工具。

第三方质量监测中心在建立质量保证标准的同时，还应制定资质标准，与市场机制相衔接，按照满足市场发展需求、注重学校办学效益、规范专业名称和设置程序、建设优质课程资源等原则完善终身教育办学机构准入准出机制。此机制包括三个层次：机构办学资质、专业开设标准及课程开设标准。第三方质量监测中心在对办学机构进行质量监测和评估的同时，也定期对机构、专业和课程的资质进行审查，未达到标准的可提交教育部建议责令学校限期整改，整改后仍达不到要求的，停止相关业务。

第三方质量监测中心在对监测评估进行整合分析的基础上，进行教育质量与均衡状况诊断，教育问题及成因分析，为改进教育质量和科学决策提供支撑。

3）组织实施机构

组织实施机构是质量保证实施的重要部门，其负责与各省教育行政部门建立监测工作合作机制，协调各办学机构，负责全国数据的收集，其具体工作如下。

质量保证工作的实施是一个系统工程，离不开各省教育行政部门的支持和配合，组织实施机构应建立与各省行政部门的监测合作机制，明确行政部门的工作职能，形成多部门参与、深度协同的工作机制。

办学机构数据收集是决定整个质量保证工作的关键。组织实施机构应与第三方质量监测中心协同建立科学、完善的数据采集机制，确保数据及时、充足、有效。

建立评估结果的反馈机制，形成基于监测的督导模式创新，真正促进终身教育质量的提升。

参 考 文 献

曹锟. 2013. 推进我国经济结构战略性调整的路径与对策. 经济论坛，（3）：59-87.

陈丽. 2016. "互联网+教育"的创新本质与变革趋势. 远程教育杂志，（4）：3-8.

陈丽，等. 2004. 技术进化与社会发展. 北京：北京师范大学出版社.

陈丽，等. 2007. 数字化校园与 E-Learning. 北京：北京师范大学出版社.

陈丽，林世员，郑勤华. 2016. "互联网+"时代中国远程教育的机遇和挑战. 现代远程教育研究，（1）：3-10.

董晓霞，李建伟. 2014. MOOC 的运营模式研究. 中国电化教育，（7）：34-39.

樊文强，刘晓镜. 2010. 美国高校网络教育组织模式的多样性研究. 开放教育研究，（2）：105-112.

范先佐. 1997. 论教育资源的合理配置与教育体制改革的关系. 教育与经济，（3）：7-15.

冯华，陈亚琦. 2016. 平台商业模式创新研究——基于互联网环境下的时空契合分析. 中国工业经济，（3）：99-113.

郭继丰，闵远光. 2001. 我国的人力资源与经济结构调整. 郑州航空工业管理学院学报，（4）：19-21.

国际 21 世纪教育委员会. 1996. 教育——财富蕴藏其中. 联合国教科文组织总部中文科译. 北京：教育科学出版社.

国务院. 2005-12-31. 国家中长期科学和技术发展规划纲要（2006—2020 年）. http://www.most. gov.cn/kjzc/gjkjzc/gjkjzczh/201308/P020130823574946092159.pdf.

国务院. 2015-07-04. 国务院关于积极推进"互联网+"行动的指导意见. http://www.gov.cn/ zhengce/content/2005-07/04/content_100002.htm.

韩锡斌，葛文双，周潜，等. 2014. MOOC 平台与典型网络教学平台的比较研究. 中国电化教育，（1）：61-68.

郝丹. 2013. 国内 MOOC 研究现状的文献分析. 中国远程教育，（11）：42-50.

郝克明. 2006. 跨进学习社会——建设终身学习体系和学习型社会的研究. 北京：高等教育出版社.

科学技术部创新发展司. 2015-03-12. 2013 年我国科技人力资源发展状况分析. http://www.most.

gov.cn/kjtj/201508/P020150817346300933410.pdf.

李青，王涛. 2012. MOOC：一种基于连通主义的巨型开放课程模式. 中国远程教育，（3）：30-36.

李青，侯忠霞，王涛. 2013. 大规模开放在线课程网站的商业模式分析. 开放教育研究，（5）：71-78.

林世员，陈丽，彭义平. 2016. 我国高校现代远程教育外部质量保障体系建设——现状、反思与建议. 中国远程教育，（5）：43-49，80.

刘婷. 2015. MOOC 与我国现代远程教育试点高校网络课程比较研究. 继续教育，（2）：40-42.

罗珉，李亮宇. 2015. 互联网时代的商业模式创新：价值创造视角. 中国工业经济，（1）：95-107.

欧阳忠明，肖玉梅，肖菲. 2014. 终身教育——探寻学习的财富. 重庆：西南师范大学出版社.

彭耀峰. 2014. 国内外大规模开放在线课程（MOOC）平台典型案例比较研究. 晋城职业技术学院学报，（4）：90-93.

齐幼菊，龚祥国. 2010. 终身教育体系构架探析. 中国远程教育，（11）：29-34.

滕珺. 2015-11-22. 联合国教科文组织成立 70 周年提出教育新理念. 中国教育报.

汪琼，尚俊杰，吴峰. 2013. 迈向知识社会——学习技术与教育变革. 北京：北京大学出版社.

王伟光，张永谦，郭强. 2003. 创新与中国社会发展. 北京：中共中央党校出版社.

王颖，张金磊，张宝辉. 2013. 大规模网络开放课程（MOOC）典型项目特征分析及启示. 远程教育杂志，（4）：67-75.

吴福生. 1995. 关于建立我国终身教育体系的几点思考. 教育研究，（8）：3-5.

吴锦辉. 2015. 我国主要慕课（MOOC）平台对比分析. 高校图书馆工作，（1）：11-14.

吴遵民. 2003. 现代中国终身教育论. 上海：上海教育出版社.

吴遵民. 2007. 新版现代国际终身教育论. 北京：中国人民大学出版社.

奚洁人. 2007. 科学发展观百科词典. 上海：上海辞书出版社.

杨瑛霞，田爱奎，夏天，等. 2007. 从技术哲学看教育技术的内涵与本质. 电化教育研究，（3）：17-21.

余远方. 2011. 教育供给问题研究. 经济研究导刊，（15）：287-289.

岳武. 2012. 中国高等教育资源配置改革问题及对政策研究. 东北师范大学博士学位论文.

张俐蓉. 2007. 信息技术与学校教育关系的反思与重构. 北京：教育科学出版社.

张晶. 2015. 我国 MOOC 发展现状及展望. 软件导刊，（1）：156-158.

赵莹. 2011. 我国与发达国家终身教育的比较研究. 兰州大学硕士学位论文.

中国教育信息化网. 2013. 李晓明：MOOC 理念打开了一扇创新的大窗户. 中国教育网络，（4）：24.

周伟林，赵宇，于志强. 2015. 华语区高等教育 MOOC 建设现状和差异研究. 复旦教育论坛，

（4）：31-38.

周西安. 2011. 我国终身教育体系的内容结构与建构原则. 职业技术教育，（22）：36-39.

朱敏，高志敏. 2014. 终身教育、终身学习与学习型社会的全球发展回溯与未来思考. 开放教育
研究，（1）：50-66.

祝智庭，刘名卓. 2014. "后 MOOC"时期的在线学习新样式. 开放教育研究，（3）：36-43.

Brown M. 2013-07-30. Moving into the Post-MOOC Era. http://er.educause.edu/blogs/2013/7/
moving-into-the-postmooc-era.

Daniel J. 2012. Making sense of MOOCs：musings in a maze of myth，paradox and possibility.
Journal of Interactive Media in Education，（3）：18.

Daniel S J，Cano E V，Gisbert M. 2015. The future of MOOCs：adaptive learning or business
model? Rusc Universities & Knowledge Society Journal，12（1）：64-73.

DO Education. 2000. E-Learning：Putting a World-Class Education at the Fingertips of All Children.

Karl S. 2015. Competences，learning theories and MOOCs：recent developments in lifelong learning.
European Journal of Education，50（1）：41-59.

New Zealand Ministry of Education，E-Learning Advisory Group. 2002. Highways and Pathways：
Exploring New Zealand's E-Learning Opportunities .

Pernia E E. 2008. Strategy Framework for Promoting ICT Literacy in the Asia-Pacific Region.
Bangkok：UNESCO Bangkok Asia and Pacific Regional Bureau for Education.

Peter M A. 2011. Transforming American Education：Learning Powered by Technology. US
Department of Education，8（2）：102.

Southern Regional Education Board. 2009. Distance Learning and the Transfer of Academic Credit.

Teuscher G W. 1972. Education：a lifelong process. ASDC Journal of Dentistry for Children，
39（1）：115-116.

Yang J，Cotera R V. 2011. Conceptual Evolution and Policy Developments in Lifelong Learning.
Hambury：UNESCO Institute for Lifelong Learning.

第 13 章　促进技术创新的新生代农民工职业教育体制研究

　　新生代农民工是劳动力的重要主体和技术创新的关键力量。促进技术创新的新生代农民工职业教育体制是促进创新发展的教育政策的重要组成部分。本章采用渐进主义政策分析模型，研究新生代农民工职业教育体制问题，以提出有针对性的政策思路和举措。主要内容包括：①促进技术创新的新生代农民工职业教育调查结论。对新生代农民工、企业人力资源负责人和相关职能部门负责人展开调查，了解新生代农民工接受职业教育的现状、有效做法，考证其面临的主要问题，提出促进技术创新的政策建议。②促进技术创新的新生代农民工职业教育政策分析。分析国家关于新生代农民工职业教育的政策目标、体制和资源配置政策。③产业布局、区域功能定位与新生代农民工职业教育的互动关系。构建产业发展、区域功能与新生代农民工职业教育良性互动关系政策模式。④从供给侧改革和行业企业参与机制入手，提出促进技术创新的新生代农民工职业教育政策建议。

13.1　促进技术创新的新生代农民工职业教育调查结论

　　2015 年，我国农民工增长到 27 747 万人，其中初中文化程度占 59.7%，高中文化程度占 16.9%，大专及以上文化程度仅占 8.3%。与留守乡村的农民相比，农民工群体更年轻、文化程度相对较高，具有明显的内部分层和代际差异。具有工会会员、党员身份，中专、职高、技校等高中教育水平的农民工处于整个群体的相对优势地位，有更多接受政府培训的机会。与第一代农民工相比，"80"后、"90"后、"00"后新生代农民工的受教育年限更长，务工动机更偏向"长见识"而不只为"赚钱",维权意识、接受继续教育的意愿更强,务农意愿更低,举家定居城市的趋势更明显,但两代农民工的共同点仍是技能短缺、职业发展连续性差、收入水平难以保障其稳定融入城市。

13.1.1　现实问题

第一,新生代农民工职业教育与技能培训意愿强烈,与实际培训参与率反差大,中级以上职业资格证书持有比例极低,个体投入意愿不强。约 60% 的农民工认为"培训对找到更好的工作有帮助","培训对未来发展很重要"。但在三年中从未参加任何形式的培训人数也占到了被调查总人数的一半多,超过 60% 的人没有任何一项职业资格证书。在拥有职业资格证书的农民工中,初级工占比18.1%,中级工占比 17.3%,高级工、技师合计不到 5%。2012 年,农民工愿意投入职业教育的总费用最多不超过 1 000 元,一半的人表示一年愿意投入 500 元,这个金额约为其月均工资的 1/2~1/4。

新生代农民工多在仅获得初中学历和未接受培训时即开始第一份工作。从应聘者第一份工作时的学历来看,学历为普通初中的最多,占比 48.2%;其次为中专、职高,占比 15.9%;最后是普通高中,占比 15.0%。从应聘者上学时学习成绩在班级中所处的位次来看,大部分的应聘者在班级中成绩处于中等,占比45.9%;其次是中等偏下,占比 22.6%;然后是中上等,占比 20.3%。总体来看,绝大部分的应聘者学习成绩在班级中处于中等及中等附近的位置。从职业培训来看,77.2% 的应聘者表示没有参加过职业培训,只有 22.8% 的应聘者表示参加过职业培训,这说明绝大部分应聘者没有接受过职业培训。从第一份工作的职业来看,生产和加工工人最多,占比 35.9%;其次是其他职业,占比 14.5%;然后是服务员,占比12.1%;其他服务人员占比8.0%;经营水果蔬菜人员占比5.8%;美容美发人员占比 5.0%;建筑工人占比 4.7%;保洁员占比 3.3%;保安占比 2.8%;快递员占比 3.1%;售货员占比 3.4%;保姆占比 1.4%。

第二,用人单位提供的培训是新生代农民工最主要参加,也最愿意接受的培训类型,但用人单位培训的主体意识不强,面临困难。我们在河南、福建、广东、北京等地针对近百家企业的调查显示,三年中超过 70% 的农民工没有接受过企业培训之外的其他培训。由用人单位开展的培训中有 67.8% 的成本全部由用人单位承担。培训内容针对性强、培训时间和形式灵活,培训的显性直接成本主要由用人单位承担,增加了用人单位培训的吸引力,但技能人才流失率高、培训成本高、不同行业的培训投入需求差异,政府相关优惠、支持性政策执行不到位等降低了企业培训投入一线农民工的积极性,获得职业资格证书的比例低、培训效果与工资增长不挂钩等,也降低了农民工自身的培训意愿。

第三,职业学校具有较强的新生代农民工培训意愿,但面临参与机会少、培训质量低等问题，作为农民工培训主体的作用未有效发挥。一方面，职业学校参与农民工培训机会少。国务院及教育、人社等部门发布的关于农民工培训、职业教育政策、技能人才的多项政策，确定了职业学校在农民工培训中的主体地位，但实际情况显示不同类型的职业学校参与农民工培训的机会不均等，且未与职业学校的专业水平和培训能力真正挂钩。例如，教育部门管辖的职业学校缺乏公平机会参与"阳光工程"、农村劳动力转移培训计划、"雨露计划"。另一方面，职业学校的专业、课程/内容、组织形式等不能满足农民工和企业的需求，使得职业学校难以发挥农民工培训的主体作用。

第四，多部门投入和管理，政府直接组织的培训与农民工和用人单位需求存在不适应，参与率低，政策效果亟待改善。多个部门承担农民工培训责任，如农业农村部、人力资源和社会保障部、国务院扶贫办、科技部、统战部等均有各种类型的计划、工程，工、青、妇等群团组织也设有专门的农民工培训政策项目。资金投入既有中央财政专项资金，也有专项财政拨款、自筹资金、社会捐赠等。政府直接组织的培训时间短、定点定时、统一授课，培训内容滞后于社会需要且缺乏职业资格认证，农民工参与率约为 30%。相比输出地，农民工更愿意在输入地接受政府培训。总体来看，政府直接组织的培训覆盖面窄、瞄准性差、针对性低，政策效果亟待加强。政府主导的岗前技能培训并不能完全解决农民工这一庞大群体的技能提升困境。很多新生代农民工难以享受到这样的利好政策，有 73%的工人表示除了企业培训之外，没有接受过任何形式的培训，明确表示参与过家乡地或是务工地政府提供培训的比例非常低，其比例分别为 4%和 3%。务工地政府培训比例稍高于家乡地政府培训。新生代农民工在参加第一份工作之前参与职业培训的机会也十分匮乏，仅有 23%的工人认为自己接受了职前培训。

第五，新生代农民工的技能水平大大滞后于国家经济社会发展重大战略的需要。2015 年未受过培训的农民工占比从 2010 年的 52%升至 2015 年的 65%左右；2014 年接受过技能培训的农民工占比 34.8%，其中接受非农职业技能培训的占比 32%，作为劳动力主体的农民工接受技能培训的比例仅为 1/3 左右，无法有效支撑制造强国到创造强国的转变。2012 年，中国制造业占全球制造业产出的 19.8%，比美国高 0.4 个百分点，已经成为制造大国；2013 年，中国劳动力效率排在世界第 34 位，技能劳动者占从业人员的比例不足 20%，低于发达国家 20 个百分点；2015 年技能劳动者为 1.64 亿人，占就业人员比例仅为 21%，初、中、高级技术岗位求职人数全部小于需求。《国家中长期人才发展规划纲要（2010-2020 年）》《高技能人才队伍建设中长期规划（2010-2020 年）》预计 2020 年，中国高技能人才的缺口将达到 1 400 多万人，中低技能人才缺口近 6 000 万人。大量无技能、低技能的农民工失业、流动就业、低质量就业，已经并会一直深刻影响中国的经济转型、社会稳定。

13.1.2　原因分析

第一，法制建设滞后于职业教育和技能培训的体制机制改革需要。1996 年实行至今的《中华人民共和国职业教育法》还未完成修订，该法的部分内容不适应经济社会发展特别是职业教育体制机制改革发展的需要，如以《中华人民共和国教育法》《中华人民共和国劳动法》为立法依据，固化了职业教育仅仅为教育、劳动部门所管辖领域的公共治理思维，教育、人社部门的职能边界不清晰，校企合作缺乏有效的法律根据和保障，职业教育投入保障机制不完善，部分省级政府不落实职业教育财政投入比例、不制定职业院校生均经费标准、不落实企业足额提取职工教育培训经费政策等。

第二，现有政策未能有效激发企业、职业学校和农民工个体投入职业教育和技能积累的积极性。企业培训的主体作用没有得到有效的法律保障，对农民工培训相关的决策、政策制定参与途径窄，机会少；培训成本高、培训需求的行业差异大，培训法定投入和组织责任缺乏管理监督机制，加剧了企业培训困境。职业学校在现行体制下难以将农民工培训纳入教师的评价和自身发展的评估，同时基础能力不足，难以满足农民工培训技能发展的现实需求，部门分割限制了部分类型职业学校的参与机会，政策补贴的不及时、不到位等，使得职业学校难以有效发挥培训主体作用。职业资格鉴定标准与农民工自设技能水平的不适应，职业资格与收入增长联系松散等提高了农民工获得中高级职业资格的难度。

第三，农民工培训相关的政府职能定位偏颇，全国性权威监测数据收集、效果评估机制的缺失，加剧了部门管理的不协同和社会预期的不稳定。一方面，政府部门条块间的农民工培训责任界限不清晰，部分市县、省级政府直接组织农民工培训，与转变政府职能、服务型政府建设的发展趋势相违背；另一方面，农民工频繁在不同区域、省域、县域间的流动与趋势，对其职业教育培训工作提出了挑战和机遇，全国不同部门投入农民工培训的资金、培训人数没有经过专门统计，参与机构的类型和不同培训模式的政策效果缺乏有效的评估机制信息、数据的共享不及时，发布不权威，部门各自为政造成社会预期混乱，极大地降低了农民工培训政策的权威性和惠民性。

第四，高流动性导致技能形成连续性差。调查数据显示，只有 33.6%的新生代农民工明确表示自己没有换过工作，新生代农民工平均换过 1.97 份工作。频繁的流动经历是两代农民工的重要差别之一。虽然流动对于他们来说是一个不断寻找更好的发展机会的过程，也体现出他们的主体性和能动性，但流动频次与他们的社会流动之间却并非简单的线性关系，相关学者的研究指出，农民工的流动轨迹呈现出倒"U"型曲线：在首次流动时，流向是更好的工作地点和更好的工种，体现为垂直流动，但到第 3 次或第 4 次流动之后都呈现了逆向选择或向下流动的特点。也就是说过于频繁的流动反而不利于新生代农民工个人的发展。从技能形成特点来讲，技能的可转移性是新生代农民工高流动的现实原因。但是技能形成还具有持续性和可积累性的特点，技能的形成与提升是持续的过程，新生代农民工的高流动会打断这一过程，造成培训的中断，不断地跳槽会导致新生代农民工培训的重复化、表面化。只要工作的工种不发生改变，工人每到一个新的企业都要重新接受上岗培训，培训的内容没有实质性的差异，在技能尚未提升时再次发生流动，其技能水平始终保持在初级培训的低水平。对于企业而言是培训的浪费，对于新生代农民工而言是时间的浪费和接受较高水平技能培训机会的缺失。

第五，没时间、没兴趣、没资金抑制了新生代农民工培训的实际参与积极性和行动。没时间指工作时间太长，频繁加班成为阻碍新生代农民工参与职业培训的因素之一。调研数据显示新生代农民工超出法定工作时间加班的现象非常严重，有41%的工人每天工作时间为9~10个小时，17%的工人工作11~12个小时，还有5%的工人每日工作时间超过12个小时。即使在法定的休息日，新生代农民工加班加点的现象依旧普遍，只有12%的工人能每周休息两天，有50%的新生代农民工每周只能休息一天甚至更短，有16%的工人没有固定休息时间。高强度的工作使他们即使有接受培训的需求与意愿，也没有闲暇时间参与。此外，培训时间安排不合理。正规职业学校和培训机构提供培训的时间多在白天，与工人上班时间冲突，虽有部分机构开设夜间班或者周末班，也没有顾及新生代农民工群体的作息规律与特点。即便在周末上午开班，对于工作了整整一周需要休息调节的工人来说，一大早起床去上课也是一件困难的事情。如若让新生代农民工放弃眼前的工作，花上三个月或者更长的时间到职业院校脱产学习，就会面临丧失三个月的收入或者可能会丢掉现有工作的风险，培训后的收益亦不能被预期，一般而言，新生代农民工是不愿意冒这样的风险的。

从经费投入来看，一方面是培训学费昂贵，新生代农民工的收入水平根本支付不起；另一方面是培训会中断农民工赚钱的过程。在培训机构自费参加一项技能培训，学费一般需要1 000~3 000元，加上实习费用，对于新生代农民工来说，这是一笔不小的开支。在焦作市新华职业培训学校网上招生简章中可以看到，4个月短期维修手机的培训一共需要交纳2 280元，学制为1年的数控专业，学费加实习费一共需要4 980元。通过对用中位数、均值替代极值后，新生代农民工每月伙食费平均开支为526元，恩格尔系数为0.399，标准差为0.15，恩格尔系数最低者为0.07，最高达到了0.91，也就是91%的开支用于食物支出。每月用在衣服上的平均开支为244元，用于房租257元，用于娱乐104元，用于朋友交往189元，用于学习71元，用于看病69元。如果食物、房租和看病视为必要性开支的话，统计结果显示新生代农民工的必要性开支，或者说刚性开支占总开支的比例达到了60%，最低水平为14%，最高为95%，众数为50%，中位数为61%。这说明新生代农民工中绝大部分的人有一半的开支用于维持必需的生活支出。15.8%的被访者表示月底没有剩钱，6.2%的人甚至需要借钱，1/4 的被访者每月会有固定的存款。如果不能继续工作，被访者手头上的积蓄能支撑一个月以上的占比 93%，只能支撑一周的占比 7%。能够支撑一年的占比 14%，还有 17% 的人不知道自己能支撑多久。整体来看，这一群体的经济收入更多的是维持生存，收入虽然主要用于生活，但也不都是"月光族"，只是群内差异较大。花费最少的项目是看病，这相对容易理解，三十岁左右的青年在生命历程中处于最为健康、劳动力最强的阶段；其次是学习，学习是增强人力资本，提升个体社会经济地位的重要因素，而新生代农民工投入学习和知识更新的费用如此少，使得他们在城市的生存更多地依赖"身体资本"而非文化资本，一旦"身体资本"随生命历程的转折自然进入低谷期，他们在城市的生存处境就变得日益艰难。新生代农民工一般在次要劳动力市场工作，工资水平比较低，整体生活负担很重，可供额外支配的费用有限，绝大多数农民工参与自费培训是难以承受高额费用的。

第六，培训的组织安排不适应新生代农民工的实际需要。虽然我国成人教育体系非常开放，但还没有完备到在每一个社区或者居民居住区都配有针对所有人开放的教育机构。在调研的过程中我们得知，无论是职业学校还是政府定点培训机构承办的农民工职业培训活动，都需要工人来到学校里或者培训机构里接受培训。新生代农民工工作集中的大型工业产业园很多都坐落在城市边缘的科技开发区，交通远没有市内便利，在农民工工作强度很大，已经比较疲劳的状态下，他们愿意花费半个小时甚至更长时间去参加培训的可能性就会大大降低。对于职业学校和培训机构来说，让他们送教上门，主动去新生代农民工聚居的场所现场教学也不现实，大量教学器材的搬运、师资的调用、场所的协调会使培训成本骤增。继续学习和教育设施资源离新生代农民工的工作场所和生活场所太远，成为阻碍他们接受培训和继续教育的重要现实因素。无论是政府培训还是企业培训的逻辑起点都是将农民工群体的继续教育与培训视为增加社会就业、提高收入、缓解社会问题的权宜之计，培训目标是促进劳动力向城市转移，带动就业。这种预设的培训目标使得培训提供者主观地判断农民工进入城市后需要什么样的培训内容，甚至培训只是为了完成与工作相关的某一项具体任务或者生产流程中的某一个环节，这样，要么导致培训与工作之间的关联性不强，内容不实用，培训对农民工群体就业和上岗的实际帮助效果不明显，农民工只能成为流水线上的一颗螺丝钉，永远从事技术含量低，没有职业发展前景的简单重复劳动。

第七，信息不畅阻碍了新生代农民工参与培训。信息是指新生代农民工得知培训活动的消息来源。有了培训的需求却找不到合适的培训信息也会降低实际参与培训活动的可能性。信息已经成为新生代农民工参与培训活动的现实障碍，58.9%的被访者根本不知道相关的培训信息，5.4%的工人即使听说过相关培训，不熟悉报名流程，不知道报名地点也限制了他们的培训行为。调查问卷显示超过半数的新生代农民工获得培训信息的途径是企业的宣传通知，比例远远高于我们预想的传媒途径，如电视广播、杂志报纸等。分析其原因，一方面是新生代农民工获取培训信息的渠道较为闭塞，完善开放的培训信息共享平台尚未建立；另一方面由企业进行培训信息的发布与推荐，从内部获取信息更为可靠，在新生代农民工对培训机构不具备甄别能力时，企业作为信息源可以起到保障作用。针对这一问题，政府部门应当积极反思，如何在提供培训第一手信息方面做出更多有益尝试，帮助新生代农民工以他们熟悉和便捷的方式获得相关信息，如针对年轻人熟悉用手机上网的情况，可以考虑建立一个培训信息短信发送平台，直接将相关信息以短信的方式发送到每一名新生代农民工的手机上。

13.1.3 改进建议

《中国制造 2025》是我国实施制造强国战略的第一个十年行动纲领，其指出推进制造强国建设，必须着力解决"制造业大而不强，自主创新能力弱……产品档次不高"等问题，"坚持把人才作为建设制造强国的根本……加快培养制造业发展急需的专业技术人才、经营管理人才、技能人才"，而广大农民工尤其是新生代农民工是技能人才的重要来源之一。中共中央、国务院《关于落实发展新理念加快农业现代化 实现全面小康目标的若干意见》提出，将职业农民培育纳入国家教育培训发展规划，实施新生代农民工职业技能提升计划。为此，我们建议总结借鉴国内外经验，推进技能立国、制造强国、创造兴国。

1. 进一步完善顶层设计，加强法制建设，改革技能人才的领导体制及工作机制

加快修订《中华人民共和国职业教育法》的步伐，在国家层面理顺职业教育、技能培训的体制机制，明确农民工群体的职业技能培训权利，注意与经济、产业、劳动等有关法律的配套、衔接、贯通。综合运用战略规划、拨款资助、标准制定、行政干预、督导评估等政策保障技能人才培养战略目标的实现。明确各级党委、政府部门的责任是完善技能培训体制机制，制定规划、标准和管理办法等，不直接参与教育与培训的具体组织与实施，减少不合理的行政审批环节等。

整合面向农民工的各类技能培训计划，建立专门培训农民工获得国家职业资格证书的项目（计划）。引导技能培训机构及时了解国家技能人才培训政策、行业人才现状和趋势，按照实际、实在、实用原则，指导培训机构和企业合理设计、实施培训项目，动态调整培训内容，做到技能培训与市场和企业实际需求相适应。依据农民工流动和分布的地区、季节、行业特点等，改革完善各项培训规划、计划、工程的进程安排、组织方式。在中小微企业综合服务体系、公共服务平台建设中，专门设置技能培训模块，依据农民工信息获取特点调整、完善政府培训政策的宣传方式。引导、支持公益组织开展技能培训政策的宣传和培训组织活动。

2. 完善培养和评价机制，改革技能鉴定办法，支持农民工获得国家职业资格证书

改革培养和评价机制，拓宽职业技能认证范围，突破年龄、资历、身份和比例限制，积极探索符合技能人才成长规律的多元评价机制，逐步完善社会化职业技能鉴定、企业技能人才评价、院校职业资格认证和专项职业能力考核办法。以知识、技能和能力等学习结果，而非学习过程和方式为鉴定依据，对已经具有相应技术水平的农民工给予职业资格认定。在认定标准上，合理减少理论性知识的比例，增加操作类技能的分值，增加过程性、创新性评价环节，如对材料、工艺等小微发明、创造给予加分优惠等。

建立统一的职业资格评价标准，借鉴我国传统上的八级制技术等级制度的科学成分和当代欧洲 35 国认可的具有国际可比性的八级国家职业资格框架经验，严格技术等级、就业准入、技术等级与最低薪酬标准挂钩制度。建立高水平、专业化的国家职业资格考核队伍，合理确定五年左右的政策调整期，根据国家职业资格评价标准，认定颁发符合标准的已有相关证书，清理达不到标准的有关证书，逐步改革涉及公共安全、人身健康、生命财产安全等准入类的职业资格证书，坚决严肃打击国家职业资格造假，保证国家职业资格证书的社会认可度和含金量。

3. 加大农民工技能培训的财政投入，引导社会投入，形成多元的投入保障机制

明确农民工技能培训的公益性质，加大公共财政投入，引导社会投入，建立多元的投入保障机制。明确规定中央、地方政府对农民工技能培训的财政投入比例、方式等，将有关财政投入列入政府预算，向社会充分公开投入信息，保证投入到位。进一步明确有关法律规定，依法足额提取企业员工职业教育、技能培训费用，确保提取经费用于企业员工的技能培养。合理提升企业用于员工培训特别是基层员工培训成本计入税收优惠的比例，建议上升为 20%。

完善财政管理体制机制，提高培训经费使用效益。改革农民工公共财政培训经费的评估标准与办法，以国家职业资格的获得率、层次而非学历教育毕业率、水平为评估的主要依据。建立农民工技能培训拨款的畅通渠道，直接奖补开展农民工职业教育、技能培训的学校、机构和用人单位。分类分层确定农民工在职业资格培训和认证中的成本分担比例、方式，激发农民工投入技能学习的责任心。对低收入、低技能、初级职业资格，特别是地处民族、边远、贫困地区的农民工

优先保障；对中高技能者，以用人单位为主、政府引导为辅，提供财政补贴或以奖代补，提升农民工技能水平。

加强职业教育、技能培训资源的省级统筹，允许市县政府因地制宜、统筹使用农民工培训经费。给予非营利民办职业院校与公办职业院校同样的生均经费补贴，淡化公办与民办职业教育的界限，推动公办、民办职业教育共同发展；加强第三方评价，逐步形成与办学质量挂钩的职业院校拨款机制。鼓励有能力的企业通过资金捐赠、技术支持等形式，与公益组织合作开展针对技能人才的培训。

4. 改革技能人才教育、培训机制，激发行业企业提升农民工技能水平的积极性

明确规定行业企业参与职业教育、培训的规则、方式和程序，吸收行业企业专家参加职业院校、培训机构教学指导委员会，直接参与职业院校、培训机构的工作。在实施税收优惠政策的同时，对提供学徒岗位、开展一线员工培训的企业进行财政补贴，补贴标准与学徒岗位规模、职业技能资格认定人数、员工工资挂钩，优化财政奖补的审批流程，做到快捷、方便、精准。建立直接补贴"双师型师资"标准、实习岗位补贴标准，引导企业参与职业教育发展改革。

建立技能人才培养和使用的财政保障机制，免除农民工培训费用外，按培训地最低工资标准给予生活费、交通补贴；参加中级以上职业技能资格鉴定者，对于一次性通过者给予全额补贴，对于第二次通过者给予 50%的补贴。明确与职业资格证书挂钩的基本工资法定增长标准，提升职业资格证书的价值。实施专门针对农民工的职业生涯指导项目，增进农民工对技工政策、培训信息的把握能力。在人口流入地政府的领导下，由发展和改革、人社、农业、科技等部门负责人，制造业、建筑业、服务业等行业企业负责人，农民工代表等利益相关方共同组成项目工作小组，为农民工提供咨询服务、趋势分析、生涯指导等，如流入地的产业转移与升级、流入地市场与流出地资源的对接，城市功能与发展定位对各个行业的影响等。

由农民工工作领导小组协调人社、教育部门，对职业资格与普通学历进行相应等值认定，依据认定结果为就业的技能型农民工办理符合工作地人才政策的社会保险、保障房资格认证等。通过生活、劳动条件的改善重振农民工学习技能的信心与意愿。

5. 切实提高技能人才的社会经济地位，营造尊重劳动、崇尚技能的良好社会氛围

利用公益广告、典型宣传等途径，加大和创新职业教育对国家、地方事业及

个人发展重要性的宣传，加大政府关于职业教育、技能培训、技能人才发展等优惠政策的宣传。树立科学的人才观，形成劳动光荣、技能宝贵、创造伟大的时代风尚。

加大对为国家和社会发展做出杰出贡献的技能人才的奖励力度。在国家、省级、市级人才计划中单列技能人才表彰和奖励项目。改革和完善相应的人事劳动和工资分配制度，使技能人才享有与其贡献相适应的社会地位和收入水平。改革工会的组织程序，依法落实、严格工会领导人产生的选举程序，提高农民工参与工会的比例，保障农民工权利，重塑主人翁精神。

消除技能人才出口限制以及歧视技能人才就业的限制。具备有关职业资格的农民工与持有有关学历证书的工作人员，享有同等的晋升、涨薪、评优、调岗机会，打通技能人才成长通道，消除技能人才发展的"天花板"。

13.2　促进技术创新的新生代农民工职业教育政策分析

渐进主义决策模型是公共政策研究者们比较一致认可的政策分析模型，符合转型时期、社会主义初级阶段、区域发展极度不均衡的国情特点，有助于解决新生代农民工职业教育政策的多元化目标带来的国家教育决策困境。

技能人才的规模和质量大大滞后于经济社会发展需要。《高技能人才队伍建设中长期规划（2010-2020 年）》预测，2015 年和 2020 年技能劳动者需求分别比 2009 年增加近 1 900 万人和 3 290 万人（不含存量缺口 930 万人），其中，高技能人才需求将分别增加约 540 万人和 990 万人（不含存量缺口 440 万人）。到 2015 年，全国技能劳动者总量达到 1.25 亿人，其中高级工以上的高技能人才达到 3 400 万人（高级技师 140 万人，技师 630 万人，高级工 2 630 万人），占技能劳动者的比例达到 27%左右。到 2020 年，全国技能劳动者总量达到 1.4 亿人，其中高级工以上的高技能人才达到 3 900 万人（高级技师 180 万人，技师 820 万人，高级工 2 900 万人），占技能劳动者的比例达到 28%左右。要实施青年技能就业培训工程和企业职工技能提升培训工程，"力争使新进入人力资源市场的劳动者都有机会接受相应的职业培训，使企业技能岗位的职工得到至少一次技能提升培训，使每个有培训愿望的创业者参加一次创业培训"。而在工业化水平较高的国家，技能人才的比例普遍比较高，一般占到全社会从业人员的 40%以上，而我国技能劳动者占从业人员的比例不足 20%（李源潮，2012）。

不同部门的新生代农民工职业教育政策目标存在差异。《国家教育事业发展

"十三五"规划》提出的主要目标是全民终身学习机会进一步扩大，继续教育参与率明显提升，学习型社会建设迈上新台阶。到2020年，中等职业教育在校生规模预期达到1870万人，比"十二五"时期增加213万人；预期开展从业人员继续教育35 000万人次。人力资源和社会保障部发布的《技工教育"十三五"规划》提出，到"十三五"末期，"技师学院数量达到450所左右"，"技工院校学制教育规模达到350万人"，"技工院校每年开展职业培训保持在500万人次以上"，到2020年要累积开展职业培训2 800万人次以上。国务院发布的《"十三五"脱贫攻坚规划》提出要"大力开展职业培训"，完善劳动者终身职业技能培训制度。针对贫困家庭中有转移就业愿望劳动力、已转移就业劳动力、新成长劳动力的特点和就业需求，开展差异化技能培训。整合各部门各行业培训资源，创新培训方式，以政府购买服务形式，通过农林技术培训、订单培训、定岗培训、定向培训、"互联网+培训"等方式开展就业技能培训、岗位技能提升培训和创业培训。加强对贫困家庭妇女的职业技能培训和就业指导服务。支持公共实训基地建设。提高贫困家庭农民工职业技能培训精准度。深入推进农民工职业技能提升计划，加强对已外出务工贫困人口的岗位培训。继续开展贫困家庭子女、未升学初高中毕业生（俗称"两后生"）、农民工免费职业培训等专项行动，提高培训的针对性和有效性。实施农民工等人员返乡创业培训五年行动计划（2016—2020年）、残疾人职业技能提升计划（国务院，2016）。通过对以上政策文本的内容分析，可以初步判断新生代农民工职业教育政策目标，从教育性质来看，学制教育和技能培训并举；从规模来看，年均人次在1 500万以上。教育、人社、扶贫等部门的新生代农民工职业教育职能没有进行大的调整。

13.2.1 企业投入新生代农民工职业教育的政策分析

促进企业投入新生代农民工职业教育的激励政策不足。国内外职业教育发展规律表明，依靠行业企业是发展职业教育，包括推动教育综合改革发展的重要路径。但是从总体上来看，我国企业界对教育的参与还处于起步阶段，仅仅停留在捐赠办学、捐资办学等器物层面，缺乏有意义的深层次参与，未真正触及教育的理念和需求层面，在推动我国教育改革和重塑教育政策过程中的实质性影响十分有限。我国企业界参与职业教育和教育综合改革发展不够的主要原因，一是社会观念、参与素养的问题；二是参与教育改革渠道等的缺失；三是社会氛围与制度体系的缺陷。管理体制不完善，组织指导、管理服务、监督约束等措施缺位，政策法规不健全，尚未形成完备的法规政策体系，校企合作随意性大、不规范。

第一，鼓励行业企业全面深度参与职业教育改革发展，深化改革职业院校办学机制。一是及时追踪市场需求变化，根据本地经济社会发展需求，优化师资结构，提高办学质量，打造品牌优势，合理调整和设置专业；二是大力推进校企紧密合作，切实改革人才培养方案制定、教学内容设计；三是改进校企合作的组织模式，大力推进定向培养、订单培养模式，突出企业需求导向，增强校内学习和实际工作的一致性。将行业标准引入专业办学，加快校企合作步伐。充分利用企业教育培训资源，形成职业教育培训区域性均衡、协调发展的良好态势（付鹏，2014）。

第二，适应产业需求，自主调整专业设置。按专业需求对接，成立工科、商科等职教联盟。按项目对接，应用型项目可以以职教机构与企业合作为主，成果转化项目可加强普通高校、职业高校与企业三方合作。完善"订单式"对接，按不同人才需求层次，促进中等、高等职业教育和短期培训、中长期定向培养协调发展（卢中原，2014）。

第三，要实现职业院校教育教学过程与行业企业生产过程的深度对接，融教育教学、生产劳动、素质陶冶、技能提升、科技研发、经营管理和社会服务于一体。产教深度融合的基本要求是实现"五个对接"。一是专业设置与产业需求对接。健全专业随产业发展动态调整的机制，优化专业设置，重点提升区域产业发展急需的技术技能人才培养能力。二是课程内容与职业标准对接。建立产业技术进步驱动课程改革机制，推动教学内容改革，按照科技发展水平和职业资格标准设计课程结构和内容。三是教学过程与生产过程对接。建立技术技能人才培养体系，打破传统学科体系的束缚，按照生产工作逻辑重新编排设计课程序列，同步深化文化、技术和技能学习与训练。四是毕业证书与职业资格证书对接。完善职业资格证书与学历证书的"双证融通"制度，将职业资格标准和行业技术规范纳入课程体系，使职业院校合格毕业生在获得学历证书的同时取得相应职业资格证书。五是职业教育与终身学习对接。增强职业教育体系的开放性和多样性，使劳动者能够在职业发展的不同阶段通过多次选择、多种方式灵活接受职业教育和培训，满足学习者为职业发展而学习的多样化需求（秦斌，2014）。

13.2.2　新生代农民工职业教育自身投入的政策分析

部分新生代农民工的终身学习意识差，与进入普通高中或考入大学的同伴相比，新生代农民工总体上学习能力相对差一些，进入社会工作后，这一部分的群体中又进行了第二次的分化，部分人的学习意识和职业发展观念薄弱，对自己的生活和工作缺乏整体的规划，主观意愿上不努力、不勤奋，不积极参与工作单位、政府组织的各种培训和学习机会，尤其是在业余时间的培训，其参与意愿和参与率都较低。在晋江的七匹狼、蜡笔小新和恒安集团等部门劳动密集型的企业中，我们发现，具有学习意识和明确职业规划的新生代农民工，经过一年半的一线岗位工作，可以升任小组长，再慢慢升迁为班长、车间副主任、车间主任等职位，所需时间为 6~8 年，工资也从最初的 900 元涨到 3 000 元。而那些不愿积极参加培训和学习的青年，或者还在一线岗位，或者跳槽到其他公司继续从事一线工作。未建立起健全的新生代农民工终身学习的社会支持体系，政府培训信息难以获得，企业培训机会有限。以晋江的部分企业为例，连续在一家企业工作两年以上的一线员工中有 10%左右的人能够能获得提升技能的在岗学习机会；公益性的社会培训规模往往小而且分散，使得新生代农民工难以获得充足的终身学习资源和支持。此外，体力技能型人才低于脑力知识型人才的社会心理是新生代农民工不积极参加职业教育与技能培训的深层原因。

13.2.3 新生代农民工职业教育资源配置的政策分析

促进技术创新的新生代农民工职业教育资源配置政策，主要涉及新生代农民工的职业教育机会配置政策、职业教育质量保障政策、职业教育投入政策等。新生代农民工职业教育投入政策主要涉及职能部门、各级政府、行业企业和新生代农民工自身的投入责任，促进技术创新的新生代农民工职业教育相对最优决策需要各个职能部门之间信息共享、管理协同、工作衔接，以更好地发挥公共财政资金的职业教育政策效果，更好地激发行业企业和新生代农民工自身的积极性、能动性。

从职业教育机会配置政策来看，政府的职业教育服务供给与新生代农民工的需求存在不适应。我们与各地政府职能部门的负责人座谈时，几乎大部分与会者无意识中都用这样的词语描述新生代农民工："文化水平低"、"思想观念保守"、"承受能力和耐受能力也比较差"、"参保意识低"、"比较现实"、"比较浮躁，心不静，期望高但不能吃苦"及"外来工自身的培训意识不强"等，在称呼这一群体时的用语、口气没有体现应有的尊重等。在谈到如何培训农民工，提供公共就业服务面临的问题时，他们将农民工不积极参与作为重要原因。在如何进一步将城市基本公共服务的范围覆盖到包括农民工在内的群体时，流入地政府相关负责人多主张增加了公共管理成本，或者基于对户籍居民利益的维护提出反对意见。在 F 省 J 市的农民工培训补贴政策实施过程中，补贴对象和标准分三类，一是本市范围的进城务工人员；二是跨市流动人员；三是跨省流动人员。第一类补贴 1 000 元，第二类和第三类通过初级或中级技能鉴定者分别补贴 400 元、700 元。中等职业教育的免费政策逐步向外来务工人员及其子女放开，在访谈时间节点之前，外来工人及其子女还未享受到该项优惠政策。此外，J 市户籍的大中专学生在企业实习期间，政府提供月均 400 元，为期三个月，共计 1 200 元的补助。非 J 市户籍的人员则不能享受这一培训补贴政策。可以看出，J 市是以户籍为分类依据采取差异化的支持政策的。在经费、人力、时间等资源约束条件下，在以地方经济社会发展为首要目标的前提下，他们会优先选择辖区内的户籍人口进行培训。同时,为提高其政策执行绩效,补贴力度与技能等级正相关,而实际上超过 70%的人没有获得任何技能资格认证,使得政府培训更多地补贴了余下的少数相对高技能人群,未能覆盖到实际更需要技能培训的大多数人。

新生代农民工职业教育质量保障力度薄弱,一方面学制职业教育缺乏吸引力,鄙薄体力劳动的社会观念降低了新生代农民工选择职业教育的动力;另一方面由于职业教育规模的快速扩张、基础能力建设滞后、师资培养补充需要一定周期等原因,教师队伍建设与当前加快发展现代职业教育的要求不相适应,存在许多急需解决的突出问题。

一是师资队伍规模增长不能满足发展需要。职教师资补充困难,目前,全国专门培养职业教育师资的职业技术师范院校仅有 5 所。师资培养能力有限,普通高校毕业生教育教学能力缺乏,职业院校难以招到合适的教师。另外,随着近些年职业学校招生规模的快速扩大,教师队伍建设明显滞后,教师数量严重不足,生师比高的问题在各级各类教育中比较突出,与 2005 年相比,中等职业学校在校生增幅达到 40%,教师增幅仅为 16%,生师比达 25∶1,与《中等职业学校设置标准》规定的 20∶1 差距较大,也远远高于普通高中 16∶1 的生师比。

二是整体素质难以适应人才培养需求。多数专业课教师缺少企业工作经历,对生产和服务一线了解较少,教学能力特别是专业技能水平和实践教学能力偏弱。教师结构性缺编严重,“双师型”教师不足,职教师范毕业生数量少导致补充困难,骨干教师和专业带头人缺乏。教师教学任务繁重,参加培训机会少,专业发展受到严重制约。兼职教师比例偏低,许多兼职教师缺乏教师岗位技能训练,难以胜任教育教学工作,作用发挥不充分。

三是条件保障不力制约了教师队伍建设。职业教育教师管理制度还不健全,职业学校教职工编制标准不合理。面向企业聘请专、兼职教师政策渠道不通畅。符合职教特点的教师资格标准和专业技术职务(职称)评聘办法尚未建立。教师培养培训制度不健全,培养、培训基地条件还较差。教师队伍建设人均经费偏低,用于教师的经费有限,基础能力建设仍需加强。

投入政策上,总体规模大,但因多部门欠协同的政策执行,使得新生代农民工单体投入规模小,难以达到社会和企业的技能需求,降低了新生代农民工财政投入的政策效果。以 H 省的 C 市为例,2012 年 C 市启动农民工职业教育培训,当年取得职业资格证书的人有 1 000 多名,2013 年达到 3 000 多名,2014 年增长到 6 000 多名,其中技能培训人数为 5 000 名,2015~2016 年,急剧回落到 1 000 多人。市里的职业教育政策在调整,在 C 市民办机构承办的农村劳动力转移培训项目更多,从经济效益来讲,只有 40 元补贴,A 类工作 480 元,B 类工作 320 元,C 类工作只有 200 元。补贴标准低造成公办培训机构不愿承接农民工培训项目,尤其是培训的学员难以组织，也使得企业特别是民营企业不愿培训农民工①。我国职业教育投入在整个教育经费中比例为 11.4%。2010 年 OECD 国家教育投入占国民生产总值的平均值为 6.3%，职教投入占国民生产总值的比例平均达 1%，也就是说职业教育经费约占整个教育经费的 16%。世界银行 20 世纪 90 年代的研究表明，职业教育的生均成本应是同级普通教育的 2.53 倍，2013 年我国中职财政预算生均公用经费仅是普通高中的 1.30 倍，有 9 个省（自治区、直辖市）低于普通高中，北京只有 67%，江西是 71%，青海是 76%。高职院校学生所交学杂费占教育经费收入的比重明显高于本科院校。由于高职院校学生大多来自低收入家庭，但承担了更高比例的教育成本，这违反了教育公平的原则②。

13.2.4 新生代农民工职业教育供给的整体系统分析

参与供给新生代农民工职业教育服务的职能部门、各级政府、行业企业和新生代农民工群体构成了一个系统，任何一个系统部分的变化都会对新生代农民工职业教育体制产生影响。职业教育越来越成为世界各国发展实体经济、重塑国家竞争力和实现社会稳定的重要战略，特别是 2008 年国际金融危机以来，很多国家都把发展职业教育作为重振经济的重要举措。加快发展现代职业教育，既是教育自身改革的问题，更是重大的经济和民生问题，必须纳入现代化建设的总体部署，作为深化教育领域综合改革的战略切入点、突破口和转方式调结构惠民生的战略支点。在第三次全国职业教育工作会议召开之际，习近平总书记就关于加快职业教育发展做出重要指标。推动现代职业教育体系建设是全面贯彻党的十八大和十八届三中全会精神，落实《国务院关于加快发展现代职业教育的决定》的重要举措③。

对新生代农民工职业教育的系统分析应该基于职业教育的本质。普通教育是基于学校一个学习地点的"定界"教育，而职业教育是基于学校、企业两个甚至更多个学习地点的"跨界"教育，体现了现代企业与现代学校的融合、工作规律与学习规律的融合、职业成长规律与教育认知规律的融合，这是职业教育类型的不可替代性。从教育层次来看，中职与高职不同，中职要在"感知过的事物、思考过的问题、体验过的情感和操作过的动作"的经验学习基础上，通过与环境的"范例性"互动，获得"怎样做"的技能，培养"经验"层面的技能人才；高职则要在"目标和条件与行动衔接起来的规则"的策略学习基础上，通过与情景的"系列性"互动，获得"怎样做更好"的高技能，培养"策略"层面的技能人

---

① 北京师范大学中国教育政策研究院课题组在 C 市技师学院综合楼 503 室的访谈记录，2017 年 4 月 5 日。

② 杨进，"十三五"时期职业教育领域发展重点，职业教育改革高层咨询会，2016 年 4 月 22 日，北京师范大学主楼 A 区 314 会议室。

③ 教育部等六部门关于印发《现代职业教育体系建设规划（2014-2020 年）的通知》，http://www.moe.edu.cn/srcsite/A03/moe_1892/moe_630/201406/t20140623_170737.html。

才。层次是职业教育赖以发展的空间和对发展权的呼唤，这是职业教育层次的不可替代性。"technology"更多的是指技能的理论知识，是技术学，是技能的原始创新和一次开放。技能"开显"了技术，是对技术的二次开发或"集成创新"。"只遵循教育规律的普通教育的每一级都是上一级的预备教育，由于不构成完整的职业资格，必然是以升学为导向。但强调教育规律与职业规律融合的职业教育，其每一级都构成完整的职业资格，可根据劳动市场的需要随时就业，并在个人发展需要时还可重回院校接受教育，所以现代职教体系必须是符合终身教育需要的开放性的教育制度。"基于职教分级制度的现代职教体系，不是建立第二个升学导向的教育制度，不是建立第二个无职业资格的学历证书制度，不是建立取代科学教育、工程（技术）教育的第二个工程（技术）教育的教育制度。它的着眼点，仍然是为经济社会发展培养技能人才，以就业为导向、以服务为宗旨的教育制度（姜大源，2013）。

对新生代农民工职业教育的系统分析应该考虑我国职业教育特别是中等程度职业教育的发展历史。中华人民共和国成立初期技术教育的主要办学形式是中专和技校。中专培养中等专业干部，由各主管行业部门办学，性质和办学模式均与高校类似，只是低一个档次而已。这种培养形式是先定位后培养，被录取进中专和被录取进技校，也就是完成了招干和招工手续。"文化大革命"期间则以发展普通高中为主。邓小平首先提出了中等教育结构改革的问题："应该考虑各级各类学校发展的比例，特别是扩大农业中学、各种中等专业学校、技工学校的比例。"（邓小平，1983）1980 年 10 月 7 日，国务院转批教育部、国家劳动总局《关于中等教育结构改革的报告》，指出当时的中等教育结构单一化，与国民经济发展不相适应，需要改革。该报告还指出中等教育结构改革的主要任务是改革高中阶段的教育。该报告是中国职业教育史上具有战略意义的重要文件。1982 年 8 月，教育部将中等专业教育司改为职业技术教育司，综合管理中专、职业学校和农业学校。1985 年《河北省发展职业教育暂行条例》颁布，这是第一部由省级人民代表大会颁行的职业教育地方性法规。1991 年 10 月颁布的《国务院关于大力发展职业技术教育的决定》是中华人民共和国成立以来中央政府首次专门针对职业教育发布的总的指导文件，其后 2005 年、2014 年也发布了专门针对职业教育的文件。1993 年 2 月，中共中央、国务院印发了《中国教育改革和发展纲要》。1996 年印发的《中华人民共和国职业教育法》总计 40 条，包括 11 条"总则"，5 条"职业教育体系"，9 条"职业教育的实施"，13 条"职业教育的保障条件"，2 条"附则"，明确了以初中后为重点的不同阶段的教育分流（俞启定和张宇，2008）。随着我国经济社会发展水平的进一步提高，人均受教育年限的进一步延长，由初中后分流为主转变为以高中后分流为主的教育分流机制日渐为决策者、研究人员所关注和重视。当前超过70%的新生代农民工的学历水平为初中，高中学历的比例不到 20%，因此如何通过大力发展中等职业教育，从而实现全面普及高中阶段教育计划，改革新生代农民工职业教育系统迫在眉睫，需要总结现行体制对培养具有较高技术创新能力的新生代农民工的成功经验、有效举措，分析各级各类政府部门间，政府、行业企业和新生代农民工群体间的"最大公约数"，从管理衔接、举措协调、行动协同方面完善新生代农民工职业教育体制。

13.3 产业布局、区域功能定位与新生代农民工职业教育的互动关系

13.3.1 产业布局与新生代农民工职业教育的互动关系

产业布局的调整对新生代农民工职业教育存在影响。非农产业向城镇集聚，高投入、高消耗、高排放产业发展方式的转变，中西部崛起、三大经济带布局带来的产业转移与承接对新生代农民工职业教育目标、体制和资源配置提出了新要求，也带来了新机遇。总体来看，我国农业劳动力利用率大体上呈现递增态势，农业剩余劳动力增长幅度下降明显，各地区非农产业吸纳劳动力的能力存在明显不同，农业劳动力利用率及其变化趋势差异明显，其中京津沪农业劳动力利用率处于较高水平，而海南省相对较低。在农业生产要素中，对劳动力需求影响力度从大到小依次是农作物总播种面积、农用化肥施用折纯量、农业机械总动力。大量农村剩余劳动力流向服务业，服务业的发展方向是从传统、劳动力密集型向现代、资本密集型转型，现代服务业发展的不完善影响了其对经济的促进作用（赵楠等，2014）。因此，在要素市场存在扭曲时，要考虑产业发展和布局对新生代农民工职业教育的影响。

农民工面临的问题如下。从素质、技能来看，农民工从事的职业主要是建筑、服务型的，包括城市公用事业、环卫等，他们真正受到系统良好的职业教育和培训的比例较少，与用工需求相比，结构性矛盾较为突出。H 市发展速度较快，在 26 个省会城市中，H 市是发展最快的（出镜率高），这主要得力于产业结构调整，新上的项目以高科技为主，遇到的很大问题是"招工难"。但 H 市的"招工难"与沿海地区的"招工难"存在本质的不同，沿海地区的"招工难"是劳动力成本提高导致的。

我们需要的是高素质的劳动力，和中专、中职、高职以上学历的劳动力，不是小工，家电、IT 企业至少需要高中学历水平的工人，技能要求更高的企

业就不用说了，都面临用工缺口。产业结构不断升级，技术含量不断增加，对劳动力的素质和要求不断提高。职业教育无论是在量还是适应性上都跟不上企业和行业发展的需求。职业教育，特别是高等职业教育，应重视学生的动手能力。企业现在自觉不自觉地过于追求高学历。职业教育体系中还存在如下三方面问题，一是价值取向问题，从社会地位、名声上来看职业教育都不太好。二是职业教育本身的办学条件、办学环境、办学手段不完善。关一屋子学生，在屋子里讲讲理论，比较简单，不费钱。如果到实训基地，需要买设备，还要招师傅，但是学徒工不可能一开始就能制造出合格产品，这些产品的投资巨大，有废品就费钱。现在职业教育培养出来的学生，从书本到书本，从理论到理论，不能马上干活，需要师傅手把手地教半年，他们的动手能力和技能都很成问题。职业教育基础设施较差。实训是职业教育很重要的组成部分，聘请高水平师傅的成本也很高。这些都是发展职业教育的基础条件。所以，要在价值体系、投入机制、办学方式上多创新、多改革。三是从工厂来说，职业学校不建立实训基地，将学生送到工厂实习，工厂也不愿意接受，工厂的订单急，实习生实习完了，生产出来的是废品，增加了工厂的生产成本，这种额外增加的成本需要有人来承担。市场导向的工厂，面临很急的订单，是不可能花时间、成本去培养实习生的，但是从生手到熟手都需要一个过程。没有哪个医生一上来就是主治医师。所以，应该探讨职业教育成本的分担机制，到底应该由社会中的哪些人来分担，是学校、个人、企业、政府，还是社会？从看病的角度来看，谁都希望是白胡子老头给你看，但是任何人都是从年轻人成长起来的。这是政策需要把握的问题。①

　　"十三五"规划纲要第九篇以推动区域协调发展为主题，提出推动京津冀协同发展、推进长江经济带发展、扶持特殊类型地区发展和拓展蓝色经济空间。随着国家区域发展总体战略的深入实施，东部、沿海发达地区的部分产业要向中部、西部转移。区域发展战略与就地就近、以人为核心的新型城镇化战略一起成为全国层面影响产业布局的重要政策力量，原来以跨省输出人口为主的 A 省逐步将农业转移人口吸引回本地的省会和经济发展中心城市。H 市作为 A 省的省会，是 A 省省内流动人口的主要流入地，但其流入的规模和增幅在 2010 年前后才大幅度增长，与国家的区域发展战略导致的产业布局调整具有较强的相关性。从主政官员的角度来看，Z 市长明确指出 H 市的"招工难"与东部、沿海经济发达地区的"招工难"存在不同，H 市需要是的"高素质"或至少是"高中"学历的劳动力，但全国监测数据显示 2015 年具有高中及以上教育水平的新生代农民工仍不超过其总人数的 30%。产业布局产生的劳动力需求与新生代农民工职业技能现状产生了结构性错位，加剧了就业难、"招工难"的两难处境。

部分行业企业对新生代农民工学历与技能水平的低要求甚至是无门槛政策，抑制了新生代农民工积极提升学历和技能水平的积极性。我们的调查显示，从单位对应聘者的学历要求来看，对学历没有要求的占比 41.6%，高居第一；要求学历在高中或者中职以上的占比 32.1%；要求学历初中及以上的占比 25.9%。总体来看，招聘单位未对学历做明确要求的占绝大多数，其余单位对学历的门槛要求限于初高中。从应聘单位对招聘者职业资格证书的要求来看，高达 80.9%的单位对职业资格证书没有要求，只有 19.1%的招聘单位对职业资格证书要求为国家职业资格五级及以上。从受访者对自己职业技能的评价来看，63.9%的受访者认为自己具备职业技能，而其余 36.1%的受访者认为自己不具备特别的职业技能。从职业技能的获取途径来看，很大一部分是通过工作中的学习摸索，占比 33.3%；排在第二的是通过技校、职高、中专获取职业技能，占比 21.9%；排在第三的是自己拜师学艺，占比 11.6%；而通过家乡当地政府组织培训获取职业技能的仅仅占比 1.2%，排在最后（表 13-1）。

表 13-1　技能获得途径

获取途径	所占比例
工作中的学习摸索	33.3%
技校、职高、中专获取	21.9%
自己拜师学艺	11.6%
当地政府组织培训	1.2%

新生代农民工职业教育对产业布局调整的影响如下。新生代农民工向不同区域流动的规模、技能水平的群体特点、职业教育利益诉求特点，也会反过来影响产业布局。机器换人、技术减人说明新生代农民工当前的技能类型和技能水平与产业发展需要还存在不适应。2016 年 10 月，全球最大代工厂富士康"机器换人"计划加速，每年有上万机器人投入使用，其江苏昆山市的工厂已裁减 6 万名员工。这不是机器取代工人，而是对技术工人提出了更高要求。机器代替人做的应当是一部分脏、热、累、有毒有害、机械重复的工作，而人需要做的是对技能要求更高的工作。"机器换人"后农民工将去往何处？"'机器换人'不是取代人，而是促使农民工学技术，从普通操作工变成操作机器的技术工人。"（刘旭和李瑾，2017）

缺乏专业技术和技能，没有相关工作经验是新生代农民工自己找工作的最大困难。从影响的具体程度来看，"相关工作经验"在新生代农民工自己看来很重要，其次是学历水平和就业信息与资源。"社会上对农民工的看法"相对而言不太影响工作获得（表 13-2）。从"相关职业资格证书"对工作的影响来看，认为职业资格证书对工作影响一般的最多，占比 34.1%；认为职业资格证书对工作影响不大的排在第二，占比 23.5%；认为职业资格证书对工作有较大影响的排在第三，占比 20.3%。说明绝大部分应聘者认为职业资格证书对于工作而言并不是那么重要。从"相关培训经历"对工作的影响来看，认为培训经历对工作影响一般的最多，占比 39.3%；认为培训经历对工作影响不大的排在第二，占比 23.1%；认为培训经历对工作有较大影响的排在第三，占比 20.1%，说明大部分应聘者认为培训经历对工作的影响不是非常大。从"毕业学校或培训机构的学习成绩"对工作的影响来看，认为毕业学校成绩对工作影响一般的最多，占比 36.0%；认为毕业学校成绩对工作影响不大的占比 28.3%；认为毕业学校成绩对工作完全没有影响的排在第三，占比 17.4%，说明应聘者对毕业学校成绩对工作的重要性认识不够。从"人际关系，有熟人介绍"对工作的影响来看，33.2%的应聘者认为人际关系对得到工作的影响一般；24.2%的应聘者认为人际关系对得到工作有很大影响；18%的应聘者认为人际关系对得到工作的影响不大。从"就业信息与资源"对得到工作的影响来看，认为就业信息与资源对得到工作影响一般的最多，占比 37.1%；认为就业信息与资源对得到工作有较大影响的其次，占比 26.2%；认为就业信息与资源对得到工作影响不大的占比 17.3%，居第三。从"社会上对农民工的看法"对就业的影响来看，38.6%的应聘者认为影响一般；26.5%的应聘者认为影响不大；仅有 5.7%的应聘者表示有很大影响。总体来看，"社会上对农民工的看法"对应聘者得到此份工作的影响并不大。

表 13-2　影响工作获得的因素分析

因素	频次	均值	标准差
1. 学历水平	1 647	2.77	1.166
2. 身体健康	1 641	2.99	1.271
3. 相关工作经验	1 643	2.62	1.094
4. 相关职业资格证书	1 632	3.09	1.145
5. 相关培训经历	1 636	3.08	1.057
6. 毕业学校或培训机构的学习成绩	1 630	3.40	1.079
7. 人际关系，有熟人介绍	1 636	2.82	1.171
8. 就业信息与资源	1 636	2.86	1.091
9. 社会上对农民工的看法	1 639	3.35	1.067
有效样本	1 591		

新生代农民工主要就职于私营、民营、小型企业和生产加工岗位。从应聘者的工作性质来看，工种有建筑工人、生产加工工人、服务员、保姆、保洁员、保安、快递员、美容美发师、售货员、个体经营果蔬、私企老板等。应聘者最主要的是生产或者加工工人，占比 34.3%；未概括的其他工种占比 15.4%；其他服务性工作人员占比 12.0%（表 13-3）。从应聘者工作单位所有制的组成来看，最多的是私营企业，占比 37.1%；其次是个体企业，占比 29.0%；再次是国有企业，占比 11.0%；工作单位为外资企业、集体企业、党政机关、事业单位的应聘者占的比例较小，说明应聘者主要的工作单位所有制为个体企业和私营企业。从应聘者所在的行业来看，最多的是制造业，占比 28.1%；其次是其他行业，占比 23.6%；再次是建筑业，占比 10.4%；最后是居民服务业、批发零售业、住宿餐饮业、交通运输业、采矿业和美容美发业。

表 13-3　被访者工作类型分布

工作类型	所占比例
生产或者加工工人	34.3%
未概括的其他工种	15.4%
其他服务性工作人员	12.0%

13.3.2　区域功能定位与新生代农民工职业教育的互动关系

一方面，区域规划和具体的区域功能定位对新生代农民工职业教育有影响。以京津冀协同发展战略为例，北京的城市战略定位是：全国政治中心、文化中心、国际交往中心、科技创新中心。因此，在"建设一个什么样的首都，怎样建设首都"这个重大问题上，要把握好战略定位、空间格局、要素配置，坚持城乡统筹，落实"多规合一"，形成一本规划、一张蓝图。作为京津冀协同发展的核心，北京需要疏解部分教育功能，创新教育发展机制，发挥首善之区的教育辐射作用，努力成为区域教育协同发展的"领头羊"。回应人民群众教育期待，深化教育综合改革，全面推进实现教育现代化。近几年，北京的职业教育发展定位出现了较大的调整，一些不符合首都核心功能的职业教育服务陆续向天津、河北转移。

另一方面，各个城市在确定本区域的城市功能定位时，也需要充分考虑新生代农民工的流动意愿、流动规模、年龄结构、知识结构、工作特点和工作类型。与第一代农民工相比，"80"后、"90"后、"00"后新生代农民工的受教育年限更长，务工动机更偏向"长见识"而不只为"赚钱"，维权意识、接受继续教育的意愿更强，更看重发展条件和发展空间，务农意愿更低，举家定居城市的趋势更明显。新生代农民工跨省流动、在地级以上城市买房的趋势更明显，城市功能定位和产业规划需要考虑该地区的新生代农民工的总体数量和流向特点，通过优惠政策和以人为核心的城镇化设计，吸引更多本地新生代农民工在本地就业创业。

新生代农民工成长进程中面临着多种社会教育挑战。网络环境的冲击，家长和家庭结构的巨大变化，加剧了青春期问题及不良行为。中专、中职等学校的教育模式和内容单一，家庭教育跟不上，社会教育基本没有。我们不能将课外的艺术教育简单等同于社会教育，其只是社会教育微不足道的一部分。儿童社会认知现在也出现了问题，比起我们那一代，当代的儿童青少年物欲、物质化的倾向比较明显。他们通过夏令营、旅游等方式了解国外后，只看到国外干净的路面、有序的乘车等好的一面，对枪支泛滥、暴力横行等诸多社会问题视而不见或者根本了解不到。我了解过部分孩子的日记，日记中无一例外地都说外国好。其实是因为他们被圈在"家"和"校园"里，缺乏对农村、工厂的观察，对社会实际情况认识得不够清楚。社会综合素质应该包括沟通的能力、人与人相处的基本能力等。社会教育应该充分发挥群众的主体作用。

新媒体的挑战。主流媒体报道了太多的负面现象，这也是传播学的一条规律：好事不出门，坏事传千里。受众面广，针对负面事件家庭脱口而出的评价都会影响孩子的认识和价值观等。应多传播正能量。A 省现在充分发挥文明志愿者、安青网发动意见领袖，建立了青年网络工作者联谊会，回避"协会"建立需要的业务主管单位等。建立巩固的网络阵地。形式上也松散一些。新媒体只是一个工具，团中央开发了九个版本的十八大报告宣传手册，针对不同的群体，就相关性、群体特点确定宣传的内容。我们采用分类引导的方式，团委要能听会说，党委是核心，用宣传对象能听懂、能接受的方式讲体制的话，团委的培训是配合等。

补充一个背景：青年群体的诉求和评价标准已经多元化了。坍塌的农门，给我最大的感受是，高校扩招后，考入三本、专科的农村子女，毕业后的收入还不如父代，颠覆了中国人世代对教育的敬仰信念。而现实是经济结构调整下，需要大量的劳动工人。在调优、升级时，应该注重经济发展的方式和质量，现在的情况是用人单位只要是个"人"就行。①

L 书记现在是省政府层面的官员，此前她还任多年 H 市的副市长，她对新生代农民工职业教育问题的看法，展现了她当时的职务工作特点，以青年工作为主，同时兼具超出教育系统之上的整体公共治理视野。她的陈述与分析，更多地站在了新生代农民工角色的位置上，这也可能与她女性官员的社会性别位置有关，因此她才提出"要注重经济发展的方式和质量"，对用人单位推卸员工职业

① 在全国人大会议中心对 A 省团委 L 书记的访谈记录。

教育法定责任提出了意见。她特别提出对青少年的职业教育要注重安全教育，职业安全培训的不足导致工伤致残，不仅降低了新生代农民工的工作技能，而且影响了其基本生计，也给整个社会保障体系增加了公共成本。她还指出要在青少年的教育中通过"社会教育"影响其世界观、价值观，为纯粹的职业技能教育着好背景色，否则再高超的技能，也会因为工作过程中的管理问题、人际关系问题而功亏一篑。她认为需要改革现有农民工培训的组织和实施方式，依据新生代农民工的生活、工作、居住特点与习惯调整培训的组织与实施，如调整农民工培训政策的发布、宣传渠道和宣传方式；加大对自身有能力且已开展员工培训的企业培训一线员工的督导与检查工作，引导和鼓励用人单位通过捐赠、联合办学等形式投入新生代农民工培训；政府引导成立培训平台与培训基地的建设，以服务于没有能力或未开展员工培训的企业等。

13.4 促进技术创新的新生代农民工职业教育政策建议

开展新生代农民工职业教育是建设中国特色、世界水平的现代职业教育体系的关键环节，需要从体制和资源配置入手，结合产业发展需求和区域功能定位，完善促进技术创新的新生代农民工职业教育政策体系，在理论上有依据，在法律上允许，在经济上可承受，在操作上可执行，在政策上可为各利益相关方所接受。

13.4.1 创新现代职业教育体制

一是明确职业教育的法律地位。《中华人民共和国宪法》第十九条第二款规定："国家举办各种学校，普及初等义务教育，发展中等教育、职业教育和高等教育，并且发展学前教育。"为此，应在修订《中华人民共和国职业教育法》时，明文确定职业教育是国家的教育类型之一，和普通教育同等重要，不是普通教育系统内的层次教育，确立职业教育向上发展的层次（本科、研究生），建立职业教育系统内以及与普通教育相互衔接的"立交桥"制度（薛二勇，2016）。近年来，学者们提出构建国家资格框架、促进中高等职业教育衔接、推进职业教育与区域经济协调发展、发展本科层次职业教育，以此构建现代职业教育体系（林克松和石伟平，2015）。建议明确规定职业教育在建设人力资源强国、创新型国家中具有基础性、先导性地位和作用。促进职业教育和普通教育办学资源互享，学生可以在两种类型的教育间合理流动。统筹制定中等、高等职业教育培养目标、教育计划、教学大纲及课程，保证中等、高等职业教育各层级之间的衔接，扩大发展本科层次的高等职业教育，建立衔接研究生层次的有效机制。职业教育本身是一个大的体系，而且与其他各类教育密切沟通（俞启定，2012）。在法律修订中明确提出"国家建立保障职业生涯发展的职业教育体系"，由职业学校教育和职业培训两部分组成。职业学校教育是职业教育体系的一个环节，同时，进一步提高职业培训在职业教育体系中的地位，促进职业培训事业的发展。

二是建立校企合作的保障制度。校企合作的本质是利益合作，要充分考虑经济活动与职业教育的相互依存关系，建立利益共同体。一方面通过修法增加企业参与职业教育的条款；另一方面完善有关奖惩制度，强化企业在人才培养中的责任，提高法律的执行度。建立实习学生的劳动保护制度，免除学生、学校、企业的后顾之忧。明确行业企业需承担的职业教育义务，如人才需求的研判、职业资格证书的制定、职教课程开发的参与、职业院校学生实习的接纳，同时增加行业企业参与职业教育可以获得的权利内容，如明确的税收减免等政策，形成激励机制。保障企业提取工资总额 1.5% 的最低限额，同时大幅度提升税收扣除的比例，以鼓励有能力的企业加大对职工的技能培训力度。建立校企合作协调指导机制，形成校企合作联席会议制度，明确相应的工作规则。建立校企合作经费保障机制，运用公共财政适当补偿企业参与职业教育所消耗的人力和物力成本。明确行业指导校企合作的责任，将行业人力预测、行业规划、职业资格标准和技能等级考核、培训指导等事宜，纳入行业协会的职能范围。明确企业参与职业教育的机制，推动校企合作从感情机制转向利益机制和组织机制，建立长效合作机制。建立奖励激励和宣传机制，为校企合作营造良好的社会环境和舆论氛围，政府设立校企合作企业资质认证制度和企业贡献等级评级制度。建立校企合作的评价机制，使之成为政府在校企合作中配置资源的重要依据，成为企业评优、学校评优的主要依据。

三是突破职校毕业生出口限制。建立全国促进就业工作协调机制，研究、指导、规范职业院校毕业生就业中的重大问题。精简、整合、优化就业管理机构，改善针对不同类型毕业生就业分割管理的情况；充分利用政策资源，协同职能部门之间有关毕业生就业政策的制定、实施与监督。明确职业院校毕业生与普通教育毕业生享有同等的升学、就业机会，包括具有同等机会升入高一级学校深造、参加公务员的考试和招录、获得专业发展的资格和荣誉，享有同等的工资待遇保障条件，具备相似的职业资格准入门槛等。

对职业院校毕业生的收益差进行制度化的合理补偿，形成人力资本投资收益补偿的有效机制。除货币化的补偿之外，注意收益补偿的多元化和标准化，激励职业院校毕业生具有足够的动力到特定地区（不发达地区）、特定企业（中小企业）、特定行业（艰苦行业）等就业。针对我国区域、行业经济发展不平衡的问题，采取扶持性、倾斜性政策，综合运用贷款支持、税收优惠等政策措施，同时加大对中西部、中等城市和小城镇的特殊政策支持，包括增加和优化财政转移支付的力度和结构，逐步扩大职业院校毕业生的就业区域和就业机会总量，有步骤地破解职业院校毕业生中的劳动力市场分割问题。国家性的科研成果或荣誉称号、科研项目或者人才项目、专业技术人员职务评定等，要将职业院校毕业生纳入申报或者评定范围。明确增加反就业歧视条款，明令禁止针对职业院校毕业生的就业歧视现象。

13.4.2 改革职业教育的供给侧

针对当前主流的全日制学制、学术型教育与"打工族"的需求无法对接的现状，应创新职业教育的提供方式，提升职业教育和培训的有效性。建议盘活中职教育资源，破除入学门槛，让农民工能够边打工养家、边上学培训，使教育成为个人进步的推动器和社会流动的润滑剂。参考教育培训机构的连锁经营模式，由职业院校在工业园区等农民工相对集中的区域，开设集中教学点，采用夜校或周末教学的方式进行职业培训。主要由中央政府及输入地政府出资，紧密结合园区的产业与企业需求设计培训课程；园区内企业为培训提供学习场地和实训场地，或者其高级管理人员和技术人员出任教师，可根据市场价折算为其对员工的教育培训费用。采用更为灵活和有弹性的学分制度，使农民工在获得技能的同时，通过学分累计获得学历。

充分发挥市场机制作用，创新和扩大教育服务多样化供给。改革培养与评价机制，拓宽职业技能认证范围，突破年龄、资历、身份和比例限制，积极探索符合技能人才成长规律的多元评价机制，逐步完善社会化职业技能鉴定、企业技能人才评价、院校职业资格认证和专项职业能力考核办法（薛二勇和周秀平，2014）。其一，努力消除社会资本进入教育领域的"玻璃门"，如降低社会资本进入教育领域的门槛，放宽对民办教育办学层次和办学硬件的限制，进一步保护和调动社会力量参与和支持教育的积极性；其二，提升民办学校和教育机构的服务质量和效率，鼓励其成为选择性教育的主要提供方；其三，推动教育服务与"互联网+"深度融合，探索开发各类"互联网+教育+相关行业"的产业，培育教育市场新热点；其四，以"双创"为契机，鼓励教育创业投资，促进创业创新型教育企业快速成长。在确保教育公益性属性的前提下，允许各类资金投入教育领域，探索混合所有制，促进市场更有效配置资源。

强化政府服务与监管责任，引导教育服务业健康发展。制订我国农民工中长期职业教育和培训规划，明确职业教育培训的目标，着重培养农民工的专业知识、技能和综合就业素质，提高就业能力（薛二勇，2017）。其一，突破教育部门边界，建立覆盖全社会各级各类教育的信息系统，为完善国民教育体系和终身教育体系提供科学决策的依据；其二，健全教育服务业质量体系，加强教育与培训行业标准化建设；其三，提高教育投融资便捷性，鼓励金融服务与教育消费升级融合创新，大力推广政府和社会资本合作（public-private partnership，PPP）模式；其四，坚持放管结合，简化教育行业审批流程，加强事中事后监管，形成以诚信为核心的教育服务监管制度，建立健全联合惩治机制。

13.4.3　提升职业院校教师素养

"十三五"期间，按照"创新制度、健全机制、完善体系、合理补充、提升素质"的总体思路，扩充教师数量、优化队伍结构、规范教师管理、加强校企合作、完善基本保障，加快建设一支数量充足、素质优良、结构合理、特色鲜明、专兼结合的高素质专业化"双师型"教师队伍。到 2020 年，职业院校有实践经验的兼职教师占专业教师总数的比例达到 60%以上，专任教师生师比降到 20∶1 以下，专业教师中兼职教师的比例占到 30%以上，专任教师本科学历达标率超过95%，研究生层次教师比例逐步提高；"双师型"教师占专业教师的比例达到50%，国家级、省级、校级三级教师培训体系基本形成。

一是制定完善的教师管理制度。完善教师资格标准体系，根据职业教育教师的特点制定职业学校教师资格考试标准、实施办法和考试大纲。改革教师专业技术职务（职称）评聘办法，探索在职业学校设置正高级教师职务（职称）。继续推进将高等职业学校教师的专业技术职务（职称）评聘纳入高等学校教师职务评聘系列。修订《中等职业学校教师职业道德规范（试行）》，完善师德考评制度，将师德表现作为教师考核、聘任（聘用）和评价的首要内容，把师德建设作为职业院校工作评估的重要指标。比照普通高中和普通高等学校，根据职业教育特点核定公办职业院校教职工编制。新增教师编制主要用于引进有实践经验的专业教师。

二是完善教师培养培训体系。建立健全行业企业参与教师培养培训机制，依托高水平学校和大中型企业建立"双师型"职业教育师资培养培训基地，建立一批职业教育教师实践企业基地。支持建设职业院校校长培训基地。加强基地体系建设的规划和管理，加大经费投入，提高基地建设保障水平，推进职教师资培养培训基地基础能力建设。建立基地工作评估和动态调整机制，不断优化基地的区域和专业布局。改进基地管理模式，加强分类指导，建立健全基地横向和纵向联系机制，鼓励支持各基地之间开展合作，主动服务地方职教师资队伍建设。加强职业教育科研教研队伍建设，提高科研能力和教学研究水平。

三是加强职教师资专门化培养。统筹规划教师培养工作，加快培养面向战略性新兴产业、现代农业、先进制造业、现代服务业相关专业的教师。实施卓越教师培养计划，探索地方政府、高等学校、行业企业、职业院校"四位一体"职教师资培养模式，强化教师技能训练和企业实践能力。加强职业技术师范院校建设，开展职业技术师范专业认证工作。加强职业技术师范专业和职业技术教育学科建设，优化教师教育课程结构，开发应用一批具有职教特色的教师培养标准、课程、教材和数字化资源。支持有条件的普通本科高校建立具有教学、科研和统筹协调职能的职业技术教育（师范）学院，积极招收中等、高等职业学校和普通高中毕业生开展职教教师培养工作。探索职业教育师资定向培养制度和"学历教育+企业实践"的培养办法，推进实施地方职业教育师范生免费教育工作，探索省校合作培养职教师范生、提前批次招收师范生等招生改革。

四是推进教师继续教育（培训）。实行五年一周期的教师全员培训制度，采取在职学位教育、集中脱产培训、企业顶岗实践等多种形式提升教师素质。落实教师企业实践制度，建立一批教师企业实践基地，实行新任教师先实践、后上岗和教师定期到企业实践的制度，专业教师每两年累计实践时间不少于两个月。实行教师分类分层培训，广泛开展新教师上岗培训、专业骨干教师培训、专业带头人研修，重视文化基础课教师、班主任培训，支持学校开展校本培训，建设"双师型"名师工作室。支持教师在职攻读硕士、博士专业学位。鼓励中外职业院校教师互派，开展职业院校校长、教师出国进修。提升教师信息技术应用能力，组织开发远程教育平台，促进教师自主学习。加强校长培训，制定校长培训课程标准，建设校长培训基地。制定完善教师继续教育学时（学分）管理办法和实施细则，确保教师按要求完成继续教育学时（学分）数。推进高水平学校和大中型企业合作开展教师培训。制定教师培训质量评价标准，构建完备的教师培训质量监测体系。

五是改革职业院校用人制度。积极推进新进专业教师须具有企业工作经历的人事管理改革试点，探索固定岗和流动岗相结合、专职和兼职相结合的设岗和用人办法，完善企业工程技术人员、高技能人才到职业院校担任专兼职教师的相关政策。建立符合职业院校特点的教师绩效评价标准，绩效工资内部分配向"双师型"教师适当倾斜。鼓励职业院校教师加入行业协会组织。探索建立行业企业举办的职业院校和民办职业院校教师年金制度，以及选聘行业企业专业技术人才进入教师队伍的有效机制。

13.4.4 完善职业教育制度环境

完善管理体制和工作机制，加强各级党委和政府对农民工权益保护和工作融入的领导工作。首先，构建一套与国务院农民工工作联席会议制度相适应的地方政府农民工工作机制。由省级党委、政府统揽，各职能部门分工协作开展农民工权益保护融入工作。其次，加强劳动监察部门与其他部门的协同工作，协同对象不仅包括在业务上有交叉或互补的职能部门、输出地政府和输入地政府间的对接部门，还包括开展农民工权益保护工作的事业单位、人民团体和社会组织等。再次，加强各地劳动密集型等农民工主要用工单位的调查研究，有针对性地开展农民工劳动与权益保护监察与管理工作。最后，将劳动合同签订率和农民工权益保护纳入地方政府主要领导人的政绩考核指标。

多渠道、多形式创新农民工权益保护相关的法律法规政策的宣传工作。在宣传载体上，构建一套传统媒体与新媒体、官方媒体与民间媒体，网络宣传与口号宣传等载体相结合的宣传体系；在宣传人员上，鼓励政府官员、新闻记者等传统政策宣传人员之外的专家学者、公益实务人员、农民工用工单位人力资源管理人员等在内的关心、涉及农民工权益保护的各类宣传者加入农民工权益保护政策宣传工作；在宣传的形式上，既要有横幅、口号、电视网络传播、新闻记者报道等，也要有在农民工权益保护宣传方面的先进人物、先进单位的现场宣讲，还要有农民工权益保护的倡导型社会组织到工地、厂矿、车间、宿舍等农民工主要的工作、生活场所进行宣传讲解。创新宣传形式，少一些书面、专业性的术语和政策语言，多一些生活化、易懂、易于为广大农民工群体所理解和接受的生活用语。

鼓励地方政府深化户籍制度改革，创新流动人口的户籍管理，淡化身份差别，进一步统筹城乡发展。在国家深化户籍制度改革、逐步放宽户籍限制的大环境下，各个用工集中的中小城市、区域依据实际情况逐步允许"事实移民"、拥有稳定住处、工作单位和收入的农民工落户；对农民工中的劳动模范、先进工作者、高级技工、技师等有突出贡献者，给予落户优先的优惠政策等。以户籍改革为突破口，逐步将稳定性进城务工人员的子女教育、医疗、公共卫生、养老保险等社会保障纳入社会发展规划；逐步将住房、文化娱乐和其他基本公共服务全面覆盖这一群体，稳步消除城市居民和农村居民的身份差别，缩小城市和农村户口附带的社会保障与福利的差别，加快城乡统筹的步伐。

进一步加强校企合作，将《中华人民共和国劳动法》《中华人民共和国就业促进法》等与农民工在城市工作、生活密切相关的法律法规知识的普及纳入职业教育和培训的工作规划。企业基本是新生代农民工在家庭之外唯一的社交和互动场所，是其融入城市的主要载体和平台（薛二勇和周秀平，2014）。进一步落实鼓励企业参与农民工权益保护，提升农民工企业福利的优惠性政策。大力表彰、宣传用工规范的用工单位；鼓励行业协会、商会将会员单位的诉求和建议集中报送给相关职能部门，并纳入农民工培训规划和计划；总结宣传校企合作的先进单位和典型经验；进一步促进用工单位和学校、培训机构的交流与对接；围绕主要用工行业、地域建设一批示范性的用工培训基地；构建分层次、分行业、分地域的用工需求与培训供给对接的工作机制；创新企业和职业学校、培训机构的合作方式等。

参 考 文 献

邓小平. 1983. 在全国教育工作会议上的讲话（一九七八年四月二十二日）//邓小平. 邓小平文选. 第二卷. 北京：人民出版社.

付鹏. 2014-05-19. 职教校企合作如何实现多赢 委员建议开展现代学徒制试点. 人民政协报.

国务院. 2016-11-23. 国务院关于印发"十三五"脱贫攻坚规划的通知. http://www.cpad.gov.cn/art/2016/12/3/art_46_56101.html.

姜大源. 2013-06-18. "升级版"构建中的转型发展与内生发展. 中国教育报.

李源潮. 2012-01-05. 加快建设世界一流的高技能人才队伍. http://www.mohrss.gov.cn/SYrlzyhshbzb/ldbk/rencaiduiwujianshe/jinengrencai/201201/t20120105_86967.htm.

林克松，石伟平. 2015. 改革语境下的职业教育研究——近年中国职业教育研究前沿与热点问题分析. 教育研究，（5）：89-97.

卢中原. 2014-06-05. 产业变革和职业教育的融合发展 开拓新的市场前景和职业需求 为产教融合开辟新的空间. 人民政协报.

秦斌. 2014-08-06. 产教深度融合是现代职业教育发展的重要方向. 广西日报.

刘旭，李瑾. 2017-03-10. 代表委员："机器换人"来了，农民工何去何从？https://news.qq.com/a/20170310/014007.htm.

薛二勇. 2016. 我国建设现代职业教育体系的政策路径——兼谈《职业教育法》修订的思路与建议. 高等教育研究，（10）：66-73.

薛二勇. 2017. 如何促进新生代农民工有效融入城市. 求是，（9）：52-53.

薛二勇，周秀平. 2014. 关于促进企业在新生代农民工城市融入中主动作为的建议. 教育政策决策参考，（12）：1-6.

薛二勇，周秀平. 2017. 创新体制机制 从农民工大国走向技工大国的建议. 教育政策决策参考，（2）：1-5.

俞启定. 2012. 统筹城乡发展战略指导下的职业教育改革. 教育研究，（4）：70-76.

俞启定，张宇. 2008. 异军突起的职业教育//顾明远，刘复兴. 改革开放30年中国教育纪实. 北京：人民出版社.

袁贵仁. 2012. 中国职业教育发展的道路. 中国职业技术教育，（16）：61-62.

赵楠，王辛睿，何宗樾. 2014. 中国产业结构的行业关联度研究——以服务业为分析视角. 经济统计学（季刊），（2）：160-168.